淮海战役亲历者口述史

淮海战役

亲历者口述史 上

淮海战役烈士纪念塔管理中心　编

中国文史出版社

图书在版编目（CIP）数据

淮海战役亲历者口述史：上下册／淮海战役烈士纪念塔管理中心编． -- 北京：中国文史出版社，2024.1

ISBN 978-7-5205-4600-3

Ⅰ．①淮… Ⅱ．①淮… Ⅲ．①淮海战役（1948-1949）-史料 Ⅳ．①E297.43

中国国家版本馆 CIP 数据核字（2023）第 257358 号

特约编审：曾小丹
责任编辑：牟国煜
封面设计：杨飞羊

出版发行：**中国文史出版社**

社　　址：北京市海淀区西八里庄路 69 号院　　邮编：100142

电　　话：010-81136606　81136602　81136603（发行部）

传　　真：010-81136655

印　　装：北京新华印刷有限公司

经　　销：全国新华书店

开　　本：720×1020　1/16

印　　张：50　　　　字数：744 千字

版　　次：2024 年 1 月第 1 版

印　　次：2024 年 1 月第 1 次印刷

定　　价：176.00 元

本书编委会

目　　录

下　册

前　言

　　2017 年 12 月 13 日，习近平总书记瞻仰淮海战役烈士纪念塔、参观淮海战役纪念馆时指出："革命胜利来之不易，靠有革命英雄主义精神的一大批将帅之才和战斗英雄，更靠人民的支持和奉献。""要继承和弘扬我们党和人民军队的光荣传统和历史经验，在坚持和发展中国特色社会主义道路上不断前进。"

　　淮海一役，气壮山河。1948 年 11 月 6 日至 1949 年 1 月 10 日，在中央军委和毛泽东主席的英明领导下，中国人民解放军华东、中原野战军与地方武装会师淮海、决战中原，在兵力和装备均不占优势的情况下，以气吞山河之势，聚歼国民党军南线精锐部队，取得了淮海战役的伟大胜利，创造了中外战争史上以少胜多的经典范例。淮海战役的胜利，使长江中下游以北地区获得解放，为解放军渡江作战奠定了基础，是中国人民解放战争中具有决定意义的重大战役。

　　历史无言，精神不朽。为更好地搜集、保存、研究淮海战役历史，传承红色基因，赓续红色血脉，2014 年起，淮海战役烈士纪念塔管理中心正式启动"淮海战役亲历者抢救性采访工程"。多年来，工作人员奔赴全国各地，走遍大江南北，共采访平均年龄达九十岁的淮海战役亲历者七百七十余位，形成口述资料三百余万字，真实记录了那一段炮声隆隆、车轮滚滚的历史。

　　他们中，有身经百战、足智多谋的指挥员，有以身作则、军政兼优的政治工作者，有冲锋陷阵、浴血奋战的普通战士，有不畏艰险、克服困难的后勤人员，有深入虎穴、视死如归的隐蔽战线工作者，还有千里远征、随军转战的支前民工和倾尽全力、支援前线的解放区人民。他们作为历史的参与者与见证者，用鲜为人知的历史细节，描绘了恢宏壮丽的战争画卷，再现了中国共产党领导人民军队与广大人民群众寻求自身解放的生命壮举，展示了淮海战役中蕴含的"听党指挥、依靠人民、团结协同、决战决胜"的崇高革命精神。刻骨铭心的记忆对亲历者来说，是甘洒热血写春秋的芳华呈现；对后人而言，则是铭记历史、汲取经验、滋养心灵的鲜活教材。

以采访时间为序，淮海战役烈士纪念塔管理中心将其中二百一十位淮海战役亲历者口述实录和相关资料整理成册，精心编撰了本书，这是首部关于淮海战役的口述资料，也是"淮海战役亲历者抢救性采访工程"的阶段性成果。相信这部书将为淮海战役研究与宣传提供资源宝库，为爱国主义教育和革命传统教育提供生动素材，为实现中华民族伟大复兴的中国梦提供精神食粮。

人民战争，人民创造胜利。人民历史，人民抒写辉煌。谨以此书向参加淮海战役的每一位亲历者致敬！向淮海战役胜利七十五周年献礼！

蒋越锋

2023 年 12 月

　　许克杰，1928 年出生，山西榆次人，中共党员。1940 年参加革命，淮海战役时为中野六纵侦察参谋，中华人民共和国成立后曾任中国人民解放军第十二军副军长。

许克杰口述

（2011 年 10 月 14 日）

围歼黄维兵团的战斗动员

1948 年 11 月 23 日，我们纵队进行旅以上干部会，做歼灭黄维兵团的动员。纵队司令员王近山、政委杜义德主持。首先传达党中央、中央军委的作战方针，而后传达邓政委的讲话。邓政委说：淮海决战关系重大，这是关系到中国前途和命运的大问题，我们中野坚决要参加这一决战，要不惜一切代价，破釜沉舟，和国民党十二兵团决一死战。参加这一决战，就是把我们中野打光了，也是值得的。只要解放军各路大军还在，我们一定胜利。这一次你们参战，要彻底地把黄维兵团吃掉，只能胜不能败。这是要和黄维兵团决一死战，指战员情绪特别高，早盼着这一天了。豫西"牵牛"的时候，好多干部、战士给上级提意见："不要一直走了，咱们掉转头来干他就是了。"邓政委的讲话给我们增添了无穷的力量和坚强的信念。传达完邓政委的讲话，王近山司令员做动员："我们六纵就是打得剩下一人一枪，也要战斗到底。"王近山外号"王疯子"，是一员战将。动员以后大家群情激昂，求战情绪特别高，各旅纷纷向上级表决心、立军令状。然后下边一层一层开动员会，旅里、团里一直到连里都进行了动员，写保证书，好多战士还写了血书。后来告诉大家不要写血书，表决心就行，写血书手容易感染，感染了影响战斗。可见大家都抱着破釜沉舟的决心，准备为淮海战役的胜利做贡献。当时的情景，真像一把将要出鞘的剑，刺向敌人的胸膛。

廖运周起义

11 月 24 日中午，传来了晚上出击消灭黄维兵团的命令。陈赓的四纵在南坪集阻击黄维兵团，总前委在浍河和浍河之间布置了口袋，准备在口袋里消灭黄维兵团。王近山指挥的十六旅、十七旅、十八旅和陕南十二旅扎南边的口。24 日晚，我们在蒙城以北的檀城集展开，向板桥集、刘集方向穿插，关南大门。穿插过程中，十七旅、陕南十二旅截住国民党八十五军一部。25 日敌人开始反攻，向我军占领的周尹庄、马小庄、小李庄、杨庄一线攻击。十七旅的五十团打得很顽强，伤亡很大，阵地被攻破。十七旅指挥四十九团、五十一团反攻，恢复了阵地。黄维看到突围攻击不成，准备集中四个主力师突围。

这时，国民党八十五军一一〇师师长廖运周和我们联系准备起义了。廖运周主动向黄维请战，要打头阵。黄维说："老廖，你打头阵好，你要立头功啊。"廖运周是大革命时期的老党员，他其实是要借这个机会起义。他事先派人从我们前沿阵地，也就是陕南十二旅和六纵十六旅的接合部出来，找到解放军，部队一级一级把他送到司令部。在河南的时候，此人就来过一次，纵队机关的同志认识他。刘、陈、邓首长得知廖运周起义的事后做了批示，要求廖运周部起义后到指定地点集合。11 月 27 日，天刚蒙蒙亮，纵队作战科武英参谋带路，廖运周的部队从陕南十二旅和十六旅的接合部走了出来，事前在路两边插上了高粱秆子，起义部队在高粱秆之间前进，往指定地点走。我们部队在两侧，以防万一。国民党军不知道他们起义，派了四架飞机低空掩护。起义部队抬着布板，这是对空信号，飞机看到布板就不打了，我们也抬着布板。起义部队出来后，我们把口子封死了，一起向后面跟着的国民党军开火。一一〇师有炮兵营，纵队命令炮兵营占领临时发射阵地，向国民党军开火，增强我们的火力。大概 12 点，敌人被打得混乱了，伤亡很大。他们整顿后在大炮、坦克、飞机掩护下向小李庄、杨庄猛攻，仗打得相当激烈。陕南十二旅三十五团一营营长李更生，很能打仗，很沉着，指挥部队专门打步兵。那时候咱们没有反坦克武器，没法对付坦克，就打步兵，消灭了步兵，坦克占不了阵地。三十五团一营伤亡很大，但李更生还是把小李庄守住了。杨庄几次失手，丢了再反攻。陕南十二旅伤亡很大，纵队命令十二旅旅长薛克忠指挥三十四团和十七旅五十一团、十八旅五十二团实施反击，才把阵地夺回来。27日是恶战的一天。我们胜利地接收了一一〇师的起义，这对黄维来说是沉重的打击。

血战大王庄

12月9日，华野七纵二十师张怀忠师长指挥反攻大王庄。五十八团攻入后，五十九团接防，伤亡很大。张怀忠令四十六团指挥五十九团、四十六团夺回大王庄。四十六团钟良树政委指挥二营占领村西侧阵地掩护，四十六团张参谋长率领一、三营反击。张参谋长是我的老首长，能打仗，能文能武。他带着一营营长高俊杰、三营营长吴彦生侦察情况，从交通沟走的时候还向碰到的五十九团一营战士了解情况，在和营长研究后下决心，发扬老红军、老部队的光荣传统，近战、夜战的特长，准备天不亮就发起攻击。凌晨4点，解放军突然发起攻击，用刺刀、手榴弹和敌人作战。那时敌人还在睡觉，一营在左，三营在右，一营高俊杰营长、左三星教导员，三营吴彦生营长、王巨洲教导员冲上去，和敌人拼刺刀、拼手榴弹，一阵厮杀把敌人的三十三团消灭不少，夺回阵地。大王庄离敌人的指挥部小马庄只有一千多公尺，那是插到敌人心脏的一把钢刀。敌人反攻，把我们打出来，我们再把敌人推出去。我在边儿上扒着看，得掌握情况给旅长尤太忠报告。我们守住了大王庄，有的战士死的时候还抱着敌人、咬着敌人。大王庄四十六团打得好，伤亡虽大，但展示了部队的老作风，纵队表扬了他们。打垮了大王庄，吓垮了小王庄的敌人。国民党八十五军二十三师守小王庄。10日晚，二十三师派人向华野七纵缴械投降。血战大王庄太激烈了，光四十六团就伤亡八百多人，但那时打仗只要有一分力在就不会向上级叫苦求援。华野七纵二十师战斗作风好，要向他们学习。

打仗要根据实际情况

你看《亮剑》了吗？李云龙的战法没有规律，都根据实际情况来打。

王近山是他的原型之一。王近山识字不多，但很会搞战法创新，一会儿老虎掏心，一会儿劈山攻城，经常变化，敌人搞不清。国民党打仗翻条令，不会根据实际情况打。打襄阳时，敌人占老虎山、琵琶山、腰鼓山，居高临下。自古以来打襄阳都是先攻山、后攻城，王近山不是。他不攻大山，把大山下面的两个小山攻下来做掩护，挖两条大交通沟，通到城下，消灭了敌人好几个旅。淮海战役时也不墨守成规，战法是"扎紧口袋，关门打狗"。打黄维时，我们占了周尹庄、小周庄、小马庄、小李庄、杨庄一线，就是关门，先把门关死，不让黄维跑掉，再层层扒皮，一个一个地打。因为火力弱，地形平坦，得挖交通沟往地下钻。一个连带出去，事先侦察好往哪挖，路线是曲线形的，部队成一路纵队，也是曲线形的。一个人三到五米，一晚上就能挖到敌人跟前，有的还能挖到敌人侧后。交通沟可厉害了，敌人害怕。纪念馆里有送炸药的发射筒，俘虏都说那是小型原子弹，好多国民党兵是被震死的。我到俘虏群里检查，有一个俘虏熏得像黑蛋，我问："你怎么是这个样啊？"他说："昨天晚上你们的炮弹，不知道你们是什么炮，打进来还在院子里面蹦三蹦。"所以军事上面不能墨守成规，墨守成规敌人就抓住你的规律了。

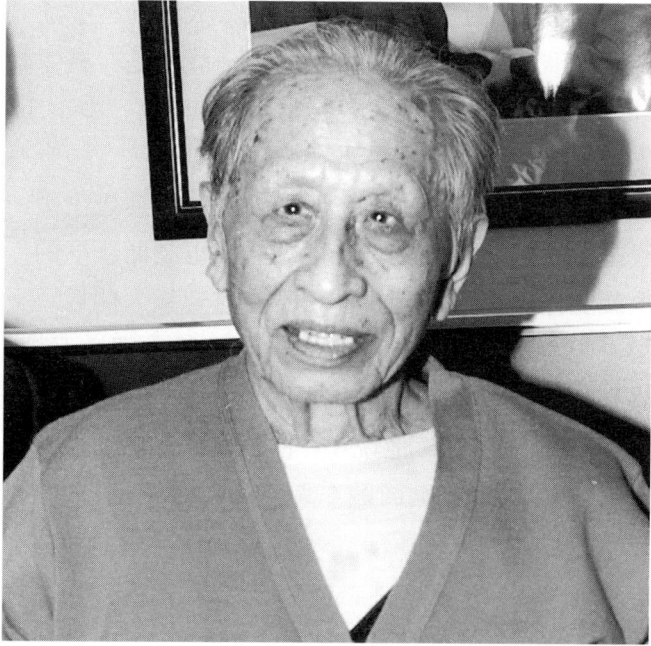

　　高锐，1919 年出生，山东莱阳人，中共党员。1937 年参加革命，淮海战役时任华野十三纵三十七师师长，中华人民共和国成立后曾任中国人民解放军军事科学院副院长。

高锐口述

（2011 年 10 月 23 日）

我们的战斗作风

我们师只有三个团，一个团两千多人，加上直属队，不到一万人，炮少，炮弹少。武器是打土顽、打县城缴获的，基本是三八式步枪、捷克式机枪，榴弹炮很少，都是仿日本，自己造的。我们打这种炮都是直射，距离推得很近。打济南伤亡四千多，但整编时有七八千，因为边打边俘。淮海战役伤亡两三千人。当时是冬天，战士没鞋穿，下边叫苦，我说："红军过草地苦不苦啊？"师指挥所到团指挥所只有几百米。部队到老百姓家里弄饭吃，吃的是地里的地瓜，煮地瓜吃，留个便条，写明吃了多少地瓜、多少粮食，那时的军民关系，要求很严格。我们纵队司令员周志坚是四方面军的，打仗作风和许世友很像，能打也要打，不能打也要打，拼命，不怕牺牲。谁生在那个年代都会这样，眼前的事会忘记，但是过去的事都记得。

淮海战役六十三年了。打济南时我还不到三十岁。济南战役印象最深刻，全纵队都出了力。分清主次很重要，任务不同，有的好打，有的难打，但大家都尽力了。打仗什么都顾不上，任务一来，马上行动。济南打完外城，本来可以休整，许世友命令一下，接着打。连续打的好处是不给敌人喘息的机会，但我们准备不足，伤亡大。

淮海战役的战斗历程

1948 年，济南战役结束后，9 月份开始打三大战役，那是战略决战。当时，毛主席说从东北开始，关门打狗，消灭国民党军，林彪犹豫，下不了决心，毛泽东批评他了。打济南只用了八天，这是我军历史上第一个攻打大城市的战役，除吴化文起义外，敌人全部被消灭了。之后休整一个月，南下参加淮海战役。我们是山东兵团，司令员是许世友，但他病了，由华野副政委兼山东兵团政委谭震林指挥山东兵团，从兖州、津浦路南、徐州北到台儿庄，华野主力从临沂南下。第一阶段打黄百韬兵团。徐州东边的黄百韬兵团正在向徐州集中，我们兵团从徐州东边插下去，华野主力从临沂南下，黄百韬走到半路被包围在碾庄。黄百韬被切断后，我们转过来向东配合华野主力打碾庄，打了十一天，打了几个村庄。我们十三纵南下蚌埠北打援，未能参加围歼黄百韬作战，南下路上顺便解放了灵璧，消灭敌人一个师。国民党军见我们南下，赶快回缩，停止了出击。战役第二阶段，中野把从驻马店前来增援的黄维兵团包围在双堆集。我们纵队又赶去增援中野。因为中野经过黄泛区，重武器都丢了，减员大。我们解放了双堆集附近的几个庄子，逼近双堆集。国民党看到双堆集危险，就让军官坐小飞机降落到包围圈里，指挥突围。突围时我师左翼有坦克跑出来，我们渡过一条小河追击，跑了一辆坦克，另一辆被送上的炸药炸毁了。第三阶段打陈官庄。毛泽东说"围而不打"，所以我们一边包围敌人，一边休整。敌人飞机空投的东西都投到我们阵地上了，他们自己没东西吃。我们喊话，他们没有士气了。最后发动总攻，把他们消灭了。杜聿明被俘虏后用砖头把头砸破了，后来被认出来了，因为有俘虏是他部队的。十八军军长杨伯涛从我们纵队正面突围，被抓住了。三个阶段我们都参加了。战役结束后，渡江，打上海，进军福建，解放福州，在厦门吃点亏，无渡海作战经验。

　　金正新，1928 年出生，安徽濉溪人，中共党员。1945 年参加革命，淮海战役时任华野二纵六师十八团一营二连一排副排长，中华人民共和国成立后曾任中国人民解放军第十二军副军长。

金正新口述

（2011 年 10 月 31 日）

战前大练兵

淮海战役三个阶段我都参加了。

打完济南战役后，10 月，我们部队在山东蛟龙湾整训了二十多天。那时只知道全国形势好转，接连打胜仗，但华野当时比较紧张，虽然济南打下来了，鲁南的郯城等很多县城却还被敌人控制，江苏的徐州、新安镇等县城也都在敌人手里。我们是战士，并不知道野战军开了师以上干部会议，纵队开了营以上干部会议，只知道环境非常艰苦，很多地方没有解放。所以我们知道，下一步要到这边来打仗。练兵四个目标：第一是打郯城；第二是打新安镇，也就是新沂；第三是打宿迁；第四是打睢宁。我们在蛟龙湾整训，部队进行政治教育，讲全国和各战场的大好形势，讲刘邓、西北野战军、东北野战军的战场情况发展。当时华东虽取得很大胜利，但是敌人还是蛮强大、蛮多的，大家有战胜敌人的决心，全国形势、华野形势大好，有信心在毛主席党中央的领导下，把那些没解放的地方解放，我也希望很快解放，因为我的家乡就在那里。抗日战争和解放战争都围着徐州转，就是希望把家乡人民解放出来。当时蛟龙湾整训，就是两方面教育：一是树立信心，敢打必胜的信心；第二是提高军事技术。当时主要战术是攻坚战、城市巷战。攻坚战就是强攻敌人，冲破敌人。郯城、新安镇、宿迁和睢宁都有坚固据点和围墙，突破敌人第一道防线后，进到城市里打，叫巷战。那时候练兵专门练巷战、攻城、夺房子，一个房子、一个院落地争夺。

开赴淮海前线

1948年11月初，我们从蛟龙湾出发，下午三四点从临沂北过沂河。还没过河，离敌人步兵部队很远，大概三四十华里，敌人就来了三架飞机封锁我们。河水深到膝盖，我们蹚水过河。我那个排参加战斗的时候是五十二个人，有三挺重机枪，结果伤了三个，牺牲了一个，还被打死了一个骡子。我们在水里，趴不能趴，走不能走。行军时我在前面带队走，后面的同志负伤了，牺牲了，我就赶快回去，命令赶紧包扎伤员再送走，把牺牲的抬走。骡子打死不能用了，把枪下下来，扛走。我心里很难过，出征第二天就被飞机打了。骡子驮重机枪，骡子死了，打仗时就得人扛，增加了负担。所以我从另外一个班调来一个人，补充六班。处理了半小时，继续行军。

首战双沟，一〇七军投诚

到了江苏，也就是新沂北，过去在这里打游击，如今又来到老根据地，心情很激动，感觉离家又近了。在那住了六个小时，吃了饭休息一下，继续行军，到了新沂东的徐塘庄。当时徐塘庄的敌人跑了。我们从徐塘庄过陇海路，从高流直插宿迁。我们走了一天多，到了宿迁，宿迁的敌人也跑了，就准备打睢宁。到了耿车，耿车离睢宁还有二三里路，睢宁县的敌人也跑了。最后，我们从睢宁县城北直插双沟。恰巧此时，国民党孙良诚的一〇七军从宿迁跑到睢宁，从睢宁又跑到双沟。经过战斗、谈判，孙良诚带着一个师还有几个独立团，大概六千人投降了。这时候围歼黄百韬的部队打得很激烈，我们还听说何基沣、张克侠两位将军在贾汪起义了。路南消灭一〇七军，路北何、张起义，部队很受鼓舞。我们直插黄集、两山口。过了双沟到达房村，就跟敌人接触上了。房村属于铜山县，海郑路以北都是山，海郑路以南是平原。敌人开始阻挡我们了。

再战二陈集，土办法打坦克

我们打的第二仗是在棠张东南的二陈集，阻击邱清泉兵团。敌人想从南边迂回到大许家围歼黄百韬的解放军的后面。敌人一个营，配合三辆坦克，攻击前进。我们一营在二陈集西头。庄子东西走向，西头有五六间房子，村子很大。我那个排在西头小村子和大村子之间。知道敌人有坦克，所以我们在战壕前挖了三米深、五米宽的防坦克壕。壕沟前是鹿寨，挖好沟，用棍子、高粱秸铺上，坦克看不见就掉里面去了。打坦克有三种土办法：第一个是把麻荷塞到坦克履带里，缠住它就走不了了；第二个土办法是在瓶子里装汽油，点着火往坦克上砸，烧坦克；还有一个是用炸药包、手榴弹炸坦克。那天下午2点，敌人一个营分两个梯队向我们进攻。我们面向北，右边也有敌人，有多少不知道。正面敌人有一个营、三辆坦克，打完炮后，坦克来了。坦克后一百多米是步兵。我们营里干部有点沉不住气，让机枪手打，一打，暴露了。敌人的坦克离我们一二百米，一炮打掉我们三个机枪阵地。我没让我们排的三挺重机枪打，离太远不起作用，暴露目标后，敌人会打掉你。营长是新沂赵村的，叫赵东林，他说："金正新，你这个办法好，敌人不到一百米以内不能开枪。"这三挺重机枪就保留了。敌人坦克到前沿了，我们用机枪打步兵，一百几十人的步兵，被打伤了三四十个，几挺重机枪一齐开火。我离七八十米，看得很清楚，一连三排八班的副班长带上三个战士爬到敌人坦克上去了，敌人一慌张，坦克跑到两个坟之间，被卡住了。坦克走不了，履带悬空。副班长爬上去，怎么都没砸开门。另一辆坦克用机关枪向他们扫射，三个人被打伤一个，从坦克上掉下来，被敌人另外一辆坦克挂走了，战斗结束了。

蒋楼战斗受伤住院

第三天晚上，由于增援不得力，蒋介石命令杜聿明督战。杜聿明指挥邱清泉不顾一切向碾庄增援。邱清泉组织了三个步兵师，向我们二纵四师和六师阵地进攻。六师在左，四师在右，打了一天多，大家都有伤亡。敌人后撤，想插到两山口。我们在潘塘南边。潘塘是兄弟部队打的。孙店南边有个前后蒋楼，国民党七十军的一个团在前后蒋楼。我们团负责歼灭敌人这个团。夜里，摸到敌人据点前，看完地形后，带着部队先搞近迫作业，要求挖到离敌人前沿一百二十米。沙土地很好挖，要求一个半小时内把工事挖好，工事挖三米长、六十公分宽、一米五深，加上基土，就有两米的高度。这样在沟里运动，敌人就看不见了。机枪组织阵地，炮组织阵地，突击队、火力队要占领阵地。晚上 10 点多，发起冲击。开始对地形不熟悉，结果一下冲到一个大水塘边，蒋楼南边和东边都是水塘，水塘边是房子，冲到水塘边后，部队上不去了。我那时候是火力队长，负责掩护。掩护主要靠经验，靠观察敌人火力发射的火光压制敌人。国民党很配合我们，他们给炮兵、步兵打照明弹，那天刮东南风，风把照明弹刮到他们阵地上了，目标就看得很清楚了，哪里是沟、是房子，哪里有水坑，一清二楚。这便于突击队、爆破队和火力队协同作战，大家都很高兴。营连干部准备了三十分钟后，马上组织突击，很快突破敌人阵地。突破后进到房子里，一个院子一个院子地夺。最后，敌人一个团副带着三十六人投降了。他们让炸药炸得基本上都晕了，捂着耳朵说听不见，举手投降。他们的团长带着二三十人在西北角的院子里，打到后半夜，被俘虏了。一共俘虏一千二百多人。战斗快结束的时候叫我们撤，撤了以后战斗结束了。撤的过程中，我负伤了。

部队一边撤，一边组织火力继续打，因为让敌人发现我们撤了，伤亡就大了。我指挥机枪继续射击，一个姓朱的班长和射手丁奎跟着我。我坐在机枪手的后边用手枪指挥机枪手，向左或向右打，及时告诉他们高了或低了，打得准不准。敌人阵地后面的炮群打来一排炮弹，落到我们机枪阵地前大概三四米远的地方爆炸了，是美式榴弹炮，一下把我们掀起来了。后来战友告诉我，丁奎的上半身炸没了，班长的头炸没了，丁奎给我挡了几乎所有的炮弹皮。我在他身后，重机枪的挡板还挡着我，要不是这样，我上半截身子也没了。有一个弹皮打到我身上，我昏迷了，躺在那，说不出话来，但能听到战友们说话。有个战友好像说："排长怎么样，排长怎么样?"我动了一下手，只听他说："排长还能动，还能动。"他们就把我抬下去了。大约三四个小时后，醒过来时已经到了师包扎所。一般是前线卫生员包扎应急包，到师包扎所后再仔细检查，该住院的住院，该留队的留队。不能走的、失去战斗力的就转院了。让我住院，我不愿意，我说我能行，腿能走。后来营长赶来了，说："不行，得下去休息，仗还有的是打。"就这样把我抬下去了，抬到了窑湾。

寻找部队奔赴战场

11月16日，我离开部队到医院，22日消灭黄百韬的消息传来，大家非常高兴。医院里敲锣打鼓，当地群众慰劳伤病员。有的老百姓从很远赶来，那时候老百姓很穷，没有穿棉裤、棉衣服的，宿迁、新沂的老百姓都披着被子，这些地方被国民党统治好几年了，太穷了。有拿一个鸡蛋的，有拿几棵白菜的，有拿着粉条的，还有拿点面的，慰劳伤病员。我们很受感动，住了几天就住不下去了，因为老百姓很苦，需要我们去解放。我要求出院，院里做工作，不准出院。我说，准走也得走，不准走也得走。我话说得很硬，最后组织了七个人，天快黑时就走了。部队往南去，我们去追部队。从窑湾出来走了大半夜，到了睢宁县城，住了一晚上。前后方人来往不断，我问二纵去哪了，他们说去宿县了，我老家就在宿县西南。离宿县不远有个村子，都是姓金的。我带他们到了宿县南边，在任家桥东边的小庄子，我们找着部队了。二纵正在换防，接替中野九纵阵地。当时团里不让我们下连队，在团里留守，就跟着团里行动。刘汝明、李延年兵团从蚌埠过了淮河，过了固镇，我们在固镇北边阻击，消灭敌人两千多，敌人两个团各一部分被我们消灭了。刘汝明、李延年怕我们把他们吸引到淮河以北后歼灭，就跑到淮河以南了。

12月1日，杜聿明集团从徐州跑了，上面命令我们从固镇北十六个小时赶到第三战场陈官庄，大概二百二十里路。任务紧急，接到命令，吃了饭就走。敌人十三架飞机出来轰炸，有五架轰炸机，八架战斗机。见了飞机，我们拿轻机枪、步枪打。那时候子弹多了，可以打了。多个纵队一起往永城方向追赶徐州敌人。要十六小时赶到，必须强行军，都是小跑，部队有一天多基本没吃饭。前面部队一停下休息，领导干部就说："抓紧时间做饭。"饭还没煮好，命令来了又要走，所以做的饭都是后面来的部队吃了。我们在前边的部队，有的是用小碗端着饭，米煮得生不生熟不熟地吃点，如果是窝窝头就边走边吃。最后用了十五个小时赶到。到了以后，碰到敌人两个师进攻我们一个团，危急时刻，我们四个营赶到了。那时候枪声就是命令，哪里起了枪声就打到哪里去。我们上去以后打了三个半小时，把敌人给打退了，和敌人对峙起来。

战场休整，郭楼对峙

我们对峙的地方是永城陈官庄南边的郭楼，六师十七团、十八团在这里，我们十八团守郭楼东边的王庄。敌人占领村子，我们占领村外的野战阵地。我们阵地离敌人一百五十米，在阵地里和敌人对峙。我从团里到阵地上，一看排里没有排长，副排长负伤了，班长代理排长，我就没回去。当时没有房子，我们就在防空洞里挖了一个防炮洞。防炮洞在交通沟的边上，是半圆形洞，就像鸡蛋切一半，按个子高矮，洞长大概也就是一米八左右，深三四十厘米。不能挖深，因为在沙土上挖的洞太大，炮一震容易塌，塌下来就把人埋在底下了。也不能挖长，越短越安全，越浅越安全。但是浅了短了，人在里面就受罪，得蜷着。又赶上下雪，交通壕里，连雪带水很深。鞋子全都湿了，脚也是湿的。掩体也就是隐蔽部里，营以上干部就找老百姓的门板、铺板垫在底下。我们营、连在第一线，就弄砖头、柴火和树枝铺在底下，只要身上不沾水就行了，在那蜷着。

12月15日，黄维兵团被歼灭了。我们在战壕里和敌人对峙将近十几天，后来才知道是因为毛主席写了《敦促杜聿明等投降书》，怕平津战役的傅作义往南跑，所以叫我们休整再战。休整了二十天以后就把我们撤下去了。撤下去到后方休息了十八天后再回来，到1月3日，我们又进入阵地，接替原来的部队。1月3日到1月5日，我们挖工事到敌人前沿，离敌人前沿最近的地方八十米，最远不超过一百五十米，说话大声一点双方都能听到。在敌人前沿筑各种工事，比如机枪掩体、重机枪掩体、炮掩体，敌人炮火打来了好保证安全。敌人也不知道我们哪一天发起进攻。但这时，敌人战斗力很弱。当时我们喊话，国民党兵白天不敢过来，一过来，当官的就从后面打，都是晚上12点左右跑过来，边跑边喊："我是来投降的，不要打我。"我们听到他喊就把枪朝天上打，掩护他。二十天里，光我们营连，国民党跑过来的成排的二三十个人、散兵二三百人。跑过来的兵基本上是国民党抓的壮丁，都不愿意给国民党卖命，我们给他们饭吃，一说一教育，对共产党政策心里都比较有数。有家离得远的就不愿意走了，有的家近，徐州周围或者山东比较近的要求回家，由团以上单位来处理。我们营连主要是动员，尽量动员他留下来。部队有伤亡，打仗不怕人多，人多力量大，战斗力再强，部队再有本事，没有人，谁去完成？我总共留了七个人，一直打到抗美援朝，有的在我们部队当营长了。

决战陈官庄

1月7日下午3点半钟，淮海战役到了最后阶段，准备攻击前，我们对王庄的国民党九十六师二八八团发起攻击。当时我是营火力队长，一连、三连两个连是突击连，二连是预备队。

敌人反冲锋三次，冲上去，压下来，最后敌人有一百五十多人打完毒气弹，趁我们机枪、步枪火力都弱的时候，端着刺刀、冲锋枪上来了。我让大家把机关枪的子弹压满满的，那时一袋子弹二百五十发。一个新解放战士，一看一个机关枪下去，十几个人倒下，不敢打了。我就过去打，三挺机枪，打完这个换那个。副营长讲："金正新，你大概打倒了一百多敌人。"最后把敌人压制下去。压制下去后，部队就冲上去了，我带着机关枪到敌人房子底下。我们一连指导员田景盛，家是河南焦作的，我们在一个通信班时，他是班长，我是战士。田景盛带着部队冲锋时肚子、腿都负伤了，我一看他负伤了，就把他抱在怀里。他说："金正新，我不行了，不要管我，带着部队上去。"我怎么能不管他，我去叫卫生员过来，给他包扎后抬了下去。说老实话，那时候眼红，给战友报仇的思想特别重，我冲了上去，几挺机关枪架在房子上打。我手榴弹甩得远，一次能甩六十多米。我叫一个战士抱了一箱手榴弹，二十枚，我一手抓俩往敌人阵地上扔，像小炮一样，我离敌人三四十米远，不到五分钟扔了两箱手榴弹。敌人剩下三四十人，连长胳膊被打断了，脖子也负伤了，带着残兵败将缴械了。然后，我们开始追敌人。

王庄离杜聿明指挥部两华里，在指挥部正南，中间有个飞机场。1月9日晚上，我们要打到飞机场了。那时敌人很乱。我们这边华野的九个纵队有七个纵队的攻击目标都是打到陈官庄为止。我们部队从东南方向打。到10日八九点钟，太阳快要出来了，战斗基本结束。当时到处都是人，我们团一次俘虏国民党八千八百多人。国民党兵被包围一个多月，都饿得不行。我们的战士会说话，说我们这儿有大饼，国民党兵就都来了，缴了枪，其实也没多少大饼。上边有指示，自己连、营和团，自己装备缴获的武器，需要多少留下来，其他的一律堆起来上交。因为中野刘伯承、邓小平部队，执行任务比较艰苦，特别是跃进大别山，部队减员很厉害，装备也差。我们打济南时，一个步兵连一百八十人左右，最少也有一百五十人，他们那时候一个连队就五六十个人，跃进大别山时，为了走得快，重炮、重武器都炸掉了。到了大别山，除了打仗抓的俘虏外，没有平常解放区的内部兵补。我们华野除俘虏外，还有后方山东、河北人民子弟兵、农村青年都补给我们了，所以比较满员。当时我们捡了几挺重机枪和炮，朝国民党飞机炸的炸弹坑试打，还不错，就留给自己了。

淮海战役到10日上午结束了，部队下午撤离战场。人太多，都挤在一块儿，还好当时国民党的飞机没来轰炸，飞机在天上，不知道是国民党的兵还是我们的兵，没打也没有炸。我们赶紧撤离战场，把缴获的东西弄走。

1月13日，吃完晚饭后，我们部队第一次进徐州城。部队整装，枪弄好，背包弄好，鞋带系好，唱着歌喊口令，喊着一、二、三、四，进徐州。进入段庄后，没有人，都是泥土，到了现在的医学院那里，路边上才有老百姓的小农舍、小房子。当时的路况，小石子路都是泥，因为下雪，泥水很厚，到了大马路也就是老东门到车站那段，路好一些。过了下淀到铁路，也全都是泥。后来到了韩庄，军部在韩庄东的金马驹村，村子有五六百户人家，我们团驻守在那附近。一营住在金马驹东北离团部两里路的王屯村，住到过了春节。从韩庄上火车，到徐州站，第一次喝到徐州的水。徐州站供应饭，吃完晚饭，夜里到固镇北边，淮河桥被炸坏，我们下车后，从淮河西边坐船过淮河，到了合肥，到了贵池，以后就过江了。淮海战役战斗经过就是这样。

孟良崮战役的经历

当时我在一个山上，一个连防御这座山。山比较大，山上九里路，山下九里路，我跑了十八趟一天没吃饭，去传达信息了。部队撤走时，没通知到我。国民党一个营把村子占领了，正好是我们营部吃饭的地方，国民党一个连的炊事员在那做饭。我睡醒一看，怎么有灯、火把，还听到铁锹啪啦啪啦响，早上起来一看，这不是我们部队。再一看毁了，这院儿是敌人的了，敌人的战斗兵都在一线做工事。我想点子怎么逃脱。最后，我把身上的带子、背包都紧紧，把营长的驳壳枪子弹上好膛，走出去了。那个炊事员只顾弄饭，我没容他说话就骂："为什么饭还没有做好？"我的口音说得蛮不蛮侉不侉的，他赶紧说："马上就做好，马上就做好。"我先下手为强，国民党的兵都怕被骂，就这样出去了。敌人在北边，我朝南走。南边有个小庄，小庄中间有棵树，有个国民党兵在站岗。东边、西边有个大沟，我们白天走过都知道，我得想办法从站岗的这里过去。我走到离他比较近的地方假装蹲着提鞋，然后迅速抓了把土在手里，离他还有六七步时，他突然举枪说："口令！"我骂了句："口令我不知道，你怎么知道的？"我这么说着说着就到他跟前了，听我一咋呼，他连说："是，是，是。"我到跟前没等他反应过来，一下把沙子甩他脸上，把他眼睛眯了，他就打枪："共军共军。"我顺着小路跑大沟里了。一天没吃饭，又累又饿，在大沟里走了七八百米，离敌人远了。这时听到马蹄声，我们营长检查队伍发现我掉队了，派了三个骑兵来找我，三个骑兵有两个是我老乡。他们说话我听到了："毁了，这个庄子叫敌人占了，在那筑工事。"他们离敌人七八百米，我不能喊。后来他们在那转了五六分钟，没看见我，掉头走了。

那时老百姓都把粮食、东西藏起来，不想给国民党。我看见有两口子在用柴火堵防护洞的门，我就过去了，喊："大娘。"本来洞里灯亮着，我一喊，灯被吹灭了，他们不知道是谁，怕是坏人。我说："大娘，我不是坏人，我是八路。"她还不相信，我就给他看衣服。大娘闪个缝看我是一个人，把柴火弄开，放我进去了。进去以后，我问大娘要水喝。大娘打开锅，上边蒸的地瓜，下边留的地瓜水。大娘舀了一碗地瓜水给我喝。桌子上有三块地瓜，两个整的，大娘说："同志，你饿不饿？你要饿就吃了吧。"大娘太好了。我狼吞虎咽吃了一个半。吃了以后，我说："大娘，解放以后我来还你。"就走了。遇到人，都说解放军往东北方向去了。后来找了一个我们纵队的侦察员，他说你们师长离开六十里路。我赶快追，下午3点钟，终于找到我们营部住的那个地方。营长总喜欢蹲在地上，看到他，我一下子趴下了。营长把我扶起来。主要是连渴带累，再加上见到领导和部队心里激动。当时向野战军报告了：六师十八团一营通信员背着营长的枪和营长的皮包掉队了，可能叫敌人抓去了，因为骑兵回来讲村子被国民党占了。就在这时部队集合要出发了，我狼吞虎咽吃了点饭，跟部队走了。营长说："你的皮包跟枪给你班长，你骑着营部的小毛驴，驮粮食的小毛驴，今天行军你不要走路了。"就这样，我骑着毛驴走了一夜，因为年轻，睡了一夜就好了。

解放军的打法和装备

国民党凭借炮火、人多，不是凭借技术、战术。他讲我们是人肉战术，实际上，国民党才是真正的人肉战术。飞机大炮轰完，再一起冲锋。我们是想尽一切办法，先打运动战，再打村落战，再打攻城战。当战士、当干部的心里都明白打法，打起仗来才能发挥好。国民党兵都是稀里糊涂的，都是被骗上战场的，比如，你打好了，我给你升官，给你奖励，给你钱。我们不是，凡是发给战士的物品，班长、指导员都先给新兵。新兵有两种，一是解放区翻身农民，二是在战场解放的国民党兵。东西先给他们，然后给我们这些老兵，接着是党员，最后才是班长。让大家切实感受到官兵团结一致，不是干部压制战士、欺负战士，党员骨干欺负群众。另外，解放军都是冲锋在前，退却在后；吃苦在前，享受在后。部队当时每一个人都知道这个口号。当时我们排有三挺重机枪，轻机枪开始是一个连六挺，以后是一个连九挺，一班一挺。战士都是步枪。一个班三到四挺冲锋枪，战斗组长、党员都拿冲锋枪。普通战士的枪有国民党造的中正式，也有汉阳造，有日本的、苏联的、美国的，好多国家的。淮海战役后基本统一为美国的了。一个圆筒子，后边两个铁板，是加拿大冲锋枪，比美国的汤姆式要好，汤姆式开始能打一百五十米，打一百发后，几十米就落地了，因为子弹头细，越打口径越热，越热就越松，松了就没有劲了，落得近了。炮是六〇炮，当时有三门。国民党的武器都是美式的，比我们好得多。

解放军胜利和国民党失败的原因

淮海战役胜利的关键，我认为是党中央、毛主席指挥得好，人民解放军发扬了人民军队的革命精神、为人民服务的观点。到了窑湾，人民群众那么困难还来看我们伤病员，慰劳我们，给我们吃的、喝的。淮海战场能打胜仗，没有人民群众的支援，没有人民群众的后勤保障，我们也不可能坚持这么长时间，消灭敌人。陈毅元帅说淮海战役胜利是人民群众用小车推出来的，这一点我体会最深。咱这个地方的人民群众，受日本人八年蹂躏、欺负、统治，很残酷，老百姓很穷。国民党来了以后，从1946年到1948年，两年多的时间，因为他们的剥削、压迫、统治，老百姓比抗战时更苦。在这种困难情况下，他们还全力支援部队，做军鞋、送军粮、抬担架、推小车。我们在陈官庄时，一天一个团子，就是用豆子面、高粱面、棒子面、绿豆几种粮食做的团子。我们伙房被敌人炸毁后，一天一个人一个团子，一个团子七八两。因为天冷，吃的时候咬不动，没有地方热，战士们就用刺刀慢慢地挖一点吃一点，有七天是吃这个东西过来的。如果人民群众不给我们送粮食，不支援我们，连这个都吃不到，应该感谢人民群众。第二是人民解放军发扬了我军的光荣传统，坚决执行毛主席的命令，执行党中央、军委的命令，不怕苦、不怕死，宁愿战到最后一人，也要勇敢地坚持下去。第三是我们部队内部团结友爱，友邻之间无私支援。友邻有困难，我们再困难、再危险也要支援友邻。部队内部官兵平等，大家团结一致，拧成一股绳。

国民党兵装备好，却被我们消灭，一是他们内部腐败。当官的欺负广大士兵，士兵不是自愿去当兵，都是被抓来的，作战不卖力，不像我们，都是官兵平等，团结友爱。再一个，就是蒋介石本人指挥不当。隐蔽战线也起了很大作用，淮海战役第一阶段关键时候何基沣、张克侠起义，为我们歼灭黄百韬带来很大优势，给国民党很大打击。第二阶段消灭黄维，国民党的师长廖运周起义，使黄维变得很被动，为我们创造了有利战机。

另外他们不团结。黄百韬被围在徐州东，一个星期伤亡了两万多人，增援部队迟缓。黄维被围后，刘汝明、李延年两个兵团距离他只有四十华里，不去救他。由于国民党腐败，内部钩心斗角，矛盾重重，我们利用这些矛盾，把不利变成有利，被动变成主动，所以，虽然装备差，人数少，小米加步枪打飞机、大炮和坦克，拼刺刀、手榴弹，仍然能战胜国民党。说明一点，毛主席、党中央领导英明，广大指战员有坚定的革命决心，英勇顽强。蒋介石指挥失当，上下不一条心，各顾各。

不怕死的原因

打仗怕死吗？要说不怕，那都是骗人的瞎话。生命有几个，谁都不想死。但是被授予任务后，想着领导说的，咱们打仗不是为了个人，咱们是为了广大人民群众不受苦不受压迫，为了解放他们，这就有了动力。党中央、毛主席各级领导英明指挥也是保障。战友之间互相团结。我牺牲了，他们会把我背下来；我负伤了，他们也会把我背下来。伤员负伤了，部队不会把伤员扔下，牺牲同志也不会扔下不管。除非确实没有办法，没有条件，也能原谅。只要有可能，即便再牺牲两个人，也要把那个伤员抬回来。这是我们共产党人的本性。今天是他，你不救；明天是他，你不救；后天轮到我，也不救了，大家就感到寒心了。

不怕死是瞎话，但真正到火线上就不怕了。我们打戴之奇，一个团两个营死了三百多、伤了三百多，都在阵地上趴着，没有下来。第二天我们主攻，营长叫我带突击班。平时都是副连长带突击排，副排长带突击班，副营长带突击连，这次是副营长带突击排，加强两级指挥。副营长带了我和另外一个通信员，他对我说："金正新，你跟突击班。"突击班长叫朱华杰，是我老乡，他对我说："金正新，咱俩今天在一起战斗，如果我不行了，你要给我家里报个信儿，你要不行了，我要活着我给你报信儿。"班长是抱着死的决心。后来班长在平谷牺牲了，牺牲后是我把他背回家的。

任务非常艰巨也很光荣，这时不是考虑怎么死，不是考虑怎样危险，而是怎样去完成任务，怎样想尽一切办法去完成任务。这时死的概念就不在头脑里了。

基层干部的主要任务

基层干部最主要的，第一不能搞非战斗减员。什么是非战斗减员？就是非战斗因素造成的伤亡，比如意外事故、病故以及因病退出战斗等。这就要求连职以下的干部要少吃饭、少休息、多跑路、多了解各个班排以及战士的情况，每个人的情况在脑子里都要了解得一清二楚。谁表现怎么样，谁能完成重要任务，谁能吃苦，打仗的时候用谁最放心，平时工作干活用谁最放心，心里都要有数。最怕的就是这种非战斗减员，没有人了怎么执行任务？

第二，战争年代虽然吃不好，穿不好，休息也不好，但不能怕苦怕累。很多时候一天要行军一天要打仗。要想取得战斗的胜利，得跑很多冤枉路，但是不能丧气，也不能对上边发牢骚。要用政治思想教育自己，做好本职工作。因为打仗时间总是少，平常行军、转移，执行这样那样的任务是最多的。小仗还好说，大仗像打淮海战役，最艰苦。基层干部对上级、对中央、对党、对毛主席不能有任何怀疑。现在的苦、现在的累应该说都是暂时的，一定要有最后战胜敌人、解放全中国的必胜信心，没有胜利信心就没有革命意志，没有革命意志就不会坚定。那么苦，那么累，那么危险，所有战斗都会看到牺牲、负伤的人，这些场面很教育人。如果没有坚强的革命意志，就坏了。平常做工作，首先教育有完成任务的信心，然后才能想出好多办法去完成，如果一开始就没有信心，办法也想不出来。淮海战役何基沣、张克侠一起义，我们就坚信淮海战役一定能胜利，因为这说明党和毛主席领导英明。军、师、团各级首长大部分是红军，都经过长期革命战争考验，对他们的丰富经验我们非常信任，所以很有信心。

　　高希中，江苏睢宁人，中共党员。1943年参加革命，淮海战役时为华野六纵某部战士，中华人民共和国成立后复员回乡务农。

高希中口述

（2011 年 11 月 10 日）

战场二三事

我们家是贫农，八口人就住两间房子。十几岁我就参加地方游击队了，最早的时候部队没有番号，1943 年 3 月 12 日加入大部队，淮海战役时是华野六纵战士。淮海战役开始后，我们部队先打曹八集，转到土山，又转回来，打碾庄。那一次打了十几天，一个营五百多人没剩几个人了，连长也受伤了。营长、教导员对我很好，让我写报告入党。后来我们到徐州南面打。当时国民党飞机扔东西的范围小、目标不准，大部分扔我们阵地上了，有子弹，还有整麻袋的面包、吃食。当时主要吃小黍饼，有时候也去老百姓家里，老百姓吃什么我们就吃什么，脚上穿的鞋子都是老百姓做的，有时跑一百多里路，两条腿都跑肿了。打仗时东奔西跑，没有固定地点，有一次正吃着饭，正在剃头的兵头都没剃完就转移了。对俘虏我们都做动员，有的俘虏把国民党的军装脱了换上我们的军装，自动参加解放军了。解放战争时我曾负伤住在华东军区二院，伤好之后转移到山东洪山，在洪山打了一仗，我的两位哥哥都牺牲在山东了。

　　孙守义，江苏新沂人，淮海战役时为华野十二纵三十五旅一〇五团战士，中华人民共和国成立后复员回乡务农。

孙守义口述

(2011 年 11 月 10 日)

阻击、追击和总攻

我自始至终参加了淮海战役，我的回忆就像瞎子摸象一样，打哪就对哪熟悉。

那时我在团部骑兵班当副班长，专门送信。一个团有一个通信连；一排是通信排，二排是侦察排，三排是电话排；一排的一班、二班是步兵班，三班是骑兵班，我在骑兵班。白天骑兵很少出去，怕飞机。那时候骑兵送信没有两个人，再近再远都是一个人。

济南解放后，部队在山东休整大概一个月，发了棉衣。后来提出南下，口号是"消灭七兵团，活捉黄百韬"。我所在的部队打新沂的黄百韬。到新沂东面一个村庄，敌人跑了。后来打窑湾，又渡运河去阻击增援黄百韬的敌人。在皂河渡河，没有船，泅渡，水很冷。过了河，就跟国民党孙良诚部打，打得不激烈，孙良诚随后投降了。我们就到了徐州南边打阻击。当时部队打坦克技术不是很好，我们团一位姓洪的参谋，军事方面不错，布置好地雷后，敌人的坦克开来了。那时候也跟国民党学了些东西，用树干拦路，但拦不了坦克，坦克进入雷区后，摇电话机，全爆炸了，离地雷近的坦克被炸了，离得远的逃跑了。

打完阻击，又去追从徐州撤退的国民党军。路上见到国民党伤兵就把他们的枪拿下来。大路边柳树特别多，国民党逃兵的汽车像一条龙。我们团用迫击炮打坏了一辆汽车，后面的汽车一辆接一辆都栽上去了，两边都是树，没法转弯。

部队到了永城东面，我们边守边打，他们挖壕沟，我们也挖壕沟，两边很近。国民党兵没吃的，包围圈越来越小，国民党军没办法，从南京派飞机空投大饼、萝卜干，都是大麻袋。有时投到两军交界的地方，我们就护住不让他们取，只要取就打，闹了很长时间。总攻后，国民党军开始突围。当时部队很苦，两边拼上了，我们的防线一层又一层，他们突围不出去，最后国民党军兵败如山倒。逮了好多俘虏，团里让我们骑兵送出去，当时我们就三个人，俘虏兵有两千左右，让俘虏三人一排，我们就这样押解俘虏。

　　申维清，1929 年出生，山西襄垣人，中共党员。1947 年参加革命，淮海战役时为中野六纵十六旅四十六团炮连战士，中华人民共和国成立后曾任中国人民解放军步兵第三十四师政治委员。

申维清口述

（2011 年 11 月 11 日）

战壕内外

我 1947 年参军，淮海战役时是中野六纵十六旅四十六团炮连战士。打襄阳后，纵队执行豫西牵敌任务，在路上接到上级命令，要我们参加淮海战役。

前面部队已经把黄维兵团的去路封锁了，我们的任务是把他们的退路堵上。黄维兵团前后受阻，被包围了，外面的弹药、粮食进不来，里面的人也出不去，没办法，只能用空投解决物资短缺问题。黄维十二兵团有十来万人，负责空投物资的飞机有限，空投不了多少东西，还不一定都落到他们阵地上。开始的时候，阵地范围大，空投到阵地的物资多些。后来，我们逐步占领那些村庄，空投物资的范围越缩越小，有一部分投到两军阵地交界处，都是开阔地，没有隐蔽物，对方只要看到就会开枪射击，白天双方都不去拿，只能等到晚上过去拖一点。即使天黑也非常小心，不能有动静，两军相距很近，大概一两百公尺远，有一点动静都能听见，听见动静对方就会开枪。有一次，国民党军空投了一个大麻袋，离我们很近。晚上，我们拖回来，打开一看是饼干，用纸包着的，纸都碎了，碎纸和碎饼干搅在一起，不好吃。

我们那时候不缺吃的，盐城是根据地，山东、河南有好多民工给我们运粮食、弹药，运输好，给养充足。我打过这么多仗，就这次战役吃得比较好。这么多老百姓来支前，保证了前线供应。有馒头，还有米饭和菜，大部分都是熟食，大饼和馒头运到前线比较方便。但是国民党兵没有吃的，整日在战壕里饥寒交迫。我们就冲着他们的阵地喊话："你们饿不饿？我们这有馒头！"很多国民党士兵都饿得受不了，听到我们喊话实在撑不住了，小股或者个别分散的部队就过来向我们投降，做了俘虏。他们过来首先要吃的，都饿坏了。记得当时解放一个小村庄时，看到很多死马的骨头，他们饿得把打仗用的马都杀掉吃了。即便是这种情况，我们也丝毫不敢松懈，攻下一个村庄后，还要继续往前攻，为了离敌人近一点，我们继续挖交通壕，随时准备战斗。那些地方都是平地，没有什么隐蔽物可利用，必须依靠交通壕掩护。当时的交通壕就像蜘蛛网一样，哪个交通壕往哪个地方走，都做好记号，否则出去就回不来了。挖交通壕都是晚上挖，如果让敌人听到动静就会打我们。大家分好工，一人挖几米，就这样边挖边打，攻下了一个个国民党军占领的小村庄。

　　钱树岩，1922年出生，江苏徐州人，中共党员。1944年参加革命，淮海战役时为徐州"剿总"文书，中华人民共和国成立后曾在徐州市博物馆工作。

钱树岩口述

(2012 年 5 月 16 日)

从共产党员到国民党"剿总"军官

我幼年失学，考上了中学，没钱上，小学毕业后到了书店当学徒。在那里我读了很多书，后来能考上"剿总"的军官，得益于那些年读的书。1938 年，日本占领徐州，把书店烧了，我感到亡国之痛，曾到大后方找出路，结果被国民党阻回。经人介绍认识了中共地下党员石西岩。石西岩当时在培正中学，也就是今天的第五中学当体育兼美术老师，家住奎西巷 17 号，我经常到他家去玩，但并不知他的身份。在那里看了《新民主主义论》等书籍，接受了进步思想。我们经常聚在一起，谈报国志愿，相处得很好。一个冬天，我们还跑到照相馆照了张合影，我在背面写上：我们是一样的心，我们是一样的血。

1945 年 10 月，抗战刚胜利，国民党就开始派特务搜捕进步青年，石西岩被人告密入狱。特务搜出了我和他的合影，看到了后面的字，以此为"同党铁证"，把我逮捕了。我经受住了特别法庭的刑审，压杠子，坐老虎凳，没提供任何口供。12 月，中共狱中支部发展我加入了共产党。

1946 年，"三人小组"来徐州调停，国民党当局为了做个样子，释放了些政治犯，我因取得十家连保被释放。出狱后，按照狱中支部的指示，我到了位于南关土山的党的秘密联络站，由联络站安排我到解放区交组织关系。我到了中共华中分局领导的徐州工作委员会，受到了组织部部长邵晓平、城工部部长廖卓才的接待，交了组织信，汇报了狱中情况，并提出了到前线去的要求。组织上研究决定，利用我是徐州人，社会关系多的优势，回徐州开展工作。机遇来了。6 月，解放战争爆发，国民党军调兵遣将，徐州绥靖公署主任顾祝同被调到南京，接替他的是国民党军第九战区的薛岳。薛岳上任后急需文书，我的朋友陈扬甫告诉我绥靖公署招聘参谋的信息。经过考试，我被录用了，任绥靖公署军务处司书。从1946年6月到1948年11月底，我在绥靖公署工作了两年半时间，后来叫徐州"剿总"司令部，在这里经过了宿北、孟良崮、淮海等战役。

传递机密情报获得嘉奖

当时司令部在道台衙门，我在那里上班，军务处也在这个院子里，军务处主要负责兵马补充、军官升缺调补，是个很重要的部门。道台衙门戒备森严，一般人根本进不去。那时大多数军官是外地人，在"剿总"大餐厅统一就餐。我是徐州人，不在餐厅吃饭。一吹号，大家都去吃饭了，办公室就成了我的天下，我就利用这个时间搜集情报。有一次，在办公桌上看到一份资料，是兵团司令部的指挥系统，我赶紧抄。突然听到有人喊："钱司书！"我心里一惊，原来是勤务兵送水，这说明当时的心态：草木皆兵。

薛岳上任后颁发《剿匪手册》，还没等他发出去，我早就送到解放区去了，那是作为国民党军进攻解放区的证据。还有一回，在办公桌上看到了一份战斗序列表，那是徐州"剿总"按期上报给国防部和联勤部的兵马统计表，根据上报的人数补充军饷、粮秣、枪弹，对于我们掌握国民党军的兵员，及时调补我们的兵力，很有用处。我及时抄下来，再送出去。

军事文件分四级，秘密、机密、绝密、绝对机密。那时，我最想搞绝对机密的东西。机会来了。一次，军务处长许午言让我抄写一份急件，是徐州和郑州所辖整编师的部署，西至潼关、南至长江以北范围，是呈送给顾祝同的绝对机密件。我想，我一定要得到这份情报。但处长始终看着我把文件抄好，我有意整理办公室卫生，暗中观察处长的行动，看到处长把抄件底稿放在了办公桌上的一个红色卷宗里后，就回家吃饭了。等到大家一走，我就把红卷打开，拿出材料装自己口袋里。可当时心里想：处长来巡查时，找不着怎么办，太鲁莽。我又返回处长的办公室放回到了桌子上。果然，8点多钟的时候，处长回来了。我觉得很庆幸。9点多，处长走了，我重回办公室取出文件，回家抄了半夜，不敢睡，未天明又送回去了。

我把这份文件交给秘密联络站联络员朱伯平，他又将情报交给侯五嫂送到了解放区。徐州工委此时隶属华野联络部，活动在砀北寇庄一带，我送的情报，由外线工作组就近用华野十纵的电台发向华野总部，同时也发给晋冀鲁豫军区。当时晋冀鲁豫军区认为该情报很重要，又转给了中央军委。军委认为这份情报及时、准确，发来嘉奖电报，表示鼓励。我没有收到电报，但是秘密交通站转来一封组织来信，信写在一张蒋管区纸币关金券上，用碘酒擦出来信的字迹："林山：送来情报收到中央军委电报表扬，希你继续努力。"林山是我的化名。

侯五嫂负责送我的材料，还有外线交通员。我把材料弄好后，侯五嫂的孩子，大约十岁，来拿，或者我送去，送到土山后的篱笆小院。那时候解放军在砀北县，华野情报机关就在那里。我们的路线是徐州到黄口到丰县到交战区，经常摸黑路送情报。

做好情报工作的关键，首先要做好保密工作，当时除了组织上，连我家属都不知道我是地下党，保密工作做不好是很可怕的。另外要胆大心细，要对情报很敏感。还有就是上上下下处好关系。

我和湖南、江西、湖北的几位军官都非常要好，很亲近。过去是"一笔好字，二口二黄，三圈麻将"，我晚上尽量不参与，但上班时非常融洽。我也注意搞好上下关系。我的办公室主任是湖北人，没地方住，我就让他住我家，尽量接触，不让他怀疑。我的直接领导是军务处的副官，他好找我写字，有个部队想补充兵员，给他一说，他很爽快地答应了。尽管那时候很严，但从来没人怀疑我。

徐州"剿总"的最后时光

徐州"剿总"每星期一、纪念周都会开会，总司令要讲话，尉官以上军官四百多人在大礼堂开会。大礼堂三百多平方米，能容四五百人。刘峙在上面的讲台讲话，大家在下面站着听，大多是讲形势。刘、薛、顾都见过，蒋也见过。国民党军的政治教育一般采取开大会的方法，叫青年训导大会，那是绥靖公署下边的大会，主要是给一些有问题的青年开会。

1948 年 11 月 30 日，国民党军撤离徐州。10 月中旬，已经有一批走了，人人心里都明白，都憋着不说出来，临撤的头一天，每处每人发了两个月工资，说是遣散费。刘峙先走的，李树正下完命令，撤的头一天，也买飞机票走了，处长们都坐飞机走了。11 月 29 日，"剿总"的号兵仍然按时吹响办公号，军官们急切地整理文件，文件被随手丢进火炉里，夜里，"剿总"紧急通知机关撤退。11 月 30 日天明，在中山路和文亭街路口排着大卡车，每个处分得两辆，挤满了军官和家属，沿着中山路向西撤逃。撤退前，能听到沉沉的炮声。上午 10 点，"剿总"撤走了最后一班岗，偌大的"剿总"司令部空无一人，满院纸灰纷飞，文件余火未烬，冷风中，总司令办公厅飘动着湖蓝色的窗帘，暗示着徐州"剿总"的覆亡。他们走后，我就回家了。

　　老百姓就等着解放的这一天了。就在这一天，物价涨了，解放军来了以后又恢复了正常。

　　左三星，1922 年出生，山西人，中共党员。1937 年参加革命，淮海战役时任中野六纵十六旅四十六团一营政治教导员，中华人民共和国成立后曾任中国人民解放军第十二军军工区政治委员。

左三星口述
(2012 年 5 月 17 日)

难忘的大王庄战斗

说起淮海战役,最难忘的是大王庄战斗。大王庄位于双堆集南侧,屏护着黄维兵团的核心阵地。后来我们才知道这里由蒋介石"五大主力"之一第十八军的一一八师三十三团据守,三十三团是拥有全副美式装备的老虎团,战斗力很强,是一只"恶虎"。黄维把"老虎团"放在大王庄,希望这只"恶虎"能守住双堆集的南大门。

华野七纵和中野六纵进攻大王庄,对这个小村庄志在必得。在炮火掩护下,各部迅猛冲杀,率先冲进去的是华野七纵二十师五十九团。刚开始打得很好,冲进去了,但敌人火力太强,五十九团伤亡很大。后来六十团把五十九团换了下来。经过一番激烈厮杀,两个团打了一夜还是没能打下来。南集团司令王近山一看这个情况,丝毫没有犹豫,直接就命令我们四十六团上去。记得接到命令时正在吃饭,大家二话没说,放下碗就上了。关键时刻任务交到了我们团手上,等部队到战场一看,敌人力量太强了,战场形势对我们非常不利,要把这个村庄夺下来谈何容易。服从命令听指挥,准备战斗,因为邓小平政委说过,即使全部打光也得打!

我们将营里的重机关枪运到前边,二连和三连做前锋。冲锋号一吹就是命令,什么都不想,像锥子一样往里面冲。之前我给营长汇报过,他们一定不会想到我们会冲锋,就趁这个时候突击,钻个空子。敌人果真没想到我们这个时候冲锋,冲上去时,他们还没准备好,刚刚开始做工事,等到惊醒过来,前边一半人都冲进去了。敌人开始反击,拿枪打我们,我们就扔手榴弹。紧急时刻,离我们最近的五十九团一营剩下的几个人和我们团的三营一起上来支援我们。我们三个营的连长、干部集合到一起,研究冲锋办法。大家互相关心，互相支持，发起最后冲击。村里打得热火朝天，村外敌人拿出了老本，十五辆坦克跟在我们屁股后面打。我们被前后夹击，形势非常紧张，炮弹、子弹一片片落下，我们的人一个个牺牲。副营长问我怎么办，我说："打，死也要打！你是指挥员，这个时候怎么能犹豫？"我当时喊了一句口号："同志们，立功的时候到了，战场出英雄！"战士们看看我，不顾一切往上冲。这是最激烈、最紧张、最关键的时候，就看谁能坚持住、谁士气高、谁勇敢。令我自豪的是，我们营的战士没有下去一个人，负伤的同志都继续战斗。我们有一个口号："重伤不连累别人，轻伤不离开战斗。"尽管负伤很多，牺牲很大，大家仍在坚持，个人生死置之度外，脑子里只考虑前进、胜利，像锥子一样往里面插。我旁边有一个打定陶时俘虏来的解放战士，不知道叫什么名字，只知道他是广东人，我就叫他广广。我说："广广，看看国民党军上来没上来？"广广慢慢上去，头刚抬起来，那边"砰"一炮把他脑袋打掉一半，脑浆和血溅了我一身。这么好的战士一瞬间就牺牲了，我心疼啊。广广是为我而死的，我永远感谢他，永远都会记住他。

我记得有一篇报道说"大王庄战斗都打了，还有什么困难不能克服"，可见大王庄战斗的激烈程度。我们的战士在关键时刻没有一个放弃的，始终坚守阵地。就像毛主席说的，这个部队具有一往无前的精神，只要人在阵地就在，就是这种精神让我们坚持到天黑，攻下了大王庄。

　　邵淦溪，1929 年出生，山东新汶人，中共党员。1945 年参加革命，淮海战役时为华野七纵二十一师六十三团组织干事，中华人民共和国成立后曾任中国人民解放军空军后勤学院政治委员。

邵淦溪口述

(2012 年 5 月 22 日)

徐东阻击国民党第五军

我所在的华野七纵二十一师六十三团由新四军加上山东一部分地方部队组成。部队很多战士是农民子弟，也有不少从国民党军俘虏来的解放战士。淮海战役战前动员时，大家都下了决心，立了誓言：不怕困难，不怕艰苦。战斗动员后，大家就在自己的棉衣里写上名字、部队、籍贯，只要翻开棉衣，就能看到这些信息，可见都做了牺牲的准备。七纵善于打阻击战，所以围歼黄百韬兵团时任务就是打阻击。国民党第五军到哪里增援，我们就在哪里阻击他，不让他过去。当时我们团的阵地在大许家车站。五军是国民党军"五大王牌"之一，装备精良，倚仗着飞机、大炮、坦克攻击我们的阵地。战斗非常残酷，天昏地暗，战壕都被打平了，我们失守了一些前沿阵地，忍不住了，就退到第二线阵地，但是国民党军始终没有达到目的。国民党军有个弱点，到了晚上，天一黑，他们就缩在阵地上了，我们就在晚上主动出击。打阻击战不光要坚守阵地，有时也得主动出击，但机会比较少。记得有一个副连长，带着一部分人趁着夜间突破国民党军阵地，一下俘虏一个排敌人。黄百韬兵团被围歼的当晚，我们撤出阵地。打阻击战就是消耗，一场阻击战下来部队减员三分之一，就这样完成了第一阶段的任务。

掩埋烈士遗体

淮海战役第二阶段在双堆集东南尖谷堆打黄维的时候，六十三团派一营攻击，负责攻击的还有其他部队。很可惜，这个战斗我没参加。那时候部队中连排干部牺牲最多，部队为了保存干部，有意识抽调部分人员，不参加战斗，以便战斗后这些人回去，能立即把部队组织起来，保持战斗力量。当时我和一个通信员、一个副指导员三人没参加战斗，负责到后方掩埋烈士遗体。仗打得非常激烈，也就两三个小时的时间，就抬过来九十三具遗体。我们也不知道具体在什么地方，只知道是老百姓的一片空地上。一晚上，我们三人就在那挖坑，挖好后，因为没有水，只能简单地擦擦身体，再用白布包裹。后来布也没有了，人太多了。埋好后，立个木牌子。之前战士们都在棉衣里写上了哪个部队、哪里人，打开都能看到，就按那个在牌子上写烈士名字。那天吃饭的时候手上都是血，炊事员送来包子，也没有水洗手，带着血抓包子吃，反正都是自己同志的鲜血，也不畏惧。那时部队发的津贴很少，有的是几毛钱，有的是几块钱。我们打开烈士棉衣，看到夹在口袋里的钱和纸条。有的上面写着：这是我交的最后一次党费；有的希望我们把这些钱寄给他们的父母。纸条也是红的，被鲜血染红了。战斗只有几小时，而我们工作了一晚上。第二天黄维兵团被歼灭，部队胜利了。我们按照烈士遗愿，不管家在哪里，能找到的都给送到，也有找不到的。有的解放战士才来没几天，打仗的时候，只戴了一顶解放军的帽子，衣服还是国民党军的衣服，都按照烈士待遇将他们掩埋了。

　　何希群，1928 年出生，江苏靖江人，中共党员。1942 年参加革命，淮海战役时为华野先遣纵队侦察科参谋，中华人民共和国成立后曾任中国人民解放军装甲兵司令部作战处副处长。

何希群口述

(2014 年 8 月 1 日)

先遣纵队的成立与无后方作战

1948 年 1 月 27 日，中央电令，让粟裕带着华野一、四、六三个纵队渡江到南边去，到敌占区去打，开辟新战场，调动拉走国民党军的十多个师，减轻刘邓大军的压力。怎样完成任务？粟裕同志提出消灭一部分敌人再去，但中央已经下命令了，粟裕着手布置渡江。在这种背景下，1948 年 5 月，先遣纵队成立了，孙仲德任司令员，谭启龙任政委，严振衡是参谋长，下设一、四、七三个支队，每个支队一个加强营再加上机关一千多人。干部配备降一级使用，师的干部当团长，团长当营长，纵队党员占百分之七十到八十。机关有警卫排、电台。我在侦察营，营里有两个连，还有机关，共四百多人。后来华野一、四、六三个纵队不过江了，打了豫东战役。8 月，上面说你们可以走了，我 8 月 5 号去报到。原来准备 8 月强渡淮河，到蚌埠一带，但敌人防守特别严密，好像有国民党六十六军，好多部队。国民党看我们打了开封，又打了豫东战役，另外刘邓大军也在中原，所以淮河防得厉害。粟裕指示，打济南后看蚌埠这一带的情况，动静减少后再动。等到了 9 月下旬，下命令了，可以走了。10 月 5 日，我们强渡淮河很顺利，四五千人过去了，先遣纵队在一起办公了。

到了 11 月，准备把一支队、四支队先推过去过长江，但是推了两次，没有成功。我们目标挺大，敌人三个多团还有地方武装跟在后面。先遣纵队成立了工委，退到了韩山、无为地区，离开长江边，以免背水作战，跑也跑不了。经粟裕批准，第一个任务是侦察情况，第二个任务是开展地方游击工作。在四分区那里协助开展游击战，巩固根据地。我们退到无为后，第一次打仗，是十月二十九号，敌人三个团把我们先遣纵队机关包围了。当时我们只有五个连的力量，其中侦察营两个连。上午11点，还没吃饭，战斗就打响了，从几个方面来包围，敌人摸到情况了，知道我们这些人能打仗，但是因为没有后方，我们打一颗子弹少一颗。打了一天，我们到晚上才突围。我们侦察营死的人最多，死了一百多人，指导员也被俘了，警卫员都下去当班长了，因为没战士了，没有补充啊，两个连伤亡一百多人。这是第一次战斗。

完成淮海战役作战任务，解放合肥

后来，淮海战役打响了，给先遣支队和地方的包括四分区，独立一、二旅等下达任务了，一是破坏浦口到蚌埠的铁路，二是破坏淮南路，保证火车白天不能通车，不能运输物资。我们侦察营在明光一带活动，当时有要求，破坏铁路但不准炸桥，我们就展开了大破袭，不叫他们运输物资和支援部队。那时我们晚上吃了饭，就跑到铁路边，因为不能住在铁路。去了以后，有时跑七八十公里也找不到民工，我们得把铁路翻过来，天亮了再跑回来，到宿营地吃饭，每天都这样。当时敌人有一个兵团在铁路沿线，他们打我们，我们也和敌人打。粟裕说，你们不能不打，他老是盯着你，你们坚决要打，不然完成不了任务。所以敌人来进攻，我们反击，展开对阵。打了一天，我们伤亡二百多人，他们也伤亡了二百多人，他们就向后，撤到城里去了，不敢来了。所以粟裕指挥很正确，不打不行，老是拖不行。淮海战役结束后，国民党部队向南跑，华野各纵队还没休整。我们接受命令，把合肥拿下来，防止敌人破坏这个城市。当时合肥就剩下地方保安团了，几千人。我们控制了机场，他们跑不了。打了合肥外围，进城谈判，他们条件太高，要求不动他们的番号、不缴械，我们没答应。他们侦察我们虚实。我们攻城部队准备门板的准备门板，准备梯子的准备梯子，再找几个司号员、几挺轻机枪，西门打打，东门打打。我们有一个连穿黄军装，一个连穿便衣，我们就安排穿黄军装的进城，他们一看是正统部队，不到一百人，在合肥城里走来走去，感觉好像很多人，其实就那点人。谈判时，他们派一个人，我们派一个人，谈了一个晚上，最后和平解放合肥。解放合肥后，粟裕命令侦察营执行渡江侦察的任务。后来，先遣纵队归建了。

　　朱敦法，1927 年出生，江苏沛县人，中共党员。1939 年参加革命，淮海战役时任中野一纵二旅侦察连连长，中华人民共和国成立后曾任国防大学校长兼党委书记。

朱敦法口述

（2014 年 8 月 1 日）

涡河阻击战的背景

我对淮海战役中的涡河阻击战记忆犹新，从四个方面给你们提供些参考性的情况：作战背景、作战经过、作战意义、经验教训。

1948 年 11 月发起的淮海战役不是偶然的，许多有军事智慧的人两年前就有预计。1947 年，刘邓率领晋冀鲁豫野战军四个纵队南下大别山，而后粟裕带领华东野战军的西兵团进入冀鲁豫和陇海路以北，陈赓、谢富治率晋冀鲁豫野战军另一部进入伏牛山，三路大军形成"品"字阵势，互相策应。当时就有人估计，这三路大军迟早要会合在一个战场上。挺进大别山后，我们由战略防御转入战略进攻，蒋介石转入重点防御。到 1948 年下半年，粟裕、许世友带领部队打了济南战役，那是解放战争第一个大战役，消灭敌人将近十万人。10 月，陈邓率中野四个纵队，从郑州向东发展，配合粟裕的华野。华野从济南沿津浦路向南发展，驻鲁南、临沂的部队向连云港方向发展，11 月初开始打黄百韬兵团。蒋介石意识到情况不好，黄百韬兵团，还有杜聿明在徐州设的三个兵团，远远不够对付中野刘邓和华野陈粟的部队。为了增加安全系数，指派了两个兵团由李延年指挥，由蚌埠和临淮关向北增援，又指派华中"剿总"所属的黄维第十二兵团，由确山、驻马店向徐州增援。

激战黄家

得知黄维兵团来增援后，阻击歼灭任务就落在了中野身上。我们一纵二旅和豫皖苏军区部队在他前进途中阻击，黄维兵团在 11 月 15 日才赶到阜阳，休息了一下准备继续北进。二旅接受了任务，在巩家渡口、蒙城、双涧集之间，沿涡河北岸构筑阵地，组织第一线防御；一旅以板桥集为中心，沿泚河组织第二线防御，迟滞十二兵团前进，掩护中野主力在涡河和泚河之间展开。二旅的防线大约十五公里的距离，当时一个旅三个团加上我们旅部的几个连，最多只有三千五百人，三千五百人守十五公里的正面，人员屈指可数。

当时我在二旅侦察连当连长，18日下午我们连变动了任务，从巩家渡口西边这一侧，向东移到黄家以西的前王圩。这个地方有一千多米的防御正面归我们连。我到了以后大致看了下位置，对连里的三个排进行战术定位，安排了各自的防守位置。然后我带着通信员在涡河撑船看水位，看哪里水深哪里水浅。我们连才四挺机枪，我找了四个水比较浅的地方，每个地方摆一挺机关枪，水深的地方没摆，只能是重点防御了。在我以东友邻的另一个团的部队，一共才摆了一个班。天黑的时候，我们连的战士正在加紧盖工事，阵地上很少有人。正在这时候，我们听着河南边的村里有狗的叫声，我们东边几百米的地方打起枪来，敌人一伙人跳到河里准备北渡，战斗打响了。

我边跑边叫机枪班的战士："你把机枪拿过来!"我端着就对着那个地方打了一梭子。然后我赶快喊部队进入阵地。第一个跑过来的是二排长刘广田，他端起来机枪打了两梭子，敌人一下被他打回去了。这是敌人负责掩护、佯攻的一个排，就是想把我们吸引在这个地方，敌人的主攻点在我们以东一里路叫黄家的地方。当时我听那边枪声比这边激烈得多，我说，真正的主攻是在那个地方。我告诉刘广田："带着二排在头里，沿着涡河北岸往东打，敌人从哪个地方上你就从哪个地方给我打回去。"他带着机枪班在前面冲，紧接着三排过来了，我就让三排跟着二排打过去。之后，我带着一排一部分人沿着河向突破口冲，我们连抢先占领距离黄家大约二百米的陈家，陈家与黄家中间隔着一条大裂沟。

到了那里我看到，敌人上来了起码两个营。他们的士兵脱了衣服，举着枪和背包从水里过来，重机枪之类的东西就放在扎的筏子上，几个人推着过来。因为有月亮，看得比较清楚，我们也就好打，我估计他们没有百八十个人的伤亡是绝对过不来的。我们的防线东边和北边火力都不强。敌人发现西北边我们连的火力比较强，他们的炮兵开始压制我们，持续了大概一个多小时，我们连伤亡二十多人。当时因为隔了一条大沟，很难再打过去，即使打过去也寡不敌众。在这种情况下，我们的部队向后缩了一两百米，尽量减少伤亡。

晚上不到 11 点，我接到二旅郑统一副旅长派两个通信员送来的一封信，要求我们连晚上 12 点由西向东进行佯攻，吸引敌人火力，积极配合四团二营、三营向黄家和陈家反击，这时敌人渡河部队已经增至两个团的兵力。12 点，我率部执行这个任务，吸引敌人火力，但打了半个小时，主要突击方向还没动静。我就叫司号员吹号问，吹了两回都没有答话的。看来，主攻部队没到位。1 点后，我看不行，明天早晨敌人可能迂回我们连后边，把我们赶到涡河里，所以我想尽一切办法后撤，撤了几百米以后，挖了一道南北走向的战壕做掩护。后来才知道，二营摸错了方向，与三营走到了一起，耽误了时间，两三点钟左右才从黄家东北角方向开始攻击。四团是老红军的底子，是战斗力较强的一个团，攻入得比较深。四团团长晋士林带着参谋和通信人员进村指挥战斗，但没发现前头敌人的工事已经挖好了，走到敌人一个机枪口的时候，不幸中弹牺牲。

敌人仗着兵力雄厚、武器精良，拼命反扑，想趁突入部队立足未稳，将部队赶出去。团长牺牲后，全团失去统一指挥，发挥独立作战精神，与敌人展开激烈的村落战。后来作战参谋翁介山同志进村后，主动担起指挥责任。他指挥四团的两个营，和敌人反复争夺，打退了敌人的多次反冲击。拂晓前，占领了村子的北半部，并封锁了村里的主要路口，俘虏了四百多敌人。敌人通过猛烈炮火，才阻住了四团的进攻，两边形成对峙局面。由于战斗打得太激烈，我们的伤兵和俘虏都无法后送，就将他们都安置在一个大院的几间茅屋里。

这次攻击取得了很大战果。第二天天亮后，四团政委郑鲁同志一知道团长牺牲了，马上进村来指挥战斗。8 点左右，敌人眼看对四团控制的院落屡攻不下，就用美制火焰喷射器向我方的草房茅屋喷火，就像刮风一样，"呼"一下子过去，"砰"地火就起来了。安徽北部的农村都是茅草房，一打一个房子就着起来了，我们好些伤兵和俘虏的敌人都是被火焰喷射器烧死的。敌人除继续疯狂喷射，还以轻重机枪火力实施连续反扑，把四团往村子东北部压，四团处境非常不利。这时，郑鲁政委上来搞战场临时政治动员，进行宣传鼓动："大家要坚持，我们红十二团的底子从来没有打过孬仗，今天敌人比较强一点，我们可能是有些困难，我们困难敌人也困难，想尽一切办法坚持到底，为晋士林团长报仇。"这些鼓劲的话激起了同志们的士气，大家又和敌人展开了激战。

战斗中，部队伤亡越来越大，但仍英勇奋战。十一连干部全部负伤，卫生员郭敏同志挺身而出，指挥全连打退了敌人的反扑。七连战士范军所在班的同志全部牺牲了，他自己依靠着一截土墙，打死七个敌人。战斗断断续续一直进行到下午2点，形势越来越不利，部队收缩到了村东北角不大的一块地方。由于敌人用火力封锁了退路，四团与村外完全失去了联系。郑鲁政委几次派出向旅指挥所送信的通信员都牺牲了。最后，团部的通信排战士赵玉成，在身上三处负伤的情况下，才把信送到。下午3点，四团与旅部恢复了联系，奉命撤出战斗。撤出战斗时，四团的这两个营剩的还不到两个连，一块儿组成一个大连突围。因为撤退的时候是白天，敌人能看到我们的部队，他们就向部队连续发射炮弹，一路上伤亡非常大。郑鲁政委亲自掩护部队撤退，在撤退途中不幸负了重伤，由于流血过多牺牲了。我们一直持续到天黑才撤出战斗，撤的时候我们不向正面撤，向两边撤，向涡河以西撤。我们与敌人在这里磨了一夜一天，后来一旅和二纵又在以板桥为核心的第二道防线上阻击了两天两夜，延长了中野主力的准备时间。

涡河阻击战的意义

黄家反击战是涡河阻击战中最激烈的战斗。整个涡河阻击战在黄家以东打得也很激烈，敌人也有突破防线的，也有成班成排被我们俘虏的，但论激烈程度，我们损失最大的战斗就是黄家反击战。打完淮海战役以后，我们抓了一个俘虏，他那时候在敌人炮兵连里当兵。提起黄家反击战，他说他们那天打的炮弹特别多，把炮筒都打红了，手都不敢摸。涡河阻击战十五公里的正面防御斗争焦点就在黄家，我们付出代价最大的也是在黄家。过去学毛泽东思想的时候很注意关于局部与全局的关系，局部要想办法服从全局，有时候局部的牺牲可能换来全局的胜利，就是这个道理。我们牺牲了两个优秀的团干部，这个主力团又付出那么大的代价，但是为主力争取了一天一夜准备歼灭黄维的时间，这是涡河阻击战最大的作战意义。

对黄维作战的经验教训

在作战方面，因为敌人工事、火力很强，我们想了一个办法叫近迫作业。通过挖工事和交通壕接近敌人，减少伤亡，这是一个经验。还有战时战场的政治工作，比如战前动员和战中宣传鼓动，战后的烈士掩埋和后事处理，做得都很好。当然最大的经验就是百万民工支援前线，这是胜利的最大保障。

另外一点看法，就是以当时部队的装备，对付像黄维兵团这样全美械的敌人，付出的代价非常大。军队一方面需要政治上、精神上的力量，没有政治教育，军队很难有战斗力。但光凭这一点不行，应该力所能及地加强部队的装备建设。淮海战役第二阶段消灭黄维兵团，他们几十辆坦克横冲直撞，冲到我们阵地上。刚开始我们一点办法没有，后来大家想办法，战士们拿着火把，对着坦克就冲，坦克它真怕，掉头就跑，但是我们肯定追不上它。如果那时我们有战防枪、火箭筒，有十辆八辆坦克，早把他们消灭了，我们也不会付出那么大的代价。当时一个纵队伤亡五六千人，有的上万人。打大规模的战役，我们付出一定的代价是完全可以理解的，但是怎样减少伤亡并且打好仗这才叫战术。所以现在要注意，部队一方面需要加强政治思想工作，在精神上武装自己的头脑，另外也必须拥有能够胜任现代战争的技术装备。

晋士林团长和郑鲁政委

晋士林团长和郑鲁政委两位优秀干部的牺牲很可惜，但他们的牺牲换来了歼灭黄维兵团的宝贵时间。晋士林团长是山东聊城人，是知识分子干部。1937年参加八路军，后来入抗大学习，抗大一毕业就当连长，后来当营长、参谋长，主要在徐州西北的湖西根据地单县、丰县一带活动。到了1945年下半年，就已经当上团长了。有人写文章说晋士林是流星似的将军，确实很能打仗，很会打仗，打过好些恶仗。他就像个军事干部，看不出来像知识分子，一打了胜仗，帽子一歪真有劲啊，仗打得不是很好的时候话不多。不幸的是在淮海战役夜间作战时误入敌人火力口了。郑鲁政委是河北新城人，是一位很优秀的政工干部。在冀中十六团、冀鲁豫九分区十六团当政委，后来调到一纵二旅旅部当政治部副主任。因为二旅四团缺政委，别人去这个主力团当政委不一定称职，郑鲁有威望和经验，所以纵队和旅的首长认为他最适合这个位置。我在侦察连当连长，有时候到四团去和他们一块儿吃饭，通过生活上的接触，我感觉郑鲁同志是一个很有政治风度的政工干部，很老练，很成熟。如果晋士林和郑鲁同志没有牺牲，都会是中国人民解放军行列里优秀的将军。

　　恽前程，1920 年出生，江苏丹阳人，中共党员。1937 年参加革命，淮海战役时任华野六纵作战科科长，中华人民共和国成立后曾任中国人民解放军福州军区空军参谋长。

恽前程口述

（2014 年 8 月 2 日）

黄滩战斗组织坦克协同作战

淮海战役时我是华野六纵作战科科长，参与战役全过程，今天重点讲一讲我们第一次使用坦克进行夜间作战的情况。

1948 年 11 月 6 日，战役打响，我们部队在新安镇西边，晚上打到那个地方一看，没有声音，后来才知道敌人向西跑了。情况变化了，来不及临时请示上级。我正好跟王必成司令在一起，他说你赶快回去把电台机要员带过来。我立即回到司令部，把机要员带到前线，一面主动过陇海路向西追，一面向上报告。后来接到追击命令，各纵队向西猛追。追击战斗很紧张。皮定均副司令是很有名的一个将领，他到了运河边上，命工兵连架桥。运河上的铁路桥很狭窄、拥挤，部队一路从铁路桥上过，一路从工兵架的浮桥过去。我们追击时火力很强，好多敌人都掉到运河里面了。过了运河一直向西追，一共打了四五仗，到了曹八集，十三纵从北边国民党起义部队的地区一直插下来，部队会合，完成了对黄百韬兵团的合围。

合围以后回头向西打，后来再向东打。开始几天战斗很不顺利，伤亡也大，粟司令 14 日晚上专门召集各纵司令开会研究，这个打法进展太慢，不行，要调整部署。会议决定采取土工作业的办法，集中炮火，先打弱敌，后打强敌，工事一直挖到敌人前沿三四十米的地方。因为那天正好要打彭庄的一○○军，所以王必成司令没去，皮定均副司令去开的会。皮定均副司令回来传达指示时，我们已经消灭一半一○○军，还有一半，很快就消灭了，俘虏五千多人，抓到了副军长。

消灭一○○军后，根据指示精神，开始土工作业，准备打前后黄滩。当时两个纵队打，十三纵打后黄滩，六纵打前黄滩，当晚没打下来。后来十三纵另有任务，由六纵统一解决前后黄滩，野司把打济南的坦克大队派来支援，大队长带来了七辆坦克。17日当天攻击部署确定，十八师打后黄滩，十七师打前黄滩和闫窝子，坦克大队配合，17日24时开始攻击。

攻击前王司令跟我说："昨天晚上步兵和坦克配合得不好，没打下来，你今天去组织步兵、炮兵、坦克协同作战，晚上0点发起攻击。"过去我们是步兵打仗，顶多有炮兵配合，要我去指挥坦克协同作战，我不懂。我看了些缴获的国民党的书，打坦克有经验，但没有指挥坦克进攻的经验。我抱着向坦克部队学习的态度到了十七师，见到了梁金华师长，他接到了王必成司令的电话，说作战科科长恽前程帮助你组织步炮坦协同作战，你要搞好。梁师长非常高兴，我到了以后，他说老恽你来了。我说我听师长的，你说怎么办我怎么办。我想先了解情况，昨天晚上为什么没有打下来。我先到那个主攻团四十九团，团长陪着我前沿阵地走一圈，一面看，一面走，一面讲，为什么没打下来。他们原来决定，黄昏前坦克进入阵地攻击，黄昏后坦克撤出战斗，步兵发起冲击，利用它的成果发起冲击，是这样子，结果没接上，因此没打下来。团长讲，咱们没有经验。后来我到坦克大队，我问大队长，你们昨天晚上为什么步坦协同没有搞好？他说，团长规定坦克黄昏投入战斗，入夜前撤出战斗。我说你晚上不能打仗吗，他说晚上不行。我说为什么，他说我们的坦克都是日本坦克，没有夜视仪，因此坦克晚上什么也看不清。我听了就想这个事情怎么办。我说今天晚上0点要发起攻击，你们不能参加战斗怎么办？他说实在不行。根据我的作战经验，我们夜间行军，月光下能够看到一百多米以外，在星光下能看到五十多米，这是一个；第二呢，我们曾经把山炮从后面拉到前面步兵阵地上直接瞄准射击。我心里想，坦克能不能这样做？我和坦克大队长说了我的经验，问他我们能不能晚上用坦克进行抵近射击。他说叫大家研究一下。坦克成员——车长、炮手、通信员他们研究以后，大队长说我们先到前面阵地去看一看，距离有多少，能不能打到，我们白天先看一看，晚上再去看，这样行不行？我说可以，你们这样先试，看一看。他们白天看了以后，晚上天一黑又去看了，说看得很清楚，坦克手很有信心。我说你们已经到前面看过了，目标、火力点都编了号，你们依此分配任务。七辆坦克，五辆是攻击坦克，两辆是侦察坦克，我说你们好好分工，你们开进的时候,我们有三十分钟炮火准备,你们利用炮火准备这个时间,向前开进。开进时坦克通信员带路在前面走,坦克在后面跟着他走,晚上有光也看不清啊,跟着人走,走到前面就是阵地,事先看好的目标直接瞄准射击。我说第二个,步兵发起冲击以后,你们原阵地待命不要动,前面说需要坦克支援,步兵团派兵回来带坦克,根据团长指示目标打,直接瞄准射击。他们都同意这个做法。我说今天晚上0点发起攻击,大家要好好检查坦克,不要出问题,做好准备工作。

下午2点钟,梁金华师长跟我说,我们只看到前黄滩前面敌人的工事,敌人以为我们白天不打仗,晚上攻击,我们利用敌人麻痹,顺便坐坦克进去侦察。因为要到敌纵深工事,我说这个事情我做不了主,要请示纵队司令。后来他直接打电话给王必成司令,王司令同意,要我跟他一起去,因此派了两个侦察坦克。梁师长人胖,他进那个坦克里边是硬挤下去的。侦察坦克也做了准备,我们俩事先做了规定、预案。当天下午,两个人坐着两辆坦克,他在前,我在后,向敌人阵地前进。进去以后,敌人以为是国民党的坦克,因为那两辆坦克都是国民党的标志,因此一看到坦克,以为是援兵来了,他们从地堡里、战壕里跳出来,高兴得很。这时候有人问我们,你们哪部分的?我们说是二兵团,我们司令叫我们找你们黄司令的。我说你们哪个部分,那个士兵要说的时候,一个军官不许他讲,他不讲,他的手指指前面那个地方,那个意思说军部在那。我们就一直进,坦克进去了以后先向东然后向南,敌人都说你们来欢迎哦。我们从东向南,转了一圈,整个前黄滩的地形,纵深,哪个地方有水塘,哪个地方敌人的兵力怎么配备,哪个地方有工事、有地堡都有数了,看完了我们就出来了。出来时我们梁师长说,打两炮表示谢谢。结果坦克放炮手打了两炮,那个地堡冒出一阵烟就被打掉了,一打完我们加速退出来就回来了。回来后马上画了图,召开团以上干部现场作战会议,说前面怎么样,从哪里突破,你们进去以后怎么样,里边地形怎么样。梁师长要我讲步兵、坦克怎么协同动作。我就讲炮兵什么时候火力准备,部队什么时候冲锋,怎么样联络,完整地讲了一下。讲完以后,梁金华师长说,就按照作战科恽科长讲的,你们照办,好好抓紧准备,0点发起攻击。

18日0时,炮兵群首先对敌军阵地进行了三十分钟的炮火急袭,坦克大队也进入阵地，对准敌地堡、火力点进行夜间目视直接瞄准射击，各攻击部队在炮火掩护下跃出战壕，发起冲击。在向纵深阵地进攻时，四十九团突击营遭到敌人子母堡群的火力攻击，坦克大队长立即调两辆坦克，在四十九团战士的指引下，开进到攻击阵地，对敌子母堡群进行目视直接瞄准射击，为步兵排除了前进中的障碍。

这次组织指挥坦克夜间作战的成功，为我们积累了宝贵的坦克夜战经验，更好地发挥了坦克部队的作用。

新中国成立后给西蒙诺夫介绍淮海战役情况

1949 年 10 月，中华人民共和国成立。苏联文化艺术代表团参加成立大会后，分别到各地参观。西蒙诺夫是文化艺术代表团的副团长，斯大林交给他一个任务，要了解淮海战役。斯大林对淮海战役非常重视，六十万打八十万，比斯大林格勒战役规模还要大，因此西蒙诺夫提出要到淮海战场去参观，去看一看。当时我们接到任务，军区通知说有一个苏联艺术代表团要采访淮海战役，你们二十四军负责接待采访。军首长研究后派我去，说我知道淮海战役整个情况。接受任务以后，我认真做准备，翻我们纵队的阵中日记，又向机要科要战役期间的电报再看一遍。我在原来参加淮海战役的基础上，又画了两张图，一张是战役部署图，一张就是战役经过图。当时军政治部派《火线报》主任和一个摄影记者跟我一起去，我们三个人到了徐州火车站，西蒙诺夫同徐州市委书记都在车厢门外等着我们。军区领导介绍后，西蒙诺夫先握手，还跟我拥抱表示欢迎。

我们同西蒙诺夫一起进入车厢，随行翻译叫蒋元椿，帮助我把地图打开。我先讲淮海战役一共是三个阶段，第一阶段消灭黄百韬兵团，第二阶段消灭黄维兵团，第三阶段消灭杜聿明集团，这次战役集中消灭国民党军五十五万五千多人，是我们中国三大战役中最大的一个战役。战役结果就是我们解放了豫皖苏地区，消灭国民党军主力。这对我们缩短解放战争时间，五年变三年，意义重大，为渡江作战做了充分准备。西蒙诺夫听了以后说，斯大林同志得知淮海战役胜利的消息，在笔记本上写道，六十万消灭八十万，真是奇迹！你说说，它的奇迹在哪里？是怎么创造出来的？

我就从打济南战役开始，一直讲到追击包围黄百韬兵团。打黄百韬兵团我们花了十二天，消灭敌人五个军，讲粟裕司令员的指挥能力，他说真了不起，哈拉绍，哈拉绍。我问翻译哈拉绍是什么意思，他说就是好的意思。西蒙诺夫说你再讲讲下面的问题，继续说。我一直说到消灭整个黄维兵团，他高兴地说哈拉绍，好极了。我集中讲了几个原因，一个是我们打淮海战役，准备要消灭杜聿明集团的时候，中央有电报，说放下暂时不打，让两个礼拜不要打，因为当时北边的傅作义，蒋介石摇摆不定，是调到南方来呢还是继续固守。毛主席不要他给调出来，因此要我们停两个礼拜不要打。在这期间华野部队做了几件事：第一件事是部队战场休整，补充弹药，补充兵员，把解放战士补充到我们部队中来；第二件做作战准备，看地形，定下作战方案；第三件开展政治攻势，毛主席专门起草了《敦促杜聿明等投降书》，我们每天广播。当时战场上冰天雪地，杜聿明的部队饿得厉害，没吃的，树皮都吃光了，马杀了，马皮也都吃光了。这个时候我们展开政治攻势，宣传员和战士都用高音喇叭喊话，有的国民党军士兵肚子饿得实在受不了了，晚上偷偷跑过来，我们就给他吃大米饭，吃得饱饱的，他又回去，说解放军优待俘虏，不杀俘虏，这个宣传面很广，这样一来呢，他做了我们的宣传员了。因此最后敌人成班、成排、成连投降过来了。我说这些投降过来的战士，我们又补充了部队。西蒙诺夫说，补充部队，给他们武器吗？我说给啊。他很惊奇地说，我们苏联红军打仗，从来不敢叫俘虏补充自己的部队，不敢把武器交给俘虏。太好了，说明你们领导指挥各方面都非常英明。

整个情况说完以后，西蒙诺夫要求到碾庄圩去看看。到了碾庄圩一下车，看到村里墙上都是密密麻麻的弹孔，这是当时激战的痕迹。我说我们五个纵队围攻碾庄圩，九纵首先打下车站，然后向碾庄圩南门攻击。西蒙诺夫一面走一面看，沿着炮弹坑，到了碾庄圩南门。碾庄圩有一百多户人家，街道是石板路，一条街，东西两边，有些沙包，有些房屋。我们走到碾庄圩西边黄百韬指挥部那里，西蒙诺夫一看，前面那个院被炮弹打塌了，后面一个院密密麻麻的弹孔，还有炮弹掉下来砸的洞，炮弹还没有炸，这里经过很激烈的战斗。他问我，黄百韬是不是在这里被你们打死的？我说不是的，黄百韬是最后围歼的时候，他自己带二十五军少数人向北面跑了，不是在这里打死的。当时六纵从西门同九纵一起攻进碾庄指挥所的时候，我们接到命令，要我们赶快撤出战斗，另有任务，要到南边打阻击去，因此六纵就出来了，碾庄圩整个战斗没结束以前，我们纵队就出来了。西蒙诺夫看了碾庄圩、看了指挥所以后，他又去看东门。东门当时是国民党六十四军，我说这个部队是广西猴子，很厉害。西蒙诺夫说，他再厉害也被你们消灭了。看了东门，他又向北门走，走到一片芦苇荡，看到有个木牌，上面写着黄百韬被击毙处和黄百韬被击毙经过。西蒙诺夫看了以后说，嗯，这是他顽抗的下场。看完了北边，西蒙诺夫要看看西边，因为我们纵队在西边，我介绍了打彭庄、打前后黄滩、消灭黄百韬一〇〇军和四十四军的情况。说完这些，我又讲了我和十七师师长梁金华坐坦克去敌人阵地侦察以及我们第一次使用坦克夜战的经过。西蒙诺夫说，师长亲自坐坦克去敌人阵地侦察，这是少有的，是指挥员勇敢和智慧的体现。

看完碾庄圩已经是黄昏了，来不及去双堆集、陈官庄了。在返回徐州的火车上，西蒙诺夫问我，人民解放军为什么能在短时间内取得淮海战役的伟大胜利？我想了一下，讲了五条：第一，中央军委、毛主席的英明决策和指挥；第二，粟裕指挥机动灵活、果断，运筹帷幄；第三，各级指挥员机动灵活，没有命令的仗那时很多，追击的那段很重要，如果延误时间，敌人就跑了；第四，指战员的英勇顽强、不怕牺牲；第五，人民群众全力支援前线。陈毅司令员说，淮海战役的胜利是老百姓用小车推出来的。西蒙诺夫听了以后说，你们真是人民战争啊！

到了徐州火车站，西蒙诺夫一再表示感谢，他拿出一张纸写下自己的名字，留给我作为纪念。我们热情拥抱，握手告别。

　　洪炉，1931 年出生，江苏泰兴人，中共党员。1944 年参加革命，淮海战役时为华野四纵文工团战士，中华人民共和国成立后曾任中国人民解放军总参谋部政治部创作员。

洪炉口述

（2014 年 8 月 3 日）

牺牲在舞台上的演员

1949 年 1 月，刚满十八岁的我在淮海战场写了入党报告；2 月，小组讨论，支部通过；3 月党委批准；4 月初准备渡江前批下来。1 月份提出入党是我一生的关键时刻，所以我对淮海战场印象特别深刻。

我们文工团峄县整编后，大概七八十人。淮海战役时，排演《赤叶河》。这是解放区的三部歌剧之一，搞阶级教育的，激发阶级仇恨，打倒地主。在峄县第一次演，一直演到江南，渡江以后。过去部队阶级仇恨很强烈，演地主的那个演员，因为演得太像了，有个战士一看舞台上的地主那么坏，忘了是在看戏，一枪就把演员打倒了。那个演员平时表现非常好，当时还没死，留下最后一句话是："不要处分打枪的同志。"打枪的同志出于阶级仇恨，打的是地主，不是他这个演员。这可能是古今中外最好的演员了，演得太好了，没有得奖，却送了命。

战壕里编写三句半

部队有个特点，一打仗就把文工团分到前线战斗连队去。淮海战役第一阶段、第二阶段我们没有直接参与，第三阶段我记得在魏楼把文工团分成一个个小组。带我的是后来南京军区前线剧团的顾宝璋。我们到了十一师三十二团，参加了魏楼战斗，就在那里提交的入党申请。国民党部队被包围了，阵地相对比较稳定，我们转到了十师阵地。在那里，我吃上了大米饭，好几年没吃大米饭了。那一顿，我用洋瓷碗一气吃了六碗饭，第二锅上来又吃了六碗，还不够，第三锅再吃六碗，三六一十八，也不要菜，吃得香得要命。年轻能吃啊，这个印象特深。包围圈比较安定，我就把临时了解的英雄事迹编成快板，画成幻灯片，放土电影给战士们看。防炮洞里最多只能坐二三十个人，看完一批再换一批。我们还给部队演活报剧、说快板，我编了个三句半《老蒋发疯》：

咱们打了胜仗，老蒋气得发狂，逮住茶杯出气，咣当。
咱们打得漂亮，老蒋急断肚肠，宋美龄也挨骂，冤枉。
咱们一仗打好，老蒋气得直跳，一天吐血几碗，昏倒。
咱们大举进攻，老蒋急得发疯，拔出手枪乱打，砰砰。
老蒋老蒋别凶，还有几天发疯，马上你就垮台，送终。
咱们再加把油，个个顽强英勇，抓住老蒋算账，革命成功。

解放战士抓俘虏

那时我们又有肉吃，又有大馒头，都是老百姓送来的慰劳品。国民党兵包围圈里头没吃的，我们就把大白馒头扎在刺刀上，挑着给国民党兵看，喊话："你们过来，我们这有大馒头，还有红烧肉。"经过喊话，国民党兵不断地跑过来，有的吃完了还回去，也让他回去，反正过两天还得当俘虏。那时俘虏很多，开始在前面演节目，以后俘虏下来了，我们就去管俘虏。大概四五个人一个小组，管五百个俘虏，实际上一点数，都有一千多。国民党兵饿坏了，一过来就要吃的，几锅饭倒在大匾子里，俘虏就围着匾子抢饭，有的用碗，没碗的就用手抓，挤的呀，有一个倒在匾子里了，身上粘的都是饭，他起来就从身上抓了吃。还有好几个因为长时间没饭吃，好容易逮着吃一顿，就撑死了。后来第一顿就限制，不给他们吃太饱。咱们在前线喊话的不光是文工团，战士也喊。国民党到后来根本就打不了了，所以国民党最初几百万部队，解放战争几年下来，打着打着，他们八百万人大部分都到我们这边来了。特别是淮海战役，我们部队有个人后来当了全国人大代表，他也是解放过来的，他冲上去抓俘虏，抓一个就把俘虏的国民党帽徽拉掉说"跟我走"，他自己一个人带着俘虏又抓俘虏，后来在部队当了排长、连长，抗美援朝回来又成了人大代表。

文艺工作作用大

淮海战役时，我们纵队才两万来人，但是消灭国民党军七万多人，消灭敌人最多，所以从司令到下面都很得意。我们纵队首长陶勇是个战将，打仗非常厉害，战功赫赫。淮海战役打完了以后，我们从陈官庄一带到徐州，文工团的司务长活动能力很强，他说咱们土八路没坐过火车，他联系到一个篷车，从徐州坐到北边韩庄，就这么一点路整整坐了一夜，走走停停，那是我们第一次坐火车。冬天冷，篷车都是破的，顶上有洞，我们人多，一个篷车里坐不下，车顶上都趴着人，挤得要命，吃了很多苦，但第一回坐火车还是很兴奋的。话说回来，我们为什么能把国民党打败？我们跟国民党部队有个最大的不同，咱们部队从红军时期起就有文化工作，有专门的文艺队伍，国民党没有这一套。毛泽东主席讲"没有文化的军队是愚蠢的军队"。我们文工团的这些人，也不打枪，也不放炮，但是在前线、战场宣传鼓动，对部队起了很好的鼓舞士气作用。所以咱们部队思想觉悟、勇敢精神都比敌人强，在淮海战场最明显了。当时部队政治工作包括文艺工作，我们也都贡献了自己的力量。淮海战役我也立了小功。所以淮海战役那一段，不仅是对我们党和军队、对我们国家很重要，对我个人也非常重要。

　　储渭，1929 年出生，江苏东台人，中共党员。1944 年参加革命，淮海战役时为华东军区第四医院医生，中华人民共和国成立后曾任中国人民解放军北京空军中心医院内科主任。

储渭口述

（2014 年 8 月 3 日）

参加新四军成长为军医

我是江苏盐城东台县人，东台是中心，又是大后方。1940 年苏南新四军到了江北，先打黄桥战役。我家是破落地主，新四军经常住在我家。我在海安上直属中学，学校有一些新四军女同志，经常做宣传工作。有一天，见到一位新四军，可能是个医生，他说："小鬼，想当兵吗?"我说："行啊。"为什么要当兵? 两个原因：一是日本鬼子来了；第二，破落地主生活并不好，有时候还吃不饱。1944 年 6 月，我十五岁，父亲把我送到东台三仓二分区卫校学习，当了兵。刚当兵时，光知道一师师长是粟裕，不知道粟司令那时已经到江南开辟苏浙军区去了，实际管理的是管文蔚。

我们医院的前身是抗战胜利时成立的新四军一师第一野战医院，到山东以后改编成华野第四野战医院。1947 年 1 月到淮海战役结束，两年都在山东，在郯城附近，陇海路边，除了滨海那边没去，莱芜战役、沙土集战役、豫东战役和孟良崮战役都参加了。1947 年 6 月，国民党重点进攻山东，南麻、临朐战役打得不太好，我们撤退到了临沂，这是比较困难的时期。莱芜战役结束后，我由实习医生提为正式医生。豫东战役，在鲁西南，我负责一百多伤病员的救治。轻伤员好办一点，短时间，三五天或者一两个礼拜好了就回去了，有个别伤员不让他走，他就偷跑回部队，不愿意在后方。打孟良崮战役时，记得医院在泰安南面山沟里的一个小村落，伤员分散住在老百姓家里，伤员有什么情况或者牺牲了，护理员就来叫我们。我们看了以后，需要救治的救治，有的伤员过世了需要处理，值班医生就让管理员用白布一包，就地掩埋，再刻上、立上一个牌子，后面的事情就不知道了。

淮海战役中的伤病员救治

1948年中秋节前后，打济南。原准备打一个月，后来因为吴化文起义了，一个礼拜就解决了战斗。我们住在曲阜孔庙，没收多少伤员，稍事休整。济南战役后，一边整训一边向南移，筹划淮海战役的卫勤保健工作。我在第四野战医院手术队主要做两件事。第一件事是负责检查。就像现在的门诊部一样，区分轻、重伤，甄别需要输液和手术的，需要手术的重伤员，就转到手术科室去。第二件事是伤员收得差不多了，负责一个医疗小组治疗轻重伤员。淮海战役中，记得有个伤员，挖迫击炮弹时，被炮弹炸掉了四肢，两条腿、两个手都没有了，转到医院来了，我负责给他治疗、换药。伤员后来好了，往铺上一坐，一看，像个小孩、小矮人一样，因为两个手、两条腿都没有了，这个伤员后来转到鲁西南荣军学校去了。

淮海战役第一阶段，我们医院在台儿庄，接收碾庄的伤病员，伤员比较多。伤员抬下来后，我们也不分医生、护理人员了，喂饭、接大小便，需要做什么就做什么。每天早上，我都带着一帮人给重伤员换药。当时药品供应还算可以，用的医疗器械都比较好。中野是刘伯承的部队，他们进大别山时经过山东过黄河南下，我们有一段在一起。他们的镊子、手术器械都是竹子的，我们都是钢制用品，药品也比较好，磺胺、青霉素很早就使用了。

在台儿庄，国民党派飞机轰炸，扔炸弹，飞得比较高，扔偏了，没有炸到主要街道。后来又派飞机对我们医疗小组来回扫射，那是美国的P-51，我们称它叫"油挑子飞机"，两边鼓起一点，好像一副油箱，要转三百六十度才能对目标进行扫射。当时领导告诉我们：它要是从南边来，你就躲到南墙根下；从北边来，就躲到北墙根下。为什么要这样躲呢？因为伤病员无法离开这个地方，不能丢下伤员自己跑了。那是不可能的，也没这个想法。

第二阶段打黄维，我们没接收多少伤员。天正下雪，医院从台儿庄向南转移到徐州宿县。下雪天我们每个人就一件大衣，用很薄的一块布铺在高粱秆上休息。第三阶段打杜聿明，医院进到徐州。

　　淮海战役结束后，二野在开封成立了一个针灸研究所，一个医院选一个医生去学习，我就离开第四野战医院，到了针灸研究所。给毛主席治关节炎做针灸的齐仲桓院长给我们讲课，跟他学针灸。后来过江了，到上海参加接收，后来又调到了华东军区卫生部工作。

颜辉，1924年出生，浙江宁波人，中共党员。1940年参加革命，淮海战役时任华野十一纵三十三旅九十八团二营机炮连政治指导员，中华人民共和国成立后曾任国家轻工业部外事司党总支书记。

颜辉口述

（2014 年 12 月 2 日）

窑湾战斗负伤

1946 年 10 月，华中军区第九军分区成立时，我调到这个分区的十三旅老七团。这个团有很多光荣传统。全团三个步兵营、两个直属连，将近两千人，基本是新兵，只有一个营是主力。1948 年 10 月上升为主力部队华野十一纵三十三旅九十八团，参加了淮海战役。

淮海战役是解放战争中规模最大的一场战役，歼敌五十五万五千余人。我印象比较深的是窑湾战斗。11 月 10 日，我们团召开营以上干部会议，介绍敌情：国民党六十三军要逃跑，两个营已经到了窑湾，我们部队要去歼灭敌人，不让他逃跑。当时我申请参加实战，团长同意了，让我当二营机炮连指导员。国民党六十三军正在向西跑，我们的任务是：一营向窑湾西北方向阻击；三营从窑湾西面向东阻击；二营机动，哪里需要到哪里，我们一直都在跑。第二天天刚亮，刚到窑湾对面，一阵榴弹炮向我们打来，一发炮弹在离我只有五米的地方爆炸，我旁边的副指导员当场牺牲，炮弹打到我脚后跟，我也负伤了。战士们战斗都很顽强，第三天完成任务后撤下来。打了窑湾后，抓了许多俘虏，大部分愿意留下来参加解放军。后来让他们拉对面的国民党兵过来。我们教他们喊话："我已经到解放军这边了，解放军待我们挺好，我们也吃得饱，你们过来吧。"喊话起到的作用很大，国民党兵过来了不少。他们之间有的是兄弟关系，有的是一起参加国民党军的同乡，都一起过来了。打完淮海战役后，我因为弹片在脚后跟化脓了，就留在了徐州，没参加渡江战役。

战地编印《胜利报》

当时每个团都有报纸，营一级没有报纸，报纸名字都不一样，有《战地报》《火线报》等，我们团的叫《胜利报》，从新四军开始就有，老传统了。我搞这个报纸是团政委指定的，因为我是上海人，文化虽不高，但属于有文化的，会写又能画。我们办的是快报，战斗一结束立即投入现场采访，刻好就油印，搞好以后发到连队，大家都能看到。当时编辑部只有三个人：我，一个俘虏过来的小兵，启东人，还有一个知识分子写写文章。基本上靠我，标题等都是我来弄。工作很艰苦，一盏煤油灯，吊着一根细棉线，旁边是个罩子，刻钢板有时都看不清。钢板四边原来是有木板的，为了便携就剩下中间的钢板了。尽管条件很艰苦，但为了胜利，大家积极性都很高，晚上经常不睡觉。那时真不容易，一有情况，敌人来了，部队就要行动。正在老百姓家里油印，也只能停下来，废掉版纸，重新刻。报纸多长时间出一期得看情况，一般一个星期出两期，油印最多二百份，分到连队。打淮海战役时，我们场场胜利，大家都很高兴，忙着采访、摄像，报道战斗英雄，也会把俘虏画上去。营里、连里干部能写的会写稿子来，我们根据他的稿子再画，尽量图文并茂，好多文化低的战士看到画可高兴了。

　　杨斯德，1921年出生，山东滕州人，中共党员。1938年参加革命，淮海战役时任华野十三纵联络部部长兼民运部部长，中华人民共和国成立后曾任全国政协常委台港澳侨联络委员会常务副主任。

杨斯德口述

（2014 年 12 月 3 日）

秘密前往第三绥靖区联络起义

我当时任华野十三纵联络部部长兼民运部部长。华东军区政治部主任舒同找我谈的话，说准备打仗，组织上决定派我作为华野司令员陈毅的代表，秘密前往国民党驻徐州的第三绥靖区的部队，做国民党军队的工作，争取冯治安的部队一部或大部起义，配合我军作战，让出运河一线。

1948 年 10 月，我秘密来到国民党驻徐州贾汪的第三绥靖区部队，化名陈惠国。先到了贾汪，住在前方指挥所副司令官何基沣那里。当时第三绥靖区司令部在徐州，司令冯治安住在那里，前方指挥所在贾汪，第三绥靖区驻守韩庄至台儿庄的运河沿岸，两个军一个前方指挥所。我主要了解部队情况。第三绥靖区部队过去是冯玉祥西北军的老部队，许多老革命在这个部队待过，国共合作期间，和我们党有联系，时断时续。

何基沣副司令官是抗日名将，卢沟桥事变有名的将军，我转达了陈老总的指示，他非常欢迎，给我介绍了部队情况。我了解到部队军官、士兵普遍不满蒋介石对杂牌军、西北军的歧视，也不愿意打内战，对这次把他们派到前线来更加不满。高级将领、军官动摇不定，五十九军军长刘振三、七十七军军长王长海等先后离开部队不干了，人心惶惶。同时了解了何基沣副司令官掌握部队的情况：七十七军一三二师师长过家芳原来是大革命时期的党员，后来失掉联系，这个人不成问题，到时候可以起作用；一一一团团长张兆英是爱国者，这个团没问题；七十七军三十七师师长李宝善早就离开了，所以七十七军一个半师到时候如果需要起义也没问题。五十九军联系太少，副军长孟绍濂外号"孟夫子"，是个好人，但他掌控不了部队。两个师长，一个是崔振伦，一个是杨干三，一个驻台儿庄，一个驻万年闸一带，对他俩当时没说通，也没做好工作，但他们和其他军官一样，不满国民党的内战政策和对西北军的歧视。

随后我到了徐州，见了张克侠副司令官，转达了上级对他寄予的厚望，希望他在淮海战役中发挥重大作用，特别是做好冯治安司令官的工作。我还告诉他，我们准备打一场大决战。我分析了战争形势，讲了毛主席对淮海战役的正确作战方针，虽然解放军人少，但能分割包围，以少胜多。另外我还赞扬张克侠将军战前做了很多有益于革命的事情，比方说把国民党徐州兵力部署图送给我们，劝阻第三绥靖区部队进攻解放区。之前我在贾汪指挥所也特别肯定了何基沣副司令官抗日战争国共合作期间所做的重大贡献。西北军原来的地下党、地下工委叛徒供出了何基沣副司令官和八路军有联系，导致他一度去重庆受审，但他坚贞不屈，应付了过来。这些肯定都为树立起义信心奠定了基础。

从徐州出来后，我又到了一三二师见了过家芳师长，谈得很深，副师长孙铭泉也见了。过家芳师长见了我很热情，表示：需要的时候一定可以率部起义，请组织上放心。我还见了很多基层人士，了解部队的政治、思想情况和工作状况。

为保证起义准备工作顺利进行，按计划成立了临时党支部，我是支部书记，在徐州车站开的支部会。地下党员李连成、孙秉超，一一一团三营营长王世江参加会议，一一一团九连连长没来参加。会后开始紧张的准备工作。还有一项工作：蒋介石为控制部队，早就把部队家属运到长江以南，我们从何基沣将军那里借了很多黄金，派人去江南安抚家属，另外通知北京的地下党，把何基沣将军的夫人和孩子从北平送到解放区。经常有同志问我：一点危险也没有啊？当然有危险。军队里有好多军统特务。有一天我正在和别的同志一块儿研究起义部队的行军路线，突然通信部主任樊云门来了，他一看："哟，陈高参你干吗？"我说："研究进攻共军的路线。"这才搪塞过去。樊云门后来也起义了，表现不错。这是很危险的，快起义了，一旦暴露，就会全盘失败。

华野关于第三绥靖区起义的部署

回到山东曲阜华野前指后，我做了汇报。那时粟裕代司令员和陈士榘参谋长在前方，陈老总到中野去了。我汇报了国民党部队的政治思想状况，报告了争取一部或大部起义有把握，但五十九军不行，还需要做工作。粟裕代司令员和陈士榘参谋长告诉我：第一，准备在11月8日发动淮海战役，我的任务是争取控制运河一线，把运河的几个点控制住，争取一部或大部起义；第二，规定起义口令"杨斯德部队在这里"，起义部队前边几个人反穿棉袄，电筒三明三暗；第三，规定了起义部队的行军路线。

11月初我又回到国民党部队，特别交代———团三营营长、地下党员王世江，无论如何要控制韩庄运河大桥。因为在西至韩庄、东至台儿庄运河一线，韩庄是要害。一三二师驻守不老河，师长是过家芳，有把握控制。到了贾汪，除了时间没说外，上级的精神都告诉了何基沣副司令官。接着我又给侠公，就是张克侠副司令官秘密通电话，告诉他准备发动大战役了，没说时间，希望他做冯治安和五十九军的工作。部署好之后，部队准备行动。

11月6日，华野十纵队从滕县向临城提早行动了，一下就到了韩庄。这时———团三营营长王世江就起决定作用了。一听有枪声，王世江就出来制止士兵不要打枪，王营长直接去见了十纵司令员宋时轮，告诉他："我是地下党员王世江，听从首长指示。"宋时轮告诉他立即占领韩庄桥。王营长率部占领了韩庄桥。华野十纵首长走得太快，一下闯到敌人阵地上去了，还好王世江听命占领了韩庄桥。

华野七纵也提前行动了。万年闸由五十九军的一个工兵营占着，也是运河上的要点。部队不知道起义的事，稍有抵抗，就被华野七纵消灭了，我们占领了万年闸。五十九军两位师长联系前方指挥所何基沣副司令官，何副司令官告诉崔振伦先不要打，把台儿庄桥让出来。另外很快召集团以上干部会议，何基沣副司令官亲自做工作，大家都说没问题，但没办法联系起义。何副司令把我介绍出去，我就参加了国民党五十九军团以上会议。好多人都是第一次见共产党代表。当时我这个子比现在还高，很威严，也很和蔼。我讲了讲形势，告诉大家起义部队政策，来一个团编一个团，来一个师编一个师，来一个军编一个军，请大家放心。另外我讲了西北军的历史、和共产党的关系。大家满口答应：可以，可以起义。7日，我从五十九军回来，带了一个电话员，坐着汽车，到了万年闸。我和七纵司令员成钧通了话，报告国民党第三绥靖区五十九军、七十七军一个半师可以全部起义，请他报告陈司令。起义部队按原来预定的计划、口令和行军路线，走到了解放区。我坐着车又回到前方指挥所，给张克侠副司令官打电话，告诉他行动在即，请他再做一下冯治安的工作。当时为啥起义口令叫"杨斯德部队"呢？因为我叫杨斯德，我是十三纵的，十三纵在台儿庄方向，中间是七纵，七纵司令员成钧、政委赵启民，十纵司令员宋时轮，大家都知道杨斯德，好记。7日下午，我又给张克侠将军打了个电话，让他对冯治安做最后的努力。他说："我现在就在司令官这里，我怎么说他都不行，他说你们走你们的，我走我的，说不通。"说不通也就不勉强了，冯治安最后没有起义。

何基沣、张克侠率部起义

8日上午，张副司令从徐州一早出来到了五十九军。下午2时，部队正式行动。张副司令先率五十九军从东路北行，七十七军为西路，我跟何副司令率前方指挥所部队向东沿五十九军路线行动。部队分两路开赴解放区，一路是一三二师、三十七师的———团从韩庄到鲁南兰陵解放区，一路是我们带着五十九军两个师、前方指挥所直属队，从台儿庄向解放区开进。行动后，冯治安就跑到蒋介石那里去认罪认错，说对部队管教不严。蒋介石为笼络人心，又给了他两个军的番号，让他去组建。黄百韬兵团被歼后，蒋迁怒于冯，撤销了两个军的番号。后来他跑到台湾去了，死在台湾。我在路上，碰到华野十三纵三十七师师长高锐了，他们正越过台儿庄桥，去攻黄百韬兵团。他在车上，看见我，说："杨斯德部队在这里。"高锐现在还活着，是军事科学院的副院长。见面握手，跟何、张都握手了。到解放区后，华东军区派联络部长陈同生代表华东局欢迎起义部队，他讲了很多安慰和鼓励的话。同时，以何、张的名义通电全国，明确表示反对内战，反对蒋介石独裁统治，说明退出内战的正义性。同时请华东局报告毛主席。毛主席知道后，很快回电，赞扬何、张的率部起义有利于战局的发展，是淮海战役"第一个大胜利"。毛主席有一句话很精辟：战争的正义性质和人心向背是我军战胜敌人的政治基础。反内战是正义的，得人心的。新中国成立之后，见过何基沣、张克侠将军。张克侠是林业部副部长兼林业学院的院长，何基沣是农业部副部长，我们常来往。何基沣、张克侠两位爱国将领很有名，所以我的回忆录里写到何、张部队的起义不是偶然的，这是西北军我们党长期工作的结果。小平同志、刘伯坚等同志都在西北军工作过。

我在纪念淮海战役五十周年时写了一首诗，盛赞张克侠、何基沣的起义壮举：

东风吹动九龙山，古战场上大决战。
两支大军钳形势，雷霆万钧歼敌顽。
车轮滚滚鱼水情，小米步枪"高树勋"。
何张将军义旗举，三万官军倒背枪。
蒋家王朝气数尽，违背民心必灭亡。
百万大军越天堑，占领南京迎朝阳。

　　张成高，1932 年出生，江苏宿迁人，中共党员。1947 年参加革命，淮海战役时为华野十二纵三十六旅一〇七团一营二连通信员，中华人民共和国成立后转业到邳州工作。

张成高口述

（2015 年 3 月 5 日）

徐州东南侧翼阻击

我 1947 年入伍，1948 年淮海战役火线入党。淮海战役开始时，我在华野十二纵三十六旅一〇七团一营二连当战士，打到中间，通信员牺牲太多，我就到连部当了通信员。当时连队有三三和四四编制。我们连是四四编制，一个连四个排，一个排四个班，三个步兵班和一个机枪班。一个班十二人，一个排五十人，一个连加上连部的连长、副连长、指导员、文书、通信员和炊事员有二百多人。

打仗时，一般是副连长在前面带着，连长在中间指挥，必要时都得上。冲锋时一般是班长在前边，副班长在后边，我们在中间，人家冲我们也冲。那时候年纪小，不知道害怕。准备打黄百韬兵团时，哪个部队打哪个地方上级都有具体安排。我们走到郯城，黄百韬跑了，跑到邳县一带。我们从新沂走正南，走骆马湖。后来，上级命令我们迅速向徐州方向急进，侧翼阻击增援黄百韬兵团的敌人。为了过河，我们把背包扔下来，由后勤送走，首长带队，跑步前进，一下跑到铜山张集，张集北边有国民党军队。我们在张集一线设防，防守在张集北二三十户人家的一个小村庄。头一天进入阵地，还没来得及做饭，国民党军队就开始反攻了。前边是坦克，后边是步兵，上边还有飞机，把我们的阵地冲开了。冲开后，首长命令全面出击把阵地夺回来。那会儿不分领导不领导，大家一起上，把敌人压了下去。从这天开始，白天国民党攻击我们，晚上我们攻击他们，有个班长爬到敌人坦克上炸坏了一辆坦克，立了全纵一等功。在那守了好几天，牺牲了很多人，我们连的通信员就牺牲了。之后去了双沟。晚上走路时，你抓我衣襟，我抓你衣襟，不能吱声，防止被敌人发现。敌人的燃烧弹虽然不响，但掉在身上会起火，其他水不行，用厕所小便的脏水一浇就灭。

追击、围歼徐州之敌

徐州东打阻击时，徐州北已被山东兵团解放，徐州南被中野控制。后来，徐州国民党军准备离开徐州。一天上午，敌人还在向我们阵地进攻，实际早上就撤了。到下午三四点钟，前线的战士撤下来吃饭，吃完饭就开始追击。在徐州城西，敌人的破汽车、电线扔得一路都是。我们一直追，过了萧县，和兄弟纵队包围了敌人。为减少伤亡，我们不攻碉堡，占领两三个村庄后，慢慢往里挤，挖一条战壕沟，抬担架的、通信的、送饭的都能在里面走。战壕边挖防空洞。战壕前边有敌人的小据点，我们把战壕挖到敌人前边，门板往上一放，向敌人喊话。我那时给连长当通信员。当时战场上传达命令、调动部队都靠人力传达，尽管是进攻，也很注重上下联络。有一天，我们连一个排在前边观察，两个排在后面休息。下午4点多，我和连长到了后边的两个排，调他们上来。到阵地一看，敌人从小据点收缩到大据点去了，连长带着前边这个排就冲了上去，那时候通信落后，他冲上去了，炮兵不知道，还是打原来的位置。我到跟前一看，连长两条腿被打断了。他的名字我还记得，叫华学武，苏北人。我们把他抬到后边，民工担架队把他抬走了，是牺牲还是负伤治好了也不知道，从那以后失去联系了。1949年1月10日早上，陈官庄正北一个大据点，工事修得比较好，可能是敌人的团部或师部，向我们投降了。营长带着我们连冲了上去，遇到三四十个散兵，我们让他们到我们阵地上，给他们饭吃。然后继续冲，到了一个据点，我看到里边有一些戴着钢盔和防毒面具的国民党士兵。趁敌人还没发现，我们就冲进去了，迅速把他们俘虏，朝我们阵地方向带。到我们阵地大概一公里。到地方一清点，有八百多人。是军官，就把他们送到上级那里，其他的安排在战壕里。8点多，敌人一架飞机来了，空投了大米、鸡蛋、饼干、面包一堆东西。半小时后，侦察到了真实情况，开始扔炸弹。我们在挖好的工事里待到下午4点多，等国民党飞机不来了，才撤出战场。

胜利的原因

共产党之所以胜利，是因为我们是为人民服务的，是为保卫自己胜利果实而战斗的。国民党则是为四大家族、为大资本家服务的，不为穷老百姓服务。共产党部队团结，情况危急时大家一起上。国民党部队不团结，有嫡系部队，还有杂牌部队。被包围后，名义上去支援、解围，实际上不使劲，张灵甫在孟良崮战役中失败就因为这个。黄百韬被我们包围后，国民党徐州总部下命令让邱清泉去解围，他们打到大许家、大庙就不打了，说是共产党阻击很厉害。另外，部队作风也特别重要。我们部队有个特点：接受任务，牺牲人再多，也要坚持完成。我们团就有这个优良传统。我们团二营伤亡大，一营马上堵上去作战。坚持到底，才能胜利。

　　吕仁元，1925 年出生，江苏东台人，中共党员。1943 年参加革命，淮海战役时任华野十一纵三十一旅九十三团二营四连副连长，中华人民共和国成立后复员回乡务农。

吕仁元口述

（2015 年 4 月 2 日）

对敌喊话和最后的总攻

参军后打了七年仗，作战一百多次，从通信员、副班长、排副、排长一直到副连长，随时都会牺牲，我不怕死，每次打仗都在前头，怕死必定死，要打就冲上去。打日本鬼子时，我十七岁，跟着游击队破坏公路、割电线，有机会就打。淮海战役时二十四岁，在华野十一纵三十一旅九十三团二营四连当副连长。当时，团里召集排以上干部开会，交代任务。我们的任务是消灭黄百韬兵团，不准任何敌人走向徐州，要求共产党员要冲锋在前，绝对不能放跑一个敌人。打黄百韬时我们在第一线，战斗很激烈。打到新安镇附近时，南边有条河，为了抢时间过河，战士们架人桥，冬天站在河里，肩膀扛木梯，不简单啊。

淮海战役最后一阶段是围歼杜聿明。我们在壕沟里待了近一个月，在壕沟里过的年。当时天气很冷，我们穿着棉衣，腿上都用绑腿绑着，时间长了，哪个身上不生虱子？有时一夜不睡觉，拿着枪时刻准备打。很艰苦，但能吃饱饭。国民党军就不行了，他们靠蒋介石派飞机扔东西，但是太少，没的吃。我们就喊话："我们九十三团是人民解放军，是穷人的部队，人民解放军是为了劳苦大众。你们不要给蒋介石当炮灰，没有必要替蒋介石卖命。我们都是中国人，是阶级兄弟，你们放下武器，我们把馒头送过去，在什么地方，你们来拿。我们保证一枪不发，不打。"我们把吃的送过去，送到他们防线跟前，夜里有人偷偷爬过来了，不敢带武器，后来成排成班地投降。

总攻开始后，我们组成两队，我指挥一排，从正面上去，一排排长叫杨四根，一班班长叫李越。一个排不能都站在一条线上，要利用好地形地物，房子、树木、沟都要利用好，不懂利用会被敌人打光的。敌人的第三道防线是一个庄子，隔着条小河沟。当时敌人火力比我们强，战斗很激烈，一班长牺牲了，一排长也牺牲了，是被流弹打死的。我们的子弹不多了，我心里着急啊！怎么办？当时没有大炮，我想到了缴获的枪榴弹。六班有个解放战士叫平山，会打枪榴弹。我说："平山啊，要打准，抓在手上打准了。"一下打中了敌人的庄子。关键时刻，指导员带着三排战士上来了，打了将近一个小时，打死七十多个敌人。我们冲上去后，抓了将近一个连俘虏。最后追击突围的敌人时，一发炮弹落在队伍中，指导员的腿被炸断了，我被炸伤昏迷。老乡把我放在壕沟里休息，我口干想喝水，他们就近弄了点雪放在我嘴里。

淮海战役国民党失败的原因是没有群众拥护。蒋介石不相信群众，不保护群众，我们深入群众，群众跟我们讲真话。老百姓送粮，送炮弹，一个人挑四发炮弹，推小车，抬担架，做好了后勤保证。五百多万民工，也有不少牺牲的。我们的胜利就是依靠群众，团结群众。

　　王煜，1930 年 8 月出生，山东海阳人，中共党员。1946 年参加革命，是华野十二纵司令员谢振华将军的夫人，淮海战役时在华东军政大学工作，中华人民共和国成立后曾在中国人民解放军南京军事学院工作。

王煜口述

（2015年5月8日）

谢振华和他的枣红马

谢振华打仗很勇猛。抗日战争期间，有一次鬼子突袭都进村了，到跟前了他也不撤离，鬼子们打进院里，他披上大衣，拿起枪就撂倒了小鬼子们。同时鬼子一梭子弹打过来，他的胳膊被打了一个窟窿，鲜血直流出来，枪也拿不住掉地上，但他仍坚持把战斗打完，最后是被担架抬着走的。咱们那个时期的指挥员们，比如左权将军、彭雪枫师长都是要上前线，与战士们战斗在第一战场的。他也是这样，每次战役一定要身在前线，警卫员拉都拉不住。抗日战争后期他得到了一匹枣红马，他非常珍爱这匹马。当时日本鬼子贴告示，悬赏谢振华的人头，县城各村头墙上张贴的海报画中也画有这匹枣红马，谢振华骑在枣红马上。他与枣红马经历了抗日战争、解放战争。淮海战役期间他常常骑着它奔驰在华野前指总部与一线战场之间，直到解放上海，这匹马也老了，才养起来了，在上海城里也不能骑了，不得不和他的战马分开。

一支卡宾枪

谢老手里一直珍藏着一支卡宾枪。淮海战役中，这支枪立下了大战功，打了一次很漂亮的歼灭战。夏庄战斗时，敌人火力非常猛烈，为争夺制高点有利地势，敌我双方拼打得十分激烈，敌方的武器装备比我方精良，敌方的机枪常常压制着我方的前进道路，我军一线战士伤亡很大。谢老着急了，他从身边战士手中拿过卡宾枪，瞄着敌人的机枪就打，用心地打，也不管对方的机枪子弹打过来，把敌人的机枪打哑了。战役时期他总是干这样让别人看了担忧着急的事，警卫员、参谋们拉都拉不住，就上去了，专打敌方机枪手。这次战役取得胜利，在总结会时，华野参谋长张震就批准把这支枪送给他做纪念。以后这支枪就一直留在他身边。当时有快板宣传词说：国民党蒋总裁是运输大队……枪是美国制造，非常好。和平年代留作纪念。他很喜欢这支枪，比奖章还看重呢，经常拿出来亲手擦拭，都不肯让工作人员代劳呢。他对部队纪律要求很严格，所有战役，无论大小物件，一切缴获都交公。有一次缴获了一些皮鞋，有位团长没有上报就分了几双鞋，谢司令员下令关此团长禁闭。师团领导们再三为他说情：他是红军时期走过来的老兵，马上要进攻上海了，打完再说。禁令也就暂未下达。在打上海战役的时候这位团长立了战功，将功补过，处分也就撤了。

退休生活

他对自己和家人要求十分严格，不能有特殊。他工作六十多年来，当领导、当一把手从不为家人和亲朋老友谋私利，两袖清风。过去我们家的窗户格还拿报纸糊着呢，窗户是木棱子。我一会儿拿套他的内衣裤给你们看看，秋裤都是缝接的，在孙子的旧秋衣服上接一段继续穿。他穿的内衣、衬衣、毛衣裤都是我给他缝制的。他很不讲究这些生活小事，特别简朴，但是他很重视大事。工资存起来，把节省下的伙食费存起来，支援家乡的希望小学。1993 年我们回江西老家的时候，他把积攒的钱，还有孩子们赞助的钱物，一共十万块钱捐给了家乡的希望小学，用于修建学校的危漏房屋。希望小学开学的时候，又捐了一些电脑和近千册书本。小学里头每位老师一支钢笔、一个日记本，每个学生一个生字本。1993 年的时候一部电脑多少钱？我们就送了四部电脑。他退休后就想着家乡老小这些事情，还把积攒下的工资寄给家乡的敬老院，一个老人家三百块钱。谢老深知老家的冬天寒冷潮湿又没有暖气，夜间人睡很寒冷，他送给每位八十岁以上的老人一床电热毯。

　　王运增，1921 年出生，山东沂南人，中共党员。淮海战役时为山东支前民工。

王运增口述

（2015 年 5 月 21 日）

抬担架支援前线

当兵的受那么多苦，咱在家属于老百姓，叫咱去帮帮手，咱就得自愿地抢着去干，你在前面打，我在后面帮，还有什么可说的，就应该这样。

俺喜欢唱歌，给你们唱一首，唱得不是太好，俺小点声。第一首《大海航行靠舵手》：

> 大海航行靠舵手，万物生长靠太阳，雨露滋润禾苗壮，干革命靠的是毛泽东思想。鱼儿离不开水啊，瓜儿离不开秧，毛泽东思想是不落的太阳。鱼儿离不开水啊，瓜儿离不开秧，毛泽东思想是不落的太阳。

俺再唱一个，一九二几年学的，这多少年了，共产党来的时候，八路军那时候学的，叫《先苦后甜》：

> 十八集团军啊那个真正好，八项注意件件能做到，都说是纪律好，吃的是煎饼啊铺的是干草，穿的衣服更是谈不到，冷热就这一套。同志们辛苦了，现在受点罪啊将来苦不到，先苦后甜我们慢慢地熬，同志们努力了。

俺还有一首。

> 红日照遍了东方，自由之神在纵情歌唱。看吧！千山万壑，

钢壁铁墙，抗日的烽火燃烧在沂蒙山上。我们在沂蒙山上，我们在沂蒙山上，山高林又密，兵强马又壮。敌人从哪里进攻，我们就要他在哪里灭亡。

　　俺是 1948 年 11 月 16 日开始走的，抬担架。接伤号不能用担架，因为目标太大，就去背伤号，背回来放在担架上。仗打得太激烈，背了三天。我去背伤员，刚接回来，转头要走，腰受伤了，当时晕倒了，啥也不知道了。后来别人领着我回来了，上住的地方休息了。打杜聿明时相当激烈，里三层外三层围着。打了一个星期，解放了，俺就歇了一天，抬着伤号接着行军，十二月初七（1949 年 1 月 5 日）就奔南徐州去了，腊月二十八（1949 年 1 月 26 日）到南徐州。要铺草睡觉呢，没有草，领导领着我们临时去割，就这样过的年。歇了一个多月，到了二月初二（1949 年 3 月 1 日）开始行军。偏东南奔扬州，走了三天，走在一个大坝上，两边是水。下午 3 点多，来了两架飞机，没办法，也不能跑，两边都是水，就中间一条大路，领导不叫跑，不叫动。两架飞机射了一梭子弹，丢了两个炸弹，扔水里了，要扔路上，咱就吃大亏了。炮弹壳很长，子弹头很大。第二天早晨，刚准备行军，站着队还没走，又来了一架飞机，打了一阵，俺们都站那不动，飞机没看到目标就走了。我们就一天一天奔扬州，走了十来天到了。俺这个连里，带出来个戏班子，戏班子在庄里搭台子，唱了两天戏，老百姓都很欢迎。待了一个星期，到了三月二十（1949 年 4 月 17 日），快过江了，大学生那时候都叫"洋学生"，他们唱了几首歌欢迎我们。那时候，黑天白天地走，累得步子抬不起来，腿都累肿了。仗打得相当激烈，眼睛都不敢睁开。我们抬着担架，先把伤员背下来，再放担架上去医院。打了两天就把国民党打跑了，队伍就跟着追，一路跑着打着，杭州解放了，我们就回来，接着进上海，连走了五六天才到了上海。哎呀，枪声不分日夜，上海太大，人太多，打了好几天，解放了，就去了上海西南的一个不大的庄子，在那歇了一个月，回家了。

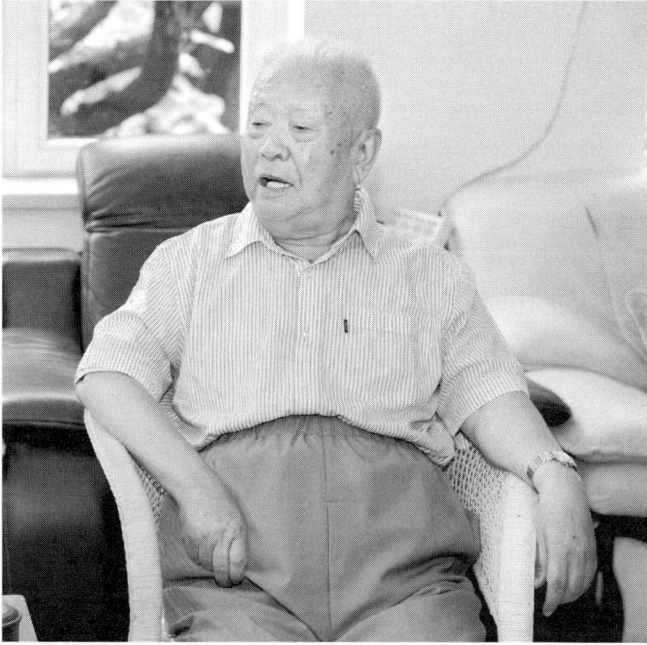

张斌，1920年出生，安徽枞阳人，中共党员。1939年参加革命，淮海战役时任华野七纵二十师五十八团营长，中华人民共和国成立后曾任中国人民解放军沈阳军区副参谋长。

张斌口述

（2015 年 7 月 3 日）

大王庄战斗及胜利原因

我是抗日战争时期参加的革命，投笔从戎抗倭奴，不除倭奴誓不休。

淮海战役打大王庄印象最深。大王庄处在一片开阔地上，是敌我必争之地。战斗很激烈，大王庄打成了一片火海，断壁残墙，地面都烫脚。当时我在华野七纵二十师五十八团，先是第一突击营营长，而后升为团长。突击时组成突击队，分成三组，就是突击组、爆破组、支援组，三个组编成一个队。突击队人数有多有少，战士多就多编几个，战士少就少编几个，没有规定。营里编成好几个突击队，一个接一个往前冲。打得太惨了，我这个突击队有八十二个人，越打越少，只剩下四个人。我们连队战友关系特别好，我睡着了，他们从我跟前过，我都能听出来这是谁，关系真好。在我身边牺牲的战友，一个叫钱宪良，是个大个子，子弹打完了，他把枪一撂，拿刀把敌人砍死了，后来牺牲了。还有王予杰，是我的通信员，牺牲在我跟前，敌人没打到我，打到他头部，一下就牺牲了。大王庄的前面是一片开阔地，敌人挖战壕，我们也挖战壕，这叫对壕作战。我们把敌人逼到角跟角，敌人无法翻身，一打怕打到自己人了。我们就在壕沟里跟敌人拼，把敌人撵到了双堆集。八连连长在打大王庄的时候，跳进壕沟，被敌人的火焰喷射器喷了一身火，给烧死了。大王庄战斗可不是几次冲锋的事，敌人把我们赶出大王庄，我们再把敌人赶出大王庄，经过反复争夺，才取得胜利。从抗战到抗美援朝我一共负了十七处伤，多次立功，二等功、三等功都立了，光大王庄我就负了四处伤，太阳穴、肩膀、颈子，横的、竖的，颈子两边都负伤了，还有腿上，腿是冲锋时被打伤的。打完大王庄后，部队向敌人发起冲锋，跑的过程中，敌人把我的腿打了。

当时根本没有感觉，不知道疼，直到消灭敌人，停下来才感觉疼，一看都是血，不能走了，就躺在那了。我在战斗中昏迷，是头部受伤导致的，现在我颈上还有弹片，不敢开刀，神经太多了。受伤后住了三个月院，腿伤得厉害，疼得没办法，就找铁丝做了个罩子，把腿罩起来，疼得不得了。回到部队后还不能走路，没办法，就骑小毛驴走，过了三个月才好。

我们为什么能打败守大王庄的"老虎团"？敌人很拼命，但是我们更顽强，就知道消灭敌人，跟他们拼，把他们拼倒了。至于武器，当然国民党军队的好，我们的武器差多了。国民党军队派系很多，他们是部队没了，官就没了，各自保存实力，所以不敢跟我们拼。共产党的部队就没这个事情，谁来都行，只是为了战争的胜利，没有后退，只有前进。战前动员，怎么打，打多久，敌人有多少，讲得一清二楚，战士心里都有数，步调一致打敌人。我们的优良传统就是不怕牺牲，不怕流血。我们和中野相互配合，配合得很好。这就是我们和国民党军队的区别，没有派系，并肩作战，目标一致。

　　张兰芳，1932 年出生，河南驻马店人，中共党员。淮海战役时为河南支前群众。

张兰芳口述

（2015 年 8 月 19 日）

送饭做鞋支援解放军

我家在河南驻马店，国民党的乡长是我们村的，在我家西面，保长离我家一百米左右，乡长、保长都有狗腿子。他们把我哥绑走了去当兵，只有十天，我哥就被打死了。我哥去世半个月后，嫂子生下了我侄子，侄子两个月时，嫂子又嫁人了。我家就剩我娘和我爹了，爹有病不能动，全由我照顾。当时我家在我们那里是最穷的，没有吃的，就到田里找野菜吃，我还故意穿老太太的衣服，故意把脸抹黑，害怕受欺负。

那时候，解放军和国民党都从我家经过。之前路过的都是国民党部队，欺压老百姓，地方的一些狗腿子也欺压老百姓。解放军经过时，开始不知道是什么部队，看到解放军也是害怕，跑。解放军就喊："老大爷、老大娘，我们是好人，我们是解放军。"在我们村住的时候，解放军会给老百姓家里扫地，把老百姓家的水缸打满水，为老百姓做好事，才知道解放军是好的部队。1948 年底，解放军路过我家，知道要打仗了。我家当时离城里很近，只有四里路，我外婆赶紧纺线，去城里卖，卖了钱买大麦，因为小麦买不起。回家后用石磨把大麦磨成面粉，晚上就用磨好的面给解放军做烙馍，我十几岁就会做饭了。解放军共产党不要群众的东西，怎么劝都不要，不接我送的烙馍。我说："解放军哥哥，你要是不接，我就给你跪下。"我就跪下了。解放军哥哥把我搀起来，他说："我接，我接。"我说："解放军哥哥，我也想当兵，我要当兵去。"他说："妹妹，你太小了，快解放了，你在地方上工作吧。"解放军在我们村子住了一夜，天没亮就走了。

那时候，我们还给解放军做鞋。当时没解放，被国民党的人看到是要被杀头的。国民党乡长、保长和狗腿子离我家都不远，都是邻居，做军鞋要冒很大风险。解放军不要我们做的鞋子，每次做的烙饼和鞋子都是求解放军收下。1949 年，我们那里才解放，然后分土地。

我有六个儿女，每年大年三十晚上我都会叫齐儿女讲家史，教育他们不要忘记过去，让他们好好读书，好好工作，为国家做贡献，教育孩子们要是考不上大学就在家里种地，多种粮食让国家富强起来。六个孩子都考上了大学。我要他们记住妈妈当年受的苦，我非常痛恨国民党，痛恨旧社会。

　　韩凤，1928 年出生，江苏南通人，中共党员。1944 年参加革命，淮海战役时任华野四纵十二师三十四团宣传干事，中华人民共和国成立后曾任中国人民解放军南京政治学院教研室主任。

韩风口述

（2015 年 12 月 2 日）

掩埋秦家楼、大牙庄战斗烈士遗体

淮海战役时我在华野四纵十二师三十四团当宣传干事，相当于连级干部。

打完济南战役后，部队在枣庄南边休整。1948 年 11 月 6 日，部队开始出发，走得很急，赶着去包围黄百韬兵团。一般傍晚行军，那时候吃饭早，下午 5 点就吃饭，吃完饭就出发，走着走着天黑了。我们行军遇到两道河，都不太深，都是蹚过去的。天黑后，经过第一道河。那时徐州已经很冷了，把棉裤脱下来，挽着裤腿下河。河有四十多米宽，不太深，到膝盖上面一点，但是河水冰冷，上岸以后感觉冻得麻木了，重新穿鞋子、袜子和棉裤，又跑了大概一个多小时，过了第二道河。夜里赶到运河车站的桥头。过运河时已到深夜，天色很黑，隐隐约约看见桥上的板子。过的时候拥挤得不得了，弄不好就被挤下河。我在桥的右面，有一匹马从我身边挤过来，驮了很多东西，把我吓得不得了，侧着身子过去。从桥上到河下，少说三十公尺，人掉下去就完蛋了。

包围黄百韬兵团以后，我们团第一仗是打秦家楼。团部设在距离秦家楼五六里路的庄子，团首长让我们几个机关干部到二营去做战勤工作。刚到营部，就听说二营长陈孔同志在前沿炮阵的指挥位置上被敌人的迫击炮弹击中，当场牺牲了。二营阵地的北边有一条干河沟，靠近河岸抬头就能看到秦家楼，我们看到秦家楼西北方向有十几个人躺在那，估计是牺牲的同志。第一次攻击受挫了，调整部署以后，当天晚上二营和三营就把秦家楼打了下来。第二天晚上打大牙庄，十三纵打贺台子，后来我们团三营去接防打下来的。我们几个人在三营的包扎所带了两三副担架准备到大牙庄前沿运送伤员，后来听说前面已经打下来了，伤员也抬下去了，就没再上去。

秦家楼和大牙庄战斗牺牲了不少人，团部宣传股、民运股的同志都到前面去做战勤工作，我的任务是掩埋烈士遗体。那晚的月光很亮，我带着民工在大牙庄东北方向挖了两个墓坑，一个墓坑大概有两米长、一米五宽、一人深，挖好后我和民工一起借着月光寻找烈士遗体，他们衣服上的胸章有的已经被打得看不见了，大部分还比较清楚。我们把烈士遗体抬过来轻轻地放到墓坑里，一个挨着一个摆放整齐，再填上土掩埋。出于人道主义，我们把一些国民党兵的遗体也给埋了。紧接着我们团又打小牙庄、尤家湖，后面战斗要轻松一点，因为敌人已经被打得差不多了，剩下的残部也很快被消灭了，俘虏了不少。

追击、包围杜聿明集团

打完尤家湖后，黄百韬兵团基本被歼灭了。连续十几天打下来，我们部队伤亡不小，也很疲劳，来不及休整就立即出发，很紧急，怕徐州杜聿明集团跑掉，要马上插到徐州南边，由另外的部队打扫战场，我们直接往西南方向走，一直走，到了徐州南边，把敌人隔断，阻止敌人往南跑。在徐州南边阻击两天后，杜聿明集团从徐州撤退了。我们跟着部队跑，大步快步走，晚上也一刻不停，跑得真累，从杜聿明集团的北边偏东的地方实施包围。第二天，天朦朦胧胧，前方敌人占领的一个大村子看上去模模糊糊一片。我们从东北方向一直往西打，一点点收缩包围圈。西边有个河堤，两边是麦地，堤岸不高，有 1.5 米，是一个干涸的河沟，部队越过河堤，打西边的一个小村子。村子打下来了，打得很残酷。堤岸东边两个烈士的遗体还没有处理，不知道是火焰喷射器还是燃烧弹打的，人都烧焦了。特务连副指导员胡苏，原来是我们宣传股的，下去当副指导员。打完那一仗，我们碰到了，我看见他的手被包扎了一下，原来是小拇指的骨头被打断了，拿了残废证。

战场休整过新年

后来，下起了大雪。天气寒冷，大雪后，部队采取近迫作业，四面的部队全部都要做好土工作业，把敌人包围得动弹不得。我们团防御正面的最前线是鲁老家，两个营的部队在前面。战士们挖交通沟，晚上悄悄打通再往前挖。我到前线，看到横着的战壕上有机关枪掩体，后面有大战壕，旁边有小战壕，横着的战壕离鲁老家的树大概五十米，最近的地方离国民党军防御工事只有三十米左右。

有一阵子他们不打，我们也不打。后来听说是为了配合平津战役，就地休整。我也不懂这个，反正就在那包围着敌人。战士们在交通壕里挖小坑，上面铺的稻草很厚，一个人一床被，晚上睡在里面。进入阵地后，战士们一直生活在地下，真是雪地藏龙。交通壕挖好后，地面被雪盖住了，一大片雪地，看不见敌人，敌人也看不见我们，战场很壮观。不打枪不打炮，敌人的飞机，主要是运输机，一天到晚"嗡嗡"转，往下丢东西，战斗机很少。

最有趣的是过新年，我有一个任务是到二营第一线一个排的阵地上跟他们一起过年。新年饭吃得不错，在交通沟里开了一个娱乐会，我教他们唱唱歌娱乐娱乐，战士们的情绪都挺高，敌人听见我们唱歌也不开枪。

最后的总攻

1949年1月6日白天，对杜聿明集团的总攻发起了。我们团第一个打的是鲁老家。部队还没动，后面的大炮、迫击炮已经打过去了。国民党军饥寒交迫，已经没什么斗志，没什么战斗力了。第二天打崔庄，敌人是李弥兵团的主力第八军。第三天，李弥兵团第八军四十二师副师长伍子敬带残部向我团投降。当时敌人一个参谋长带个勤务兵举个白旗，到二营五连阵地来，说要起义，团首长让五连的文化教员魏国祥过去跟敌人谈话，不久魏国祥回来了，说敌人还要谈条件。团宣传股长张优，用华野前线指挥部作战科长的身份去跟敌人谈判，命令他们投降。四十二师还犹犹豫豫的，说："我们还有部队，炮什么的都还有，不能算起义吗？"张优是华中抗大参谋队毕业的，文武双全，比较有军事素质，他说："我们跟你们打过交道，我们一个排的兵力就把你们两个骑兵连打掉了，你们正面只有一百公尺，千把人，还有什么战斗力？你们起义的时机已经过去了，现在命令你们投降。"

我们团一直往南打到陈官庄。我们跟着跑，一片白茫茫，到处是降落伞布做的像掩体一样的东西。看到一长串俘虏兵被战士们押出来，国民党军兵败如山倒。当晚，部队撤出来，我们还坐了一趟汽车，站在汽车上，往北撤，汽车还过了个铁桥，一直撤到了徐州。

编撰印制《战斗报》

我曾经在团部当过《战斗报》的助理编辑，股长胡石言是《战斗报》主要负责人，编辑有瞿革成、黄瑛、齐正。我们几个人有时候下连队当文化宣传干事，有时候当采编员，还要培养通讯员，挑选一些有点文化的当通讯员，教他们怎么写稿子。我们经常到参谋处问最近打了什么仗，缴获了一些什么东西，有哪些地方可以写的，我们就到下面写写，反正水平也不高，下面来的稿子我们再整理整理。那时候写稿子很简单，内容大多是行军的时候怎么样互相帮助克服困难的，哪一个战士帮助战友扛了枪，帮谁背了背包；到了驻地怎样帮助群众的，怎么样遵守群众纪律的，基本上登的都是行军的小故事、打仗中的小故事、英雄模范的小故事。另外呢，也有评论，也有小社论，这是团政委或者政治处主任根据这个时期的要求提出的，作为一个评论来发表。还有就是连环画，股长胡石言画画水平很好，副股长陈庆良也会画，稿子和连环画都要用钢板刻下来。

我们这个报纸还有一点杂志的性质，一些基本的小知识和民间故事也登一些，报纸大概一个礼拜出一期，八开四版，一般情况下印两三百份，最多时油印五百来份。有时候也出快报，我记得在鲁西南，有一次打完仗以后我们马上就出快报。我是快报手，所以记得清楚，快报用红色的大标题，把战斗经过、缴获多少写出来后马上就刻版印刷，两三个小时后就送到部队上去了。

我们用的钢板、蜡纸、油墨基本都是缴获来的，钢板不够用，我们就锯开一分为二，好几个人刻钢板。帆船牌蜡纸韧性很好，刻字的时候不会坏，有些牌子的蜡纸一刻就坏。有时候部队在城镇旁边住下来，我们也买一些材料，油墨颜色都是自己调配。报纸印好了，各连通信员到团部来取，有时候部队行军来不及派通信员，我们就站在路口，把各连报纸都卷好了送给他们。我们师各个团都有小报，三份报都有交流，我们团的报纸叫《战斗报》，三十五团的好像叫《前进报》。我们和山东的《大众报》也有交流。抗战期间跟新四军四师《拂晓报》学习交流，向他们学习画面怎么刻、标题怎么写，都很好的。

鲁南突围以前，我们《战斗报》出过三百多期。鲁南突围的时候要轻装，只留了一片钢板，其他全部都清掉了，不丢没办法，天上有飞机，后边有追兵，一直到鲁西南。那时候突围也很凶险。

　　李剑锋，1926 年出生，江苏徐州人，中共党员。1942 年参加革命，淮海战役时任江淮军区独立旅一团二营副政治教导员，中华人民共和国成立后曾任中国人民解放军第二十八军政治部副主任。

李剑锋口述

（2015 年 12 月 2 日）

从苏北到淮南

我叫李剑锋，江苏徐州人，生在铜山，长在邳州，1941 年在抗日民主政府当勤务员。精兵简政学文化，念了一年多小学，抗日根据地成立中学，又念了一年中学，在学校入了党。1944 年抗日根据地扩大，抗日军政大学第四分校扩大招生，我们中学的新党员带着我们班同学，加上军分区政训班的学员，共一百多人到抗大四分校学习。毕业后，我分配到新四军四师十二旅三十四团组织股当干事。成立华中野战军第九纵队时，我是七十七团九连指导员。1948 年初，九纵组成淮北挺进支队，后来和另外一个部队合编，成立淮北军区独立旅；5 月，淮北军区扩大，改为江淮军区，我在江淮军区独立旅一团。

当时独立旅在邳睢铜地区，靠八义集、碾庄比较近，所以淮海战役一开始，我们旅的任务是和其他部队一起堵截黄百韬兵团。我们一夜走了一百多里，直接到了碾庄南。侦察队把碾庄以西的铁路炸了。我们团三个营在碾庄南边的西张庄，与敌人作战，打得很艰苦。打下来以后，撤退的敌人越来越多，压到我们面前，整连整营的，反反复复冲击，我们坚持着。江淮军区副司令员饶子健给我们动员的时候讲："这次我们到碾庄，是堵住敌人，你们要坚守阵地，坚决不能让敌人跑过去，剩下一个也要在这堵住，没有命令，不准回来。"给我们下了死命令。敌人向我们连续攻击，最前沿的四连压力特别大，有个碉堡被敌人打塌了，一个班的人都压死在里面。我从营部指挥所拄着双拐到最前沿阵地去了，连长叫石守余，指导员叫张瑞武，一看我要去，说："没问题，绝对坚守，你赶快走！"推推拉拉地把我推回去了。我们打了三天三夜，后来华野八纵来接防，我们就向徐州前进，去占领徐州飞机场了。战役第一阶段，江淮军区部队很早进入战斗，堵黄百韬，坚守阵地。过去讲得比较少，讲野战军的多。接着接到命令，令我们南下和华野十三纵会攻灵璧县。十三纵打西门，我们打北门，消灭了敌人，解放了灵璧。后来我们过淮河，在蚌埠和明光之间破袭铁路。过淮河的时候，敌人飞机来了，炸弹一个接一个往下摞。我那时已经调到一营，一营先过了河。四营是炮营，后过河，就挨了敌人的炸弹。四营教导员李铁群被敌人飞机炸死了。过淮河后，在明光以北、蚌埠以南地区破袭铁路，用两到五斤的小包炸药炸铁路，使淮河以南的国民党军队不能到淮北去支援，保证淮北部队歼灭国民党军。

政治工作的要点

对俘虏兵的政治工作，我就讲三个问题。第一，我们是什么人？先把自己身份弄清楚，我们是穷人。第二，为什么当兵？当初被国民党抓去的，现在是自愿的。第三，为谁打仗？国民党抓兵是当官的叫打仗，我们是为保田保家打仗，所以勇敢有担当。这样说非常简单、易记，有时候讲十分钟就够了，但明白过来就不一样了。

我们的政治工作靠什么？靠战前动员。为什么要打这个仗？打的什么敌人？怎么打法？都要通过动员讲明白。碾庄南阻击敌人时，上级指示：要猛打猛冲，咬住敌人不让跑掉，跑到哪里追到哪里，追到哪里堵在哪里。讲得很清楚，最后黄百韬兵团一个没跑掉。

另一个很重要的问题是领导干部身先士卒，发挥模范作用。最困难的时候，领导干部在，战士们就有勇气。所以最难的时候，我挂着双拐去，都不用说话，战士们一看，教导员挂着双拐到最前面来了。再一个就是行动当中的宣传互动口号。唱歌也是一种互动。当时我们根据部队任务情况，为鼓励部队，写了三段歌。开头一段："淮海战役真不瓤，津浦陇海打胜仗，消灭蒋匪在江北，不让他跑掉半个兵，哎呀哎嗨哟，不让他跑掉半个兵。"这是毛主席讲的，全歼蒋军在江北，不然过江很难。以后过淮河，就唱"毛主席叫我们过淮南，切断浦蚌津浦线，敌人的后路都切断哪，保证在江北把敌歼，哎呀哎嗨哟，保证在江北把敌歼"。做什么唱什么，一边走一边唱，精神抖擞。到了滁县过年了，准备过长江，又唱"今年是个胜利年，全国胜利在今年，同志们再努一把劲，打到南京过新年，哎呀哎嗨哟，打到了南京过新年"。这首歌一唱，任务很清楚，是不是？

还有一个最好的政治工作内容，就是人民群众支援前线，这是一种力量。西张庄边上一个小村庄有国民党军一个连，营里把消灭他们的任务交给了五连和六连。突击前，分给我们五十副地方支前担架。我是副教导员，管战勤工作，战斗打响前，给担架队做动员："炮弹到处打，你们不要乱跑，容易伤亡，要听从指挥。"讲话还没结束，民工队有人叫："大兄弟，咱们的部队来了！"我一看，这不是我家隔壁的周维斌二哥吗。是的，咱的队伍来了。家乡的队伍，家乡人支援，多带劲啊！这是非常好的政治工作内容。还有驻地群众支援我们做工事。工事在房角垒，在房底挖洞，房子是土打墙，得找棍子挡起来，炮弹打来，打在墙上，打不到我们。但没那么多木头，各个班都要做。老百姓就拆房子。这边做工事，那边拆房子，把房梁拆了给我们。还有，我们的马要吃草，哪有那么多草啊，老百姓就把刚盖的新屋上的麦草扒下来给我们喂马。这多有劲啊！民工送炮弹、子弹和手榴弹，都直接送到前线工事、送到阵地、送到班里，我们这兵、干部，多带劲啊！要吃饭了，一个炮弹打来，伙房不能及时做饭了，驻地群众就把饭送到工事里，劲大不大？过年了，国民党兵没吃的，靠飞机甩东西，不够吃就抢。我们在淮南过的新年。从前方下来，自己没多少东西，老百姓送馒头猪肉给我们，都吃不完，你说部队情绪能不好吗？淮海战役后，往南走，穿的都是山东老百姓送来的新鞋子。鞋子都绣着字，一只绣着"打过长江去，解放全中国"，另一只绣着"打到南京去，活捉蒋介石"，鞋头上绣着"革命到底"，穿这样的鞋，走起路来，简直……这双鞋我一直带到福建，进了海岛后，放在外面地上，弄丢了。我现在想找个会绣花的大嫂，给我做一双，当道具放着。这是最强大的战斗力，最强大的政治工作。人民战争的政治工作内容非常丰富，非常有力。人民群众的支援对我们的鼓舞很大。有了人民群众的支援，部队的战斗情绪不管怎么艰苦，一点动荡都没有，坚定得很，死与不死，根本不在话下。

我在淮海战役后写了一首诗："淮海大战震全球，英明统帅巧运筹。赞我淮海众乡亲，破家支前美名留。"现在想想这些事例，心里还热乎乎的。咱们各个方面都要关心群众、联系群众，群众才能关心我们、支援我们。这是相互的，"军民团结如一人，试看天下谁能敌"。到南京，进了总统府以后，我又唱这个歌："统帅一声进军令，百万雄师过江南。雄师自然功劳大，万民支前更称赞。自古胜败民向背，全心为民万不偏。"共产党打天下的时候，跟人民群众同生死共患难，现在坐天下，千万不能忘记老百姓，一切行动都要为老百姓着想，为人民服务这个思想绝对不能弱。不能忘本，忘本就得失败。

俘虏兵孙士富

淮海战役打张庄时，一营抓了部分国民党俘虏，其中有一个俘虏马上要求当解放军，他叫孙士富。奇怪了！指导员就问："怎么着，刚过来，还没教育呢，怎么要当解放军？"他说他要报仇："国民党抓我当兵，我的父母亲不愿意，国民党把我父母的头和胳膊打坏了，把我抓走以后也没跟家里通信，我爸妈的情况都不知道。我当兵以后扣军饷，生病了不给吃的，不参加操练还要挨打。"指导员看他说得很好，报告营里、团里，把他留下在英雄连当兵了。行军时，他帮别人扛枪，背背包，互帮互助，到了地方，帮助别人烧水，给别人洗脚，像个老兵。行军途中就当了副班长。打灵璧时，他放炸药二十斤，城墙没炸开，再放五十斤的，把灵璧北门东边炸开个大口子，部队突进去了。江淮军区政治部干事华晨专门写了他的英雄事迹。打过灵璧后他当了班长，过淮河后，排长生病住院，他当排长。一个月左右，从战士当上了排长。在明光作战时，我们把一个据点打掉了，国民党要夺回这个据点。我们撤离，他和副指导员两人断后，走在山腰时，被敌人的一发炮弹打死了。牺牲的时候除了帽子是解放军的，其他全都是国民党军的。后来我到处找他的家人，他老家是广西的。我通过广西军区副政委，给民政厅挨个打听，打听不到，因为在家里都喊小名，大名都不知道，所以找不到。

想一想那些为了人民解放事业而牺牲的先烈，他们家人最后连牺牲的信息都收不到，实在令人伤心啊！

　　董昌平，1928 年出生，江苏盱眙人，中共党员。1944 年参加革命，淮海战役中任华野二纵四师十团二营五连宣传员，中华人民共和国成立后曾任中国人民解放军第二十一军六十一师后勤部副政治委员。

董昌平口述

（2015 年 12 月 2 日）

战斗在淮海战场

淮海战役时，我在华野二纵四师十团五连。之前我们部队在胶龙湾地区休整。接到命令后，我们从胶龙湾出发，后来到了徐州睢宁县和铜山县交界的地方，阻击国民党军，不让他们增援被围的黄百韬兵团。我们和国民党军对峙了五天多。黄百韬兵团被消灭后，我们奉命南下，从徐州南边经过宿州、固镇，阻击增援徐州的李延年兵团。在这个过程中，我们在一个叫文庙的地方遭遇了国民党军，打了一场遭遇战。一直坚持到晚上，打退并俘虏了一部分敌人，晚上奉命后撤，因为杜聿明集团从徐州出来了。一路赶到了李明庄附近，又和敌人遭遇。我们的任务是守住魏老窑和魏小窑这两个地方，阻止敌人向南逃窜。敌人一次一次地发动攻击，攻过来一次，我们打回去一次，伤亡很重，两个连建制都不全了，只能合成一个连。两三天后，阵地就很牢固了，接下来是和敌人相持。条件很差，开阔地一马平川，离敌人很近。副连长拿一包面粉，戳一个洞，走到哪里面粉就撒到哪里，部队的近迫作业跟着这个线走。后来，下大雪，有二十多天时间，一直待在阵地上坚持。这时的敌人已经不行了。南京国民党派出飞机空投粮食，很多时候都投到了我们阵地上。投到他们阵地上也不够吃，他们互相抢夺，连机关枪都动起来了。一直到 1949 年 1 月，我们发起了最后的总攻。

　　陈惠彤，1929 年出生，江苏涟水人，中共党员。1946 年参加革命，淮海战役时为华野二纵六师十七团后勤处政工队员，中华人民共和国成立后曾任中国人民解放军太原警备区副政治委员。

陈惠彤口述

（2015 年 12 月 2 日）

没留遗物的徐培智

淮海战役时，我是华野二纵六师政工队员。现在回忆起来还是很不简单，这是一次非常壮烈的战斗。战役发起后，我们到了民运队工作，任务主要有三个：一是宣传、动员民工；二是慰问伤员；三是掩埋牺牲的烈士。

1949 年 1 月初，围歼国民党军杜聿明集团的作战中，华野二纵六师集中优势兵力和炮火，准备向王庄发起猛攻。战斗打响前，政工队分配给我、李彬和章如根三个人的任务是：登记烈士姓名，登记和保管烈士遗物，掩埋烈士遗体。

当天下午我们就和民工一起，选好地方，一个一个挖墓穴。每个墓穴大概两米长、六十公分宽。我们挖了好多，打仗就会有牺牲，宁愿多挖一点，不能少挖。1 月 7 日那天，风雪交加，我们守在战壕里，大概到了后半夜，有个担架抬过来了，我们赶紧提着马灯迎上去，小心地把烈士抬下来，解开棉衣，衣服上写着：十六团二连副班长徐培智，山东诸城人，二十一岁，1947 年入伍。我立即在本子上记下这些，然后又检查他的口袋，看有没有什么遗物。我们翻来翻去，什么遗物也没有。说起来现在的人可能不大相信，烈士们身上除了吃剩的包子，还有些旱烟袋、烟叶子以外，什么都没有。我们用一丈二尺白布把他包起来，抬到墓穴里，我们一起向烈士三鞠躬，因为这时他的部队和亲人都不在，就我们三个人向他做最后告别。我们说："徐培智同志，你牺牲了，我们代表你的家属、你的亲戚朋友和你告别，你好好地走吧。你的牺牲是正义的，是光荣的，我们和后人不会忘记你！"我们将墓穴填上土，堆成土坟，在木牌上写上烈士姓名，立在墓前。

保持战斗姿态的戴连松

这时好多担架抬过来了，我们三人只能分头进行了。我来到一个烈士身边，想解他的衣扣，怎么也解不开，就用右手使劲拉他的衣服，想把他抬起来，没想到他"扑"地打了我一下，我心里一激灵，手里的马灯掉在地上了。组长李彬赶紧过来问我怎么了，我说他打了我一下。李彬提着马灯仔细看，这位烈士的胸前中了很多子弹，流血过多，由于天冷，血把衣服和肉体都粘在一起了，我拉他的时候用力过猛，把他一下子翻过来了，所以"扑"地打了我一下。李彬说："这个烈士肯定是机枪手，你看他个子这么大，眼睛圆睁，右手还保持着扣扳机的动作。"我们慢慢解开他的衣服，衣服上果然写着：十六团三营机枪连排长戴连松，江苏泗阳县朱湖镇人，二十四岁，1942年入伍，1945年入党。埋好戴连松烈士，李彬对我说："你不要害怕，牺牲的烈士跟病死、老死的不一样，他们是英雄好汉，牺牲时都有一番壮举，他们脸上没有惧色，视死如归，含笑而去。"

新解放战士李广东

我们一个又一个地埋葬着烈士。这时，有人抬来一个身上穿着国民党军衣服和鞋子的战士。我们的军装是土布的，怎么看也不像我们的战士。旁边的人说，你好好看看，究竟是什么人。我仔细看，衣服不对，鞋子也不对，只有帽子是我们的，别的什么都没有，但是口袋里有三个肉包子是对的，因为连队进攻前吃肉包子。我翻遍他所有的口袋，最后找到一个纸条，上面写着：十六团解放战士，李，广东人。我们商量了一下，只好将他的名字写成李广东。为了查清李广东的身份，我后来找到了李广东所在连队的指导员。他说战斗发起前，李广东从包围圈跑出来，文书给他登记姓名时，怎么也听不懂他的话，只好叫他自己写，他歪歪扭扭地写个"李"字，然后直摇头，没等弄清楚他到底叫什么名字，战斗就打响了。突击排进攻道路受到封锁的时候，李广东端着机枪扫射，压制敌人火力，战斗中光荣牺牲，指导员给他的肉包子都没来得及吃。后来，我们在团史上记载了李广东的事迹。一直到现在，提起李广东我心里还是很难过，这个人的形象我还记得，没办法，怎么也查不到。

最后掩埋的四位烈士

还有个烈士叫朱长林，抬到这儿时还喘气，我脱下大衣给他盖上，赶紧跑到卫生队请军医。那时，凡是从前方抬下来的，首先经过救护所，重伤员经过包扎后送往后方，轻伤员包扎后重返前线。牺牲的经过营、团救护所检查后送到师卫生队，经卫生队检查后才抬到我们掩埋组来。军医来了以后又检查了一遍，说："这个人在卫生队已经抢救多时，确实无能为力了，你们再等一等。"战友之情嘛，我们就等着他，一直等到天快亮了他才停止呼吸，我们含泪埋葬了这位烈士。就在我们准备离开的时候，又抬下来三名烈士，他们是英雄八连的炊事员，我立即登记他们的姓名：郭栋臣，三十五岁，山东惠民人，1947年3月入伍，同年12月入党；高利胜，二十八岁，山东胶南环海人，1947年6月入伍，1948年10月入党；左保明，二十九岁，山东诸城城北人，1948年10月入伍，同月入党。王庄战斗前，他们三人在战壕里用大衣遮住火光炸了油条，送到前方去，大家吃得很高兴，很感谢他们。回来的时候，被国民党军飞机丢下的炮弹击中，同时牺牲。那时候国民党军飞机有个顺口溜：五头飞机真正凶，一天到晚在上空，丢下炸弹千万镑，杀人如切葱。

留下烈士名字

王庄战斗结束后，我将这一仗牺牲的六十九名烈士的姓名、年龄、家庭地址、遗物一一造册，书写工整上报。回想起来，烈士遗物一栏中，大部分都是空白，有的也只是旱烟袋、烟叶子、鞋垫等物品，极个别的贴身口袋里珍藏着姑娘送的绣花小荷包。

淮海战役胜利后，部队要开赴山东休整。临走前，民运队郭文范队长带领我们到各个墓地去看看，把墓碑整理好，向烈士们告别。路上我们看到国民党军的死尸横七竖八躺在野地里，郭队长说："抛尸荒野郊外，任凭狼撕狗咬，不符合我们的道德观念。"于是我们挖了很多大坑，把他们埋起来。队长叫我写牌子，我写了"蒋军炮灰之墓"，队长说不好让重写，我又改成"蒋军官兵之墓"。

离休后，有一年我专程到徐州淮海战役纪念馆去参观，在烈士纪念塔的烈士名录墙上，我看到了我们师烈士的姓名。我又来到纪念馆资料室，在工作人员帮助下，查到了当年抄送的烈士名单和有关材料。看到这些材料，淮海战场的情景一下全浮现在我眼前，我激动得热泪盈眶。管档案的同志看我如此动情，问我："他们是你的朋友，还是亲戚、家人？"我说："他们是我的战友，他们活着的时候我不认识，他们壮烈牺牲后，是我和战友埋葬了他们。"几十年过去了，我看到当年抄送的烈士名册保存了下来，烈士的名字留了下来，我没有忘记他们，大家都没有忘记他们，想到这中间又不知经了多少人的手，经过多少艰苦历程，也许有人为了转送这些材料又牺牲了，我怎能不激动，怎能不流泪呢？我常常想，烈士牺牲的时候是他们一生中最辉煌的时刻，当年我能参加掩埋烈士遗体的工作，留下他们的英名，也是很有意义的。中国革命历史上记下了他们的功劳，这是对烈士们最好的安慰吧！

　　纪鸣铎，1925 年出生，山东潍坊人，中共党员。1943 年参加革命，淮海战役时为华野十纵二十八师八十三团宣传干事，中华人民共和国成立后曾任中国人民解放军第二十八军纪检副书记。

纪鸣铎口述

(2015 年 12 月 2 日)

攻击鲁菜园

1949 年 1 月 9 日早饭后，我从团部跑到一连前沿阵地，了解一连突击队战斗情况。一连政指牟作勤正好从营里接受任务回来，他说："我们团今天将配合二十九师攻击鲁菜园，三连是第一突击队，一连是第二突击队。"下午 4 时，我们的大炮先开火，整个鲁菜园村庄顿时浓烟滚滚。在轻重机枪掩护下，爆破队连续爆破，鲁菜园东北的土围墙被炸开一个大口子。三连在连长郑素春和政指秦洪声同志带领下突进鲁菜园，一连、二连跟着冲进去，经过一阵激烈厮杀后，大批俘虏被押送出来。随后团指挥所前移到鲁菜园东北侧高地，团参谋用望远镜发现敌人向西溃逃，马上报告团首长，首长用望远镜观看到敌人狼狈逃窜的景象，马上研究决定：由八十三团政委孙乐洵、副团长孙盛才带二营、三营乘胜追击。因一营鲁菜园战斗还未结束，八十三团团长柴裕兴去一营指挥战斗，结束后立即率一营跟进。

到友邻部队送信

我跟着孙政委和团指挥所一起追击了几里路，敌人死的死、伤的伤，排了一大溜。天已全部黑了下来，只有野地里还有几辆被我炮火击中的敌人汽车焚烧着。我想靠近看看，孙副团长制止说："不要靠近汽车的火光，以防敌人的枪打着。"追击到一个村庄，敌人机枪一直封锁我们，孙副团长指示说："村里的敌人还没有走，通知部队暂停前进，不然把部队压在村子外不好。"敌人的炮火不断打来，我找了条沟，让团首长隐蔽好。首长在沟上观察情况研究敌情，认为李弥兵团溃逃，杜聿明、邱清泉一定更加恐怖动摇，决定抓紧时间直捣杜聿明司令部陈官庄。正在这时，八连政指代可文交到营里一个俘虏军官。他是敌七十二军一个师的参谋长，自称是我军的内线。他说："杜聿明正准备向西突围，你们顺着干冻的鲁河就可以直插陈官庄。这一带都是杜聿明总部的后勤机关，没有什么战斗力，也没有什么工事。"这给我们部队提供了有力情报。部队沿着鲁河直插陈官庄，二营从陈官庄东面攻打，三营从陈官庄北面攻打。当时团首长分析，我们南、北、西面都是敌人，如果天亮后敌人发觉我们只是一个团，反击我们，我们会吃不消的。因此，孙政委要副团长到后面设个指挥所和上级取得联系，请求部队增援。孙副团长找了块凹地设了指挥所，首先和师部通电话。未摇通，孙副团长说："直接与宋司令通话。"电话一摇，通了。孙副团长报告了八十三团打进陈官庄的情况，请求部队快来。宋时轮司令电告：部队很快就赶到，要和北面的四纵取得联系，互相支援，不要发生误会。孙副团长打完电话对我说："你到黄庄埠和四纵联系，说我们已打进了陈官庄，不要发生误会，黄庄埠向东北方向走。"并叫一个通信员跟我去。我们刚离开指挥所，敌人的机枪就射了过来，子弹从身边"嗖嗖"飞过，通信员叫我赶快卧倒，我想敌人夜间看不到我们，是乱打枪，所以我一直向东北方向跑。通信员追上我大声喊道："你疯了？敌人这么打也不趴下。"我说："敌人不是打我们的，我们赶快跑。"敌人的机枪不响了，我又跑了一段，看到了一个村庄，走到村头，两个站哨的高声问道："你们是哪个部队的?"我说："是十纵的，你是哪个部队的?"他回答："四纵。"我说："我找你们首长。"一个战士带我们走进村里的一间屋子，屋里蜡烛照明，四五个人正在谈话，那个战士指着其中一位说："这就是我们副团长。"我说："我是十纵八十三团的，我们已经打进了陈官庄，首长让我转告，请不要发生误会。"副团长高兴地站起来说："你们从东面打，我们从北面打，不要发生误会。"回来途中，我们遇上了来增援的纵队特务团和我师八十二团，我们知道增援部队已经上来了，心里非常高兴。

转移缴获的汽车

回来后，我立即向孙副团长报告了与四纵联系的情况。孙副团长对我说："给你个任务，把缴获的汽车迅速转移，不然天亮了蒋介石会派飞机来炸掉的。"我正琢磨着怎样去完成这个任务，孙副团长叫过一个人来，对我说："由他负责把汽车弄走。"我一看是国民党的军官，便问："你能把汽车开走吗？"他说："可以。"原来，在孙副团长交代俘虏政策和进行了一番教育后，此人很乐意去办这件事。我高兴地同他走出指挥所，他边走边介绍："这是宋美龄刚从美国弄来的一千多辆新汽车。"走了一段，朦朦胧胧看到前面有个村庄，我问："这是个村庄吧？"他说："这不是村庄，是汽车。"我们进了汽车场，他严厉地高声大喊道："起来，起来！奉总部命令，汽车掉过头来，向东北开，回徐州，跟着我的三号小汽车走。"连喊了几次，马上跑来很多人上来问："什么情况？"他避而不答。有的回去发动汽车，灯光闪烁，还有的不想离开，我就说："我是人民解放军，你们不要怕。"出了汽车场，他对我说："你不要讲话，你一讲，他们就不走了。"接着他又问我："还有汽车要不要？"我说："要。"他便带我去北面不远的另一个汽车场，一进去，他同样高喊："奉总部命令！"于是，汽车马达又发动起来，"轰隆隆"响成一片。走出汽车场，我问他还有没有汽车，他说："没有了。还有战车要不要？"我说："统统要！"他带我向西南又走了一段，我看见歪斜着像木头一样的东西，问："这是什么东西？"他说："这就是战车。"正在边走边谈，突然前面有人喊："什么人？干什么的？"我说："团部的，自己人！"特务连副连长王景荣听出是我的声音，说了声："纪干事。"他上来一下把我拉到沟里，对我说："前面就是敌人！"那军官随着一齐卧到沟里，接着敌人的机枪"嗒嗒"地扫射过来。敌人还在顽抗。待敌机枪一停，我们向指挥所跑去，途中看到三连政指秦洪声带部队来了，我们一块儿去指挥所。刚到指挥所，我听到"叭叭"两枪从我头上飞过，赶紧向凹地卧去，接着敌机枪连续打来，秦洪声在后面还未卧下就负伤了。待敌人机枪一停，便把他扶到汽车上，我们上了汽车向东行驶，走了几里路，前面的汽车传来报告说："前边一条河，汽车过不去，怎么办？"我下车看，河里有水，水在流，河的两边是土岭。大批汽车停在那里，都没办法。天近黎明，我站在高岭上向西面战场瞭望。围歼杜聿明集团的炮声隆隆，震撼着大地，炮火硝烟犹如早春的大雾，笼罩着整个战场。炮声渐稀，我想，杜聿明集团已经被歼了。不一会儿，红日升起，硝烟散去，再向西南瞭望，满地遍野都是黄压压的人流。人民解放军战士雄赳赳、气昂昂地押着蒋军俘虏像江水一样向东涌来。直到这时，我才感到又饿又渴，从昨天早晨吃过一顿早餐，整整跑了一昼夜。转移的车队里，有一个国民党军官模样的人对我说："我用大饼、罐头换你一支烟吧。"我说："我不会吸烟，所以没有烟。"他看了看我，还是送给我一些大饼、罐头。我一口气吃完后，又到河里吃了几块冰，这才走上高岭。这时，东面边喊边跑着来了一大批穿灰军装的干部战士，他们跳上汽车，把汽车开走了。就这样，转移汽车的任务算是圆满完成了。

淮海战役第一阶段阻击国民党新五军，我们团在第一线，一营由孙乐洵带着，他说："与阵地共存亡，坚决不撤!"阻击打得好，孙乐洵起了重要作用。我们从未考虑过个人安危，也从未考虑过自己随时会牺牲，党的军队干部总是冲锋在前，战士们跟着冲。开始只是为了翻身求解放，后来我懂得了作为一名共产党人要终身为共产主义事业而奋斗。共产党的部队一直都是深得民心，深受老百姓爱戴。

　　贾保立，1929年出生，河北黄骅人，中共党员。1941年参加革命，淮海战役时任华野十纵二十九师八十七团三营七连副政治指导员，中华人民共和国成立后曾任中国人民解放军第二十八军八十二师副参谋长。

贾保立口述

（2015 年 12 月 2 日）

带领病号和卫生队前进

我所在连队是我们团比较有战斗力的，很能打。济南战役中突破国民党守军第一道防线的就是我们连。我原来是文化干部，济南战役后提了一级。淮海战役时，我在华野十纵二十九师八十七团三营七连当指导员。

淮海战役开始后，部队向前开进。过了滕县，部队为了保存干部，把我和副连长两个人调出来，负责带全团的伤病员，任务是组织病号和卫生队跟进。这时，前面部队在韩庄铁桥打响了，我们在后面都听到了，很快又听说有国民党部队起义了。我们继续往前，接近茅村时，卫生队和部队向东转移走了，不知道去哪。我派轻病号到茅村方向去看，回来说，都是国民党军。我问，部队到哪儿去了，他说不知道。我们行军都有路标，走在路上，"嘣"一下，"嘣"一下，用石灰袋子当作路标盒子在路上做记号。可这次没有，卫生队把我们丢了，怎么办？往前追，到了贾汪正碰上财务处长要买粮，找到他就和部队联系上了。

浴血奋战的七连

回到部队得知，徐东阻击战已经打响了。淮海战役徐东阻击战，我没参加，但我知道情况。我们连作战人员全受伤了，一个连只下来了十八人，加勤杂人员还不到一个排。当时是什么情况呢？敌人大炮轰，飞机炸，战斗相当残酷。参加战斗回来的战友哭着给我们说，有的地方打得只剩战壕了。人员伤亡的情况不要说了，连长重伤，指导员打得没有了，肯定是炮弹落到附近了。剩下的几个人中有个人后来当了二十三师的副师长，叫彭继华。

我和副连长回来之后，加上团里从其他连调来的骨干，重新组织两个排继续战斗。守阵地，不能白天打，都是夜间打。夜间怎么打，就是跑到敌人后面去打。正面堵不住你，晚上到你屁股后面去打，按团长雷英夫的说法，叫"抠腚战术"。怎么"抠腚"？我们团在吴窑打了一个出名的反击战，就是这样打的。八连副连长张戴，带着部队跑到敌人后面去，往回打，里外夹击，把敌人消灭了。我们打阻击的部队，保障了其他部队消灭黄百韬兵团。

再以后就是打杜聿明集团了，我们的任务就是挡住杜聿明集团，不让他和黄维兵团会合。我们团在鲁楼打得非常残酷，连、排都没有整建制的。我带着两个排在右侧堵击敌人。那些村庄冒的黑烟有多浓烈，天空都变成黑色的了，国民党的飞机在黑烟里穿过来穿过去，当时我就说，以后再也碰不到这种战争了。

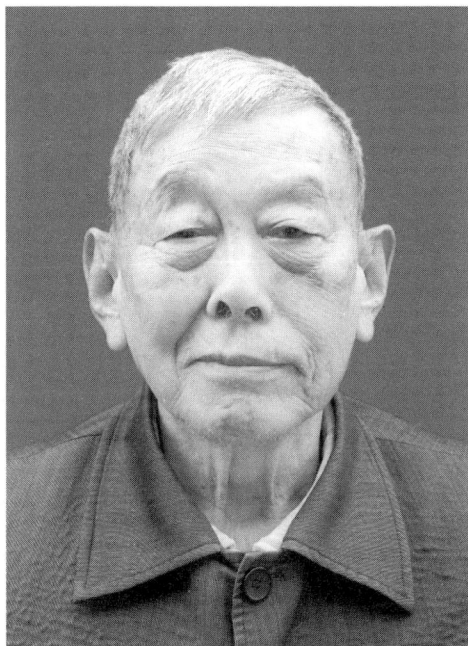

　　林乐勤，1929 年出生，山东昌邑人，中共党员。1945 年参加革命，淮海战役时为华野十纵二十九师师部炮兵营军医，中华人民共和国成立后曾任中国人民解放军第二十八军八十三师后勤部政治委员。

林乐勤口述

(2015 年 12 月 2 日)

太平庄急突式炮击

淮海战役时，我在华野十纵二十九师师部炮兵营，战役三个阶段都参加了。当时，我们是骡马炮兵，炮是骡子驮的。我们营有四个连：三个炮连和一个特务连。炮连分别是迫击炮连、战防炮连和山炮连。迫击炮是美国造的，战防炮是苏联造的，山炮是日本造的。特务连有三个步兵排、一个高射机枪排，是打飞机的。

部队南下，第一仗打韩庄，冯治安、张克侠的部队。下午到了以后，查看地形，到了晚上，还没打呢，就通报这个部队起义了。当晚，大部队往韩庄行进。过了韩庄，有一个大铁桥。大部队要从铁桥通过，我们骡马炮兵在后头，一直在那等，等到第二天上午快 9 点时，通知我们抢过大铁桥。过了大铁桥，我们插到了徐州和碾庄之间，打徐东阻击战。我在师部炮营，知道情况。我们师实行阶梯式防御：一个团在前面打，另一个团在后头挖战壕，前面一个团打一天退下来，后头这个团再打一天。期间打了太平庄反击战。头一天，一团二营阵地被突破，太平庄被占领。晚上，民工送来了炮弹，堆得很多。上级下命令，要炮营用这些炮弹配合反击。当时对面敌军是李弥兵团一部，战斗力还可以，炮火很强，坦克、飞机、大炮都有。第二天一早，我们实施急突式炮击，速度很快，不到半个小时，四门山炮打了两千多炮弹，四门迫击炮打了一千多炮弹。敌军正在吃饭，没想到我们会打他。炮一打，一下把他们打乱了，不到一小时就结束了战斗，二百多人被俘，炮兵营受到了通令嘉奖。徐东阻击战打得很苦。战防炮打坦克从侧面才能打进去，正面打不进去。战防炮连的一个班长带着一个炮手打坏了敌人四辆坦克，但是敌人还有一辆装甲车，发射穿甲弹把他们炸死了。

常凹战斗的炮火反击

徐东阻击战结束后，我们的任务是阻击李延年、刘汝明兵团，敌人向南跑了，我们追了两天没追上。后来，我们急行军向西赶到河南永城一带，堵击从徐州撤退的国民党军。敌人往南攻，我们防御，围住他，不让他跑了。有个村庄叫常凹，被我们夺回来后，敌人实施集团冲锋。我在炮兵阵地看得很清楚，敌人大概一个旅兵力。炮兵营实施炮火反击，常凹阵地打电话来说："你们炮营的炮弹打到我们阵地上了。"我们那时没有炮对镜，只有一个日本的测远机，测距离用的，测的距离是一千二百米。常凹打得很厉害，师里让我们打指挥弹。指挥弹爆炸后，会上去一个白圈，只要形成三个白圈，不仅我们，其他兄弟部队的炮兵都要往那打。我们营长不敢打指挥弹，怕打到自己阵地上。用测远机又测了几次，还是一千二百米。最后营长说打一千三，打了三个指挥弹上去。三个白圈形成以后，我们北边一个纵队的炮兵很厉害，打了十几分钟，一家伙把那打成火海了，什么都看不清。风吹散后一看，大部分敌人都被打死了。

鲁楼阵地接收国民党军炮弹

再一个是鲁楼阻击战。当时粟裕司令员打电话给我们师长说，鲁楼一定要守住。杜聿明部的邱清泉、李弥、孙元良三个兵团被包围，急着突围和黄维靠拢，鲁楼是他们进攻的重点。鲁楼紧靠引河，要是守不住，就等于引河开了口子，和黄维兵团合起来，那就难打了。鲁楼周围是平坦地，适合他们的机械化部队，所以鲁楼打得非常惨，打了六天。敌人攻得很厉害，通常是集团冲锋，很多坦克一起冲。战斗最激烈的时候，团长、政委、卫生队、炊事班和司号员都上去了，团长和政委上去抱着机枪打。当时，国民党用飞机空投粮食和弹药，冬天西北风多，我们在东岸，很多炮弹被刮到我们一个团的阵地上了，师部命令："你们赶快给炮营送去。"他们一个营给我们送来炮弹，数量还不少。迫击炮连连长打电话来说："我们这里有俘虏战士说有些炮弹不能打。"我们营长急了就问："什么炮弹不能打？"他说是黄色的炮弹，一般的炮弹都是灰色的。营长说："管他什么炮弹，赶快打。""呼咂呼咂"打过去，结果是催泪性毒气弹，冒黄烟，那天正好刮西北风，刮我们阵地上，打喷嚏掉眼泪。

　　黄达韬，1926 年出生，江苏泰兴人，中共党员。1945 年参加革命，淮海战役时任华野十一纵炮兵团一连党支部书记，中华人民共和国成立后曾任中国人民解放军第二十八军八十三师副政治委员。

黄达韬口述

(2015 年 12 月 2 日)

艰苦的战斗生活

我是苏中部队华野十一纵的副连级干部，是指导员下面的一个支部书记。当时打仗比较艰苦。不知道怎么搞的，天天下雨，我们没有雨具，一下雨衣服就淋潮了。宿营的时候，有草还好，可以烤，不管干不干，烤一下好一点；没有草就倒霉啦，这种日子不大好过。淮海战役刚打响的时候，部队供应非常困难，我们有个米袋子，米袋子里没多少粮食，又不敢吃，留打仗的时候吃。到了一个地方就找老百姓征点粮，有时候是地瓜，有时候是高粱面，老百姓也没有多少吃的，得给他们留一些，所以部队有饿肚子的情况，但是还要行军打仗。陈毅讲，淮海战役的胜利是小车推出来的。前线吃的都是老百姓小车推来的。当时天气比较冷，战场下大雪，我们都住在防空洞里，没法洗澡。有一次我到炊事班去，觉得脖子里扎毛巾的地方痒痒的，炊事员过来给我抓虱子，抓了三十多个虱子，他开玩笑说："你当团长了，你这警卫员一下子三十多个，你不当团长，你当什么？"当时虽然苦，也不觉得有啥过不去的，大家在一起很高兴，干什么事情也是老老实实。淮海战役下来以后，给我评了一个模范党员的称号。

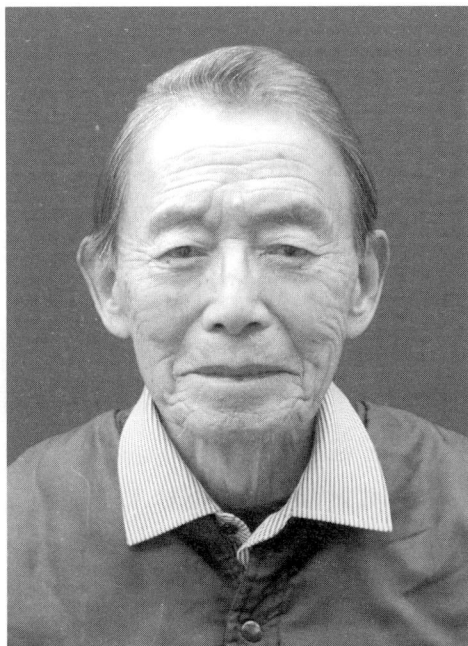

　　张玉明，1929年出生，江苏如东人，中共党员。1944年参加革命，淮海战役时为华野十一纵三十一旅一营二连文化教员，中华人民共和国成立后曾任中国人民解放军第二十八军后勤部副政治委员。

张玉明口述

（2015 年 12 月 2 日）

我参加了淮海战役

回忆战争，对我来讲是很好的教育，对今天的年轻人也是鞭策，是鼓励。我 1944 年 11 月参军，开始当文工团员，抗日战争快结束举行大反攻的时候，分区组织了一批知识青年下连队，我分在一营二连当文化教员。这个连是新四军的基础，从江南过来的，是原来陶勇的警卫连，很有战斗力的部队。淮海战役，徐东阻击战我参加了。我们紧挨着铁路，阻击徐州国民党部队增援黄百韬兵团。后来，包围杜聿明集团以后，我们就在阵地上，在猫耳洞里等着。

　　徐雪琴，1930 年出生，上海人，中共党员。1941 年参加革命，淮海战役时任华野十一纵三十三旅九十七团特务连班长，中华人民共和国成立后曾任中国人民解放军第二十八军八十三师副参谋长。

徐雪琴口述

（2015 年 12 月 2 日）

接合部的激战

我叫徐雪琴，淮海战役时在华野十一纵队司令部特务一连担任二排五班班长。那时的战士，班长叫上哪就上哪，当兵就是这样。徐东阻击战时，我战斗在华野十纵、十一纵的接合部。为什么要把特务连这两个排派过去？因为我们这两个排是特务连的主力，机枪基本上一个班一挺，在两个纵队接合部还加了一挺马克沁重机枪。接合部位置比较突出，敌人也知道它是接合部，每次都攻打得相当厉害，三十三旅九十七团一营守在那里，吃了很大的亏。我在二排，左边是九十七团一营，右边是一排，靠近十纵。这两个纵队打仗作风不一样，敌人判断出来这是接合部，所以每次打十纵时，打这个接合部，打十一纵时，也打，想把接合部捅破，捅破了就相当于撕开了一个突破口。打得很残酷，九十七团一营吃不消了，据说这个营最后打下来只有七十多人了，很惨。后来纵队决定把我们两个排拉过去。我们这个排兵力比较足，一个排四个班，每班都是大班，十七八个人，火力也很强。特务连武器很好，子弹很多，差不多都有七八十发子弹，所以纵队把我们这两个排放到了这里。

我们上去就打仗，没时间了解这是什么地方什么山。两个排上去后阻击了敌人两次。我们阵地大概六七十米宽，刚上来不到两小时，战斗就开始了。第一次敌人大概有一个连，分成三个梯队上来，等他爬到三分之二的地方，我们开始打，轻机枪和重机枪先动。等他距离我们五六十米的时候，我们就用手榴弹，步枪都没打，反正手榴弹很多，都是一箱两箱的。打了十分钟左右，打退了，敌人一个连全退下去了。

敌人的火力相当猛，开始时没打很大的炮，就是机炮、迫击炮，打的时候也没有方向，都是试探性的。第二次反击的时候就不一样了，首先是火炮，炮火连续打了五六分钟，就开始冲锋了，打得我们够呛。左边九十七团在打，右边十纵也在打。我们的阵地比较突出，冲上来的敌人比第一次多。我看到的一个军官，不知道是中校还是上校，在后面督战："冲啊冲啊！敌人不多，很少。"虽说我们的人不多，但是火力很强，打的时候不客气，轻重机枪、步枪、手榴弹一起招呼。我们两个排长、两个副排长经验都很丰富，猛用手榴弹，一个劲儿地一个接一个，打得敌人上来又下去、上来又下去。敌人冲锋了好几次，第四次冲锋时，我们二排的排长牺牲了，当时他打火了，抱起轻机枪："打！老子把你们一个一个都干掉!"看到二排长牺牲，大家激动得不得了，打得更厉害。战斗打得比较残酷，打退敌人第四次冲锋时，我们牺牲负伤三十多人。

敌人的反击、冲锋太厉害，武器弹药比较充足，但是不用手榴弹。我们手榴弹起了很大作用，基本上每人都有一箱到两箱手榴弹，全靠手榴弹，打退了敌人五次冲锋。

天快黑时，战斗停下来了，敌人不来了，我们也调整了一下。我们两个排最后牺牲负伤四十多人。第二天宣布我代理排长，下午三四点钟的时候，就把我调走了，到机关去了。

　　张孝杰，1929 年出生，山东安丘人，中共党员。1946 年参加革命，淮海战役时为华野鲁中南纵队四十六师一三六团民运股队员，中华人民共和国成立后曾在中国人民解放军南京军区总医院工作。

张孝杰口述
（2015 年 12 月 2 日）

转战淮海战场

淮海战役 1948 年 11 月开始。我们第一仗打郯城，第二仗在徐州东南打阻击，堵敌人，不让他增援碾庄。碾庄有土圩子，有壕沟，估摸水里有铁蒺藜，看不见，主攻部队冲的时候，有的战士衣服都刷着了，越蹚刷得越厉害，部队打的时间比较长，也很苦。

我们在睢宁一带阻击国民党的新五军。新五军是国民党嫡系部队，他们穿的、用的、炮、弹药都是美式装备。挖工事，土很暄，锄就可以了，用木头搭着，就在那等敌人过来。打阻击很苦，就是要靠在那，动都不能动。我在团机关民运股，担架连有个山东黄县的老百姓，他不懂啊，晚上抽烟。有火光肯定有人，敌人看到后，炮就瞄准打过来了，电话线也被炸断了。那时没有无线电，团里才有一部手摇电话机和上边联系，团以下就没有了。最好的通信就是吹号，冲锋号、退却号，调动团级干部、党政干部都有特定的号谱，吹号的人都懂，再翻译出来，那是最好的通信工具。

后来杜聿明从徐州撤退，我们就往西南奔，一晚上跑一百多里路，就像小驴子一样，跑啊跑，没法休息，一直跑。追的时候，能看到敌人的汽车灯，他们走公路，我们走土路，灯亮着，看得很清楚。两条腿和敌人四个轮子赛跑，向西南线穿插，要跑他前边，不能叫他跑掉。他上哪走啊，我们部队硬插过来，堵住了，堵得敌人也就占二十里那么个范围。我们跑的路多，鞋都坏了，把桃树上的胶挖出来，使火烤，烤化了粘上去。我们在坑道里，下着雪，不得了，国民党飞机发传单，空投大米、大饼，有时候飘到他们那边，有时候飘到我们这边，两边靠得很近的。上级下命令了，怕有毒，不准吃。有个国民党俘虏兵，他纪律差，吃了。他说："我吃了，没毒。"当时我们是防止有毒啊。后来没批评他，还给他开罐头。在战壕里蹲了好长时间，用白铁皮焊的喇叭喊话，大声喊，得让敌人听见。最后总攻时使炮轰，硬打。打完后我们就打扫战场。

送　信

有一次，我和一个战友去送信，结果碰上打炮了。我有小聪明，知道打炮的特点，不会落在同一个地方，前三脚，后三脚，打炮有顺序。一炮打下来以后，几秒钟都没有空气，你不能闭上嘴，要叭叭嘴，闭上嘴就憋死了，没有空气嘛。那边打炮，我就跳进坑里，当时背着个背包，一双鞋子被打通了，一个毯子被打破了，但没打着我。我战友不知道，就趴着，一炮弹削到屁股上去了。一个人就一个救护包，那么小，怎么包？我一看，算了，别包了，赶快找人抬了出去。连背包加枪，一起送过去，能活就不错了。很多伤员不该牺牲的，因为没有血输，野战医院哪有那么多血输。第一线是部队把伤员抬下来。民工也害怕，一般在二线，从二线向后抬。一个团才六个小队，也抬不过来。

掩埋烈士遗体

送完信，我又去掩埋烈士。我是共产党员嘛。当时三营的教导员被坦克轧了半个头去，把他弄回来以后，团里下了命令，让我想办法弄个棺材。上哪弄啊，黑乎乎的，我带的小组一共三个人，到义庄去找，一看都是棺材，一个一个摆着，就搞了个大棺材。搬上太平车，我在前面拉，他俩在后面推。埋的时候，把那个教导员放进去，其他人连棺材也没有，就一丈五尺布，从脚往上缠一缠，头一包，使个袋子一扎，就那样埋，牌子都是写好的。烈士身上都有个布条，掏出来一看就知道，什么部队，叫什么名字，埋好以后牌子一插就行了。

　　李宗周，1931 年出生，山东荣成人，中共党员。1945 年参加革命，淮海战役时为华野苏北兵团司令部电台报务员，中华人民共和国成立后曾任江苏省电视台技术部主任。

李宗周口述

(2015 年 12 月 3 日)

苏北兵团司令部电台报务工作

我老家在山东荣成，威海东边，靠近海，向东是一望无际的大海。我1945年当兵，十四岁。老家被鬼子占领后，跑到解放区，在解放区学校读书。胶东抗大招生的时候，我报了名，招生的嫌我年纪太小，我说，年纪小个子不小，最后被录取了。按照计划是准备培养炮兵的，结果在抗大学了三个多月后，鬼子投降了，形势大变。军区主力部队赶到胶济线打鬼子，叫他们快速投降。部队赶紧分配，把我调去学电台了。那时叫电讯班，学无线电通讯。学习非常紧张，一般至少学半年，但我们学了三个月后就分配了。1946年1月到电台工作，1948年十七岁时，调到苏北兵团，离开部队前，一直在电台工作。

那时电台报务员比较少，苏北兵团三个台也不过十几个报务员，我那个台只有四五个人。一台对上，跟野司联络；二台对下，和各个纵队联络；三台横向联络。我当时在三台，跟友邻部队、苏北军分区联络。淮海战役打起来时，电报特别频繁，每天收发量挺大，关键问题是保证急报能马上发出去，那时候急报非常多。一般来讲，军事指挥的电报有个特点，不长，几十个字，短小精悍，就是加急的比较多。电台工作讲起来真是枯燥，就是跟着部队，天天在房间里抄报发报、抄报发报。排班基本是六小时一班，0点到6点，6点到12点，12点到18点，18点到0点，几个人倒班。戴着耳机工作，一个班次六个小时，一直都在听，要保证不间断。夜里不能睡觉，还得一直在那聚精会神。这个时间没有电报要发，但是对方可能有报给你，所以要一直不停地收听。干我们这项工作，过去有个说法是幕后英雄。

一台、二台没待过，我所在的三台有六部电台。三台属于协作台，和苏北区联络，一、二分区是苏中的，九分区是南通的，五分区是盐阜的，六分区是苏北的，都是协作性质的。我们和首长不会面对面接触，首长发电报，自己起草电报稿后交机要科，密码本在机要科，首长电报稿送到机要科后，翻译成阿拉伯数字，四个字一组，交给我们，我们按这个数字发给对方。对方收到后交给机要科，机要科再翻译出来。我们只发报、收报，不译电，发和收是相对应的。司令部有五个科：作战科、侦察科、通信科、管理科和机要科。后来扩大了，把作战科一部分人变成了第六个科，开始时都是五个科。机要科没几个人，几个译电员加一个科长。那时机关很小，很简单，整个司令部人员加起来总共一两百人。淮海战役时经常见到的是苏北兵团副参谋长陈玉生，直接管电台的，对我们比较关心，渡江以后，调走了。陈玉生是国民党起义过来的，《东进序曲》中国民党起义过来的团长的原型就是他。

转战淮海战场的苏北兵团

苏北兵团打完济南在山东临沭休整。淮海战役发起时我们从那里出发。当时国民党黄百韬兵团正在往徐州方向撤退。我们从山东临沭插到陇海路。白天他们向西边跑，我们晚上去追。运河不太好过，国民党军争先恐后过河。徐州方向的国民党军要挽救黄百韬兵团，派兵向东增援，我们兵团去阻击他们。后来，蚌埠国民党军的李延年兵团和刘汝明兵团要增援，我们又跑到了蚌埠北边，担任阻击任务。徐州杜聿明跑到河南永城地区后，我们兵团接到命令，往北走，去包围杜聿明，不让他跑。苏北兵团在南边，和其他部队一起四面把敌人包围了。包围圈有一个特点，纵深包围，一个部队一个点，从包围圈最里层到外层，把敌人层层包围。我们也不急着打，一面休整，一面包围。包围以后，国民党军没的吃，飞机每天空投，空投的东西有时落到我们阵地。毛主席还起草了《敦促杜聿明等投降书》，战士们每天用大喇叭对敌喊话，劝国民党军投降。最后全歼国民党军，叫"邱疯子"的邱清泉也被击毙了。解放战争时期我也立功了，都是小功，三等功、四等功。主要是在 1947 年，国民党军重点进攻胶东，对胶东摧残得比较厉害，党政机关、医院都要转移、突围，紧张环境下，都是记小功。淮海战役结束后发的纪念章是一个白的小的，渡江战役纪念章是褐色的。这两个章在我当通信连连长的时候，被一个文书看中要去了。过去生活非常艰苦，能弄到什么吃什么，鬼子投降以后，生活才稍微安定一点。吃菜，也就那种小茶缸的半茶缸萝卜丝，还是加水才到半茶缸。要吃个白菜，那不得了。淮海战役时，就煮高粱面，稀的，开始两天吃还行，吃吃就不行了，不顶饥渴。

　　朱达应，1927年出生，江苏张家港人，中共党员。1940年参加革命，淮海战役时任华野十一纵三十二旅九十五团卫生队队长，中华人民共和国成立后曾任中国人民解放军海军军医学校训练部部长。

朱达应口述

（2015 年 12 月 3 日）

新四军里的父子兵

我是江阴人，我的父亲原来是个农民，我有个舅舅在外面做生意，通过他的关系我父亲到无锡去当送奶工。1939 年上海失守以后，我们家变成沦陷区了。父亲每年过年回来一次，正月十五过了就回去上班。

那一年我父亲照样回来，后来我才知道他回来是和我母亲商议他要当兵，参加新四军的事。那时候不叫新四军，叫江抗，江南抗日义勇军。老百姓只知道江抗不知道新四军，实际上就是新四军的外围组织，我父亲到那个部队后很快就改成新四军了。

皖南事变以后，中央要东进北上抗日，我父亲的部队要到苏北去，从溧阳茅山到苏北去，过江要经过我们家，所以他回家来再看一看。陪他一起来的是一位副连长，姓丁，常州人，那时候只有二十一二岁，比我父亲小得多。他一方面陪我父亲来看看嫂嫂，第二看看有没有参加新四军的，来扩军的。他这么一讲，乡邻八亲都来了，问长问短："你们新四军还要不要人？"副连长笑了："打鬼子还怕人多吗？欢迎你们来。"这边好多人都报名参加，我也给父亲提出来了："爸爸，我也要去当兵。"我要去当兵，倒不是我觉悟高，一是因为我小学四年级以后沦陷区要读日文，父亲把它看成亡国奴的书，不让读；二是太苦了，吃不饱肚子。就这样，我参军了，那是1940 年 6 月。我的母亲很伟大，一年半前把丈夫送走参加新四军，一年半后又把我这个独子送走了。

成长为模范医务工作者

父亲和我是新四军里的父子兵，父亲当班长，我在连部当通信员，在一起将近一年时间。1941 年，父亲为了掩护几个重伤员负伤牺牲，鬼子在他身上戳了八刺刀啊！这是我舅舅去收尸回来亲口和我讲的。父亲牺牲后，组织要送我回家去，我不愿意。父亲追悼会上，我坚决地讲："父仇不报枉为人子，我一定要为父亲报仇！"就这样留了下来。我年龄那么小，部队战斗又那么勤，怎么办呢？1941 年 7 月，组织送我到苏中军区卫校学医，六个月后下连队当卫生员，后来到团部休养所。休养所的技术条件很好，我在那里学了不少技术。淮海战役时我就可以开刀做手术了，因为我在团休养所三年时间学了不少东西。一般的小阑尾手术，那个时候不得了，部队叫破肚子，刀口开得很大的，凭眼睛看把阑尾拿出来，用刀子剪掉它，我就是那个时候学的。

后来我当了模范医务工作者，成了战斗英雄。我的思想都是从父亲身上继承下来的。我对待伤员、病员都比较好。在营里的时候，部队行军下来要睡觉了，我要一个班一个班去检查，战士们脚上的泡大不大，要不要弄破了，所以我下连队后还没到十八岁就入党了。工作态度比较好吧，所以评上了模范医务工作者。1945 年我在营里当卫生所长，我有个左轮枪，亲手打死过两个鬼子，为父亲报了仇。打兴化，好多伤员都被鬼子推到护城河里去了，我会游水，而且水性很好，一个人在护城河里救了好几个伤员，当了战斗英雄。

救治转送黑山、耿庄阻击战伤员

淮海战役三个阶段我都参加了。第一阶段歼灭黄百韬。那时候我们在徐州东北的黑山，黄百韬在碾庄圩，要向徐州方向突围，徐州敌人又来增援，我们就在这个地方阻击。黑山阻击战打得十分艰难，因为山上都是光秃秃的石头，工事根本没法做，十字镐打下去火星直冒，手骨都震出血来，我们在那打了十天十夜。后来我们急行军到了河南永城，在耿庄打阻击，大概有十五天，战士们吃不好睡不好，急行军的时候一个小时要跑二十多华里。我们十一纵三十二旅打阻击比较有把握，我们一个团守卫，敌人两三个团是攻不下来的。杜聿明要突围，我们在耿庄挡住他。在耿庄守备了四天四夜，战斗很艰苦，伤亡也很大。当时我是团卫生队队长，前面的伤员，白天根本下不来，天黑了以后才能组织人去把他们抬下来。

　　耿庄阻击战时，因为这里太靠近前线了，所以来一批伤员检伤以后马上后送，先后大概有七八百人。七连有一个小鬼班，十二个人平均年龄不满十七，为了炸敌人的坦克，一个一个都牺牲了，好几个成建制的班，拼刺刀一个不落。敌人两三个团打我们一个团，一个连基本上打光了。国民党部队晚上是不打的，不敢突围，怕中我们的埋伏，没有飞机、坦克的掩护他就不动，所以晚上不来。那就正好，战士们赶快增修工事、增加兵员，辎重连送上来轻重机枪、火箭筒、子弹，政治部派干部下来，到前沿阵地上去表扬，去鼓励，做政治宣传工作。我带领一帮人，还有担架连，到前沿找伤员，一个晚上一般都是一两百个伤病员，有的可以架着走，有的要抬，都是我们团的伤号。我们是第一关，伤员下来，经过我们检伤，比如还在流血，血没有止住就重新用止血带给他扎一扎，没有止血带就用布带子给他扎一扎，检查以后，没有什么就赶快往后送，不能滞留在这儿。我是团卫生队队长，有一条很值得骄傲，就是不管是在耿庄还是在黑山，我们没有让一个伤员滞留，都检伤处理后送走了。

　　救伤员最多的还是黑山阻击战和耿庄阻击战。黑山阻击战，经过我们团卫生队包扎所转出去的伤员有三百多人。伤员伤得都比较重，因为轻伤不下火线，一般的擦一点皮什么的，只要不残废，都不愿意下去，下去的都是比较重的。我们卫生队的工作叫医疗后送，就是伤员下来后我们检查伤口重新包扎，搞好后马上转移，往后方送。

战友情深

　　记得我们团有一个营长，他和他的通信员同时负伤了，一起到卫生队包扎所里来了，可是包扎所手术床开刀的就一个台子，这个台子也就我能开刀，但是一次只能一个，哪个先来？营长说先给通信员做，通信员说叫营长先做，两个都是重伤员，通过手术，可能会减少他们的残废，也可能挽救他们的生命，存在着生死残废的问题。通信员讲营长是为了掩护他负的伤，营长说通信员是为了掩护他负的伤，两人就是不肯先做，把希望让给对方。那时候团里面没有女的，卫生队没有护士只有卫生员，医疗设备很差，没办法输血，因为没有检验设备就不敢输血。当时我们有一个政治处主任，负了重伤，急需输血，怎么办呢？只有找 O 型血，O 型血是万能输血者。我和一个卫生员，我输了 400cc，卫生员比我稍微小一点，输了 200cc，救命的时候没有办法，只有用自己的血。我们那个主任叫任球，现在还在，上次写信告诉我说："我血管里还流着你的血呢。"那时候，我们对待伤员就像自己的亲人一样。

军民心连心

我最感动的是第三阶段围歼杜聿明的这段时间。耿庄阻击战结束以后，我们旅又赶到了永城东南的郭庄一线，在那个地方休整。我们团到最后一个营只剩一百多人，三营七连只剩七八个人，所以到那休整补充，补充兵员、弹药。我们卫生队住在曲小凹村，离杜聿明被困的地方也就三四里地。敌人经常来飞机，都是给国民党投东西的，投粮食、弹药，当时他们被围困，没有东西吃。

那天又有飞机来，我抬头一看不对头，不但有比较大的五个头的轰炸机，还有四五架小的战斗机，就在我们防区无目的地扫射轰炸。我们都是晚上行军，敌人不知道我们在哪个地方。五个头的轰炸机往下扔的是五百磅炸弹，威力很大，我们卫生队的药库一个防空洞被震塌了，不是炸塌的，是震塌的，两个干事埋在里面了。

轰炸机走了，还有飞机在扫射，但救人要紧啊，我们毕竟是当兵的，所以冒着危险开始挖土救人。老乡们看到后都来了，那些帮我们修防空洞的人都来了，那不行呀！我说，那么多人目标很大，你们要隐蔽。他们就趴在地上用手挖，冰天雪地用手挖土，等到把这两个同志救出来的时候，我们哭得都不像样子了。要不是老乡们，这两个同志就闷死在里头了。里面有一个小鬼才十九岁，这个小家伙基本休克了。

飞机炸过了以后肯定有伤亡，一下子来了二十几个伤员，不算多，因为部队很分散，敌人也是没有目的地狂轰滥炸。一个小村子来了二十几个伤员，没有房子啊！老百姓真是不得了，每一家都来抢，抢伤员往家里背，背到家里去，家家都把炕烧起来，把我们捐给他们的大米熬成稀饭喂伤员。最感动人的，是一对新婚夫妇，抢了一个比较重的伤员，回去以后他们把伤员放在哪里？就放在他们的喜床上，用喜被给他盖好，乡亲们把枣子拿出来熬成汤，烧好喂给伤员吃。伤员哭得泣不成声，我们也很受感动。老乡们就是这样，一桩桩一件件，我们都看在眼里、记在心里。

那个时候的军民关系就是这样的，为了救子弟兵，三九寒天，用手挖，十指连心，血糊糊的，冬天都满头大汗，那得出多大的力量。为了照顾伤员，把家里最好的，就是鸡蛋，而且不是家家都有，有些养鸡的才有，拿出来喂给伤员吃。有的人家把他们家里最值钱的生产工具牛车，拿来做小型的防空洞的顶盖。一想到这些我就很感动。

永城那个地方的老百姓苦得不得了，苦到什么程度呢？11月底永城那边已经是冰天雪地的，很冷了，曲小凹村庄子很小，没有一家烧炕，烧不起，晚上女的就挤在冷炕上盖一条破被子，男的就在草垛子里头。草垛子不像我们苏南有稻草好一点，那是高粱秆、苞米秆，只留一个洞拱进去，难啊！第二天早上看到房东家里姊妹两个轮流下床吃糊糊，就是玉米面做的糊糊，姐姐吃完上床，妹妹再下来。为什么？没有棉裤，很苦。我们卫生队不到三十人，我是卫生队队长，党支部书记开支委会，大家研究了一下怎么弄，看不下去了。我们就把口粮的二分之一，大概不到两百斤大米，捐给最困难的几个老百姓，动员大家有毛衣、棉衣的捐出来，反正只要能御寒的东西，多余的都捐出来。我和干事王忠禹把棉裤脱下来，因为我们有大衣，有的年纪轻的把大衣也捐了。二百斤大米、几十件衣服，不管怎么说吧，虽然解决不了根本问题，但毕竟是子弟兵的心意，老百姓都很感动。

　　杨叔颖，1923 年出生，江苏常州人，中共党员。1942 年参加革命，淮海战役时为华野特纵宣教科干事，中华人民共和国成立后曾任中国人民解放军海军军医学校副政治委员。

杨叔颖口述

（2015 年 12 月 3 日）

华野第一支机械化部队

我 1942 年参加革命，开始在县政府工作，后来到了部队。淮海战役时，我在华野特纵，司令员是陈锐霆。特纵是华野第一支机械化部队，部队组成有美式榴弹炮团、日式野炮团、日式加农炮团，还有工兵团和骑兵团。美式榴弹炮、日式野炮、日式加农炮，都是大口径的重炮，山炮以下都没有。榴弹炮团有三十六门大炮；工兵团逢山开路，遇水搭桥；骑兵团是原新四军彭雪枫师长的三宝之一，后来调到了特纵，彭师长的三宝是骑兵团、拂晓剧团和《拂晓报》。炮一团是美式榴弹炮团，原来是国民党快速纵队的，缴获后转给特纵。对俘虏兵进行教育，觉悟提高了以后，让他当教员。我们炮二团是日式野炮团，有好几个日本教官。邓子恢政委曾动员大家学技术，要求"打炮一定要准"。美式榴弹炮当时比较先进，打得比较远，它有个好处，炮弹各种类型都有，有的叫作空炸，凌空就爆炸，还有一个叫延时爆炸，可以飞到敌人碉堡里面才爆炸。美式榴弹炮的观察仪器比较精密，命中率比较高。我们的榴弹炮都是缴获国民党军的，山炮、迫击炮炮弹能够造，美式榴弹炮炮弹造不出来，全靠缴获。济南解放后，好多青年学生到部队来参观，看了都说革命的信心增长了。美式榴弹炮重量重，都是汽车牵引，十轮卡车专门拖榴弹炮。日式野炮用骡马牵引。野炮的轱辘是铁的，经过石板路"克啷，克啷"，声音大，战士们用绑带绑在铁轱辘旁边，就没有声音了。群众的智慧，没有想不到的。像这样的事情我们都会及时报道。

步炮协同与坦克参战

我们炮兵部队有两大敌人，一是敌人的炮兵，一是敌人的飞机。我们没有飞机。第一阶段打碾庄时，有时敌人轰炸我们的炮兵阵地，飞过来的尘土都落到碗里来了。榴炮团盖的工事结实得很，上边土很厚，只要不是直接命中就没事。敌人炮击我们，我们也炮击他们，相距二三十华里，互相炮击。一开始我们步炮协同差一些，后来步炮协同很好。当时战场上的尸体还没来得及埋，我就到黄百韬兵团司令部去了，里面乱七八糟，我还找到了一封电报，是蒋介石拍给黄百韬的，开头是"焕然吾弟"，好像叫他"固守待援"什么的，下面我也记不得了。打到紧张的时候，蒋介石都叫人家某某弟，这封电报当时要是留下来，现在也是文物了。第二阶段时，华野调特纵炮团去增援中野打黄维。当时我到了炮一团，炮一团是美式榴弹炮团，打仗时我在连队，在阵地上采访，边打仗边报道。第三阶段最后总攻时，特纵炮兵发挥的威力特别大。我们配合一纵进攻陈官庄，炮兵集中轰击，摧毁国民党阵地前面的工事，步兵再冲锋，炮兵延伸，步兵跟着冲上去。特纵也有坦克部队，在战场上出现的时候，国民党兵都认为共军怎么能有坦克呢，他们认为是他们自己的坦克，都高呼欢迎。结果这个战车部队是我们解放军的，不是国民党的，"嗒嗒嗒"一下就把国民党军的地堡都掀翻了，他们这才明白真的是解放军的坦克部队来了。

宣传战线的英雄

我在特纵宣教科当干事，特纵有自己的报纸《特种兵报》，开始是刻钢板油印，济南解放后变成铅印的。那时干部少，一个宣教科两个干事一个科长，一编多用，要编教材对部队进行教育，到前线就做记者，下部队就帮部队做战地动员、战中宣传互动和战后总结经验，对一些好人好事、优秀士兵或战斗功臣做介绍报道。战争年代的新闻工作人员还是不错的。当时新华社要求记者只到团一级单位，不到连一级，怕他们牺牲，知识分子毕竟是少数。实际上，大家都到前线去，到连队去。有一次，一个连队指导员冲锋时牺牲了，边上的记者站出来："现在我来当指导员，跟我冲!"他自己把指导员工作抓起来了。新闻工作者也是有一些英雄人物的。打济南时，我跟着我们炮兵部队观察组，住的地方跟指挥部在一起，作战参谋长也在，打得非常激烈，炮弹在四周爆炸，钢筋水泥都被震动了，很危险，但能够参加解放济南这样的名城，大家都觉得很光荣。淮海战役时我写了一些东西，有通讯、消息报道，还有一些特写。

　　陈瑛，1918 年出生，江苏南通人，中共党员。1938 年参加革命，是华野六纵司令员王必成将军的夫人，淮海战役时任华野六纵后方留守处组织干事兼党支部书记，中华人民共和国成立后曾任江苏省卫生厅副厅长。

陈瑛口述

（2015 年 12 月 4 日）

留守处和妇女干部学校的工作

淮海战役时，我在华野六纵后方留守处当组织干事兼党支部书记、妇女大队副教导员。华野有总留守处，下面各个纵队都有留守处。我们都在后方，主要任务是做好家属的思想工作，保障他们的生活，照顾小孩。那时候除了医务人员和必要的、极少数的女同志在部队以外，其他女同志包括干部家属全部在后方。有的没有工作，就带孩子。开始组织了一个妇女大队，我当副教导员，彭冲的爱人陆平当大队长，教导员也是女的，基本上都是女干部。后来妇女大队工作内容扩大了，不光是妇女工作，还包括其他后方工作。因为前方在打大仗，大家的思想情绪都很不稳定，担心家人，又没有电话，留守处也没有电台，没有电报，打仗的情况也不知道，只知道前方在打大仗，偶尔通信员报个平安。所以主要做她们的工作，稳定情绪，搞好生活。1949 年 1 月，淮海战役胜利结束后，我们就到曲阜的华野妇女干部学校。张云同志在那里负责。我在会计大队做政治工作。那时候已经是混合兵种了，不是一个纵队一个纵队的了，第三野战军，包括华南的和各个纵队的女同志，混合编制，迎接解放。女同志解放以后总要干工作的，文化高点的编入会计大队，文化低点的编入文化大队，还有政治大队等。除了做家属和孩子的政治思想工作以外，还做老师的政治思想工作。老师都是济南解放后从济南请的有专业知识的会计师。前方打仗，家属的思想工作一定要做通，要把她们的生活照顾好，这样才能比较稳定。过去打仗，还要组织妇女移动，用牛车转移。淮海战役时，我们在曲阜，住在孔府里，生活比较安定，没搬过家。

战争年代分多聚少

淮海战役中和王必成不通音讯，没有书信，不通电话，战役结束之后才见上面。后方的女同志，就是安安分分做自己的工作，把生活搞好，把小孩带好、教育好，部队休整的时候才能回到部队。淮海战役后，女同志都到部队去了，部队休整完，我们又回到后方。渡江战役时我们也是在后方。渡江战役胜利后，部队到了徐州。我在徐州待了两个月，大概是1949年六七月份，住在一个二层小楼里，原来是国民党的一个大官的公馆。那时候妇女干部学校也解散了，女同志也稳定了，全国基本上都解放了。王必成7月份调到杭州，当第三野战军第七兵团副司令兼浙江军区副司令，那时候不叫省军区，叫浙江军区，也是兵团级。9月份我调到杭州才团聚。战争年代分散时间很长，他们在濮阳整训的时候，我生第二个孩子，他都没能去，还在坚持工作。淮海战役前我已经有两个孩子了。第一个孩子生下后四十天，我就回部队工作了，孩子就放在老百姓家里。第二个孩子是1948年5月生的，生孩子时他没能回去。那时后方比较稳定，孩子就带在身边，一直到淮海战役胜利后，孩子半岁多了才见到他爸爸。还有一个女孩子，生下来不到两个月我就回部队了，一直放在老百姓家里，第二年，当地的地委书记带信给我，说小孩病死了。这个孩子她爸爸都没见到过。当时这样的情况有好多，那时候真没办法。所以他们这一代，就是红二代，对那段历史感情特别深厚，现在好多都在新四军研究会工作。

　　陈乐扬，1924年出生，浙江杭州人，中共党员。1940年参加革命，淮海战役时任华野六纵十六师侦察科科长，中华人民共和国成立后曾任中国人民解放军江苏省军区南京军分区司令员。

陈乐扬口述

（2015 年 12 月 4 日）

决战前后的华野六纵

华野六纵有十六、十七、十八三个师，负责人是王必成和江渭清。济南战役时，我们跟其他几个纵队准备在曲阜、兖州、济宁一带打，阻止徐州敌人向济南增援。打援部队总数还是比较多的，攻济南的部队少一点，主要是坚决防止敌人会合，在那待了一段时间。后来我在师里当侦察科副科长，淮海战役中当了科长。后来部队到了南京，维持秩序，警备南京。由于青岛敌人没走，要打青岛，所以我们坐上火车去青岛，没走多远，传来敌人已经走掉的消息，军部就在徐州停下来了。我们师到安徽进行剿匪，在那待了一段时间，以后到郯城，接到了拍《淮海战役》电影的任务，苏联人来拍的。印象深刻的还是运河桥，很难走，部队由东向西过桥，还放了很多烟幕弹。后来又到碾庄圩附近的村子挖壕沟，以前的壕沟都在，没有被破坏。

追击黄百韬兵团途中

我们奉命向南前进，先向东南移动，从郯城、马头一线绕过北边的枣庄、贾汪，然后再向西南，沿陇海路向西面运动。我们一路走一路开会，停的时候就开会，期间我参加了师作战会议。那时候的情报我们自己搜集的很少，主要依靠上级情报。作为侦察科科长，要把前前后后的情报综合一下，在作战会议上向参加会议的师首长汇报。当时的情报主要是黄百韬兵团从新安镇往西撤。情况有了，决心也就下了。我们和兄弟部队沿着铁路向西追黄百韬兵团。我印象比较深刻的是运河铁桥非常难走，经过的时候，因为铁桥不是公路桥，没有桥板，底下的运河看得很清楚，这样就有个问题，很多重武器，军队的炮，过不了运河。过桥部队很多，非常拥挤，大家都要快，尽量快点追击敌人。据说敌人经过这座桥撤退时，好多人掉下去了。敌人拼命往西走，我们就追击，比较紧张。

围歼黄百韬兵团的战斗

到了碾庄圩西南的王家集、王庄这一带，马上进入战斗。这两个村子还好打一点，后来继续向彭庄打，还有前后黄滩，进展不是很顺利。作战中转换作战样式，运动转为攻坚，这需要一个过程，这是开始时打得并不很顺利的原因。还有重武器，炮没有了，火力就弱了。敌人准备得很好，工事做得相当好，我们的准备不很周到，看到敌人很快攻击。后来我们调整部署，先找弱敌打，并且充分发挥夜战特长。夜战时首先挖好交通壕，到了晚上，拿着锹等工具，上去以后趴下，先就近挖，很快挖到半人高，隐蔽，接着再挖，挖战壕有一条线，一直挖到敌人阵地前面，当时距离敌人已经很近了，一有动静，敌人就打枪、开炮。黄百韬的兵团统率四五个军，力量很强，其中最嫡系的是二十五军，比较能打。我们和敌人反复争夺。印象中，我们师指挥所在王庄，指挥所有个洞，被敌人的炮打的。指挥所晚上撤到铁路南边休息，师里曾经要我去侦察彭庄外面的河究竟多深，能不能过去。路上封锁得很厉害，我走了一半，没去成。

阻击李延年、刘汝明兵团

我们还参加了蚌西北阻击李延年、刘汝明兵团的战斗。当时国民党军黄维兵团向徐州推进，北边是杜聿明集团，南面是李延年、刘汝明兵团，为了解救黄维兵团，蒋介石要南边的部队向北面打，我们去阻击向北打的部队，一路走一路靠近。十八师在前面打，阻击敌人。我们有三道防线，最前面一道敌人火力最强，必要时往后退一退，退到第二道，实在不行撤到第三道，到第三道防线了，就不能撤了。李延年、刘汝明兵团战斗力好像并不很强，但上面要他打，他硬着头皮也得来。我们打得比较苦，因为战线很长，范围很广，纵深也很大。战斗期间，我曾经带着一个连去摸敌人的情况，看有的地方究竟有没有敌人。大概前后有半个月的样子，敌人退了，我们还想稍微追一追，但敌人要到蚌埠以南去，你追也没用。

淮海战役胜利的原因

淮海战役胜利的原因主要是毛主席领导得好，粟裕指挥得好，我们非常佩服，对粟裕的指挥很放心，知道一定会打胜，没问题。情报工作非常要紧，了解敌方的情况非常重要。后来我们到了徐州，因为军部在那里。去看了徐州"剿总"机关，砌得很漂亮，但是徐州"剿总"的电报泄密很严重，每天晚上他们都要向南京报告，对解放军的判断，下一步的措施，等等。我们有好多重要情报都是从他们电报中获知的，敌人下一步怎么走我们都知道。一方面通过地下党获取情报，另一方面通过空中电报解密，这太牛了。另外就是老百姓的支援，没有老百姓的支援怎么能打胜。还有其他方面，很多很多。

　　金星沐，1927 年出生，安徽无为人，中共党员。1943 年参加革命，淮海战役时任华野七纵二十一师六十一团三营七连政治指导员，中华人民共和国成立后曾任中国人民解放军南京军区副参谋长。

金星沐口述

（2015 年 12 月 4 日）

指导员要巩固连队、培育党员

我叫金星沐，小时候是放牛娃，家里很穷，属雇农。1943 年 6 月入伍，1944 年 6 月入党。两个入党介绍人，一个是我同班的副射手王健山，还有一个副排长。淮海战役时我在华野七纵二十一师六十一团三营七连当指导员。战争年代，行军间隙很少，不是行军就是打仗。我是指导员，要始终巩固连队，如果战士开小差，怕苦怕累怕死，生死关头要出问题的，所以指导员巩固部队很不容易。要培养党员，发挥党小组作用。党员牺牲后，要调整组织，及时发展党员。党员在连队里不到百分之三十。一个连有九个班，加炊事班、连部政务班一共十一个班，每个排有党小组，每个班有党员，党员要冲锋在前、撤退在后。党员是指导员的耳目，有情况要反映，指导员没有党员，就成了聋子、瞎子。

血战大许家

淮海战役时，第一场恶仗是大许家战斗。大许家的北边有个小孙庄，都是平原、沙土地。进入阵地前，纵向的、横向的交通壕已经挖了很多，我们在大许家车站教堂边的交通壕里待命。那时我二十一岁，连长比我大五六岁，是个老同志。敌人从徐州飞来两架中型轰炸机投炸弹，有个炸弹一下投到我们后面，炸了好大一个坑，把土都翻过来了。有个师长正好在后面，他被埋到里面去了，我们马上派二排的人把他挖了出来，师长腰上负了伤，其他还挺好的。等到天黑了，我们进入小孙庄接收三连阵地。我们带着排以上干部进去看地形，那地方是平地，老百姓怕水深了以后房子淹倒，所以在村子周围筑起一米多高的挡水墙。西边有块平地，还有一条沟，敌人已经在平地上挖了工事，有地堡，还用树枝设了两道路障。我们决定：由连长戚玉山、副连长宋世江两人带二排在前面阵地，二排是我们的主力排；我带着一排在二排的右后方挖一些掩体；三排在二排的左后方，形成一个前三角。第二天拂晓，国民党军开始炮轰。小孙庄就十七八户人家，房子原来已经被全部烧光了，剩下的就是树，炮打了半个小时，树也全部打没了。尘灰飞扬起来，敌人开始进攻了。国民党军是美式装备，前面坦克引导，后面是步兵，坦克进去后在西北方停下来了，那是我第一次看到坦克。二排前面有个纵向的交通壕通向前面的一个村庄，也是我军阵地。敌人坦克过来后，兄弟部队准备后撤，敌人步兵上来了，我们用火力掩护兄弟部队后撤。二排伤亡很大，我看情况危急，就喊："一班、二班掩护，三班、副排长跟我冲上去，把敌人打下去，把阵地夺回来！"我把驳壳枪插在皮带里面，拿了四个手榴弹，越过水沟。后面的副排长对我说："指导员，我不行了。"我回头一看，他腹部中弹了，肠子都流出来了，我说："赶紧给他包扎，送到后方医院。"说完我们继续向前冲，最后把敌人打下去了。我的左臂受了伤，血流得不少，神经被打坏了，到现在拇指和食指一直都是麻木的。连长戚玉山说："指导员，你在这休息一下。"可是血越流越多，他说，"不行，你赶快到后面救护所去。"就这样，我离开了连队，连长、副连长坚守到了晚上。

部队走了，牺牲的烈士来不及掩埋，很多是地方干部组织老百姓掩埋。为什么有的有碑，有的没碑？后来才知道，有名字就写碑上了，身上没有名字，就没法写。我们打仗就是这样，两个东西放在身上，一个是血型，第二个是名字，因为战士负伤输血就要血型，战士牺牲需登记名字。

后来部队去双堆集配合中野打黄维，我没有参加。副连长告诉我，打尖谷堆那一仗，我们连和敌人反复争夺八次，最后拿下来了。还有个大王庄，在尖谷堆的西边，我们七纵两个主力团参加打的。我到徐州去参观纪念馆时，十二军的许副军长夸我们打得好。

　　史乃，1927年出生，江苏启东人，中共党员。1944年参加革命，淮海战役时任华野六纵十六师四十六团一营一连政治指导员，中华人民共和国成立后曾任中国人民解放军第二十四军政治部主任。

史乃口述

(2015 年 12 月 22 日)

战役动员与急行军时的鼓动工作

我是华野六纵十六师四十六团一营一连指导员，纵队司令是王必成。淮海战役是三大战役中最大的一次战役，也是一次战略决战，要把长江以北国民党反动派的主力都消灭，战役特点和以往不同。以前通常是敌人集中我们分散，敌人分散我们集中；淮海战役是敌人集中我们也集中，主力决战，硬碰硬，面对面，真刀真枪。淮海战役的第一阶段，华野主要任务是牵制邱清泉、李弥两个兵团，消灭黄百韬兵团。六纵从山东向徐州方向挺进。当时，国民党蒋介石直接控制的有七个兵团，八十多万人，集结在徐州周边，准备和我们决战，把我们消灭在徐海地区。黄百韬兵团从新安镇向徐州方面靠拢，位置突出，处于孤立境地。野战军首长命令六纵尽快堵住他们撤逃的道路，防止他们到徐州，假如和徐州大部队结合起来，这骨头就很硬很难啃了。六纵的三个师接到了急行军命令，要在两天之内到达新安镇以西、徐州以东，这是死命令。王必成司令召开动员会，强调这是硬性命令，各部队要分别到达指定地点，堵截黄百韬兵团。我们做政治工作的，就动员部队："一定要打好淮海战役，消灭国民党的主力部队，争取渡长江，解放全中国。"为了抓住黄百韬，不让其与徐州靠拢，我们的指战员与敌人抢时间，争速度，不怕疲劳，不怕牺牲，忍饥耐渴，以一天一百多里的速度强行军。头顶上，国民党军飞机成群拦截轰炸，战士们躲过扫射又飞速前进；脚下河流拦路，战士们蹚水搭人桥，人不歇脚，马不停蹄，昼夜兼程。饿了啃几口干粮，渴了喝几口凉水，鞋子破了，很多战士干脆脱掉鞋子赤脚跑，跑到后来鲜血直流啊。路途遥远，天上脚下不停干扰，在这种情况下，我们开展了生龙活虎的政治工作，进行鼓动。我们连的文艺工作比较丰富，有快板诗什么的，非常活跃。我和文化教员一起以"黄百韬"的谐音编了一个《往北逃》："黄百韬往北逃，往北逃逃不掉，向西逃没有道，向东逃是大海，向南逃更难逃。"战士们尽管很疲劳，掉队的却很少。部队就这样在极度艰难的条件下，坚持两天两夜跑了两百多里路，到达指定地点。

压缩包围黄百韬兵团

华野主力分别从东北、西北、东、北、南几个方向压过来，西边的通路被六纵堵住了。当时国民党军有空中优势，从这个角度讲，六纵是很强的，能打硬仗。我们和华野其他纵队一起紧紧将黄百韬兵团包围并逐步缩小包围圈，扎紧口袋，关起门来打狗，铜墙铁壁，他跑不了。十六师是六纵的主力部队，火力很强，每个班一挺轻机枪，连部还有一挺重机枪。压缩包围圈的战斗中，十六师四十八团是突击部队第一梯队，我们四十六团是预备队。战斗很激烈。四十六团一营三排长叫谢佳胜，苏州的，非常勇敢，副连长牺牲了，谢佳胜就代理，连长负伤了，我来统一指挥。打第一个敌堡很顺利，打第二个敌堡时班长和排副都牺牲了，到第三个子母堡的时候，敌人的轻重机枪连续封锁我们的进攻，我们伤亡很大。三连的一个爆破手姓张，背了十五斤的炸药包，炸开了敌人的子母堡。前沿部队开辟通路，向纵深发展，还有最后一个地堡没炸掉，有个新战士在火力掩护下爬行前进，把手榴弹丢进了敌人的地堡里，使敌人的火力哑火。之后，一营一连和三连并肩开进，夺取第三道防线。连队伤亡很大，我负了轻伤，但没下火线。

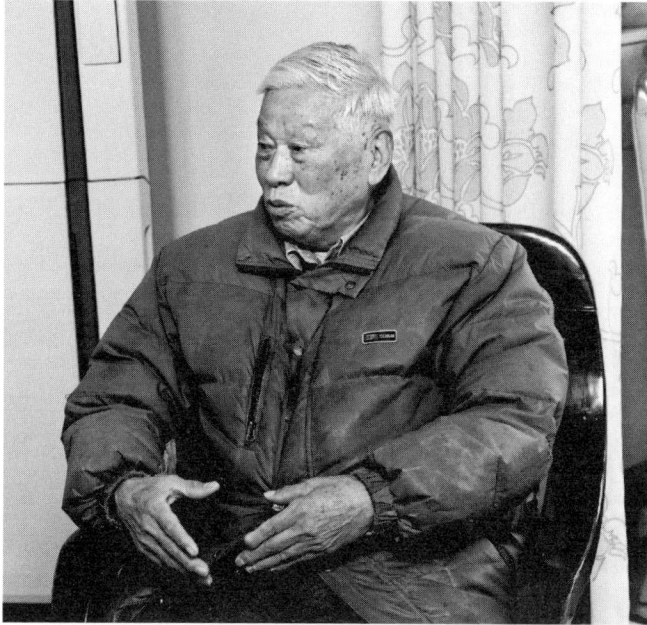

　　夏必寿，1928年出生，安徽巢湖人，中共党员。1943年参加革命，淮海战役时任华野七纵十九师侦察队副排长，中华人民共和国成立后曾任中国人民解放军第二十三军副师长。

夏必寿口述

（2015 年 12 月 22 日）

十九师作战的三个情况

华野七纵十九师师长是熊应堂，我在十九师侦察队担任副排长。侦察队主要是战前了解情况，打起来的时候在附近侦察，抓点俘虏了解敌情。因为我在师侦察队，对师里的情况大体清楚。我们师第一阶段阻击新五军，保障主力部队歼灭黄百韬兵团；第二阶段配合中野围歼黄维兵团；第三阶段是预备队。记得几个情况。第一个情况，十九师五十五团二连强渡运河。11 月份比较冷，战士们泅渡突破敌人防线，加上此时何基沣、张克侠率部起义，徐州的北门一下子打开了，部队越过敌人防线，直插徐州以东，切断黄百韬兵团退路。五十五团二连起到重要作用，战后被授予"先锋突击连"称号。第二个情况是血战黄龙山。国民党新五军向东增援，想救黄百韬。五十五团一营坚守黄龙山，在山上打了七天七夜。仗打得非常激烈，营长叫杨礼门，指挥战斗时壮烈牺牲。营长牺牲后，政治教导员指挥，反击的时候，二连一个叫王仁的战士冲在前面，被敌人把肠子打出来了，拖着冲了几十米，仍然与敌人拼搏，光荣牺牲了。第三个情况是到双堆集配合中野围歼黄维，华野去了好几个纵队。我们师打国民党军二十三师，二十三师师长黄子华派谍报队长到我们前沿来，表示愿意投降，我们派出代表跟黄子华谈判，给他规定投降时间。10 号晚上，在我们的炮火掩护下，黄子华率国民党二十三师三千余人向我们投降。

淮海战役是了不起的改变中国命运的大决战。

　　季凌，1928 年出生，江苏启东人，中共党员。1940 年参加革命，淮海战役时任华野司令部电台五台台长，中华人民共和国成立后曾任中国人民解放军浙江省军区宁波军分区司令员。

季凌口述

（2015 年 12 月 22 日）

从无线电报务员到五台台长

我是启东人，十二岁就当兵了，当时在文工团，那时候叫战地服务团。我在服务团待了一年半，年龄小跑跑龙套。后来新四军到启东办抗大九分校，有个无线电训练队专门训练无线电报务员。无线电报务员不是随便可以学的，要经过专门训练，对人员要求很高，脑子要来得快，收报发报要反应很快，年纪要小，年纪大了不行。开始学的时候大概五六十个人，最后学成就只有二十三个人。我当时年龄比较小，再加上又是初中文凭，英文的二十六个字母都是熟悉的，学起来比较省力一些。

我是新四军培养出来的，在文工团的时候，上海下来的一些知识青年都是女高中生，文化水平高，素质也很好，她们的年龄要比我大七八岁，把我当小弟弟一样带。到抗大我已经是当了一年半兵的老兵了，所以在抗大我十四岁就当班长、当团支部书记，现在十四岁都还是娃娃。有人问我："你才十四岁就当团支部书记？怎么当的啊？"我说我已经当了一年半兵了，已得到一定锻炼了。

战争年代，电台通信非常重要。党中央对下指挥全部依靠电台，所以毛主席讲"你们是科学的千里眼顺风耳"。我多年从事通信工作，感到蛮自豪，组织上挑选我做这项工作，既很重要也很光荣。我们电台在司令部机关的地位十分重要，受优待，人家跑路，我们坐汽车，因为要跟首长一起走，从曲阜一下就开到临沂了，人家要跑四五天。

整个野战军司令部包括司、政、后，规模很大，有八部电台负责指挥作战，各有分工，华野司令部可以直接指挥到纵队和师，整个通信主要是靠无线电，敌人被包围以后才架了电话线。那时我还年轻，只有二十岁，在五台当台长，直接联络两个兵团，一个是苏北兵团，含二纵、十一纵、十二纵，再一个是山东兵团，含七纵、九纵、十三纵。山东兵团战斗力更强一些，苏北兵团有一些是地方武装，刚刚组建起来。在机关工作，经常会听到首长的报告，广场上摆上板凳、桌子，很简单，内容很丰富，对前线大的事态比较了解。

奔赴淮海战场

到前面作战是分两批走的，第一批是粟裕将军带着我们前指，大概两三百人，十来部卡车，大部分装的是通信兵。我们坐着卡车从曲阜出发，记得跑了大半夜到了临沂，在那儿住了两天就向战区开进了。作战部队比我们更早进入这个防区，要求8号开始攻击。第一个攻击目标是黄百韬兵团，他在陇海路东头，过运河铁桥的时候黄百韬兵团吃了苦头，被我们部队赶得在运河桥上挤得不得了，淹死了不少人。我们过运河铁桥的时候，是有指挥有组织的，但也碰到了大批民工挤在铁桥上。那时候调度得不错，我们的卡车还是比较顺利地通过了。过了铁桥之后，野战军司令部就直接进了指挥部。黄百韬兵团很快被包围，我们想迅速解决它，但是并不像想象的那么简单。黄百韬在国民党那边是二等部队，相当有战斗力。打了一段时间，进攻不是很顺利。原因是那里都是平原地带，黄百韬兵团做了一些地堡，进攻部队伤亡比较大。粟司令下命令停止攻击，部队采取近迫作业，挖交通壕到敌人前面，然后再攻击。第一阶段打得比较艰苦，一共打了十七个昼夜，歼灭十七万多人。

繁忙的电台工作

当时情报来源有以下几个方面：一是中央军委通过国统区还有地下党搜集的一些重要战略情报，但这个情报时效性并不是很强；二是华东野战军有几部专门搜集国民党电报的电台，国民党的保密工作做得不太好，他的密码我们百分之九十以上可以破译，我们的保密工作比他们强，我们的电报他们基本上破译不了；还有一些战术情报是各个野战军自己从无线电侦听到的；再有就是在战场上抓俘虏。

作战过程中无线电通信起了很大作用，部队全部按照无线电指挥的方向走，电报有收有发。你是第一纵队的，华野发作战命令的电报给你，要求你按照什么方向追击杜聿明集团，这样的电报要很快发出去。你有情况向我报告，你要发电报给我，双方来往电报很多。我要叫你去追击，你要赶快把追击的情况报给我，有没有追到，在什么地方追到。还有作战命令、相邻部队配合情况等，通通都用无线电报收发。八部电台每部联络四五家，量很大，但大家都很重视，除了行军不能架线以外，到了一个地方马上架线，因此比较顺利。部队走的时候会告诉我们撤线走了，到下一个点估计是什么时间，我们就有数了。部队的情况我们掌握得很清楚，联络几个点，哪几个点在行军，哪几个已经到目的地，一目了然。这一点国民党军队赶不上我们。

我年龄小，脑子最好，技术相当不错，最复杂的情况也能处理。那时，耳机一戴，信号像满天星斗一样，要轻轻地找、弄。比如，电台要联络谁，不是马上就可以联络到的，要在很多信号中找到我们要联络的信号，双方都配合，有些人粗枝大叶，就听不到。这样技术很高的人不是很多，大概也就是百分之一二，真正优秀的报务员是很少很少的。当时电报、翻译的密码搞得比较复杂，使敌人不好破译。电报是四个小码一组，一般的电报不太长，只有一两百字，淮海战役中的电报却又多又长又急，工作比较繁忙。所以那时候我要亲自上机，一般每天要值十几个钟头的班，收接双方都有比较优秀的报务员上来，我们配合很默契。我们每天收发电报一万字左右，电报来的时候又急又长，老手基本都要上机，一般实习的就在旁边帮我们登记整理，一万多字的电报就是一百多页啊！发出后要登记，还要抄对方的电报，技能稍差的人就在旁边当助手。我们尽量按时发电报，但也有不按时的，因为电报太多了，相当忙。我在淮海战役中还立了个功。

我们的机器功率不如国民党军，他们当时已经拥有相当大功率的通信器材，二百瓦、四百瓦的，都是美国人给的。我们的电台除了极少数是缴获国民党的，其他的几十部、上百部的电台都是自己买材料组装的，功率不大，只有十五瓦，但是性能相当不错，不比国民党造的电台性能差，虽然十五瓦，但在本地区指挥作战已经够用了。总的来说，我们的情报工作搞得很不错。淮海战役总结时，粟司令对我们的通信技术很满意。粟司令有个特点，打了比较大的胜仗要犒赏通信机要人员，数量不多，一斤或两斤猪肉。战争年代一两斤猪肉很不少了，平时我们基本吃不到肉。

大连的大炮弹和山东的民工

陈老总曾讲过，淮海战役是小车子推出来的。在人民群众的帮助下，淮海战役取得了胜利。当时国民党在政治上已经不大行了，尽管兵力上超过我们，有优势。粟裕将军也曾提到淮海战役的两点：感谢大连支援的大炮弹，还要感谢山东人民的小车子。

解放战争初期，华野从江南过来时没几门炮，缴获了不少国民党的大炮，炮弹口径比较大，一二〇、一〇五榴弹炮，还有九二步兵炮、山炮，不是一般的迫击炮。解放区可以简单地生产一些小的迫击炮弹，但不能生产这些炮弹。华野后勤考虑得蛮周到，在适当的时间通过华东局在大连制造炮弹，最初苏联红军在那边，让我们自己在那里生产了大批炮弹，源源不断地供应淮海战场。炮弹巧妙地绕过国民党的封锁，经过渤海湾运到山东半岛，到山东半岛后用小车推到前线。我算了一下，从山东半岛到淮海战场要好几百里路呢，一个炮弹就几十斤啊！小车子是一个人推的独轮车，一个小车顶多推三四发。这对我们来说很重要，我们的炮兵就可以发挥作用了。把杜聿明包围后，他在里面吃不到东西，我们能吃到。我们离包围圈不太远，每天都能看到飞机投东西，每天上午都会派来一两架飞机。后来我们通过俘虏对那边情况也有所了解。为了抢投下的东西，他们互相残杀得很厉害，基本上没什么战斗力，不行了。天气又特别冷，我记得那一年雪下得很厚，我们部队在休整，大批物资运来了，有苏北的大米、花生米，还有山东的白菜。

解放军打仗有大批民工支援，有的运送物资，有的抬伤员。我在山东的时候曾发高烧被送到医院，与民工有接触。当时华野的一般医院，按照指标可以救治五百人的话，就分配给医院一个营的民工、五百副担架，归医院管理。山东的农民担架队组织很严密，而且有一套很适应战争情况的方法。担架都是自己用树棍子做的，中间用草绳捆住，下面还有几个小腿，停下来对伤员也没什么影响。六个人一副担架，四个人抬担架，两个人替换。民工在路上抬了伤员以后还要帮助医院照顾，因为当时一个医院不过四五十人，要收几百个伤员。我就受到了他们的照顾，到了地方后，他们烧水、做稀饭，我发烧只能吃这些东西。我们部队到了一个地方，当时已经有民工住下了，看到野战部队来了，半夜里很自觉地收拾了一下，就集合转移了，房子留给我们住，他们都睡在外面的草堆旁边，我们都很感动。这些农民很朴实，很能吃苦，只带一张狗皮、一捆煎饼、一个葫芦瓢。淮海战役是在冬天，他们就凭这些东西，跟着部队服务，有的直到渡江，长达三个多月。

　　陈扬德，1922 年出生，福建晋江人，中共党员。1937 年参加革命，淮海战役时任华野六纵十六师四十七团三营政治教导员，中华人民共和国成立后曾任中国人民解放军安徽省军区池州军分区副司令员。

陈扬德口述

(2015 年 12 月 22 日)

灵活的政治工作和兵员补充

淮海战役第一阶段，在碾庄头一天晚上我们就跟黄百韬兵团接触，打了一个晚上，我们把他围住了。打了几天后我们纵队又调出来，到南面去阻击增援黄百韬的国民党军队。部队南下转战搞得很疲劳，阻击战斗不太紧张，国民党部队知道我们阻击他就没再前进了。我们的目的就是不让他们两个部队靠在一起，这样我们就可以各个击破。

那时的政治工作是比较灵活的，上面交代什么任务，营里就按照要求怎么搞，动员士兵作战，也不可能开什么大会，就在战壕里面组织宣传，坚决完成上级交给的战斗任务。

淮海战役前，我营有八百多人，打到最后还剩下二百多，打得很惨烈。伤亡再大也要打。战场上没有办法补充，都是战斗停了以后，通过教育转化俘虏兵来补充。国民党兵很多是被抓壮丁抓来的，经过我们教育，他们思想就改变了，就帮我们打国民党了。俘虏兵我们还欢迎呢，因为他们都是经过训练的，会用好多种武器，地方老百姓参军补充到部队的有些连枪还不会打呢。到了 1949 年 1 月，我们营补充了五六百，都是俘虏兵。

我们在前线打，老百姓在后方搞补给，民工推小车子跟着部队走。所以说如果没有老百姓的支持，我们的粮食、弹药用完就没了，补给就供不上了。

　　张瑛，1927 年出生，江苏如皋人，中共党员。1944 年参加革命，淮海战役时任华野四纵十师二十八团一营一连政治指导员，中华人民共和国成立后曾任中国人民解放军第二十三军政治部副主任。

张瑛口述

（2015 年 12 月 22 日）

过运河后攻击作战中受伤

淮海战役第一阶段是打黄百韬兵团。11 月初，我们从鲁西南向淮海战场走，到了运河边，营长告诉我们，你们一连今天下午无论如何要想办法过运河。可是我们没有过河工具，我问吴副连长："天气这么冷，怎么过运河？"我们把全连共产党员召集起来，动员大家：河水很冷，共产党员要带头过河。当时二十几个人报名，我和副连长到老百姓家里找过河工具，找到一个杀猪的，他家有个杀猪盆，战士们就抬过来了。副连长说："我去过河，过不去用两条腿也得过。"我说："你要指挥全连。"他说："不要紧，我没事。"一定要去。他就坐在杀猪盆里划水过去，我们用重机枪掩护他，就这样划过运河了。他上岸去找老百姓，找到了过河的船，我们都很高兴。3 点营部开会，过运河已是 5 点多了，饭也没有吃，就吃点干粮。

过运河后走了一个晚上，到了一个村庄，要攻击了。敌人的工事修得很好，我们一连伤亡二十多个，天亮后发起第二次攻击，二十八团和二十九团主攻，一天也没攻下来。第二天，二十九团、三十团主攻，二十八团为预备队，这次攻下来了，消灭敌人一个团，我们伤亡也不小。国民党二十五军守尤家湖，我们在尤家湖白天挖战壕，挖到离敌人不到二百步。敌人阵地前面放了一个排，我做他们的工作，国民党军的排长知道共产党的政策，不想打，就向我们一连阵地投降了。我下令占领敌军的工事。就在这个阵地前我的腿负伤了，也没有地方包扎，从阵地下来时遇到二连的战友，他们让我下去好好养伤，我说："祝你们攻击成功。"

徐州敌人一撤退，华野就开始追击，边追边打。当时我在台儿庄休息了十几天，腿伤还没好就要求重返前方，医院也同意了。我和一个团级干部、一个营级干部、一个连级干部一起坐火车到徐州，一路上看到很多死伤的国民党军。到了徐州，又往前走，后来我找到了连部，这时已经包围了杜聿明集团。包围圈里的国民党军士气不振，也不想打了，我们总攻开始后没打几天，淮海战役就胜利结束了。

　　徐充，1923 年出生，上海人，中共党员。1940 年参加革命，淮海战役时为华东军区司令部调研室机要人员，中华人民共和国成立后曾任中国人民解放军福州军区第三局副局长。

徐充口述

(2015 年 12 月 23 日)

担任无线电侦察的"四中队"

淮海战役我在华野司令部，不在前线，从头到尾都经历了。

我是搞情报保障工作的，是要保密的，以前我的身份也是保密的。情报保障也叫空中侦察。当时我们没有飞机，空中侦察不是用飞机来看，而是无线电侦察。战争时期要通信联络，不像现在用手机，主要是用无线电台联络，空中电波。无线电侦察把电波接收下来，接收下来的是密码，密码需要破译，才能够得到情报。我就是搞密码破译的，工作性质就是这个。

最早搞破译的是曾希圣。反"围剿"的时候，从国民党军中缴获了电台，刚开始不懂，把一个发报机破坏了，只能用收报机来收听，当时我们没有无线电人才，俘虏中有，就这样一点点起家。领导对我们单位评价很高，刘伯承同志形容这个工作叫作"到敌人的司令部去看电报"。

那时候粟司令到哪个地方，一定有两个单位，一个是通信电台，另一个就是我们。由于要移动，移动的时候电报没人收，为了保证情报不间断，孟良崮战役、莱芜战役时，部队行动的时候，我们先走一半，到了那里停下，后面另一半再走。后来这两部分就分开了，靠陈老总华东军区司令部那一头叫调查研究室，靠粟司令野战军司令部那部分叫情报处、叫"四中队"。"四中队"特指我们工作的地方，是我们的代号，对外都保密，大家都不知道我们，只知道"四中队"，过去人们也不知道无线电侦察。当时，粟司令找我谈话，叫我做这个工作，说，你要绝对保密噢，什么人都不能讲。我们后来档案上都不写这段，我们一点也不讲。在华野好多回忆录里写的也是"四中队"。

紧张的侦听、抄报和破译工作

当时情报部门工作特别紧张，我们人不多，不是六小时、八小时，是一天到晚都在工作，有的时候晚上根本不睡觉。报务侦听始终都得戴着耳机，天空中的信号有不同的波段，敌人有一个通信规定，今天用这个波段，明天用那个波段，白天用哪个波段，晚上用哪个波段，什么时候用哪个波段是不同的，所以波段不断变化。再一个，呼号，也就是电台名字也经常换。我们报务员确实是很出色的报务员，他要侦察的是这份电报哪里的，哪个单位的，都要弄清楚。比如说，黄百韬发的电报，发到徐州总署，电报里有徐州总署的关键字，我们就晓得这个电台是发给徐州总署的。

要知道，电台经常换，报务员的手也一直在动。虽然不发报，但报务员的耳朵也是很灵的，每一个电台发出的，外行人听到都是"嘀嘀嗒嗒"，内行人听这个声音是有差别的，就像我们说话，说得快慢，哪里停顿，哪里会拖长，各有不同。数据到了，报务员要判断，你虽然换了番号，但还是你，他耳朵能分辨。他们抄报都很快，不是听一个写一个，是听一组写一组，有的听两组再写，两个耳朵都要用，边听边抄，很紧张，没有六小时的班，有时连夜工作。淮海战役时特别紧张，要上厕所，报还在抄，怎么办？小便就尿在裤子上，就这样紧张。

电报要及时破译，破译的时候更紧张，不是拿来就能破译的，也不是谁都能破译的。无线电通信是有密码的，密码有发展的过程，一开始是明的，普通人发的电报都是明码。电报都是阿拉伯数字，1234、6789，都代表某个字，不能随便写一个，这个字要准确破译是有科学根据的，基础性问题就不说了。有的能破译，有的没有破译，对方的秘密是一个本子，密码本。每一组数字对应一个字，我记得，比如1770，就是"徐"字。不仅是这个变换，还有数学加减乘除双重作业，比如，"徐"加个9，变"林"了，打出来是"林"字，你要把"林"字转变成功需要一个数，我们叫乱数，这是技术细节，比较复杂。有时候仗一打完，就派我冲进敌人司令部搜集密码本，不是抬枪支弹药。有的密码刚刚作废，这边作废那边还没有作废，我这边就可以破解了。有的虽然不作废，他会在这个本子上改一改组合方法。开始密码简单，后来就难了，他们运用也越来越精了。所以打一个胜仗，我们就能缴获敌人的密码，情报就能有些扩张。

对国民党军指挥部的无线电侦察

淮海战役，国民党叫徐蚌战役，徐州是总部，当时的司令叫刘峙，但实际上真正指挥的是杜聿明。我们打的第一仗是在碾庄消灭黄百韬兵团。打碾庄我不在现场，在做情报保障工作。当时敌人通信有电话，也用无线电联络。电话是有线的，可以侦听。无线电通信有密码，他们有个机器叫报话机，既可以发报又可以对话，讲话时要讲秘语，不直接说，规定前进就叫"324"，地点就是"a28"，等等。打急了，黄百韬拿起电话"接老头子"，直接接蒋介石。其他战役都有这种情况，当然兵团司令才能这样，七十四师也是这样"接老头子"。另外，他们相互之间要报话，叫旁边人"你们赶快接近我，靠近我靠近我"，平常他们不太交往，不太团结，这个时候就说"老兄老兄，拉我一把"。这些，我们都是侦听到的。

淮海战役从看到的文件电报里体会到，真正在战场那里指挥的是粟老总。打完黄百韬以后，你打这里也可以，打那里也可以。整个战役需要华东野战军和中原野战军配合。中野当时从大别山过来，兵力武器损失很大，没有重武器。黄维十二兵团是从华中那边派过来的，全部是美式装备，有很多坦克。军委首长担心中野力量不够，如果黄维兵团在那边突破，以后消灭他就困难了，所以命令华野派一部分部队过去，参与打黄维兵团。

我们无线电侦察有一个好处，敌人军里面传给师里面的电报，他师里还没收到，我们收到了。当然不是全部破译，我们破译的是主要电报。黄维兵团的电报有不同的层次，军有军一级的密码，师有师一级的密码。黄维兵团的电报我亲自破译的，他那个电报，百分之九十九我们都破译了，情报掌握得很好。最后把黄维兵团歼灭了。

打杜聿明时敌人有从徐州撤退的迹象，我们得掌握他到底想往哪里逃。当时有两种情况，一个是向东南方向，另一个是往西南方向。我们收到过的一份电报内容显示，实际上敌人本身也在矛盾。粟司令判断敌人应该是往西南方向逃窜，向东南方向逃窜的可能性不大，但也要有所准备。11月30日徐州敌军开始撤退，当天，无线电静默。因为他也晓得我们了，估计情报也有泄密，所以杜聿明到南京开会以后，不发电报了，重要的事情国民党派飞机把信投过来，包围圈缩小以后，两三次都投到我们阵地上来了。到12月1日，他要传达命令，电台一活动，我们马上就收到了。

老百姓的支持很重要

淮海战役打到后期，我们的供应很充分。国民党军队被包围了，阵地缩小了，没办法供应，完全靠空投，还空投毒气弹，叫甲种弹、乙种弹。淮海战役后期之所以要停顿一下是出于全局的考虑，要考虑到华北。如果胜得快，华北傅作义部队可能会往江南撤退，以后打江南就困难了，我们不能让他往江南撤，要把国民党的主力全部歼灭在江北，所以一边在前线做工作，一边等待战机。就在对峙的情况下，有国民党兵向我们跑过来，有的跑过来吃过饭又回过去了。那时候我们有专门的伤俘医院，救护自己伤员的同时，也救国民党部队受伤的人。

解放战争从开始防守到后来进攻，跟内线作战时期不一样了，因为根据地多了，依靠农民多了。淮海战役老百姓的支持很重要，老百姓挑着扁担、推着车支援我们，我们用的弹药、粮食不用自己管了。记得王耀武被俘虏以后，看到这种情况，他说有几个不理解：我们那里做工作的人坐在机关里面，看看报纸喝喝茶，没有心劲工作；你们那里饿着肚子又这么艰苦，个个都很勤奋，还日以继夜地工作，这是什么道理？他不懂什么是民心啊。

粟司令是榜样

我跟着粟裕司令好多年了，有些人都称我是粟裕司令身边工作的人。我做这个工作也是粟裕司令亲自跟我谈话让我做的。

我是上海人，参加革命的时候是中学生。上中学的时候，参加抗日救亡活动，参加了上海地下党。参加地下党时也听说过粟司令，没见过。以后到苏中的抗大工作，才跟粟司令见面。后来粟司令调我到司令部当参谋，跟粟司令经常见面，受他的教育，受他的影响。在我的心目中非常敬重粟司令，我都学他的，现在好些作风都是他教的。

粟司令对人非常真诚，平易近人，平等待人，对我们这些小参谋非常尊重。当年在司令部，领导干部必须参加支部活动，我当过司令部党小组的小组长。当时粟司令给我讲："支部小组有活动，你要通知我。你不通知我，是你的责任；通知我我不到，是我的责任。我要有事会向你请假。"这个我记得非常牢，他这么一个大干部，我一个小参谋。他对自己很严，都是以普通党员身份参加支部生活，在小组会上从来没有摆出领导架子。这些我印象很深，对我做人、为人帮助很大。

有天晚上，我在作战值班室，警卫来说："徐参谋，首长请你去。"我讲到这里，有人可能会说，粟司令也说"请"啊，我们现在都是讲"叫他来"。粟司令就是这样的。粟司令对参谋工作很重视，因为参谋工作承上启下。他一再教导我们："工作要踏踏实实，你不能用首长的名义去压人家，你也不能以群众的反映去顶首长，这是做参谋工作必需的修养。对人要有礼貌，平等待人。"他自己就是这样。那天晚上粟司令叫我去谈话，让我烤火，他把火盆燎足，很客气，很和气。在我心里，他就是一个榜样。

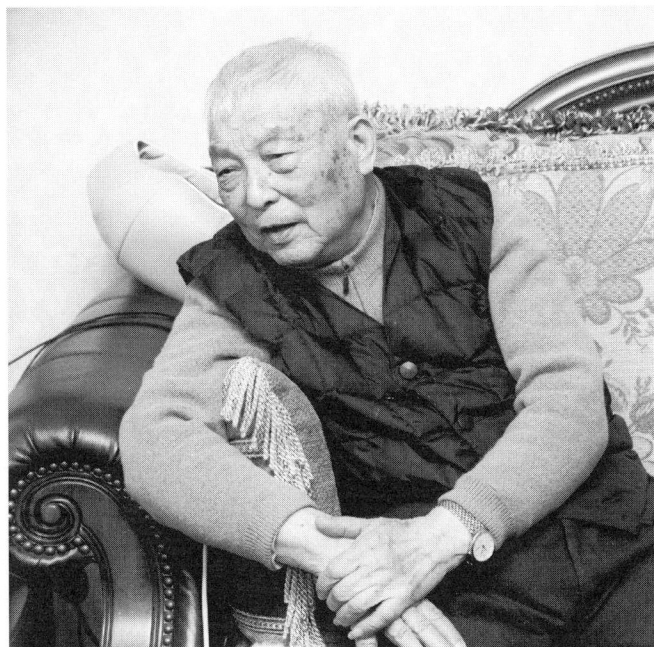

　　赵侠，1927 年出生，河北藁城人，中共党员。1938 年参加革命，淮海战役时任中野一纵二十旅政治部宣传队队长，中华人民共和国成立后曾任中国人民解放军西藏军区第五十三师政治委员。

赵侠口述

（2015 年 12 月 23 日）

组织担架，掩埋烈士遗体

我十一岁参加革命，开始当勤务兵。那时候缺人，我才小学四年级就算文化人了，1940 年 2 月后当宣传员。宣传队的人太少，我会唱歌，会跳舞，做一些战地宣传工作，也负责组织抬担架的民工。淮海战役时，我在二十旅宣传队当队长，当时队员都调到纵队文工团去了，我这个光杆队长到各个连队去找有点文化的，挑了十多个人，主要任务一是带民工担架队救护伤病员，再一个就是掩埋烈士。淮海战役陈老总管后方这一部分，谁干什么瞒不了他。中野总部掌握着，哪个部队有任务，给你多少担架，要多了他不给。我们到纵队去领担架，大概有百十副，一个担架需要四个人，人少的时候两个人抬，担架床不够的情况也有。作战部队负责把伤员收容起来，前面打电话要担架，我这儿有就给他们派过去。当兵的把伤员抬下来交给担架队，卫生所负责检查，需要转的就交给我们转到后方，也可以说我们是个转运站。夜晚忙，白天事不多。有一次遇到国民党的飞机，打伤了一个民工，扛的小床也打坏了一个，担架队员都吓跑了，队长没跑。队长是县委书记，我说："怎么弄，你的人都走了。"他说："没关系，我写个信他们就回来了。"那个时候就是这样，县委书记带担架，担架队散了以后，写个信到县里又通通回来。那个时候的民工啊，跟着部队没啥说的，叫人家怎么办就怎么办，受惊以后说回来就回来。打小马庄的一天晚上，我转得最多，牺牲的有九十多人，够惨的！

再就是处理烈士后事。每个干部战士发了衣服以后，要在衣服上写上自己的名字、具体单位，跟胸章一样，缝在衣服里面，受伤或牺牲了好查，是党员就有个红五星，是印章盖上去的。那时我在外围，房子里都是烈士的遗物，战士死了我都给留下，小孩白天都不敢进。有的买棺材就地掩埋，有的后转交给纵队。那时候买棺材人家要银圆，咱们的边币不行，国民党的票也不行，都贬值了，所以买不了几个。我埋的不多，转到纵队的多，交到纵队就是三丈白布一裹，有民工挖小坑，准备棺材。埋的时候都有一个木牌子，上面写上名字，另外置个图，说明什么地方埋的谁，知道家属在哪的就给家里发个信，没解放的地区知道了也无法寄信，部队解放战士很多，他们的家乡还没有解放的也去不了信。

　　李修英，1924 年出生，江苏睢宁人，中共党员。1940 年参加革命，淮海战役时任华野二纵六师十八团三营八连连长，中华人民共和国成立后曾任中国人民解放军陕西省军区副司令员。

李修英口述

（2015 年 12 月 23 日）

从郯城、王庄到陈官庄

我 1924 年 10 月 15 号出生，1940 年参加革命，老家是睢宁县朱棠乡马村。淮海战役时，我是华野二纵六师十八团八连连长。战役开始时，我们从郯城马头走，那时国民党飞机轰炸，我们接到上面命令后快速赶到徐州南，记得在王庄那一片儿，靠着津浦路。我们出击了几次，都是小胜，俘虏了几十个人，然后马上就回来了。战役第三阶段，打打停停，在那儿挖战壕，四面几个村庄没有不通的，横七竖八到处都是战壕，夜间自己出去回来都找不到地方。我们连主要是突击，挖的工事跟房子一样，铺上稻草，在那儿等着攻击，不攻击时不动，保护有生力量。那会儿正好下雪，我们就这样围着他、饿着他、冻着他，一直搞了个把月。国民党军没有吃的，晚上偷偷过来一些人，我们就给他们包子、大饼吃。有的又回去了，回去后一传十、十传百，每天晚上都会过来一些人。总攻陈官庄的那天，天还没亮，敌人就向西南跑了，我们离那个地方有一段距离，出击到那里时，敌人已经溃不成军了，俘虏了一万多人。佘锘义是我们纵队在淮海战场牺牲职务最高的，埋在云龙山上。淮海战役中，胜利多，失败少，会打仗，人都说是领导指挥得好。

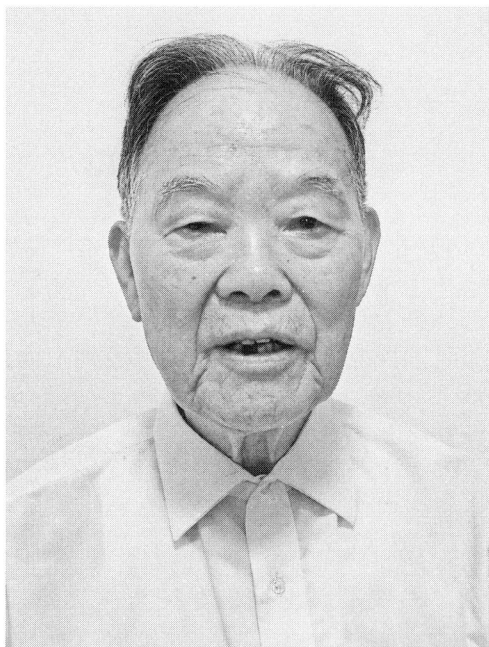

　　袁继贵，1926 年出生，江苏沭阳人，中共党员。1940 年参加革命，淮海战役时任华野十二纵三十四旅一〇二团二营五连连长兼政治指导员，中华人民共和国成立后曾任中国人民解放军第二炮兵第五十五基地副政治委员。

袁继贵口述

（2015 年 12 月 23 日）

抓俘、押俘与溶俘

淮海战役时，我是华野十二纵三十四旅一〇二团二营五连连长兼指导员。就记得一段，打到最后，有的国民党兵胆大，不放下枪，但大多数已经投降了。抓俘虏，有的招招手就过来了，枪也不要了，遍地都是枪，遍地都是死人，已经乱套了。当时俘虏一大群，我们连俘虏一百七八十人，有个俘虏穿得像医生，后来一审查，就是医生。清理战场后，我们连接到一个任务，押送俘虏到解放区苏北根据地一个叫小胡庄的地方，有人接收。那规模大呀，不光我们连，凡是苏北兵团的都去送，都在那集中。补自己押送的那批俘虏？那不行。军队组织很严密，不能说我们要多少就给多少。补充兵员是上级安排的，上级说补多少就多少。我们连开始人多，后来越打越少，也就七八十人的样子。有个排长姓朱，负伤了，还有个通信员负重伤，腿断了不能走了，当时没有担架，我给他背下来的，后来送到后方医院治疗。七八十人也就补充了二十人。我当时是连长兼指导员，给俘虏做思想政治工作。他们都说："我就愿意跟共产党干，战乱我回家干什么去。"一个个都不愿意回去。他们打仗都是可以的，打上海的时候，好多都当班长了。送了俘虏后，再回来找自己部队。大兵团作战，很难找的，都在打仗混乱当中，分不清，特别是一个连，找自己本单位很困难，三找两找的，最后找到了。

邱光，1925 年出生，江苏常州人，中共党员。1948 年参加革命，淮海战役时为华中支前司令部干事，中华人民共和国成立后曾任苏州大学教授。

邱光口述

（2015 年 12 月 24 日）

跟随支前机关去前方

淮海战役前，苏北的一些城市，一些大的镇，还在国民党手里。1948年时，我在华中工委，书记是陈丕显。像我们这些干部，还不晓得淮海战役是我们进攻，下面都传说是黄百韬要来打我们，黄百韬在苏北一直进攻打我们。淮海战役以前，也就是1948年下半年，我的同学，大学土木工程专业出来的，已经在往前修公路了，修公路就是准备打仗。到涟水的公路，我们去的时候早就修起来了，已经通了，公路不是今天讲明天就能通的。后来之所以从阜宁、涟水坐汽车一夜走三百里路走得这样快，就是因为事先在那里修公路了，就是因为上级晓得我们要反攻了。路上的桥梁、公路都修起来了，早就为打仗做准备了，可我们不知道，脑子里还以为国民党要来打我们。

当时华中支前机关向前移动，我们跟着走，积极性很高，都是自愿报名上前方的。国民党军主要是拉夫，年纪稍微轻一点的就拉去当壮丁，叫你往前线去。我们这边不一样，上前方是要经过批准的，不是说你愿意去就让你去。打的报告领导批准了，才能上前方。记得吃午饭的时候批准我上前方的，下午就让我去领棉制服。棉制服早就运过来了，堆在那个地方，不发。我们是后方，虽然我身上没有棉制服，但是按当时的规矩，前方士兵身上没有穿棉制服的时候，后方干部的棉制服是不能发的，有也不发，天冷也不发，先给前方战士。前方战士穿上棉制服了，才发给后方干部。但要上前方的时候可以发。勤务班说，你快点去领棉制服。下午去领，晚上就穿上了。就这么小小的一条，国民党军就办不到。

那时候，机关大部分干部没坐过汽车，上了汽车，都不肯坐下来，站着感受乘汽车是什么味道。淮海战役前，我们缴获的国民党军汽车在那地方没什么用处，就让老百姓、干部去坐坐，反正有俘虏的国民党兵开车，开来开去几十里路，来来回回地开开，大家乘乘，就这么玩玩。公路都被破坏了，根本没什么公路可以开汽车。我们这些江南的大学生看惯了汽车，觉得你们开来开去不是浪费吗，首长就教育我们："你们有些事情，不要用国民党大学生的观点来看，你们不要笑我们，这里就是这个情况。"

在苏北，走路都得老百姓带着。公路都在国民党手里，遇到公路都是穿过，只能在乡下小路上转来转去，在乡下走就得当地老百姓带路。淮海战役前，市政、公路、交通都在敌人手里，铁路更没有。解放战争时期，解放区根据交通线划分，交通线都在国民党手里，铁路横在中间，来来去去不方便，所以我们跟山东只能以铁路为界，陇海铁路以北归山东，陇海铁路以南归华中。

我们在一个地方停下来后，吃饭，这时候有馒头吃了，这对我们来讲是一件大事。馒头是小麦做的，相当于江南的大米饭。淮海战役之前，一天三顿大麦稀饭，好久都不曾吃到干饭，终于有干的东西吃了。那时候我们才二十来岁，一天到晚吃稀饭，吃不饱，但那时候干部们都是这样吃的。至于菜，公家维持不了，一部分靠自己种。条件好转了，最不了解情况的人从吃的改变也晓得这是形势好转的标志。宿迁到睢宁没有公路，我们步行去的，开头几天睢宁还在敌人手里，到那里时睢宁已经解放了。据说守卫睢宁的孙良诚投降了，听说他想起义的。孙良诚在抗战中翻来覆去，一下子投降日本人，一下子又起义，也曾经到我们这边过。

发动群众，巩固民工

当时华中行政公署跨越江苏和安徽两个省，有苏北五分区、六分区等，以铁路为界，苏北地区有陇海铁路，只有苏北的老百姓见过铁路。到宿县后，也不睡觉，都跑去看铁路。铁路作用很大，装运东西，不管是军火、军粮还是伤兵，运起来速度快。要真正靠火车，我们跟国民党军没办法比，铁路都在他们手里。我们的工作是做后勤，从基层发动开始，依靠老百姓，我们只有这样的力量，就像陈毅同志讲的：淮海战役的胜利是小车推出来的。

当时的情况是白天找不到人，每天都有轰炸，宿县城的老百姓早上打仗的时候就离开，逃到乡下去了，所以要完成任务就得等到傍晚，老百姓回到城里后，再去找他们，给他们交代做什么事情。宿县老百姓，有些睡在柴堆里头，向南开一个门，当中挖空，挖成棺材的样子，人从南面脚先进去，再一点点进去，躺在里头睡觉。晚上一看外头堆的很多柴草，里头肯定有人睡。我也去睡过一次，冬天冰天雪地，睡在那里，就那么几根草棍、木头棍和草，也不觉得冷。害怕离开部队，如果机关头晚上有行动，来找你找不到，就麻烦了。当时机关里大家都很一致，团结在一起，服从组织的号令，非常自觉。机关不少人都是临时从各个地方调来的，我也叫不上名字，都为了一个目标，执行上面的命令，大家一起去完成。那时候只想完成任务，其他都不想，完成了我就高兴得不得了。有一次，十几里路，晚上走，根本无所谓，又碰到敌人轰炸，在防空洞里待着，任务完成后，月亮已经在天上了，一到驻地才晓得，驻地的人早就急了，派人出去找我了。回到驻地迟了，尽管自己觉得没什么，但还是觉得应该早点回去，10点不回去，驻地的人能不急吗？那件事后心理上觉得跟机关的关系更加密切了，知道大家十分关心我。

我们还办报纸，好像有个报纸叫《支前报》，一个礼拜出两期，主要发到下面，传达上面的意思，反映下面的情况，指导工作。有些事会登在报纸上，飞机来了怎么办，不能够乱跑，在报纸上登，就是要保护民工。我们还做民工巩固工作，就是让大家齐心在那里，不巩固就会开小差，实在开小差了，也不好处理他，没办法。还会在战役期间发锦旗，提高士气。

我们的军需、军粮都靠老百姓运输，我在宿县还碰到过河北省的民工，山东的更不用讲。山东人不但多，而且比苏北人还要能吃苦。为了动员苏北老百姓上前方，苏北军区文工团还专门编了歌。有首歌叫《上前方》，唱的就是支前的事情：推小车"吱嘎吱嘎"响啊，毛驴"叮当叮当叮叮当"。当时苏北去了好多人，挑担子的也不少。这首歌我还会唱呢：

　　快呀快呀上前方，

快呀快呀上前方，

上前方呀运军火，

上前方呀运军粮，

上前方呀抬担架，

上前方呀，上前方呀，上前方，上前方。

吱嘎吱嘎，你看那小车儿，吱嘎吱嘎，吱嘎吱嘎响；

叮当叮当，你听那毛驴儿，叮当叮当，叮当叮当，叮叮当。

大路上，小路上，挑的挑来扛的扛，来的来啊往的往，

不分昼，不分夜，

不怕那北风迎面吹，不怕那寒雪和冰霜。

蒋军兵败如山倒，解放军士气高万丈，

军民团结齐努力，生产支前理应当。

老婆伢儿忙庄稼，

年轻的汉子上前方。

快呀快呀上前方，

快呀快呀上前方，

上前方呀运军火，

上前方呀运军粮，

上前方呀抬担架，

上前方呀，上前方呀，上前方，上前方。

不能忘记烈士

现在回想，牺牲的人不少。别看推车、挑担，也要牺牲人的。尤其淮海战役，制空权完全在国民党手里。老百姓不懂，没那么多防空知识，不晓得怎么保护自己。飞机来了，机关枪一扫，炸弹一丢，民工就四面乱跑，越乱越暴露自己，死伤更加多。还有坏人。有一次，部队骑兵晚上到一个村子，没有东西给马吃，就去找草。敲开一个人家的门，大门打开

了，哪晓得那家人是地主，门一开就是一枪，一枪就把战士打死了。所以到村子后，凡是大户人家，看到有炮楼那种，我们就不去。打仗结束后，部队全部下来了，我在那里看战场，穿我们解放军制服的大约百分之二十，绝对不超过百分之三十，其他都穿国民党军制服，戴国民党军帽子。后来我看了迟浩田写淮海战役的文章，他当时是连指导员，他们连队伤亡的情况就是我看到的情况，牺牲的有百分之七八十，留下了百分之二三十。现在条件多好，享福了，从前真没想到还能享起这样的福。想到当年牺牲的那些烈士，不能忘记过去的事情。

　　孙魁元，1926 年出生，天津人，中共党员。1945 年参加革命，淮海战役时任华野二纵四师十团一营二连政治指导员，中华人民共和国成立后曾任中国人民解放军第十九军副军长。

孙魁元口述

（2016 年 1 月 6 日）

大兵团作战

淮海战役时我是华野二纵四师十团一营二连指导员，二十二岁。如今淮海战役已过去六十八年，我已经九十岁。回忆淮海战役，两个方面印象深刻：一是战争，一是人民群众。淮海战役是一次检验野战部队的战役，过去没有打过这么大规模的仗，没有大兵团作战，都是打一点，局部战斗，都是一个纵队两个纵队打，比如孟良崮战役打七十四师。淮海战役整个华东部队全参加了，中野也参加了，是一次空前的大兵团作战。我所在的十团是"金刚钻团"，金刚钻即打能打得通、守能守得住。十团就是电影《从奴隶到将军》讲的罗炳辉师长的部队，电影《南征北战》讲的也是十团。从 1948 年 11 月 6 号到 12 月 5 号的一个月，我们这个团从战场最东边打到徐州边上。黑乎乎的晚上，敌人跑，我们追，一共追了二百多里。一昼夜，吃不好饭，睡不好觉，但那个时候有个想法，就是要把敌人歼灭。因为我们兵少，要集中兵力打，打了这一仗再去打那一仗，长途奔袭是经常的。我计算了一下，淮海战役我们团大概走了两千多里，就在淮海战役整个战场上转来转去，返回来调过去，反反复复。战斗形式转换也比较多，比如夜间进攻，白天防御，野战出击，野战防御，对村庄作战，对村庄防御等，连续打仗的战斗作风，在淮海战役体现得特好。我当指导员，带着连队接防，接过阵地我们守，白天攻，攻完了撤下来休息调整。记得过年下着雪，规定不打，围而不攻，国民党军被包围在里头，前面有敌人防守，我们撤下来二里路。蒋介石从南京派飞机把大饼什么的投下来，有的飘到我们这边，有一次我还分到一包香烟。那时艰苦得很，在地摊上买烟叶，搓一搓，揉一揉，搁在挎包里，大家晚上困的时候轮流抽几口提提神。睡觉时经常露天席地，过年也吃不到太多，但心情很愉快。战役中我们还响应毛主席提出的"以战养战"的号召，用缴获的子弹、枪、机枪补充自己。枪各种各样，有捷克式、加拿大式、杂牌的，等等，打国民党七十四师时还缴获了美式冲锋枪。打仗对象不一，缴获武器不同，各连装备也不一样。我们连算比较好的，有六挺轻机枪，是比较强的连队。

指挥挖战壕，研究发射炸药包

当时通过开民主生活会的办法确定战术。到敌人眼前挖战壕的具体做法是：每个战士到老乡家借来铁锹和锄头，锄头长就锯断扛着，背着枪，慢慢匍匐前进，慢慢走，一直摸到敌人的前沿，离敌人不到一百米的地方。我规定每个战士拉开三米至五米距离，趴着就地挖，跪着挖，不许站，先挖浅，后挖深，天亮之前必须完成最少宽五十公分、长一米五的战壕。战士们就开始挖，到了天亮完成任务，全连一百多人，从后边到敌人前沿挖了一条一百多米的战壕，在战壕上我们对敌组织了一个防御火力点。等到天亮，面对面了，敌人慌了，寻思着哪里来这么多解放军，但这时我们已经对着他们来了。这个经验逐渐推广到全团所有连队，战壕四面八方，像蜘蛛网一样，把敌人层层包围。对付敌人的第二个土办法是弄炸药包。之前我当过炮兵，对炮弹还算有些经验，恰恰当时我们还没有炮，于是我向教导员提了建议。战壕挖到敌人鼻子底下了，可是前面还有树、鹿寨、临时铁丝网，过去都是战士拿炸药包上去炸开，战士死伤太多，炸开之后，爆破班伤亡也差不多了，得想办法改进。具体改进办法是把炮弹前面的引线拿掉，用八二迫击炮把炸药包打出去。刚开始的时候弄小包炸药试验，一共不到两公斤炸药，怕打出去打不到，结果一打，第一发打到敌人阵地后边去了，什么原因呢，炮弹太轻了，后来加重炸药，能打到合适位置。试验成功，不仅炸敌人前面的鹿寨，而且能直接往敌人阵地里撂，几公斤炸药就把敌人炸得头晕眼花。敌人也莫名其妙，共产党哪里有那么特殊的大炮？办法是从实践中想出来的，也是被逼出来的。团长直夸我脑子聪明，我因此获得二等功。

胜利靠人民群众的支持

淮海战役胜利的关键是人民群众支持我们。每到一个村子，家家点亮灯，把门打开。解放军来了，想住哪家就住哪家，老百姓把热炕头让给我们，自己挤一个小屋，家里有什么都拿出来给我们吃，军民关系太好了。连队在前面打仗，后面你知道有多少民工吗？抬着担架、推着小车跟着你走，你打到哪他们跟到哪，伤员交给他拉着就走，没饭吃他马上把粮食给你送过来，不得了啊！不要忘记老百姓。没有老百姓解放军靠什么？战略战术再正确，没有粮食没有弹药，怎么打？大兵团作战几十万人，冰天雪地就靠人民群众的支持，特别是山东人民，对淮海战役贡献太大了。陈毅元帅说，淮海战役是人民群众用小车推出来的。真是啊！淮海战役没有人民群众胜不了，这一点是毛泽东思想的胜利。

　　马学俊，1925 年出生，江苏睢宁人，中共党员。1942 年参加革命，淮海战役时任华野二纵五师十四团三营副营长，中华人民共和国成立后曾任中国人民解放军宁夏军区副司令员。

马学俊口述

(2016 年 1 月 6 日)

逼降孙良诚

淮海战役第一阶段是在碾庄歼灭黄百韬兵团，打得比较艰苦，一是靠近徐州，靠近敌人主力，二是黄百韬兵团本身打仗比较强。敌人在战役指挥上犯了个错误，黄百韬兵团从运河以东向西撤的时候等连云港的四十四军，等了两天，结果被包围，六十三军撤到窑湾后也被围起来消灭了，如果不等四十四军，黄百韬就可能跑掉。我当时是五师十四团三营副营长，二纵主要任务是从东南边走窑湾、睢宁，到双沟往徐州方向，截击黄百韬兵团，任务很重。我们在邢圩子把孙良诚一〇七军军部和一个师包围起来，他们人多，打一发迫击炮就伤亡很多人。孙良诚提出起义要求，我们师政委方中铎告诉孙良诚："你要无条件地放下武器。"孙良诚被逼得没办法，只有放下武器。一〇七军一个教导团在双沟被消灭，还有一个师跑得比较快，跑到双沟以西被四师和中野十一纵消灭了，一〇七军被全部歼灭。

马山、梁山攻坚战

徐州国民党邱清泉兵团增援黄百韬，四师和六师阻击并积极进攻，歼灭国民党七十四军三千多人。在四师和六师进攻的同时，我们五师奉命攻占马山和梁山，这里是邱清泉准备占领，继续增援黄百韬的地方。当时的任务是十四团三营攻击马山，一营攻击梁山。我是十四团三营副营长，营长是乐云鹏，教导员是邵士章。接到任务后，团长佘锜义带着我们把地形全部看完，把兵力部署好。三营八连沿着山右侧，九连沿着山左侧，利用地形向敌人攻击。八连距敌人十几米远，还没被发觉，连长杨启云用驳壳枪连打几发，然后端起机关枪扫射，一下打死七八个敌人，全连发起攻击，一个冲锋占领了山头。这时，九连从右侧也发起了攻击，插到敌人后面，敌人正在反击，被我们打退。这样，我们很快占领了马山一个小山头。营长乐云鹏命令八连、九连继续攻占马山主峰，两个连协同起来，攻打马山主体。当时乱七八糟的，八连连长误认为九连攻上去了，结果敌人一排枪，我们伤亡七八个人，连长赶快组织火力和敌人打，又冲进去把马山占领了。战斗时间很短，不到一个小时，在山头上俘虏敌人一百多人，取得胜利。

占领山头后，我们马上调整，把八连和九连撤下来，七连上去构筑工事准备防御。早上7点10分开始，敌人对着山头连续炮袭，炮弹不知道打了多少，起码一千发以上，把山上石头都打碎了。七连连长万秀章腿部负伤仍然坚持指挥部队继续反击；二排代理副排长腿被打断了，在地上爬着又向敌人甩了两个手榴弹，最后牺牲了。为减少伤亡，我们只派了几个哨兵在山顶上利用地形观察敌人情况，其余人跑到山背后，炮弹高了就打过了，低了就在山底下爆炸了，山背面比较安全。下午1点多，七连打退敌人五次攻击，其中一次，阵地已经被敌人占领，教导员邵士章带领九连反击，又把敌人打下去了，邵士章负伤。另外一次，敌人一个营冲了上来，七连伤亡相当大，二营六连帮着甩手榴弹、拼刺刀，硬是把敌人反击下去，六连那一次反击伤亡六十多人。战斗到黄昏，敌人被打下去了，我们奉命撤出战斗。战斗一天，我们歼伤敌人两三百人，我们营不算六连也付出了伤亡一百五十多人的代价，营教导员、七连连长负伤，排长牺牲。阻击邱清泉兵团，保障华野主力围歼黄百韬，这是第一阶段，我们打得最艰苦。

郭楼守备战

淮海战役第二阶段也苦，跑路多，最后也取得了胜利。当时，中野在宿县以西包围国民党军黄维兵团，杜聿明沿着萧县向南撤退，企图和黄维兵团会合。杜聿明集团人太多，走得比较慢，我们部队追击，运动比较快。二纵的任务开始时是向南转进，阻击从蚌埠增援到固镇的李延年兵团，从马山撤下来，我们连夜南下，跑路最多就这个道理。涉水过河，衣服全湿了，从固镇追歼敌人，把敌人打得跑回了蚌埠。

后来，二纵又奉命令北上阻击杜聿明，我们昼夜不停地走到铁佛寺附近，构筑工事阻击敌人。敌人白天进攻，攻不动了也不走，在围墙外面挖战壕做隐蔽，我们打不着他。第二天敌人再攻，当时我们二营、三营两个营反击。三营九连在前面打，八连在后面平交通壕。打到第二道战壕受阻，九连伤亡比较大，三排是突击排，还剩下六个人，排长也负伤了，第二道战壕连长牺牲了。我叫九连指导员宋怀达指挥，又把一排加入战斗，冲击敌人的第三道战壕，一排的那一冲伤亡也很大，排长宋宝秀一个人抱着炸药把敌人地堡炸掉了。九连打到最后还剩二十几个人，最终完成任务。九连反击时，八连在后面平敌人的交通壕。交通壕怎么平啊？已经到12月初了，地是冻住的，就把敌人遍地的尸体往交通壕里放，再盖上土，一方面掩埋尸体，一方面把交通壕平起来，八连的任务也完成了。我们撤出时已经快天明了，战后，师长给予我们两个营的反击高度评价："这晚的反击，十四团非常勇敢，是英雄团，圆满地完成了任务。"后来对杜聿明暂停了进攻，正好下雪，国民党那么多部队没有吃的，靠南京用飞机投大饼，能解决问题吗？所以一有飞机投下物资，他们就互相抢。这时，我们所有第一线部队广泛开展政治攻势，对敌宣传，让他赶快投降，过来以后有吃的。我们有意把蒸好的馒头送到前线给他们吃，争取了很多国民党兵，有时一个班，最多时一个排，夜里就跑过来投降了。总攻那天，我带着八连冲出去，哪还顾得上枪炮，就往敌人中心插，枪都不要打，插得越快，俘虏越多，我带一个连俘虏了一千多人。

佘锜义团长

佘锜义是四川人，农民出身，十五岁当红军，经过长征到达延安。他打仗非常勇敢，从排长、连长、营长、团参谋长一直干到团长。临朐战役中，十四团七个半连攻进去没出来，在这种情况下，陈毅下了命令，十四团伤亡多少补充多少，把滨海独立团全部给十四团，当时的团长就是佘锜义。那天，师长突然把我叫去，说："马学俊，你到十四团二营当副营长去。"我到了十四团，佘锜义给我交代任务，说："我们团一贯是能攻能守的部队，特别是二营，是团主力。这次部队伤亡比较大，但是纵队很重视，把侦察连补充给二营了，团教导队也回来补充了，加上些轻伤员，又恢复了元气。你到二营去，我就有一条要求，仗一定要打好，因为二营是我们团的主力，打不好仗，任何人也交代不了。"这就是佘锜义，到现在我印象都非常深刻，他的原话我记得很清楚。他打仗一贯在第一线，那些排长、班长的名字都能叫出来。佘团长在进攻马山的战斗中牺牲了。第二天检查他的遗物，只有一个被单、一双袜子和一个枕套。佘团长后来被安葬在徐州的云龙山上。

　　马贝禾，1921年出生，安徽巢湖人，中共党员。1938年参加革命，淮海战役时任华野二纵四师十一团三营政治教导员，中华人民共和国成立后曾任中国人民解放军上海海军外训队队长。

马贝禾口述

（2016 年 1 月 6 日）

徐州东南的两次遭遇

淮海战役我从头至尾都参加了。我们从鲁南出发，连夜奔跑，到了窑湾就渡河。那时候上面让我们二纵插到徐州南面，切断陇海路，所以白天晚上都在跑。有一天夜晚我们打了两次遭遇战。第一次在路上，快到潘塘时，国民党部队想插到徐州以东，而我们想插徐州以南，结果在路上遇到了。我们沿路走，头都昏昏的，一看对面走来的部队头盖大帽子，我是营教导员，走在营队伍中间偏后，我就告诉五连连长："你赶紧看看。"连长马上让部队就地卧倒，他趴在旁边的旱水坑那儿喊："放下武器，缴枪不杀！"敌人还没反应过来，我们一个营就站起来了，他们只好缴枪，包括伙房挑夫十几个人，我们俘虏了一百多人，大家都很高兴。

第二次是我们走到徐州以南靠近铁路边的一个村庄时，布置岗哨准备站岗。岗哨布置好了，天气很冷，我们准备烤火，忽然有个管伙食的国民党司务长不知道我们部队在这儿，跑到我们的房子里，看我们烤火他也烤，他说："哎呀，太冷了，这儿老百姓坏得很，他妈的，都不开门。"我和营长正在看地图，没留意进来的是谁，他也没意识到进错门了，还继续烤火。我捅了下我们营长，回头一看，他戴着大盖帽，然后我就问："你是哪一个部分的？"

"我是七十四师的。"

"你们来干什么的？"

"我想买菜。"

"你什么时候到的？"

"上午刚到，从河南开来，先让到徐州，下午就让过来，到徐州等。"

"你们住在哪里？"

"我们就住后面这个村庄。"我们相差大概一百多米远。

"你们来了多少人？"

"我们一个团都来了，团部在后面大庄子，营部就在前面小庄子。"

这时我让通信员去门口看看有没有送信的，实际上告诉外面守住门不要让他跑了。通信员回来了，营长就讲："你烤火要收费啊。"国民党司务长说："要钱？""不要你普通钱，你把手枪拿下来，不要误会。"通信员把门关上，营长问，"你看我们是什么人呢？"这个人仔细一看我们不是大盖帽，是土黄色的小帽子。我们把他的枪下了，他带着我们到后面的村庄，我们抽一个加强排，带着挺轻机枪慢慢走到后面村庄去。国民党也刚到，布置了岗哨，看到我们就问："谁，干什么的？"我们捉到的那个司务长说："自家人，买菜的。"加强排走到庄子门口了，士兵一看不对劲，我们一个排的枪对着他们，他们就跑啊，我们抓到十几个俘虏。

围困总攻杜聿明集团

再讲讲围困国民党军的那些天。在魏小窑这个方向，敌人开始每天突围。有一天突围了三次，突围不了还放毒气弹，那气味刺激鼻子，眼睛也睁不开，我们就趴在地上。那个地儿干，没水，我们把毛巾拿来，用小便搞湿捂起来。最后顺风，毒气一个多小时也就刮掉了。

敌人住在工事里，开始带的粮食能做饭，没有烧的了就把老百姓的房子拆掉烧了，最后没办法，把老百姓的坟拆掉了烧棺材，我们都闻着那个气味了。每天上下午两架飞机各投一次，给当官的投一些罐头、牛肉、饼干之类的。飞机有时候飞得高点，风大点，投的东西都飘到我们阵地上来。

我们那时候好，军民团结，有老百姓推着干粮送到我们这儿。国民党军被围着没办法。因为飞机一天就送一次，抛下来的东西哪够那么多人吃的。我们的阵地、工事、交通壕离敌人远的五六十米，近的二三十米。一到吃饭的时候，战士们就敲打菜盘，"开饭喽，开饭喽"，就有国民党兵逃过来吃饭。开始那几天，他们班长不让过来，看谁过来还打枪，最后饿得没办法，班长也跟着过来了。有时候我们说："你拿两个馒头不能一个人吃，回去给别人一个。"后来我们就把馒头甩那边去。

总攻时先打李明庄、李康楼，这些庄地儿都不小，最后都攻下来了。然后抓俘虏，开始几十个，最后都几百人地过来，我们一个营就俘虏了三四千。开始我们战士几十人把他们送到后面去，后来俘虏一多，战士们忙不过来，他们也不跑了，最后够一百个人就指定他们其中一个人带领其他人过去，就说："马教导员叫我们来的。"我们和炊事员打好招呼，炊事员给他们饭、干粮吃，山东老百姓给他们一个人两个煎饼，高粱煎饼，就这样收了四千多俘虏。

　　胡炜，1920 年出生，河南新蔡人，中共党员。1937 年参加革命，淮海战役时任华野二纵四师政治部主任，中华人民共和国成立后曾任中国人民解放军总参谋部副总参谋长。

胡炜口述

（2016 年 1 月 8 日）

徐东、蚌北阻击

淮海战役是三大战役中最大的一个，我们六十万消灭了国民党军八十万，是取得最大胜利的战役。我们师的师长因为害病临时在后方住院，所以作为师政治部主任有时也参加一点军事指挥，了解一点情况，但具体了解得不太多。

第一阶段是从 11 月 6 号开始的，当时二纵的任务是歼灭黄百韬的二十五军。部队出发以后，二十五军已经收缩，二纵就在徐州东南沿着海郑公路一线作战。当时国民党军在那里有一〇七军的两个师，中野十一纵和华野二纵东西对打，会合在这一带，经过战斗把这两个师全部歼灭，一〇七军军部也被摧垮。二纵进到徐州东南，正是黄百韬兵团和邱清泉兵团的接合部，为了歼灭黄百韬兵团，我们逼着邱清泉的指挥部后退，留出了夹击的空间。

后来蚌埠有刘汝明兵团和李延年兵团开始北上支援黄百韬兵团。二纵奉命快速南下迎击和堵截这两个兵团。为了抢时间，部队冒着天寒徒身渡过浍河，强占浍河以南，把李延年兵团铲断，这是很惊人也是很感动人的。为了保证华野的主力歼灭黄百韬兵团，凡是来支援黄百韬兵团的都要阻击截断。这时黄维兵团也上来了，我们不但要阻击李延年和刘汝明兵团，而且要把黄维兵团和这两个兵团岔开。这一阶段主要任务是阻止李延年、刘汝明和黄维兵团的会合。二纵南下以后，一直进到蚌埠北侧，把黄维兵团和李延年兵团隔开了一百五十华里的距离。蚌埠两个兵团被阻止，没办法继续北上。如果会合，仗就不好打了。

追击、包围、全歼杜聿明集团

徐州敌人突围了。从徐州逃跑出来的敌人，老婆、孩子、弹药、装备一大堆，又怕走不动又感觉自己力量很强大，几十万人向徐州西南方向突围。当时我们部队在南边阻击敌人，上级命令我们飞速回头截击徐州出逃之敌。部队从蚌埠北侧渡过涡河、浍河、獬河，战士们疲劳得要死，一躺下就睡觉，连饭都不吃，整个人像瘫痪了一样。这样到了 12 月初，部队过了大茴村一线，迎头把撤逃的国民党部队堵击起来了。

我们把敌人合围起来，阻击敌人突围。敌人想在南侧的一个村庄郭楼打开一个口子，从那里南下与蚌埠敌人会合。郭楼开始是华野二纵六师守的，以后把四师和其他部队都拿到郭楼附近和敌人拼了三个昼夜。国民党七十军军长邓军林坐着坦克带头冲锋，硬是把郭楼的东北角突破了；四师的十二团跑步进入突破口，又把敌人打退，才把郭楼守住。这就是二纵郭楼守备战，以六师为主，四师也投入了战斗。

战场的中心位置叫陈官庄，在陈官庄和郭楼之间，有李明庄和范庄，敌人为了保住陈官庄的安全，派了精锐部队守李明庄和范庄。为了阻击敌人，二纵派一个团在开阔地上西侧做工事拦截和阻击敌人，把李明庄和南边的范庄夺取下来，敌九十六师副师长也被抓了，陈官庄就完全暴露在我们阵地面前。二纵又乘胜攻击并占领了李康楼，把李康楼那里的敌人全部歼灭。到 1 月 8 号，敌人变得很混乱，到处都是丢下的马匹、坦克、炮兵，三三两两，国民党军三十二师的士兵在那儿躺着休息找东西吃，全部乱掉了。我们以陈官庄为目标四面八方进行突击，到 1 月 9 号上午，敌人也不抵抗了，只要有人来打招呼，跟着就来了。二纵五师投入战斗，到处抓俘虏，这个师没经过什么大作战，就俘虏了六千多人。战场形势和乱劲儿无法形容。到 10 号，我们部队从刘集、杨集四面八方会聚到陈官庄，把敌人全部歼灭了。10 号中午，战役全部结束。

战时的政治工作

我印象最深刻的是毛主席的指示"军队向前进，生产长一寸，加强纪律性，革命无不胜""统一思想，统一意志，统一指挥，统一纪律"深入人心，每个官兵都耳熟能详；"反对无政府，反对无组织，反对无纪律"，这些是军事指挥上的要求，也是政治思想工作最基本最有效的内容，可以说是淮海战役统领我方的要点，从头到尾，贯彻始终。

党中央指示的精神和政策，是当时政治思想工作的主要内容，都及时向部队传达，深入到每一个部队、每一个干部甚至每一个战士的头脑里面，这确实是一股很强大的力量。当时做政治工作有这样的体会：把敌我情况讲得越清楚、越明白，战士的信心和决心越大。宣传鼓动工作有战役动员、战略动员，每个部队接到战斗任务后有一个战斗动员，另外战斗过程中还有战斗过程动员。反正时刻保持部队有那么一股精神劲儿，要把敌人全部歼灭，不顾一切地完成任务。这些话当时确实深入人心，不仅是战斗部队，包括后勤部队、随军的民夫营、担架队，政治思想工作都做得很深入。那时候每个师都有一个民夫营，有几百人抬担架、运粮食。到战场上抓俘虏的时候，这些人一散开就抓俘虏，像打了胜仗一样。政治干部，特别是在连队，指导员、支部书记根据党中央整个精神、部队的具体情况和干部战士的思想状况，进行各种各样的思想工作，所以部队一直保持着很饱满的战斗情绪。那时候"边打边补"，就是一边战斗一边补充，抓到俘虏就补充，有时候部队伤亡大了，撤销班排，抓到俘虏后又重新扩编。昨天是国民党军，帽子一变，今天就变成解放军。很多俘虏补充以后发挥了很大作用，带着我们的战士去搜捕国民党的军官。

我当政治部主任的时候我们政委叫王静敏，后来是南京军区副政委。我们两个人经常带着两个警卫员在战地、交通壕里跑来跑去，了解思想情况，给部队、干部鼓劲儿。那时候政治干部工作比较深入，没有说闲话、空话的。在战斗部队，政治干部担负同样的任务，与军事干部没有什么差别，都是一样投入战斗。军事干部伤亡了，政治干部代理指挥，一直打到最后。如果政治干部不能打仗，或者有点害怕打仗，那是站不住的，讲话也是没人听的，有一个外号"卖狗皮膏药的"。

当时很少召开师级干部会议，总体上，通过干部会动员教育，把战役战略的措施、上级的指示精神传达给部队，教给干部。战斗中临时召集干部，时间来不及，即使来得及开会也来不及贯彻。就是依靠总的精神，战前尽可能讲得清楚一点，战斗过程中提醒按照要求做宣传鼓动工作。临时再开会不大可能，那时候也没汽车，骑着一匹马到处跑也不行。

战后工作，到医院里看望伤员、掩埋烈士遗体等分量很大，也是政治工作很重要的一部分。淮海战役中部队和民工一起集中安葬烈士遗体。每个师都有一个担架营，由担架营和部队把病员送到后方安置，做得比较细，因为这个工作做得好对战士是很大的鼓舞，做得不好战士会感到寒心。

连排干部伤亡后的补充

连排干部伤亡比较大，基层干部是直接和敌人打仗的，干部伤亡几乎一半以上，但是没有干部指挥，部队就会乱了阵。干部伤亡后的补充是边打边提。战斗间隙，战斗过程中，只要懂指挥的就主动代理指挥，没有干部了，你要指挥。主动代理指挥的，只要指挥得可以，就正式任命为干部。四师曾给华野"关于战后民主评选干部"的报告，被华野发到全军参考执行，就是利用战斗间隙，民主征求群众意见，有时候单独开民主会，推选干部。下面有推选，上面营、团一批准，就提拔为干部。部队随时都有人指挥，主动代理干部，主动代理指挥，变成很普通的现象。"我要指挥，听我的"，大家都能够做到这一点。连、排、班伤亡比较大，营、团干部伤亡也不小。战役结束以后，四师连排干部全部换了一套，换的都还可以。党员伤亡也大，一有间隙，就民主推荐发展党员，认为战斗比较好可以入党就入党，那时候手续比较简单。

政工干部也要能打仗

1938 年，我入党不到两个月，就当了连队指导员。因为那时候提拔干部比较快，上级经过短期考察了解，认为你可以培养，这就大胆地使用了。我所在的部队是老红军部队，一些老红军骨干文化水平比较低。我为什么能够很快当指导员，就是那个时候政治干部奇缺。政治干部得会讲道理，所以都选拔一些有点文化的当政治干部。但是当政治干部也要带头打仗。我当指导员的时候，日本人已经占领合肥、安庆一线，正在从江北向武汉进攻。敌人军事运输很忙，军运的时候派一些部队押车。营长带着我们连在舒城、桐城之间打埋伏，打击敌人的运输部队。发现敌人以后，就去作战。一次，几个鬼子在后面侧击我们，给我们造成很大危险，营长就命令我带一个班把敌人消灭。我带着一个班跑步下山，把四个鬼子打死三个，活捉了一个。战后向上级汇报的时候，上级说："不要看我们指导员是个青年学生，打起仗来可勇敢了。"这事儿马上在部队传开了，我变成了能够打仗的政治干部。这样，你给战士讲话，战士在你面前就大不一样。我后来从连、营、团，干到师领导。当然我个人也有要求，希望能改行做做军事工作。淮海战役结束后，我被任命为二十一军六十一师师长，那时候我二十九岁。当师长后，先后打了渡江战役、解放杭州，以后又渡海作战打登步岛，为总攻舟山做准备。那一仗就我们一个师打，我只有不到两个团的兵力，敌人有海军有空军，守岛部队有六个多团。我指挥部队打了两天三夜，最后真的不行了，搞得不好，就要被敌人全部歼灭。我们经过动员准备，用假装进攻的办法，掩护部队把伤员、烈士遗体全部撤下来，还带回来四百多俘虏，我作为师长，也是最后撤退的一个，真正做表率了，搞不好我这个师长会当俘虏。登步岛战斗创造了渡海作战胜利撤出战斗的战例，这也是我打得最激烈、最危险的一仗。

　　唐效文，1932 年出生，河南柘城人，中共党员。1948 年参加革命，淮海战役时为中野豫皖苏军区一分区独立团三营通信员，中华人民共和国成立后曾任柘城县农业机械管理局副科级科员。

唐效文口述

(2016 年 2 月 23 日)

从参军到渡江

1948 年 4 月，我十六岁，正在上学，跟老师出去时遇上征兵，我就报名参加了部队，被送到河南省分区一团三营七连，连长叫何振。开封战役结束后，部队向东行动，10 月左右移动到虞城一带。淮海战役时，我们的主要任务是迟滞黄维兵团，主要战斗是野战部队打的，我们没有参加。那时候到处是我们的军队和运输队，共产党部队六十万人，再加上民工、担架队，人就更多了，仅河南地方就不少人，子弹、粮食都是独轮车往前送。陈毅说，淮海战役胜利是小车子推出来的。淮海战役结束后，部队移动到商丘，过了初六开始向南行动，在一个叫刘川的小镇整编，地方部队全部编为野战军，我被编入中国人民解放军第二野战军五兵团十八军五十四师一六〇团三营。兵员编好后准备渡江，具体时间是 4 月 21 日下午 7 点。一开始觉得过不去，长江那么宽，我们也没有船，只靠人不能过去，用望远镜能看到对面的铁丝网、碉堡。那时年纪小，也不懂，就跟着教导员、营长跑。渡江时，先在北边集中船只。那天，上午去江边看船，一只都没有，等到下午行动了，船都抬到了江边，一眼望不到边。渡江时大船坐一个排，小船坐一个班。我们的炮都在山里，用松枝扎上，就像树一样。7 点，信号弹一发，开始渡江。交叉炮火，有的炮弹打到对方阵地上，有的打到江边。天上一边黄一边红，江面微风不动，看不到浪，只能看到炮弹落到船边，其他什么也看不到。原本打算三到四个小时打过去，结果两个小时就过去了。追到南边八十里路，根本见不到国民党部队，都跑完了。

通信员的危险

通信员就是送报告、传口令，打仗时通信员和司号员最危险。有一次，连长带着两个排回来了，指导员和另一个排不知道在哪个山顶，联系不上了。我和另一个人到四周山上去找，不敢喊，只能吹口哨，按照口哨的时间长短联系。山上有风化石，我一蹬，石头"哗哗"地响，往下掉，我连滚带爬，胳膊剐破了，手指都穿透气了。战友以为我负伤了，我说，就是剐破了。我们跑了三个山头才找到指导员他们。那时敌人没过来，要是过来了，就危险了。还有一次在云南打仗，晚上我去团里送报告，下山看不见，都是石头，我用竹竿点火，在山上风一刮火就灭了，看不见，只能顺着石头路往下一点一点挪，也没法叫人。到了团里一说，团里人说，你先别回去了。我说，我不回去，领导要担心的，我要回去。回到路上后，路滑，根本站不起来。传信送信，要很灵巧。另一次，敌人攻打我们驻地，当时墙被炸倒了，但屋没塌。突围时，我往外跑，敌人机枪一点就是三发，我的裤腿中了三个洞，但没打中我的人，特别危险。还有一次跳弹飞我脸上了，要是直接打脸上，就有生命危险了。

　　姚传明，1925 年出生，山东泰安人，中共党员。1946 年参加革命，淮海战役时为华野八纵二十四师特一团二营四连战士，中华人民共和国成立后曾任泰安市蔬菜公司党支部副书记。

姚传明口述

（2016 年 3 月 2 日）

打胜仗靠勇敢和人民的支援

我是山东泰安人，1946 年区政府动员"有力的出力，有钱的出钱"，我和村里十几个年轻人一起报名参军。当兵是为了保家卫国，让人民过上好日子，莱芜战役打完我就入党了。

淮海战役刚开始，我们是加强连，有一百六十多人，一个排一挺机枪，班里的战士都是步枪，子弹很少，打完了就靠着扔手榴弹，汽油桶发射炸药也用过，落在敌人地堡上，地堡就炸没了。打碾庄我们连队伤亡了将近一半，村里跟我一起当兵的张荣绪是通信员，也牺牲了，我们活着的都想着为牺牲战友报仇。

那时候天天打仗，能睡一个安稳觉，吃一碗安生饭就不错了。打胜仗靠勇敢、靠人民。我们吃的粮食都是老百姓推小车子送来的，担架队也跟着部队。

　　杜玉爱，1925年出生，山东沂南人，中共党员。1943年参加革命，淮海战役时任华野特纵炮兵一团炮兵班长，中华人民共和国成立后曾任中国人民解放军炮兵第十五师二一一团副团长。

杜玉爱口述

(2016 年 3 月 4 日)

华野特纵的炮和炮兵

我 1925 年出生，山东沂南人，1943 年当兵的时候才十八岁。我没文化，从小没上过学，日子苦，要过饭，跑出去当兵时，家里都不知道。开始在区中队，是地方武装，跟随队伍从区中队到八路军、解放军，后来地方武装升为主力部队。1947 年华野特种兵纵队成立，部队有很多汽车、战车和大炮，从那时起，我就成了一名炮兵。在临沂过了一段时间后，就到徐州去参加淮海战役了。淮海战役第一阶段打黄百韬、第二阶段打黄维、第三阶段打杜聿明，我都参加了。三阶段炮火最集中、最多。我们炮团用的是美国的一〇五榴弹炮，从国民党军那儿缴获过来的。一开始谁都不会用，没一个人懂炮，以前都是小米加步枪。我们就找来刚俘虏过来的国民党炮兵，可他也不说，他怕嘞。他说，要是教了就得挖眼、割舌头，他害怕，不敢教。后来我们教导员就做动员工作，做思想政治工作。当时炮弹从后头装，推进去，再拉环。那时候我们不会，连炮栓都拉不开，慢慢才学会。我是负责瞄准的，一发炮弹打出去能打十几公里。大炮不能暴露在阵地上，要把它隐蔽起来，有时就用树叶子、树皮篷在上面伪装。一场战斗，步兵在前头，炮兵在后头。炮兵还得喊口号，估算距离。一〇五炮威力最大。炮弹还得节约点用，因为炮弹也靠缴获，缴获的炮弹都能用上。我们炮兵伤亡不多，不在第一线，步兵伤亡大，一个连一百多人，基本上剩下十来个。那时候打仗，党员要带头冲锋，碉堡打不下来，三个一组就上了。我还看到很多民工，就是老百姓，往前方运粮食、抬担架，往后方运伤员。

　　王端培，1931 年出生，山东沂南人。淮海战役时为解放区妇女，参与淮海战役后方支前工作。

王端培口述

（2016 年 3 月 4 日）

村里的支前工作

我 1931 年出生，山东沂南人。最早，日本鬼子打到我们村里来，鬼子厉害啊，最能祸害人。后来蒋介石国民党兵来了，他们也厉害着嘞，我父母和村里人当年被抓，关进屋子里，吃不上喝不上，有的被活埋了，队长的父亲回家几天就死了。共产党来了以后，土地改革，给咱老百姓分地，所以老百姓特别拥护共产党，解放军就是咱们老百姓自己的队伍，支前就是支援前线。淮海战役的时候参与支前工作的人很多，有的挑担子，有的推小车，推不动车子就把粮食用裤子装着背走，那时候就是这样。我先是参加识字班，坚守后方，抓特务，后来就碾米、做军鞋、磨面、烙大饼。那会也就十七岁，就干的这些事。磨多少米，烙多少大饼，做多少军鞋，都是妇救会组织的，都有任务，没有报酬，就凭自己去做。烙饼就是把面和成糊糊，摊成小薄饼。做军鞋，就是捻麻绳，纳鞋底，布是自己家的，做了多少双鞋，还真记不清了。晚上点着灯纳底子，那可是一针一线地纳，做一双鞋得四五天。白天就碾米磨面，帮着加工粮食。咱家里有碾，碾成米，装袋子往上交。支前委员会的人在我家里住过，后来他们要南下，就走了。有好些壮劳力也跟着支前去了。那会儿大扩军，基本一个村二十多个青年都去了，农村青年都走光了，有的地方还有女同志跟着到前方去支前的。我们村有点偏，有几个女的去工厂做军鞋啥的。

　　张新鹏，1927年出生，江苏沛县人，中共党员。1942年参加革命，淮海战役时任华野二纵五师十四团一营二连政治指导员，中华人民共和国成立后曾任中国人民解放军第二十一军六十三师政治委员。

张新鹏口述

(2016 年 3 月 5 日)

战斗中的学习

我 1927 年出生在沛县，小时候家里大概有八亩湖地，凭家人劳动，吃饭还是没问题的。后来情况发生了变化，一是发大水，地全部淹了；二是日本鬼子经常到我们那去。天灾人祸都来了，家里没法生活，就逃荒到泗阳县，那时候我才十三四岁。后来鬼子也到了泗阳，国民党、新四军也到了，那里变成了游击区。新四军有个骑兵排长经常到我家来了解情况，他问我想不想当兵，我知道新四军、八路军是共产党、毛主席领导的，是解放穷苦老百姓的，我说好啊，1942 年，我就参军了。参军前我上过一年学，到了部队一边工作一边学习。那时候有文化的干部不是很多，政治干部的具体工作很多，逼着你必须学文化。也没有大块的时间学习，部队在一个地方三五天就离开了，固定地方很少，一面打仗，一面行军，一面工作，一面学习。缴获的书籍看一些，光看不行，得教，我们部队是互相教，你有点特长传给我，我有点文化传给你，互帮互学，我的文化水平都是在工作岗位上慢慢提高的。

政治工作的方法

淮海战役开始前，我在五师十四团团部搞测绘，开始也不懂，但必须要学会。到了驻地，就把地图展开，把战斗位置大体标出来给团长看。战役前夕，我从团部下连队，时间很短，叫我当代理指导员。当时上面要求科级干部一分为二，一部分保留，一部分到前线去，因为营以下干部伤亡比较大，战斗中出现职位空缺，得及时补充。我下连队前没有做过政治工作，团长、政委他们怎么做的工作我脑子里都有印象，跟他们学了很多东西。政治工作，第一就是要了解每个人的思想状况、心理状况。政工干部和战士心连心，心相通、语言相通，就能把问题谈出来。战士经常遇到的三大问题：家庭问题、工作问题、个人生死问题。这几个问题解决不好就会引起思想问题。战前的思想工作非常重要，要摸清楚战士、干部的底，连长、指导员也要做排长、班长的工作，营的干部要做连长、指导员的工作，还要摸摸底细。你这个连能不能带上去？能不能完成任务？在任务艰巨伤亡较大的时候，你这个连长、指导员还能不能继续干下去？团结不团结，士气高不高？打仗怕不怕，打起仗来能不能互相支援？战前摸清楚解决好这些问题，部队组织战斗就有思想基础了。第二要使战士的思想与上面精神结合起来。光讲上面大道理也不行，光解决实际问题没有道理也不行，道理与实际要相结合，道理都变成口头话才能说到战士心里去，使战士心服口服。第三，我们解放军的干部没有架子，也不能有架子。工作带头，学习带头，执行上级指示带头，打仗带头，平时吃苦也带头，树立一个好榜样。新战士入伍到部队，一两个月后感情就非常深厚，干部战士相处像亲兄弟一样。俘虏的解放战士经过我们的改造以后，他知道解放军是为解放老百姓打仗的，思想很快就发生转变。我带的那个连，百分之五十是解放战士，淮海战役打下来，有的当了排长、连长，因为他们打仗有一套，射击有一套，也很勇敢。

战前要动员练兵

战前要动员练兵。首先，传达上级精神，统一思想认识，党员干部表态要冲锋战斗在前；第二，解决组织指挥问题，连、排干部包括班长都要练指挥；第三，学习战术运用，怎么消灭敌人，敌人一个班我也一个班，怎么消灭敌人，敌人两个班我还是一个班，敌强我弱怎么弄，就练习这个。战士练什么呢？第一，怎么用炸药爆破碉堡；第二，怎么占领有利地形，利用地形地物；第三，怎么打坦克。坦克是个铁家伙不怕冲击，一般的枪打不动，练习手雷怎么扔才能发挥更大威力。通过动员和练兵，干部战士思想觉悟提高了，战斗技术、战斗水平也有很大提高，群众的情绪调动起来，士气鼓起来，要写血书求参战，因为平时思想工作基础比较好，所以一发出什么号召，提出什么要求，战士们马上就响应了。政治思想工作随着任务而进行，随着部队的思想状况而做。部队上下思想一致，互相团结，官爱兵，兵勇敢，形成一个拳头，形成一个团体，干工作一步一个脚印，打起仗来再艰难的任务都能完成。

孙良诚率部投诚

淮海战役打响后，我们五师在邢圩包围了孙良诚的一〇七军部队。孙良诚原是冯玉祥的部下，蒋冯会战，他抛弃了冯玉祥倒向蒋介石；日本鬼子来了，他又甩掉蒋介石跑到汪精卫那里当伪军；抗日战争胜利后又接受国民党的整编，进攻解放区很卖力，蒋介石把他提为第一绥靖区副司令兼一〇七军军长。这个杂牌军有两个师，兵力不强，武器一般化。孙良诚参加了顾祝同在徐州召开的作战会议，他的一〇七军归黄百韬指挥，会议结束后他去见黄百韬请示任务，黄百韬不在，他就返回驻地。后来他听说黄百韬在秘密地开作战会议，孙良诚就起了疑心，处于摇摆状态，是打下去还是不打？他考虑大军压境，他那两个师打起来不在解放军的话下。他越怕危险思想越动摇，一来感到自己不是蒋介石的嫡系，二来受人家排挤，第三很多情报不知道。在他思想动摇的情况下，纵队派人跟他做工作，孙良诚决定把二六一师调回来准备举行起义，但他变化无常，当夜又准备向徐州开进。

根据这个情况，华野命令二纵围歼一〇七军，孙良诚被迫从邢圩开着辆吉普车来我们五师，我们连当时就在师部站岗，战士命令他停车，他大摇大摆从车子里出来，根本就不理。战士就报告给我了，我命令战士在他车子旁边朝天放枪，两梭子弹打完，他害怕了，就自我介绍："我是一〇七军军长，叫孙良诚，我是向你们纵队来接洽起义的。"我们一听这个情况就赶快报告师指挥所，五师政委方中铎上过大学很有水平，要孙良诚认清形势立即投降。孙良诚讲："我有军人气节，起义可以，要我投降不可以。"方政委就揭露他："你有什么资格讲军人的气节？"然后就把他倒冯投蒋、倒蒋投汪、反复无常的事情说了一番，问他："你的军人气节在哪里？"方政委说："我们已经把你包围了，你不投降可以，部队打进去捉住你，你就是战俘了，我们就可以把你送到睢宁县，送到双沟，叫人民来处理你。"方政委接着讲，"限你五分钟，你再不放下武器，我们就当俘虏来抓你，你这个部队是跑不掉了。"在这个情况下，孙良诚被迫签字向我军投诚，一个军部加一个二六〇师，合起来六千人放下武器。二六一师发觉以后准备向西跑，中野十一纵的两个团协同我们四师在玫瑰山歼灭了二六一师。我们纵队这一仗消灭八千多人，装备物资也抱回去了。俘虏当中年轻的、出身穷苦的，经过动员愿意继续当兵，马上补到部队；年龄大的和军官，另外处理。

守卫郭楼，决战陈官庄

杜聿明集团被包围后，白天晚上成连成营成团轮番突围。郭楼是敌人主要攻击目标。我们二纵守郭楼，开始四师、六师守，后来我们五师守。如果一个部队强守，一是精力吃不消，二是部队伤亡太大也不行。所以二纵命令十三团配给四师，十四团配给六师，我们修了简易工事，作为守备来讲还是可以的。敌人开始成排成连成营成团，上来一批打一批，攻不下来就退回去了，遍地都是死尸，来一批死一片。守卫郭楼打得非常艰难，我们伤亡也不少，就赶紧利用空隙调整组织，连队编成战斗小组，爆破的、攻击射击的、炮兵的，跨小组，一个班编三个组，人少了，就两个班、三个班合并。那时候马上补兵不可能，打仗很艰苦，部队没有逃跑的，包括解放战士，能上战场的解放战士思想都是过硬的。

后来我们休整二十天，围而不打，部队养精蓄锐，夜间我们开展政治工作，对敌喊话。敌人内部就乱了，他们在包围圈没有吃的，饿得不得了，马杀光，连老百姓的棺材都扒出来烧光。跑过来的国民党兵就一句话，"你给我东西吃"，别的没有话，人就躺倒不能动了。

总攻打响后，所有炮都集中起来，打得天昏地暗，那个场面真是壮观。在陈官庄战场，我们一个连就轻而易举地俘虏了两三百人，最后都不用去抓了，只要给饭吃就跟你走。

我们打仗，很多时候是敌大我小、敌多我少、敌强我弱，只要牢记毛主席"集中兵力歼灭敌人"的指示,多个人打一个,敌人就没办法;多个人打援,外边兵进不去,团团包围,把敌人困起来,消灭一个少一个,消灭一个排少一个排,消灭一个连少一个连,他带的干粮是有限的,最后他又没有吃的。淮海战役就是这样,敌人八十万,我们六十万,怎么消灭他?我们运动包围,打阵地战一个一个消灭。

淮海战役能打到全胜,第一,中央的指示很好,没有中央的明确指示就没有方向;第二,指战员英勇顽强;第三,老百姓的支援,老百姓是共产党的后盾,是人民军队的后盾。山东解放比较早,淮海战役山东人民贡献最大。再一个就是利用敌人消灭敌人,利用敌人武器、兵员,虽然这个不能作为原因之一,但作用很大。

　　孙宝钧，1930 年出生，山东人，中共党员。1947 年参加革命，淮海战役时为华野渤海纵队十一师十九团通信员，中华人民共和国成立后曾在徐州市第二建筑公司工作。

孙宝钧口述

（2016 年 3 月 14 日）

时刻准备牺牲

国民党撤出徐州第二天，我们渤海纵队十一师就进了徐州城，驻在奎山。当时我们以为是要警卫徐州，可上边命令下来，让我们十一师赶往蚌北，阻击李延年兵团。部队拉起来就走，一夜走了一百多里路，到了双堆集南面。黄维兵团被消灭以后，李延年兵团不敢往前进了，没有希望了，也退了。我们赶到陈官庄战场。当时从徐州跑出去的三个兵团都被包围，成了瓮中之鳖。包围了一个多月，████年是在战场上过的，部队士气很高。陈官庄总攻搞得很突然，只用了四天，从 6 日开始到 10 日结束。结束后，我们出发到巢湖边休整。战士们视死如归，无私奉献。当时当兵的没有一个不准备死的，你要不准备死就别当兵。打仗前，连队干部连长、指导员、排长都先搞代理，连长说"我死了副连长负责"，副连长说"我死了排长负责"，先把代理定下来，那时候就得这样。战士们在一块儿，离别的时候也说些话，说再见时，后面总要加一句"好，死不了再见"，都把死挂在嘴上，还有顺口溜："该死脸朝上，不死翻过来。"后来，我在家过年时说到死，有人说别这样说，这样不吉利。但过去死都挂在嘴上，确实准备死。我虽然没死，但离死也不远，不过十来公尺，不是一次两次，要死的时候算起来也得四五次。

　　王英群，1930 年出生，湖北郧西人，中共党员。1948 年参加革命，淮海战役时为陕南军区十二旅三十四团特务连骑兵通信员，中华人民共和国成立后曾任中国人民解放军甘南军分区政治部主任。

王英群口述

（2016 年 3 月 15 日）

拦住黄维兵团

我原来叫王阴群，参军后部队首长给改名王英群。我家很穷，父母生了八个子女，我最小，是家里唯一一念过书的人。1947 年 11 月郧西县解放后，我听说解放军随营学校招收学员，就约了几个同学去报名，因为学历不对被拒绝了。这时候适逢解放军一个参谋到我们庄动员参军，我就报名参军，父亲虽然舍不得，最后还是同意让我去当兵。郧西县当时有两千多人参军，我们跟着带兵的同志走了两天，到达上津后，我被分到三十四团当骑兵通信员。

淮海战役，我们陕南十二旅和中野六纵、中野二纵、桐柏军区一起参加了歼灭黄维兵团的战斗。刚开始我们的任务是在南阳地区牵制黄维兵团，不让他向东走，我们接近敌人后就打，敌人一追我们就跑，不追了我们再返回打，来来回回，搞得黄维兵团心神不安。南阳有条白河，水深一米多，那时天气已经冷了，部队来回过河，衣服都是湿的，有些体弱的战士就牺牲了。

华野在徐州以东包围黄百韬兵团后，蒋介石下令黄维立即向徐州前进。根据淮海战役总前委指示，我们十二旅配合中野六纵队在黄维的左后方追击，桐柏军区、中野二纵在黄维后面和南边追击。这一带水网纵横，桥梁很少，所以黄维的机械化部队反而没有我们两条腿跑得快，我们要插到黄维前面，到预定的地方阻击他。

部队经过几天连续急行军很累也很饿，到了安徽涡阳县挖灶支锅做饭，准备歇息。正在这时，上级命令我们十二旅三十四团两小时内赶到昔阳集，渡过涡河占领阵地，在涡河东边阻击敌人。我们骑兵全部出动传达首长命令，催促部队加快速度，战士们来不及吃饭，继续行军，按照预定时间渡河占领昔阳集。部队赶到后吃点饭就赶紧修筑工事，严阵以待。没多久，黄维兵团从西边赶来了，汽车都开着大灯，还有坦克，烟尘滚滚。我们按命令发起战斗时，黄维兵团还觉得奇怪，下午侦察报告还说没有共军，怎么现在冒出共军？他们立即用炮火攻击，双方对峙了近两个小时。到晚上9点，上级命令我们给黄维让路，我军计划在双堆集包围他。我们一撤，黄维很迷惑：共军怎么就撤退了？但他又觉得共军没有什么了不起，于是十二万军队很自信地向前走。他的前锋十八军到南坪集，受到陈赓部队阻击，黄维兵团后来在双堆集被我军包围了。

烧开水差点掉队

给黄维让开路后，我们向两边撤离，上级派牛玉川副团长带一个侦察排、一个骑兵班、一个电台、一个侦察参谋，到敌后侦察。我们抓了一个军官和他的卫士问话，我们团长对他很客气，问他情况，他都回答了，最后团长说："谢谢你提供的情况，愿你们早日回到家里。"第二天我们根据他提供的方向往宿县走，午夜找了个村子，首长和侦察参谋、警卫员进屋休息，侦察排周围警戒，骑兵班在村边树林里休息。大家都疲惫饥饿，我对副班长说："我们两天都没吃上热饭，趁这个机会我去找大妈烧点开水。"他不吭声，没反对，我就去找大妈烧开水，坐灶前拉着风箱拉家常。十来分钟水烧好了，我用木桶把水提出来，出门一看部队都走了，我的马孤零零地还在树旁，当时我很紧张，人都到哪里去了？夜里也看不清路上的马蹄印。我想，我们是从西面来的，如果没有特殊情况应该往东走，于是我骑马往东奔去，呼喊团长也没有音，我想方向可能错了，如果再走会更远，于是折回。我静下心来想，周围的村子一片寂静，也没有狗叫声，说明附近没人，如果哪个村子突然有很多狗叫，就可能是部队到那里了。于是我骑在马上仔细听，听到东北方向有动静，骑马就往那边追，追了两三里路就听见有人喊我，终于跟部队会合了。牛副团长问我情况，我讲了，连长夸我机灵，还说："以后一定要警惕！"牛副团长说："今天不叫你烧开水，省得把你烧丢了。"说得大家都笑了。

炮火中穿梭送信

淮海战场，国民党军的飞机白天经常来狂轰滥炸，扫射，投掷各种颜色的降落伞。轰炸机翅膀一抖，几十颗重磅炸弹投下来，一个个村庄彻底被摧毁。离我们阵地几十米远有一个工兵连正开饭，敌人两架战斗机发现目标，转两圈后突然回来俯冲扫射，十多名战士当场牺牲。

解放军阵地和敌人交错一起，所以骑兵送信最远就十几里路，如果任务不急，就让马快步走，如果任务急，就策马奔跑。有一回我送信途中遇到了敌机，敌人看我单独活动也不追，转了个圈又回来，看到敌机俯冲，我就左右绕，总算躲过去了。那时在炮火中穿梭都是常事，高度紧张，生死都放脑后了。

骑兵通信员白天晚上都会有通信任务，晚上送信我们一般不带信件，都是记在心里，防止出现意外。有一次班长带了一个通信员误入敌阵，班长问敌人："你是哪个单位的？"敌人没反应过来，就问："你是哪个部分的？"班长一听"部分"立刻警醒，这是敌人通用的词，就对那个通信员说："赶快走，是敌人。"等到敌人反应过来，他俩都已经跑出很远了。

战争年代，部队有很多好传统，官兵一致，吃穿都是一样的；打起仗来勇往直前，不怕牺牲；艰苦条件下能克服各种困难；团结协作，互相帮助，华野部队多、武器好，主动调炮兵部队来支援我们。国民党军做不到。

陈道明，1932年出生，湖北郧西人，中共党员。1948年参加革命，淮海战役时为陕南军区十二旅三十四团直炮连通信员，中华人民共和国成立后曾任甘肃省民航管理处党委书记。

陈道明口述

（2016 年 3 月 15 日）

在部队中成长

我叫陈道明，1932 年出生，湖北郧西县人，1948 年 1 月参加中国人民解放军，在十二旅三十四团二营八十二炮连当战士。1953 年入党。我在老乡里当兵年龄算小的，就认几个字，文化主要是在部队学习的。淮海战役时在连队当通信员，任务是照顾连长，向排、团送信。

我当兵的原因一是穷，二是翻身解放的愿望强。我们那里确实穷，我们踊跃参军，年龄大小都不怎么限制，能背上枪就行。弟兄两个都当兵，我和哥哥不在一个连队，后来他复员回家了。整个解放战争时期都不和家里通信，解放后才和家通信。家里知道儿子还在都很高兴，我们一起当兵的也有失踪的。

毛主席说全国人民都要动起来打倒蒋介石，解放全中国，那就是我们当时的理想。

当兵时年龄不大，部队都叫我们小鬼，全靠老兵照顾，领导关心。第一次执行任务是解放山阳，后来是解放陕西白河县，第二次解放山阳后又回到郧西，准备南下打襄樊战役。

一开始作为一个新兵听到枪声很紧张，害怕啊！一个礼拜尿尿都不正常。后来判断枪从什么方向来就好了很多，就适应了。老兵教我们的知识很多，比如如何保护自己，如何用干粮，如何用水，由不成熟到成熟，由不懂到懂，在部队上成长还是很顺利的。

我也遇到过一次危险。当时我一个人背了个日本小马枪去送信，离送信的地方大概十多里路，月亮很亮。河南那个地方土匪多，那时麦子快收了，有点害怕。解放襄阳打凤凰山很紧张，连长让我上去体会战斗，子弹到处乱飞，吓得我趴下不敢起来了。那时炮兵在步兵后面，挨子弹的机会少，挨炮弹爆炸的机会大。

我们连队在后面支援步兵，平时训练时有炮弹打出去但不炸。八二炮是曲射炮，射程二百米、三百米、五百米都可以。一门炮，有时候三四个人扛，炮弹也有人背，远距离都是用骡子驮。炮兵很辛苦，要打草、喂牲口。

那时的政治工作很认真、细致，主要是防止开小差。北方人到南方去，南方人是骨干，了解班里战士的情况，看有没有开小差的迹象。淮海战役前有人拉拢我走，我说："要走你走，我不走。"我向领导汇报说有人拉我走，后来那位同志也没走成。之后在河南也有女同志做我的工作，让我离开军队留在地方工作，我也没留。

我立过一次三等功，当时被炮弹打中了，能活着是侥幸。许多做过贡献的人都牺牲了，我们连队有十多个人立功过后牺牲了。

那时的官、兵和民

淮海战役的后勤保障做得非常好，一线部队的粮食都准时送到，战士每天都能按时吃饭，经常能吃上猪肉，和老乡关系好得很。当时都是老百姓小车推东西、挑东西，那路上真是人山人海，老百姓斤两不差地送粮食，真是让我感动，老百姓真是朴实。所以军队战斗力强和老百姓的支持分不开。中国共产党的胜利是人民的胜利，没有人民是不行的。

我们到驻地后和民众的关系都非常好。解放军的纪律还是严明的，只要是做错事，老百姓检举就立即处分。我也做过错事，一次连长派我去找向导，我到别人家门口敲门，他不开门，我就一脚踹开让他带路，保证天黑前把他送回来，他还是不带。我当时火了："解放军让你带路你不带，你给国民党带啊？回不来我负责！"就硬用枪戳了他一下，他不得不带路。最后我也向领导汇报了，领导说："战场上，这种情况难免。"我至今都很后悔、内疚，不该用枪戳老乡。

我觉得有几种精神值得我们发扬：一是不怕苦、不怕累的吃苦精神。当时都是急行军，一个小时一二十里路，大家都不怕累，跟得紧紧的；当时吃不饱穿不暖，没有人喊一声苦叫一声累。二是人际关系。大家互相帮助，体力互助，思想互助，比如走路时有的战士体力好，有的弱，体力好的就帮体力弱的扛枪，互相帮助。三是官兵关系。服从命令听指挥，官民关系很融洽。四是军民关系。当时把老百姓的地扫干净，锅刷干净，我们检查，三大纪律一点不能违反。

　　胡青山，1923 年出生，安徽庐江人，中共党员。1938 年参加革命，淮海战役时任华野二纵四师十团卫生队队长，中华人民共和国成立后曾任中国人民解放军兰州军区后勤部第二十七分部副部长。

胡青山口述

（2016 年 3 月 15 日）

打鬼子负伤学医

我是安徽省庐江县人，1923 年出生，1938 年 4 月参加革命，1940 年 2 月加入中国共产党。那时候叫新四军，我在四十七团，淮海战役的时候叫华野二纵四师十团，就是现在的二十一军六十一师一八一团。

我十五岁当兵，就在二连。那时候宣传了，我们是人民的军队，共产党领导的军队是为了大多数穷人求解放的，打鬼子、打汉奸，抗日不分东南西北，人不分男女老幼。我们县城被鬼子炸了三次，那时候我小，只是听说，房子就炸掉一千多间，县城伤亡一千多人。听了宣传，我们就来当兵了。我这个名字不是我自己起的，我原来叫胡金銮。我是文盲，一个大字不识，登记的时候一说名字，文书就问："你是哪个銮？"我说："我听爷爷说，就是皇帝住的那个地方叫金銮殿。""一个穷要饭的还住金銮殿，不行，给你改名字。"当时他说了几个名字，最后一说到"胡青山"，指导员说："这个名字好，有了青山在，不怕没柴烧！就叫这个！"我识字就是从我名字的三个字开始的，我第一天学的就是这三个字。

1939 年 12 月 18 日，侵华日军把明光、滁县、扬州、南京的鬼子组织起来，对我们这一段津浦路的路东路西大"扫荡"。那时我在一排当排长。这次反扫荡战斗是徐海东指挥的，就在周家庄。那次是我第二次负伤，也是我第一次跟日本鬼子拼刺刀。那时候我们部队装备比较差，但是每人都有一把大铁刀，三斤半的大刀，每个连都有一个大刀队。战斗之前我要求参加大刀队，连长不同意，连长说："你年轻，大刀队这个大刀是要靠力量的，你第一刀可能砍得可以，第二刀你不一定能砍得下去了，你还是当排长。"他没让我去。我们部队隐蔽在老乡的草垛子里面。早上，鬼子来了，我们才冲出去。这次的伤亡比较大。连长在前面，一声喊："跟我上！杀鬼子！"我跟着就上了。连长冲前面，三个鬼子围着他一个，前面两个鬼子他给拼倒了，后面的鬼子他看不到。那时候要拼刺刀一般都要三个人背靠背，后面都有人可以互相保护。这时候我看这个鬼子端着刺刀准备刺我们连长屁股后面，我就把我吃奶的力气都用上了，狠狠一刀下去，把敌人两个胳膊砍了，敌人枪掉下来了，把连长的命救下了。连长对我说："哎呀小胡啊，我说你这个娃不行，你还真可以。"我就说了："你不是喊跟你上吗，我就跟你上了。"正好指导员过来了，指导员就说了一句话："你这一步上得好，把连长命救了，要不然连长就到另一个世界烧香去了。"在小学校里面开总结会时，听徐海东司令员说，消灭鬼子六百多人。他说，我们战士的生命是很宝贵的，日本鬼子拿一百个跟我们换一个，我们也不换。

什么时候开始学医的呢？1940年2月我负伤回来了，战争年代干部不能缺位，你一走就得有人去顶上。那时候团里没有医务人员，团部医官主任带着三四个医官就是医生，说要十几个年轻人学看护，就是现在的卫生员，那时候叫看护。那天吃过晚饭，参谋长就对我说："哎，小胡，让你学看护，你干不干？"我说："干！"就这么学看护学了两个半月，就到二营五连去当看护去了。就是这么学医的。

1947年11月胶东保卫战打高密的时候，卫生部就说现在的战争越来越扩大，调一些年轻一点的、脑子聪明一点的、身体好一些的同志到白求恩医学院干部队训练几天。我当时是我们团卫生所所长，我和我们团的医生赵惠民、师卫生部副处长申润光，一块儿到白求恩医院去学习。在这期间，白求恩医院的医生带着我们几个去学习的人跟他当助手，参加了胶东保卫战，经历了收复高密、胶县等这几个战役。训练多长时间我记不清了，当我们回到师部的时候，淮海战役就快开始了。师里要成立一个手术队，专门做外科手术，这对我们来说，是从来没有过的。我就留在师部手术队当队长，手术队有几个医生，都是土生土长的，那时候可没有专业学校毕业的。

淮海前线的手术

淮海战役，我没打仗，主要就是救死扶伤，抢救伤病员，实际上就是做手术医生。

淮海战役第一阶段主要是在碾庄打黄百韬，同时阻击徐州国民党增援兵团，第二阶段主要是在双堆集打黄维，那时候我们在南线阻击蚌埠过来增援的李、刘兵团，最后是陈官庄战斗。二纵是主攻纵队，我们师在第一线，涌现了一批战斗英雄和战斗集体，有"攻坚英雄连""百发百中连"等。

那时候的手术床很简陋，就是借老百姓家的板凳和门板，在战壕里面两个板凳上面搭上一个门板，这就是手术床了。我们的巷道挖得很深，在旁边挖一个直道，上面用门板把它盖起来，晚上我们就把师部文工队的汽油灯点了放在那里边，那不有光吗？上面盖起来敌人看不到，要晚上做手术就在那做。一般的腹部手术，肠子打断了，把它剪掉一截，再把它接起来；胃或者肠子打穿一个孔了，那就只能用针线缝起来，就像老百姓缝衣服荷包那么缝，我们那时候起的名字就叫作"荷包缝合"；大血管就把它接一接；骨折的就把它固定一下；主要是给伤员止血，争取少流血，多救几个重伤员。

那个时候还有几个实习医生，学校刚来的，她们就给我们医生当助手。她们是白求恩医学院的，因为部队缺少医务人员，所以淮海战役前她们提前毕业了，分到我们部队来实习，叫实习医生。给了我们二纵八十多个女的，分到各个师，我们医疗队来了八个。过去师里没有女兵，这才有女兵。那些个实习医生，刚从学校来的，还年轻，都是十七八岁。一场战斗下来，我们的伤员经常有几十个。她们的工作也是很辛苦的，要给伤员包扎伤口，要照顾好伤员。我们的主要任务就是争取能给第一线的重伤员马上做手术，挽救他们的生命。那时候我们的口号也很简单："拼死拼活不吃不喝，也要抢救危重伤员。"这个口号不是上面规定的，是我们医疗队自觉的行动。我记得淮海战役最后打陈官庄，那时我们四师十团在第一线，伤员特别多。伤员一来马上就动手术，没有白天黑夜，累了就坐在凳子上，靠着墙，睡一会儿，吃饭都是她们来喂，因为你做手术都洗过手，戴着手套子，不能接触别的。大概一个礼拜的时间，我到底救了多少伤员自己也没数。我们给一个伤员做腹部手术，最后缝补都缝补好了，天上一个炮弹打下来，一下震得顶上的土撒下来弄到了伤员的肚子上，我洗了半天也洗不干净，最后没有办法，只有下决心，我就在他的肚子上倒了一瓶子青霉素，那时候叫盘尼西林，淮海战役我们才开始用这个，那时只有队长才有权用，医生都没权用这个。我记得，还不到半年，这个战士回来了，他专门跑到我们医疗队来，感谢我们医生手术做得好。

担架员和伤员

当时咱们的伤员，卫生员背下火线以后交到民工手里，是咱老百姓抬过来，给送到我们这儿。团里有担架队，师里有担架队，我们政治部门有人管，有组织，有领导，有队长，有指导员。

那些老百姓好着呢，有山东的、河南的、河北的、安徽的、江苏的，支援我们没的说。就是这些人，推着小独轮车，自己不吃不喝，把粮食装在车上，送给我们。老百姓就是我们的再生父母，一点不假的。还有咱们伤员在前线救治以后，得转移到后方医院去，从最前线一直到后方，都是老百姓担架送的。我们师过江的时候还有三百多担架员呢。

淮海战役当中，战士们都够勇敢的，咱们的战士负伤之后表现也是好样的。那些个战士，就到那种程度也没有孬过，没一个哭的，我是没见到一个埋怨的。有的说："这次我没有打好，没有隐蔽好，负伤了，给你们增加负担了。"有的就说："哎呀，我们班里现在只剩三个人了。"战斗士气都高昂得很，都说没问题，活捉杜聿明，解放陈官庄。确实只有我们共产党领导的部队才能这样。

淮海战役之后，我们就到鲁南韩庄休整。休整不多天，我们就南下到长江边上，过了江以后我又回到团里当卫生队队长去了，一直到1951年改成卫生科。以后又把我调到六十三师当后勤部副处长兼卫生主任，授少校军衔。

"一不怕苦、二不怕死"的好传统

淮海战役六十八年过去了，当年的一些好的传统和作风要永远发扬下去。我当兵的时候指导员首先就给你宣传："我们是红军出身，经常是没吃没穿没住的地方，艰苦你怕不怕？你不怕我就要，你要怕我就不要你。" 1940年、1941年、1942年这三年是新四军最苦的时候，1941年11月底我们还穿着裤衩子。"一不怕苦、二不怕死"就是好传统啊。从《游击队之歌》就可以看得出来，"在密密的树林里，到处都安排同志们的宿营地"，那宿营地就在树林里，有时候一晚上挪几个地方。艰苦奋斗不怕死，这是我们党的治军之本。

我多年的革命生涯当中，经历的这些战役里面，有几场战役伤亡是最大的。第一次是在涟水阻击国民党七十四师。1946年9月，我们守南关、西关，六纵守东关、北关，最后淮阴没打好，国民党七十四师占领了涟水，我们从南关、西关撤退，撤退到泗县，一下碰到国民党十大主力之一的整编十一师。那一仗打得最惨，因为我们第一次碰到国民党的火焰喷射器和铁丝网。我们团一营和三营都进去了，敌人的火焰喷射器一烧，那些战士都被烧成炭团团，根本就不认识了。具体那次死多少人我不知道，但是我估计大概有三百人。那时候我是卫生队队长，战后我跟参谋长要两个连，他说你要两个连干啥，我说这么多的尸体往哪里放，需要原地挖一公尺宽、两公尺深的坑，底下放一层苞谷秆子，把我们这些烈士放在上面，上面再放一层苞谷秆子盖起来，再用土埋起来，这样老乡在上面照样种地，不然你埋浅了，狗一掏就把我们的烈士掏出来吃掉了。听我这样一说，参谋长派了机枪连和特务连来挖坑。

牺牲比较多的还有1947年7月的南麻战役。南麻打得很艰苦，十一团、十二团伤亡特别大。

入党的条件

那时候我们入党有条件，平时吃苦在前、享乐在后，战时冲锋在前、退却在后，重伤不哭、轻伤不下火线。不哭这一条，我为什么要说这个呢？我们正面打仗，哭像什么？就说明了这个兵的意志和党性有问题，你随便哭，说明了你有意志衰退的表现。我入党的时候，十团政委是徐海山。那时入党是个别入党宣誓，你入党了，你去宣誓，你就是正式党员。那时候入党宣誓不能推迟，入党以后不几天就宣誓。政委还表扬了我说，你参加革命时间不太长，还是个小孩，可是进步很快。

　　王凤云，1926 年出生，河南永城人，中共党员。1944 年参加革命，淮海战役时任华野二纵五师十四团一营三连副政治指导员，中华人民共和国成立后曾在中国工商银行甘肃省分行工作。

王凤云口述

(2016 年 3 月 19 日)

参加革命

我叫王凤云，1926 年出生，河南省永城县人。

我在本村读过两年私塾，后来又到外村上了半年小学，因日本鬼子天天扫荡而失学。后来只好当农民，种地劳动，直到参加了新四军抗日为止。

1944 年，参加新四军四师十一旅，同年入党，担任过情报站长，是随营学校（就是随军学校）的学员，学政治，学测绘。学期那时候只有几个月，毕业后我又分回四师十一旅三十二团参谋处。那时候参谋处只有几个人，一个作战参谋，一个侦察参谋，我当收发兼测绘员，干了一年多。因为战争残酷，特别是我们打临朐县，一营、二营除了火炮没有人了，部队都基本打完了，我也抽调下去到连队了。到了连队当副排长，后来当排长、副指导员。

淮海战役中的三连

淮海战役的时候我当副指导员。有一支当时唱的歌，可以证明敌人的部署基本是这样：黄百韬主要控制炮车，李弥主要控制碾庄，邱清泉主要控制砀山。"三个兵团挤一团，有一个老大叫李弥，老二就叫邱清泉，孙元良数老三，他慌慌张张向南窜，丢下太太一大串，哭哭啼啼真难看。"我们团那时叫五师十四团，属二纵。那时候我们部队在徐州东南马山打仗。守马山的敌人火力很强，兄弟部队攻击的时候，一溜子有三四十就倒下了，背包还在背上呢，都牺牲了。我们一营冲锋的时候，营长谢天章当时就被炮弹炸死了，牺牲的时候才二十六岁。后来就换成胡广达当营长，一级人民英雄。那时候，我们连长叫张兴华，指导员是徐才俊，他们被调到团里保存起来，准备在最残酷的时候再拿出来使用。战斗之前，正职都调团里保存起来，用副职。副连长叫王长林，指挥战斗；我当副指导员，管政治，就是鼓舞部队情绪。

孙良诚投降的时候，一〇七军实际上只剩下一个军部和一个师。在江苏睢宁县叫邢圩子的地方，我们连在那里面维持秩序。国民党兵枪都撂掉了，地上到处是枪支弹药。我们后来又到宿县的南面，阻击刘汝明、李延年兵团。

郭楼战斗

在郭楼的时候，地上都是雪，冰天雪地，敌人离我们阵地有三百米的样子。我们的阵地有战壕，战壕前面有一道鹿寨，前面还有踏雷、地雷、拉雷。敌人没有鹿寨，只是挖了一条沟。国民党兵有时出来解手，蹲在战壕上，我们看见，就用机枪给他两个点射，"嗒嗒嗒，嗒嗒嗒"就把他打下去了。敌人很少打枪，有时候往我们这里也打些冷枪。夜间，营里叫我出去，给敌人送宣传品，还送馍馍、馒头和香烟。我晚上带一个排出去，给他们讲（喊话）："我给你们来送吃的，你们不要打枪。"他们就不打枪，我们走了以后，他们派人来拿。有时候我们也出去一下，抓几个俘虏兵。高级领导的战略，我们不了解，老是围着不打，当时就有些急躁情绪。实际上敌人军心涣散，部队不打就散了。

总攻那一天，天气不太好。"冲啊！"我们整个连跃出战壕了，外面鹿寨有地雷、有踏雷，但是有安全道，我们部队走安全道就冲锋了。冲上去以后，大概有一里多路，敌人一群一群，乱七八糟，有的有枪，有的没枪，你只要一喊，他们就跟你来了。

指导员的政治工作

那时候的政治工作主要是行军打仗鼓舞士气。每一个班里有个党的小组长，行军时边走边谈边汇报。根据战士们行军时的情绪，判定哪个战士想家了，哪个战士害怕打仗，哪个战士劳累走路不行。小组长汇报了以后进行谈话。要及时发现问题，及时谈话，及时地使战士解除顾虑。行军打仗时间紧，没有太多时间，你想安定地做政治工作只有等到天黑了。我呢，就是到达一个地点把各个小组汇报的好人好事及时进行表扬。有帮助别人扛枪的，有帮助别人背米袋子的，有的腿脚不灵了，就有人帮他拿枪减轻负担。政治工作就是这样。再一个就是对敌人宣传。那时候国民党兵投降事先都有联系。事先来人，来了以后，跟他谈谈话，他说投降有多少人、多少枪，我们给他几个馍、给他一些香烟，证明他来了跟我们谈好了，然后他回去叫人。期间，跑到我们连投降的国民党兵就有三批十七个人，带来的武器有机枪、步枪、冲锋枪。

　　陈其，原名曹怀傑，1926 年出生，江苏盐城人，中共党员。1941 年参加革命，淮海战役时为华野文工团战士，中华人民共和国成立后曾任中国人民解放军南京军区政治部美术创作室主任。

陈其口述

（2016 年 3 月 21 日）

文工团的小战士

我是盐城南阳镇人，三岁时母亲就去世了。侵华日军轰炸我家乡的时候，父亲被炸死了，唯一的哥哥也被炸断了一条腿。当时我还在小学读书，失去了生活依靠，小小年纪就提着篮子卖烧饼、油条。十四岁那年，我参加了盐东县文工团。抗战胜利后，盐东县文工团撤销了，把骨干成员集中起来成立了苏北文工团。那时我还没有学习画画，唱歌、跳舞、拉二胡、敲大鼓，什么都干。十七岁的时候开始演戏，还反串过女角。

文工团是一支文艺队伍，通过文艺形式宣传我们党的政策，赞扬革命英雄人物，鼓动部队士气。战前慰问作战部队，战后开展战场后勤保障工作，抢救转移伤员，清理掩埋牺牲同志的遗体，还要组织国民党军俘虏学习，转化他们的思想。解放一座城市以后，我们就到街头写宣传标语，画墙头漫画，起了很好的宣传作用。

一专多能的文工团员

当时华野有三个文工团，一团、二团演歌剧、演话剧，三团唱京剧。另外还有一个电影队，一个军乐队，一个娃娃剧团。战争年代，我们和部队一样行军，不光要走路，沿途还要宣传、唱歌、演讲，歌颂部队的战斗精神。

淮海战役的时候，我在华野文工一团，跟沈亚威在一个团，他是著名的作曲家，他们创作了《淮海战役组歌》，有《乘胜追击》《三个兵团挤一团》等等。

战役发起后，我们紧跟着部队行军。领导非常爱护文工团，不允许我们到前方去。碾庄战斗还没结束，我们抢着往前跑，组织了几个同志到那里采访。后来中野打双堆集，华野配合。我军歼灭黄维兵团以后，徐州的国民党军逃到陈官庄，我们把他们包围住了。这时，整体战略上需要我们停下来，围而不打，不马上歼灭它。

淮海战役第三阶段，我们文工团也来到了陈官庄。部队在那儿休整，都隐蔽在战壕里，冬天下雪，整个阵地都是白的。正赶上过新年，部队更需要文化生活，所以我们的任务就是组织小分队慰问部队。一个文工团也就四十来个人，几乎每天都有演出任务，每个人都一专多能，什么都要做。我们送戏上门，各部队也非常欢迎。

最后的总攻发起前，我们就在战壕里给突击部队鼓舞士气，战斗一发起，我们就停止，部队领导也不让我们往前面跑。陈官庄打下来以后，一批批的俘虏往后撤。俘虏当中有一些大学生，都是知识分子，我们文工团也是知识分子，所以跟他们还能谈得来。我们就做俘虏的思想工作，动员他们，如果愿意留下来，就参加人民解放军，不愿意留下的发路费，遣返回家。

淮海战役胜利了，即将解放全中国，我们演出历史剧《李闯王》，李自成就是农民起义的，进北京当了皇帝就变了，最后还是失败了。我们演这个话剧，紧密结合当时的全国形势，防止夺取政权以后变质，从中吸取历史经验教训。

淮海战役，国民党军用的是美国支持的现代化武器装备，军事力量比我们强，但它得不到人民的支持。我们的装备落后，不能和国民党部队比，但我们有人民的支持拥护，所以人心所向非常重要，如果失掉人民的支援，是不可能取得胜利的。

我的成长之路

参加革命时，我小学都没有读完，后来成为一个有名的画家，靠的是党和军队的培养。渡江以后，第三野战军成立了美术队，我就调到美术队工作了。解放初期，军队选拔一批同志到各个院校去深造，我被选调到杭州中央美院华东分院，以后又到了北京中央美院，先后学了两年。回来以后，我就一直从事美术专业创作，之后又担任南京军区文艺创作室的副主任，专管美术这一行。我除了自己创作以外，还培养了一大批、好几代的美术骨干。我带着一批年轻同志，给淮海战役纪念馆创作了几幅油画作品。

淮海战役，我们打了一场人民战争，得到人民的支持，故事很多。我是淮海战役的亲历者，对这场战役印象深刻，所以在1989年的时候，我带了几个人在宜兴美术陶瓷厂待了半年，最后烧制成了陶瓷壁画《决战》，就镶嵌在淮海战役烈士纪念塔背后的围廊里，整整一面墙，五十米长。这幅画里面的战士原型很多，大都是战斗中涌现出的英雄人物，但我说不出他们的名字。

文艺工作为大众服务，离不开生活，我和群众、战士联系很密切。画速写，我必须对着人，一次把他画出来，从中来锻炼我的绘画技能。艺术不是照搬生活，要赋予它内涵，这要靠长期积累。我的作品很多都是来源于生活，大部分的创意都是靠实践得来的。

　　吴非远，1926年出生，浙江义乌人，中共党员。1942年参加革命，淮海战役时任华野一纵三师八团一营三连政治指导员，中华人民共和国成立后曾任中国人民解放军南京军区纪律检查委员会专职委员。

吴非远口述

（2016 年 3 月 21 日）

参加新四军游击纵队

我叫吴非远，浙江省义乌市人。我们那个地方解放前是穷山沟，现在起了翻天覆地的变化，人民生活得很幸福。

1942 年 8 月，我参加了地下党组织领导的红色游击队。日本鬼子杀过来的时候，国民党军队逃走了，国民党政府也逃走了，老百姓无依无靠的，村子里人民群众受损失很大。日本鬼子杀人放火，强奸妇女，无恶不作。这个时候有秘密的地下共产党出来发动群众组织抗日游击队。那时我十六岁，在中学读书，鬼子来了，天下大乱，学校也不办了，我们也不上学了。看到国民党政府和军队不战而退，人民群众受灾受难受苦没有人管，我们都愤愤不平，就参加游击队去了。当年游击队没有找到上级领导，后来，"在义乌有一支打鬼子的队伍对老百姓很好"的消息被做生意的小贩传到了余姚四明山新四军浙东游击纵队。有了新四军浙东游击纵队的领导，我们的队伍日益壮大，叫金萧游击支队，在义乌、金华一带坚持斗争，和日本鬼子打了十几次，在群众中威望越来越高，一直坚持到了抗战胜利。

难忘的淮海战役

淮海战役时我们是华野一纵队三师八团，我是连队的指导员。淮海战役之后全军统一整编，我们是二十军六十师一七九团。

淮海战役中比较难忘的战斗是第一阶段打新安镇的窑湾，打得比较激烈，打得很艰苦，伤亡很大，但最后我们打下来了，把六十三军消灭了。

除了窑湾战斗，印象比较深的还有对敌人喊话。我自己没有去喊话，专门成立了一个小组，用铁皮喇叭喊"你们被包围了，解放军优待俘虏""你们肚子也饿了，要想吃饭你们就过来吧""你过来之后我们优待啊，你要回家也可以啊"。一个小组一个铁皮喇叭筒。多少人投降记不大清了，他们都是晚上趁当官的没有准备逃过来的，逃过来第一个要求："快给点吃的，我都快饿死了。"我们也有准备，所以国民党士兵来了之后，馒头、小米饭还有大白菜烧猪肉给他们吃，在北方大白菜烧猪肉算是最好的菜了。他们拼命吃，有的人吃过头，吃得肚子胀起来胀死了。当初我们不知道吃过头会撑死，后来我们就不给他们吃太多。

1949年1月初，咱们发起总攻打杜聿明。那时下雪，我跟战士们一块儿冲杀。我当指导员带头冲在前面。大家政治觉悟都很高，冲锋时什么都不想，只想着胜利。我们大多数都是小伙子，都没有结婚，没有什么顾虑，所以大家都不怕死，为了争取胜利，就是要付出代价。

战后休整及补充

淮海战役打完之后，部队在安徽宿县休整两个月，首先表彰好人好事，进行诉苦教育，战士们都经过了锻炼。往南走就是长江，战士们都知道下面就是渡江，我们要打过长江去，活捉蒋介石。大家都开玩笑说："好了，回家去吃大米饭了。"我们部队大都是南方人，从浙江走出来的，习惯吃大米饭，后来到了山东之后，就没有大米吃了，都是小米直接煮饭，嘴巴咽不下。山东的地方干部就教我们怎么烧，先要淘干净然后再煮。

打仗伤亡很大，兵力补充有两个来源：一是动员老解放区的青年农民参军，二是我们俘虏的国民党兵。俘虏中的军官我们是不用的，俘虏兵绝大部分是农村的贫苦青年，经过几次教育就跟我们一条心了，我们也把他们当自己人，所以我们兵源还是很充足的。

打完仗，一般都有一段时间休整，我们就抓紧时间总结这次战役的经验教训，表彰好人好事，评选英雄人物或者评功评奖，有的评为战斗英雄，有的评为一等功、二等功、三等功。这些工作对于提高战士的思想觉悟是很有效的。对新兵、俘虏兵我们都要进行诉苦教育。诉苦教育是当时我们部队政治工作中很重要的环节，也是最常用的方法。不管是老解放区的翻身农民，还是国民党俘虏兵，对诉苦教育还是很接受的，一抓就灵。

军爱民，民拥军

每个连队有一个卫生员，在第一线把伤员包扎好，抬下来，由担架队转到团部卫生队，在卫生队经过简单处理，严重的再抬到医院去，伤员全部靠农民担架队转运。陈毅元帅讲过一句话说我们的胜利是老百姓用小车子推出来的。北方农民推小车送粮食到前线，战场上抬担架送伤员去医院。看到那么多农民支援前线的场面，我们这些军人心中很感动，坚信我们一定能胜利，国民党一定会失败。

解放军是人民的军队，第一条人民军队爱人民。我们都教育士兵，干部自己要起带头作用，都要爱护人民，尊重人民，不拿群众一针一线。当年我们到一个新地方，老百姓听国民党宣传共产党怎么怎么坏，看到我们的实际行动后，老百姓就知道过去国民党的宣传是造谣。解放军帮助老百姓做事，帮助老百姓解决困难，老百姓会感动的，他们感到解放军是自己的军队，所以老百姓拥护解放军，拥护共产党。咱们党和军队的好作风、好传统需要我们去继承发扬，要经常拿这个教育后代。

　　陈肃，1926 年出生，天津人，中共党员。1946 年参加革命，淮海战役时为华野特纵坦克大队见习参谋，中华人民共和国成立后曾任中国人民解放军坦克二师通讯科科长。

陈肃口述

（2016 年 3 月 23 日）

和坦克部队一起成长

我是天津人，家里穷，上不起普通中学，只好选择了一个管吃、管住、不要钱的师范学校，在天津喊我们师范学校叫吃饭学校。我就在这个学校里读了不到两年时间，十七岁的时候离开天津去上海。到了上海，在一家商船学校学技术，将来好养家。读了两年，学校没有经费，解散了。差一年毕业，没有文凭，回去也没办法，只好困在了南方。我们十几个同学在一起，常看黄炎培的《延安归来》等文萃杂志，上海比天津要自由些。后来我们乘邮政快船过江，坐火车到镇江，再从镇江到扬州，从扬州坐船到了高邮。那时候高邮已经解放了，华野六纵在那驻扎。当时正在国共谈判，好像是要办一个正规大学，我们就奔着那个大学去了。没想到，国共谈判破裂，我们就转到华东军政大学学炮兵。国民党军队重点进攻临沂的时候，一个快速纵队被我们歼灭了。没有学多长时间，我们这些学炮兵的同学就去接收炮兵的一些装备，其中就有十几辆美国的 M3、A3 坦克，从接收炮兵的队伍里分出了十来个人接收坦克。我就是这十几个人当中的一员，成了一个坦克兵。美式坦克我还是第一次见，什么都不懂。当时解放了一些国民党的驾驶人员和技术人员，经过做思想工作，他们懂得了革命道理，愿意跟我们合作。所以说，我们党的俘虏政策比较好。十几辆坦克，我们只开回了六辆，其他的扔在了战场上。为什么？就是因为我们没有技术也没有能力把它们弄回来。1947 年春节过后，华野特纵成立了，3 月 3 号成立了坦克队，我们正式有番号了。我在二排四班，因为有点文化，被任命为副班长，开始学习开坦克。坦克那时候宝贵，哪能随便开，我们就从学习汽车开始，练习开汽车，学会开汽车后才能接触坦克。

也没有坦克训练场，利用行军，在行军路上，跟驾驶员说好，有一段好路，让我们开一段，然后再接过去，怕出危险。不怕人出危险，怕车子损坏了。我们的技术就是这样学出来的。没过多长时间，坦克队的文书下连队了，领导认为我比较聪明，学得快，就把我抽上来当文书，我就开始在坦克队里当文书了。一系列的工作，都跟坦克分不开。

以前的坦克兵和现在的飞行员差不多，待遇很特殊。首长来参观了以后，有批给猪肉的，有批给服装的，反正来到以后看到我们缺什么就给什么。坦克兵现在都有分工，驾驶员开坦克，修理人员修理坦克，当时不是这样，我们是全能的。咱没有炼油厂，东西都是蒋介石运输大队长给送来的。可是缴获的东西有限，用完就没有了。汽油没有了，坦克怎么开？所以组织上决定，把剩下的四辆坦克埋起来，就找一个山洞把坦克藏起来了。我们打起背包，扛起枪，当步兵了。当时敌人重点进攻，我们从胶东突围出来后，进行三查三整。三查三整后，形势好转了，重点进攻也过去了，我们回到了胶东，又把这四辆坦克起出来。胶东军区军工部配合我们，下属工厂全为我们服务。坦克全部拆掉以后重装，少什么配什么，不管是机器内部，还是坦克外部，我们都了如指掌。所以我们是很宝贵的全面人才，不光会驾驶、打炮，还会修理。那时候的坦克队还处在幼儿时期，没有炼油厂、修理厂，连配件都没有，想要什么都得靠缴获。但就是这样，我们克服了种种困难，一步步成长起来，完成了组织交付的任务。在后来的装甲兵系统干部当中，我们这几十人也起了很大作用，是解放军坦克兵的骨干，到现在我仍然还是一个老坦克兵。

从1946年参加革命，我在解放区，跟着部队一块儿打，整个解放战争，我很完整地参加了，很幸运当上坦克兵，见证了坦克部队从无到有、从小到大、从弱到强。打完济南战役，从一个坦克队扩编成一个坦克大队，我到大队部里当参谋；打完淮海战役，从一个大队又发展成为一个团，我又到团里当参谋；渡江以后解放上海，又缴获了一些坦克，成立坦克师，我又被调到师里当通讯科长。我这一生跟我们党往前走的步伐是一致的，我个人的发展和整个部队的发展是同步的。

坦克参战的三个故事

很多人都不知道淮海战役中有坦克兵的参与，因为开始时我们只有六辆坦克，人也不多。淮海战役时，我没有参加具体战斗，但是对战斗过程很了解，因为我在大队里当参谋，要写战斗总结，写总结的时候他们得向我们汇报，这些情况我就了解了。

1948 年 11 月，黄百韬兵团被包围，在包围圈内等待徐州的增援，我们的任务是配合步兵作战。我们开着仅有的四辆美式坦克和两辆日式小坦克，奔赴淮海战场。首长给的条件是：一不准伤车，二不准伤人。那时候没有路灯，又是冬天，大概是傍晚五六点钟的样子，天几乎全黑了，再加上对地形不熟悉，我们副队长判断错了方向，把坦克直接开到了敌人的阵地里。敌人也看不清开进来的坦克是解放军的，还以为是自己人，就过来了一个连长接我们。我们以为是自己人，就把坦克上盖打开，让那个连长上来了。当时的军装不像现在那么整齐，不仔细分辨谁也认不出谁。可我们副队长仔细一看，发现不对劲，但是门都打开了，人也上来了，怎么办？大家心里都很紧张。那时候，坦克队的成员多半是南方人，来自两广纵队，说的都是老广话，副队长也是老广，敌人听我们的口音没有怀疑。副队长灵机一动，问他："共军在什么地方了？"对方回答说："共军在那边了"。副队长紧接着说："好好，你下去，我们马上过去。"他这边一下去，我们那边把车子往后一倒，直接开炮跟他们打了起来。

还有一个故事，我的印象很深。当时部队准备向前进攻，敌人用碉堡做掩护，用密集火力封锁道路。要想前进，必须把碉堡炸掉，上头指挥步兵拿着炸药包去炸碉堡。但是敌人的火力太猛，送炸药的战士还没接近碉堡就牺牲了，如果继续硬攻，势必造成更大牺牲。就在大家束手无策的时候，上头把这个任务交给了坦克队。我们正好有两辆缴获来的日式小坦克。大家一商量，可以派一名战士拿着炸药包到坦克里头来，开着坦克到他们碉堡旁，掉头开后门，把炸药包摆上去，那不就保险了吗？敌人不知道我们有坦克，也不会用战防炮对付我们，机枪扫射也是可以抵抗住的。师长听了这个建议后认为可行。于是，我们就赶紧跑回去把那两辆日式坦克调了上来。这两辆坦克很小，只有两吨半重，后面有一个门，可以坐三个人，一个机枪射手、一个车长，还有一个驾驶员。运送炸药不需要机枪射手，我们就留了个位置给送炸药包的战士。准备就绪后，坦克出发了。外面是"叮叮当当"的机枪扫射声，因为隔着一层铁板，我们也不怕。等到坦克开到碉堡跟前，他们的枪眼就变成死角了，打不了我们。我们一掉头，把尾巴对了过去，打开后门，战士冲出去迅速摆上炸药包，拉上火，然后再跑进来，关上门后，我们就赶紧往回开。碉堡炸了，一个人也没牺牲。之前谁能想到日本的这辆小坦克能干这个活，可是我们就想到了，减少了战士的伤亡。后来我们叫这个故事为"小坦克送炸药"。

黄百韬打下来之后，我们陆续缴获坦克，坦克多起来了。过程很艰苦，但打了胜仗很开心。车子得修整，机器这玩意儿不像人啊，人吃饱了肚子可以继续走，车子用过一段时间得保养。给了我们十二天时间，整理车辆。我们把发动机弄出来，清洗保养，好继续打仗。刚拆开，任务来了，国民党军队从徐州跑了，这就要追击啊。怎么追啊，车子都散在那了。结果只用了四天时间完成十二天的任务，把车子装了起来。没有白天没有晚上，拼命，哪还睡觉，总算赶出来了。敌人已经离开徐州撤到西面去了，我们紧追，才赶上参战。首长允许我们放开了打，不怕牺牲，也不怕损坏车子。晚上，没有夜色，坦克等于瞎子，可是步兵都是夜战，怎么办？我们这些人都出点子，琢磨怎么打这个仗。后来研究一下，就是迁就。黄昏的时候我们先打，打到快看不见了，步兵再打，这样就结合上了。总攻的时候，咱的坦克威力发挥不大，都是练兵。追击的时候，骑兵上马就能跑，我们不行啊，得加油。所以说淮海战役当中有骑兵追坦克，没有坦克追坦克。我们追上去的时候，骑兵已经把他们截住了。

光荣属于老百姓、烈士和模范党员

我们离不开支前的老百姓。我们是一个技术兵种，可是我们用的东西，都是人家拿小车推出来的。保障坦克部队的是骡马车、人力车，老百姓不容易，所以，我们使用东西也非常节约。特别是汽油，不能随便浪费。咱既没有炼油厂，又没有汽油公司，没有保障，就是靠战场上抢夺、战士们流血牺牲得来的。我们部队的成长，应该是战友们的鲜血培育起来的。我个人微不足道，真正伟大的是在战争中牺牲的战友们。今天的好日子，中国的先进形势，什么东西换来的？烈士们用鲜血换来的！我们的这些荣誉，都是我们战友的鲜血换来的。想到这些，心里不是很好过，荣誉应该是他们的。我现在是替他们享受了这份荣誉。淮海战役牺牲的两个战友，一个是上海人，还好，他家还享受烈属待遇；还有一个凌国鹏，到现在为止也没找到他家。所以每次做节目，我都说凌国鹏，有没有人认识他的？有没有人知道他的家乡是哪的？想让他家里知道他是英勇作战的同志，是在淮海战役中牺牲的，可是到现在我也没完成这个任务。

从无到有，从小到大，我个人随着我们革命一起成长。战争形势的快速发展，跟党的政策、跟党员的模范行动是分不开的。我觉得，共产党是无私的，参加了革命就应该是无私的。为什么能打仗？就因为无私，所以才无畏。要是有私心的话，不可能无畏。战斗困难的时候，拿不下来的时候，指导员站出来了，共产党员站出来了，带着党员决死冲锋。这是什么力量？战士们追求什么？追求的就是这个风格。没有这个风格，被人照顾者、弱者不是革命者。所以那时候的部队士气高昂。原因是什么？只有共产党领导的部队才能这样，只有共产党才能够领导中国走到今天。

好传统和精神需要传承

曾经有这么一件事，就是打完济南后赶集，过去都是农村，赶集买东西，我买了块香皂，有香味的。我们班里的党员就说话了："你有点变了。"就这么点小事他也提醒你，一点一滴抓住就不放过。这就是他们爱党、护党、为党。他们的提醒都是很善意的，说得很在理，就是说，你打了济南就变了，你是想过城市生活了。所以我就得到了教育，知道了一个革命军人应该是什么样的。我1948年入党，到现在七十年了，七十年的变化该有多大。有时候在想，为什么把纪念章和奖章分开？纪念章只要参加这个战斗的就有，奖章有所不同，立了功有功勋了，才有这个。回忆起入伍的日子，印象很深，我受教育是从那个时候开始的。那时部队没有党课这方面的教育，完全看老同志的行为、看党员们的模范行动，进行自我教育。我是幸运的，很多老前辈教育了我。我没做出什么大的贡献，只有一个愿望，就是把那些老同志教育我的、影响我的好的传统和精神传承下来。好东西是要传承的，不要认为过时了，它永远不会过时，再难也要传承下去。任何时候都需要这种精神，打仗需要，建设更需要。特别是现在，要靠那种顽强、拼死拼活打仗的精神来处理现在的一切事情，比如现在的扶贫、脱贫，那就是攻坚战。

　　魏玉华，1927 年出生，江苏沭阳人，中共党员。淮海战役时为沭阳县王刘村村长，参与淮海战役支前工作，中华人民共和国成立后曾任徐州市果品公司中心店经理。

魏玉华口述

（2016 年 3 月 23 日）

俺家住在拉锯区

我叫魏玉华，兄弟姊妹十一个，俺最小。俺爸爸是老革命。俺大哥跑新海连当八路打鬼子。小哥十四岁当新四军，肩膀受伤了不能拿枪就当号兵，参加了淮海战役。淮海战役中，俺爸都到徐州这来了，赶牛车送公粮，最后车子都扔了，光把牛赶了回去。

俺爸地下党开会，我扛个红缨枪给人站岗放哨。八路和鬼子打游击，今天扒这段路，明天扒那段路。那时候老百姓苦啊，天天跑反，吃不饱饭，地捞不到种，种了也捞不到收。晚上八路来，夜里去打鬼子了，到天亮就走了。白天鬼子下来扫荡，逮到妇女就追，抢粮食，逮鸡，能拿就拿，见到小猪就撵着弄走，好吃的都弄走了，俺家拿黄豆轧点油还没卖埋在地里，也被鬼子挖走了。谁家当兵的、谁家当八路的可倒霉了，受鬼子罪，受还乡团的罪。老百姓受罪，八路军更艰苦，没有他们这些当兵的受苦，哪里能有今天啊。

俺家是拉锯区，拉锯区就是三天两头半夜共产党来了，或半夜国民党来了。八路军和国民党军区别很大。八路军晚上打游击，白天就在老百姓家，帮老百姓做事，下河、收麦、薅草，什么都干，在你家吃着住着干活，跟你一心，跟你团结啊。国民党军一过来，都上有钱人家吃去了。国民党军纪律差抢东西，赶好的要吃，你不给他供应好的还不行，他一来就说要吃。有回，一点菜没有，我泡了一盆豆芽，他来了就要端着跑，我就夺，他竖起枪就要捣我，最后那边吹号了，就跑了，一盆豆芽全撒了。俺收的粮食搁家里收起来，地上挖个塘把粮埋里头，想一切办法藏起来，等解放军来再给。

解放军的指挥员韦国清曾经在俺庄住过十来天。部队好多人，地上铺上麦穰，当兵的全部爬上去，地上能挤多少挤多少，那会儿哪有铺啊，能挤就挤，有的住一夜，有的住一天两天。俺家过道也住了解放军，俺家弄什么吃什么，也没有饭，就棒面贴禾饼子，泡的豆芽，做点菜给解放军吃，解放军不敢吃，三大纪律八项注意，解放军不拿人东西不吃人东西。解放军住家里面，对俺们老百姓很好。俺们慰问解放军，拿针拿线缝扣子，鞋底掉了就拿绳拴上，那时候的鞋也不结实，当兵的几天就跑烂了。

全村都在忙支前

淮海战役时俺当村长，俺那庄子大，受乡里指导员领导，叫干什么干什么。俺还会扭秧歌，那时候欢迎解放军都扭秧歌。俺唱几句啊："俺那庄上有个张大爹爹，张大爹爹老英雄，送他儿子去参军，骑着马来挂彩红，后面锣鼓震天隆，王二嫂嫂送干粮，送她丈夫去参军……"

组织老百姓支援前线，俺们妇女什么都干。最先是纺纱织布，以后就做军粮、做军鞋、送公粮，任务也不是天天有。那时候一说支援八路军，都来开会。任务一下来，都来领，多少鞋，多少粮食，几个人几天弄好，都不提意见，大家都欢喜解放军啊。不要钱，大家都愿意做。

部队要来了，需要大家推磨推面做军粮，任务下来，一家几斤粮食，歇驴不歇磨，磨不能停，一夜推好，第二天都送来了。粮食不是谁家自己出自家磨，是区里下发的，给你每家多少斤粮食，你一夜磨完，第二天早晨把粮食交上去。

凑公粮送公粮，老百姓家一人给十斤粮食的任务，明天就要送来，俺带人一起送到区里去。过去的小车，前面一个轱辘，俺家是两轱辘小车，一麻袋有二百斤，四五个麻袋抬上去推着走。淮海战役时，国民党飞机经常来轰炸，天上飞机一过来，俺们就拱车底。那会儿哪有脱衣服睡觉的，身上生虱子，当兵的没脱过衣服，老百姓也没脱过衣服，受罪得很。飞机不断摆炸弹，走路都危险。俺爸爸赶一车粮食，到徐州送军粮，回来的时候车子都不要了，就把牛牵回家了。有一次俺带人送公粮去前线，走到半路，国民党飞机摆炸弹，七个人炸死三个。

做军鞋，不是老百姓的布，也是区里把旧军装之类的旧布分到村里，大家都到我家来领布。俺家一个过道里堆了一堆烂布、旧军装，拿去分，给你一堆，给他一堆。第二天赶忙做鞋，三人一组，做帮的、做底的、上线的，一天几双鞋就做好了。经常做，我也忘了哪天哪日做得多做得少，做好就背来，俺再送到区里，区里再接着送上县里。俺叔伯嫂子在兵工厂做军装，俺父亲会染布，用木碱草灰搁水泡，泡过以后，俺织的布就搁黑灰里搓，灰军装都是那些布搓的。外爷爷染的布，都给公家拿去做军装了。

　　打完仗，县里给我评的劳模，我又到北京开会，全乡都知道俺魏玉华上北京开会了。

　　戴登泰，1931 年出生，山东日照人，中共党员。1947 年参加革命，淮海战役时为华野八纵二十二师六十六团侦通连通信员，中华人民共和国成立后曾任烟台市机床附件厂副科长。

戴登泰口述

（2016 年 3 月 29 日）

从地方武装升级到主力部队

刚开始参加淮海战役的时候，我是在竹庭县独立团。第一阶段，我们独立团配合华野主力部队解放了海州、新浦、大浦、连云港。为什么先打这些地方呢？就是防止敌人从海上逃走，把这个东大门关死。第二阶段歼灭黄维兵团，我们没有参加。

敌人放弃徐州南逃的时候，我们从地方部队升级到了野战军，补充到华野八纵二十二师的六十六团，我在侦通连。当时六十六团伤亡很大，全团的兵力编成了一个营，只有两个连队。我们这个独立团上来以后，才补齐了人员。这时候，国民党军李弥、邱清泉、孙元良三个兵团，放弃了徐州向南逃，逃到永城地区以后，又被解放军包围起来，他就更加困难了，粮草、弹药也不行。我们部队是越围越多，一道一道的防线，工事特别坚固。当时编了一个歌："三个兵团挤一团，妄想逃过长江南，有一个老二叫李弥，老大就叫邱清泉，孙元良属老三，他们慌慌张张把路赶，哎嗨呀嗨咿呀嗨，他们妄想逃过长江南。"

侦通连的任务

我们侦通连有电话排、侦察排、步兵通信排，还有司号排，有一百多人。这四个排的人到了战场，各人完成各人的任务。你比方说，电话排要保证首长的指挥，一条线路不行，要搭上三条线。这三条线都打断了怎么办？电话员就得赶快去查线。越是打得激烈的时候，这些人伤亡越大。部队调侦察员，要调好的，有战斗经验的。原来当班长的，到这儿当战士；当排长的，到这儿当班长，都是降级使用的。侦察员还要有独胆，单独执行任务，首长需要抓舌头，你就得去抓个舌头来，了解了解敌人的情况。部队驻防的时候，司号排的司号员都集中到团里训练。作战的时候，号长跟着团长，号目跟着营长，司号员跟着连长，负责联络。我们独立团解放海州、连云港的时候和兄弟部队误会了，两下打起来了。我们没有这方面的经验，兄弟部队是野战军主力，他们有经验，他说，不对，这个部队不是国民党的，告诉司号员，吹号联络一下。一联络，可不是嘛，是自己人。打那以后，觉得不对劲就吹吹号，联络一下是哪个部队。

入党前的考验

围住敌人以后，攻击作战打得比较激烈。部队打进去以后，很难联系上。有一次，我们一个营失去联系了，团长这时候也急了，就命令我们连长去找。连长接到命令之后就带着我，当时我才十八岁，还是新兵，没啥战斗经验，叫我给连长当通信员，我就得紧紧地跟着保护他。说实在的，因为紧张也顾不得害怕。连长呢，东一头西一头地跑，找到敌人薄弱的环节，冲进去把失去联系的这个营带了出来。首长比较满意，连长对我也很满意。

那时，我还有一个任务，就是巩固部队。我们团升级到野战部队，本身就有思想波动，再加上打仗伤亡比较大，部队就产生了一些思想问题。我很活跃，行军的时候，不但拿自己的东西，还替炊事班的同志挑行李，帮战友站岗放哨，和他们拉家常，了解他们的思想是不是牢固、坚定。

淮海战役刚结束，当天晚上，上级命令我们连夜撤出战场，要撤到六十里地以外。为什么要这样做？因为这里原来有蒋介石的部队，敌机不好轰炸，他的部队被消灭光了，第二天就可能来大规模地轰炸。我们连夜急行军，后来到了蚌埠以东临淮关地区，住在毛家村。在那里，我就填表加入中国共产党了。后来我才知道，叫我跟连长去前线，是对我入党前的最后一次考验。

打胜仗，我们要依靠人民群众。我们只管打仗，运粮草、运伤病员，都是解放区的支前民工。这些没有算到六十万里头，如果算上这些人，那得几百万呢。国民党的部队那时候就不行了，没有老百姓愿意支援他。

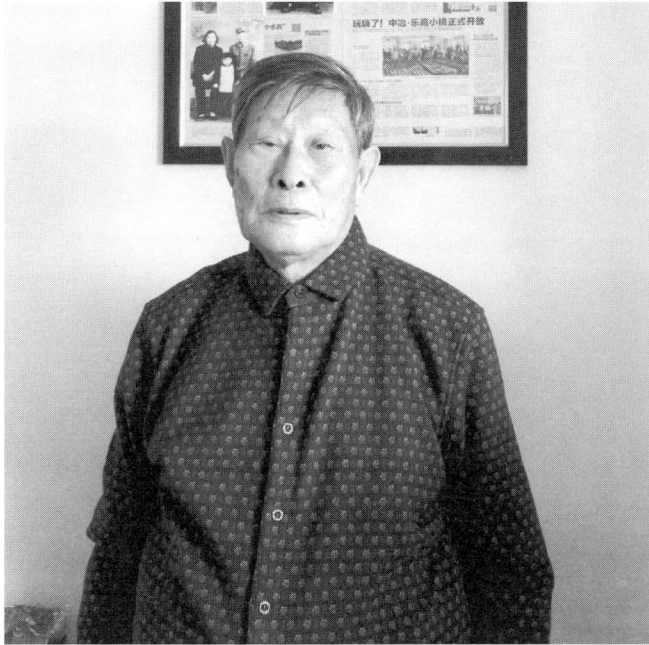

　　赵克盛，1931 年出生，山东烟台人，中共党员。1946 年参加革命，淮海战役时为华野九纵某部警卫员，中华人民共和国成立后曾任烟台市造纸厂车队队长。

赵克盛口述

（2016 年 3 月 29 日）

打仗很艰苦

我叫赵克盛，1931 年出生。小时候没有房子住，村东头有个挺小的石灰窑，那时候我个还不高，就住在这个地方。1946 年以前做地下工作，给八路军共产党送信。正式当解放军是 1946 年，参加了县大队，打淮海战役的时候已经是大部队了。师长看我小，叫我当警卫员。

那时候进攻挺慢，一天就一里两里路，一开始都打不进去，都围攻着打，今天往这，明天往那，有时候国民党也反击，我们还得撤一撤。一直打好几天，每天抽出空才能吃饭，睡觉也在那里睡，不是住房子，就在平地上睡，吃饭呢都在老百姓家吃，遇上有人就做顿饭吃。就这样往徐州方向前进，天天不休息，住在荒山野地上，白天打了晚上又打，晚上有时候看部队多了，就轮换着休息一会儿，这个部队冲上去了，那个部队就休息一会儿。国民党军有好几道防线，还有飞机轰炸。飞机一来就趴下，飞机一走就往上攻，我们在那个地方连续好几天能打进去就前进一点，打不进去就埋伏起来。我们隐藏的那个村庄，老百姓的房子东一户西一户，一连好几天都在野外住，有的战士就靠在老百姓房子的墙脚底下睡。国民党的飞机来轰炸，时间长了我们知道他炸什么地方，就撤一撤躲一躲，伤亡就少了。到了最后追到徐州边上，满山遍野的部队还有民工。

连队里我只记得指导员姓许，是个党员；连长是原国民党起义部队过来的，还不是党员。一直打了好多天，好几百人都在外面睡觉，穿的棉衣外面是黄的里边是白的，下雪天的时候就翻过来穿，天气好了土地是黄的了，就翻过来穿正面。打仗很辛苦，最多的时候一天跑一百五六十里路，部队伤亡很重，战士们牺牲很多，有的部队人打得剩下不多了，一个班没几个人了。我们部队的战士大多是解放过来的，打仗时攻得很猛。我给师长当警卫员时，师长都上去冲锋了。有一次，他把手枪给我，拿过我的枪，他领了个头就冲上去了。

老百姓对解放军好

淮海战役中我们都是借碗借饭，用锅不行，一冒烟国民党飞机就来轰炸，一轰炸就没有饭吃。所以不管是稀饭还是干饭，老百姓家做什么吃什么，老百姓能吃上大家就能吃上，你要饿着肚子怎么打仗。老百姓对解放军好，因为我们一有空就帮老百姓干活，帮老百姓收拾地，帮老百姓修缮房屋。所以国民党军来了老百姓都跑了，解放军来了老百姓没一个跑的。那时候生活那么艰苦，老百姓还想方设法帮解放军，做好吃的给我们，我们吃的饭有小馍、有包子、有烙饼。解放军没有饭碗没有筷子，打到什么地方就到当地老百姓家里去借，老百姓就给。新俘虏的国民党士兵去借，老百姓不借给他，有的甚至好几个人打他，解放军就出去拉架。老百姓说："之前我们在这个地方，他不仅吃我们的喝我们的，还揍我们，这回我们饶不了他。"解放军赶紧说情："现在他是俘虏了，成咱解放军的人了，不要打了，饶了他吧。"老百姓这才停手。我们借老百姓的东西、吃老百姓的饭都得打条，这个条好使，战争过后全都兑现了。

毛主席号召我们全心全意为人民服务，那时候没想个人，哪想个人今天明天怎么样，就是为人民为群众。

　　许泮泽，1929 年出生，山东广饶人，中共党员。1946 年参加革命，淮海战役时为华野六纵十七师五十团警卫员，中华人民共和国成立后曾在山东莱动烟台配件公司工作。

许泮泽口述

(2016 年 3 月 29 日)

地方部队荣升为野战部队

1946 年 5 月，小麦快成熟的时候，八路军从淄博过来了，我就参军了。参军以后先在独立营，穿上衣服，戴着军帽，一人发两个手榴弹，怎么扔都教好了，不能炸着自己。没有枪，那会儿哪有那么多枪。当时帽子上有两个扣子，扣子上面是青天白日帽徽。日本鬼子投降以后，1946 年 6 月蒋介石开始打内战，我们就把青天白日帽徽拆下来，帽子上就只有两个扣子了。

当兵时我十七岁，是个农村孩子，傻乎乎的，反正跟着跑就是了。当时的情况就是这样，国民党的火车在胶济路上跑，我们就在胶济路扒铁路。我们是地方军，干这个事还行，扒铁路得晚上，不能白天去，你还得懂这个才行，要不你卸不下来。扒铁路有个窍门，那时的铁路和现在的铁路不一样，有一个衔接点，两个铁轨有一个板接起来，把那个板拿掉，也不要很多，有那么几个，火车一过就翻。我们扒了一个多月。

莱芜战役刚结束，大部队下来休整的时候，住在我们这了。大部队补充兵员，我们就上升了，从地方军到正规军了，当时叫华东野战军六纵。在渤海军区时行军少，到野战军就厉害了，行军特别多。到了野战军，三个月以后就是老兵。老兵和新兵有什么区别呢？新兵是两个人，夜里站岗特别是到了敌占区都是双岗。三个月以后就是单岗，你自己一个人站岗，还有查岗的，查查各个岗有什么情况。

深入黄泛区作战

1947 年下半年，国民党对山东根据地重点进攻，毛主席的办法是，你打你的，我抄你老窝。11 月，天已经冷了，粟裕带了四个纵队打到敌人后方去，叫外线出击。我们外线出击到河南黄泛区一带周旋。兰封就是现在的兰考，那里是黄泛区，那个惨劲儿，有个庙就只看到个尖儿，淹得不轻，几乎没有人。我们苦就苦在河南那个地方，确实遭了罪了。当时我们队伍里当兵的可以说普遍都有疥疮、虱子，营养供不上。长年打仗出汗，也不换个衣服，团以下的同志都有虱子，脱了衣服抖一抖啪啪响，特别是冬天，抓都来不及。疥疮一开始从手上长，还传染，不疼但痒啊，疥疮痒起来真难受。到了晚上脱光了衣服，烤疥疮，用硫黄管点用。那时哪有什么营养，打完仗有土豆支持个三天五天，长期没有菜，能吃饱就不错了，不存在营养不营养。还有一种病叫疟疾，疟疾很讨厌，一阵阵的，冷的时候猛哆嗦，热的时候猛喝水，浑身没有劲，有的同志得病就不能打仗了。

参加淮海战役

夏邑战斗我脚部负了伤，打济南没参加，淮海战役之前我就回到部队了。以前我是连长的通信员，他对我的评价是：这个兵能吃苦，作战勇敢，吃苦耐劳，能帮助同志背枪。回部队后不久，叫我跟团长当警卫员。淮海战役时在第一线就少了，但也不远，都是很近的，团长不可能离那么远指挥，但是条件好些。我们是行军苦，一直向西走。淮海战役感觉苦在第一阶段，打得最激烈，牺牲的也最多。国民党军的实力在那摆着，而且黄百韬兵团是国民党军的主力部队，有坦克、飞机、大炮支援，咱不如他。第二阶段开始打黄维，好些了。我们行军的时候就看出来了，"1948年，胜利在眼前，到徐州去过大年"，意思是国民党马上就完蛋。顺口溜能鼓舞士气，战士们都很高兴，关键是年轻时血气方刚，同志们在一块儿都互相比，咱们解放军的政治工作确实没的说。淮海战役到了第三阶段基本上不打了，我们也休息休息，战壕离着个三十五十步的，基本上枪声没有了，光喊话，也是我们做工作。"哎，弟兄们你们过来吧，我们这饺子还剩好多，过来吧，过来时把枪背着，举着手，你过来就行了。"说是这样说，实际哪有饺子，但是我们吃的比他们好，来了以后也给他们吃。"哎，狗剩，你过来吧，你爹分到地了，分了两间房，村里地主斗倒了。"

叫狗剩的小兵也过来了，都是穷孩子。国民党兵成排成连地过来。要不说共产党的政治工作确实厉害，国民党拿当兵的不当人，什么政治工作他们也不做。所以说咱们的胜利，政治工作占了一半。淮海战役特别明显的是人多。咱们部队六十万人，实际上连挑夫、运输队、担架队、推小车的、扛子弹炮弹的三百万也不止。我们消耗的子弹炮弹很多，自己推呀运的是不可能的。

　　商金城，1930 年出生，山东垦利人，中共党员。1947 年参加革命，淮海战役时为华野渤海纵队七师政治部民运科通信员，中华人民共和国成立后曾任烟台轴承一厂部门副主任。

商金城口述

(2016 年 3 月 29 日)

进入徐州城

我老家在垦利县池口镇南村，1947 年土地改革以后参军。新兵营训练了三个月以后到部队，直接就留到科了，我们是渤海纵队七师政治部敌工科，以后改成民运科。一个是战争之前动员群众发动群众，组织民运车辆，另一个是对敌工作。我给科长当通信员，三个月以后就入党了，跟着科长一直到淮海战役。

接到命令后，我们从济南坐火车到兖州直奔徐州，当我们奔到徐州东门的时候，国民党徐州守卫部队从西门逃跑了。这一仗没打起来，怎么办？休息，整顿。进徐州的时候，部队纪律很好。怎么方便怎么住，起来是一身，解开背包就是铺盖，一个人一床被，什么也没有，向老百姓要些草，铺在地下，睡就是了，满街都是部队。现在要什么有什么，那时来了紧急任务连饭都吃不上。部队一进城，地下党就找到我们敌工科了，都拿出证明。我们科就是这个任务，成立政府，接收物资，国民党仓库里有吃有用的，都是战利品。当时的生活是碰上什么吃什么。部队刚睡下，哨子响了，紧急集合，赶紧起来，接着就走。我们师留下了一部分人接管徐州，我跟着大部队开赴前线。

围歼杜聿明集团

到了前线以后，围住逃跑的国民党军。第一步把榴弹炮营往前线调，靠近一点，打国民党的防御碉堡，上去一炮，给他干了，国民党军收缩，我们就往前推进，包围圈越压越小，战壕面对面就三四十米，都能看到。

战壕里挖猫耳洞，就是一个大沟，沟底下挖一个洞。一个人一个洞，底下铺上草，我们冻不着饿不着，有包子馒头大饼。可是他们不行，一开始还有吃有烧的，被围以后，又赶上下大雪，他们的日子越来越困难，没吃的，那个惨，没有群众，住户都跑了。咱部队围在那里，开始喊话，用刺刀挑着馒头，在战壕里吆喝："你们被围住了，你们走不了了，投降吧。"做敌工工作是我们这个科室的任务。吃饭的时候，尤其过阳历年，我们这边又是饺子又是包子的，支上锅，烧的那个味，一刮风就刮过去了，吃得香，吃得饱，穿得暖，多好啊。他们什么也没有，饿得不行。到了晚上，有一个国民党兵偷偷跑过来，给他吃的用的，我们做好工作再让他回去。这个兵把排长带过来，带过来做完了工作再回去。白天做工作，晚上再送回去，一直做到什么程度呢？从一个小兵，到排长、连长，最后一个团。我们发起总攻时，这个团的国民党军全部朝天放枪，我们基本上没有损伤，这个团就投降了。过来以后，团长老婆随身带着金银财宝要拿出来给大伙分，咱的政策是分毫不收。团长老婆当时离开战场送后方去了。战场来不及打扫，命令下来了，所有部队立即撤走，防止国民党第二天早上进行报复性轰炸。

　　胡绍发，1929 年出生，山东栖霞人，中共党员。1947 年参加革命，淮海战役时为华野十三纵三十八师一一四团三营供给员，中华人民共和国成立后曾任烟台地方港筹备委员会主任。

胡绍发口述

（2016 年 3 月 30 日）

激战曹八集

济南战役结束后休整了不到一个月，我们部队就南下台儿庄。台儿庄上游有条月亮河，我们的任务是过河打冯治安，要在月亮河上搭浮桥。月亮河不宽但水流很急，搭了几次浮桥也没有成功。没多久从国民党军那边过来两个人，被我们打伤了就回去了。过后又来了两个军官装扮的人，说他们是地下党，是打济南以前派到冯治安部队做策反工作的。他们讲，台儿庄的国民党军部队已经决定起义了，让我们从台儿庄大桥赶快过去。就这样我们过了台儿庄大桥，起义部队就在路边等着改编。

我记忆比较深的就是曹八集战斗。我在营里当供给员，我们本来打算去宿营，但到那一看，国民党军已经在那了，我们就仓促应战。战斗打了一宿，部队伤亡很大，前面的进去了出不来，后面的也进不去。第二天，营部把我们供给股、卫生所和通信员都组织起来了，紧接着一一二团也投入战斗，随着我们一起打进去了。曹八集战斗最激烈的时候，营长带着一门小钢炮，想把敌人小炮楼打下来，结果被炮楼上的敌人乱枪打死了。我在旁边看得很清楚，营长就这样牺牲了。这是我参军以来打得最残酷的一次战斗。

供给员的工作

营里有个供给股，一个管理员是连级干部，两个供给员是排级干部，还有一个通信员，我们四个人负责保障部队的物资供应。

我的工作是领取分发各种装备。平常要按时到团里把军装和各种装备领回来，到团里先要去找作战参谋，他批条子，再到后勤去领，然后才能拿回来分发给各个连；战时领取弹药或去战场搜集弹药。打济南的时候，我在战场上两三天的时间，去捡各种步枪、轻机枪、钢盔，还有六〇炮弹，都送去装备部队。

我们胶东部队的军装是细布做的，染的黄色，一年发一件衬衣，冬天发一套棉衣。有多少人就领多少套，然后分给各连队。冬天过完了，我们要把棉衣、棉被里面的棉花拿出来，穿夹衣、盖夹被，棉花还要重新交到营里，捆成一捆一捆的，交上去统一管理。我们部队发的都是布鞋，不定时发，有了就每人发一双两双的，总是不够穿。行军遇到下大雨，鞋都让泥给拔去了，为了完成任务，我们就赤着脚行军。

　　孙佑杰，1926 年出生，山东文登人，中共党员。1945 年参加革命，淮海战役时为华野九纵文工团团员，中华人民共和国成立后曾任烟台日报社副总编辑。

孙佑杰口述

(2016 年 3 月 30 日)

从文工团团员到战地记者

1945 年，我在胶东抗大担任文工团团员。有文艺天赋的我想到用幻灯机宣传部队英雄事迹，从而开创美术工作的新形式。烟台的日军封锁交通，买不到现成的幻灯机，只有自己制造。虽然幻灯机制造很困难，但是我的决心很大。为了解决光源，我买了放大镜、补光镜，用纸杯卷起来做实验，最后在修械所用铁皮做原料制成了幻灯机。我画了好多反映抗日战争英雄事迹的幻灯片，在室内墙上放映，很受大家欢迎。

济南战役我又到了前线。我在部队指挥所听到这样一件事情：城东南有一个下井庄，在那住着国民党军，前天有个国民党军官抢了老百姓的七斤月饼，还没来得及吃就被我军缴获了。部队打听到这是从老乡手里抢来的月饼，就原封不动送还给老乡。我了解这一信息后，觉得这是个好新闻，"一抢一送"充分反映两种军队的不同性质。我冒着炮火找到送月饼的一连摸情况，采访了送月饼的班长魏培论，收集具体消息。采访之后我迅速回到单位写了新闻稿《七斤月饼》发出去，新华社、《大众日报》、《胜利报》都刊登了我的新闻稿。《七斤月饼》成了当时反映军民鱼水情的典型故事。济南解放后，《七斤月饼》被编成了小话剧、歌曲，后来还被编入小学语文课本。

《七斤月饼》刊发后的良好反响，让我荣立了二等功，也实现了我当记者的梦想。

深入敌营抓"舌头"

淮海战役是三大战役中最大的战役。华东和中原两大野战军遵照中央军委指示，在淮海地区像秋风扫落叶一样，把以徐州为中心的国民党军主要部队全部消灭。

淮海战役第一仗打黄百韬兵团最艰难，我们九纵出了大力。知己知彼才能百战不殆，了解敌情很难，把握变化中的敌情更难。我们纵队侦察科的科长叫吴士勇，在战役没开始之前，就派出侦察人员到国民党六十四军的驻地侦察敌情。一个侦察班长伪装成国民党六十四军的中尉，到新安镇周围进行侦察，路上碰到一个中校军官，侦察班长就跟着他走到胡同里，把枪拿出来说："站住，我是解放军，缴枪不杀，你要是乱说乱动，马上就枪毙你。""哎，我知道解放军的政策，我一切都听你们的指挥。"这下就从敌营里弄了个中校出来，打探出不少敌情。我听侦察科长说，战前抓了不少这样的"舌头"，从校官到士兵抓了一百多个，了解到许多重要情报。

勇士架起"十人桥"

1948年11月8日夜，华野九纵二十七师七十九团追击黄百韬兵团至堰头镇时，被一条三丈宽的河拦住去路。对岸就是黄百韬兵团的六十三军，时间一分一秒地过去，战机稍纵即逝。当时河很深，没有桥，而部队必须赶快过河，怎么办？水这么深蹚不过去，必须要架桥。一排三班担负架桥任务，把几个大梯子绑在一起，再放上桥板。副排长范学福第一个下水，大声说道："大家跟我来，没有桥腿，我们当桥腿！"九名战士纷纷跳下，拉开距离，高个子在水深处扛起梯子当桥墩，矮个的在浅水处当桥墩，就这样，十个人站在刺骨的河水中架起了一座人桥。全营官兵冒着敌人的炮火，踩着架桥勇士的肩头冲过河去追赶敌人。惊人的意志换取了战场的主动，随后赶到的兄弟部队追击六十三军主力至窑湾，全歼该部两个师1.3万人。六十三军军长陈章成为淮海战役中第一个毙命的国民党军中将军长。

追上敌人围住他

黄百韬兵团被消灭，徐州的国民党军失去了一条臂膀，就想从西南方向逃窜，企图逃过长江。九纵受命追赶逃窜的敌人，必须超过敌人并截住敌人，最后把敌人围起来，这是死命令。我们快速前进，一天一百七八十里路。追击时，我们都能看见敌人队伍，谁也不打谁，敌人怕走慢了被我们消灭，我们怕走慢了让敌人跑掉。我们连续追了好几天，饿了就啃点干粮。休息时想弄锅稀饭吃，刚想做饭，司令员就来了："你们还要在这做饭吃吗？同志们，现在敌人正在逃窜，我们多跑一分钟，就多一分钟胜利的把握。"参谋长告诉我们："首长也几天没吃好饭、睡好觉了。"他这么一说，连长马上让通信员告诉部队熄火出发。最后终于超过了逃窜的敌人，与兄弟部队一起包围了国民党军。

敌人被围以后，补给非常困难，已经没有战斗力了。这时候我们围而不打，这是一种战略战术。咱们围了好几道防线，壕沟都连起来，他们很难跑掉。被围的国民党军饿得要命，开始杀马宰牲口。虽然也有飞机来给他们补给粮弹，但是大部分都投到了我们的阵地上。

包围圈里的和平

在包围圈北边的一个村庄，竟然出现了老百姓赶集的场面，有炸油条的、卖面条的，也有卖蔬菜、鸡蛋的，真是战场奇观。过去仗还没打起来，老百姓都逃光了。现在我们围住敌人不打，老百姓就出来赶集了。我问老百姓："你们就不怕吗？""怕什么，国民党部队兵败如山倒，已经成了丧家犬了。"这样的和平景象，真是淮海战场上特殊的一幕。

　　时三明，1927年出生，河北元氏县人，中共党员。1945年参加革命，淮海战役时为中野六纵十八旅五十四团司令部警卫员，中华人民共和国成立后曾任烟台机电公司党委书记。

时三明口述

（2016 年 3 月 30 日）

李土楼村都被打平了

淮海战役时，我跟着余辅坤团长当警卫员。部队打冲锋的时候，团长都在第一线，枪都在手里提着，他走到哪打到哪，我就跟到哪。保卫机关，保卫司令部，保卫首长，就是干这个平常的警卫工作。那时候我跟团长在一起，下去非常受尊重，他们也非常关心战士，官兵关系非常好。

战前动员的时候，首长讲得很清楚："淮海战役这一仗是我们解放军的转折点，这一仗打好了，蒋介石就没有跑了。"号召大家艰苦奋斗，要有牺牲精神，勇往直前。战士们都表了态，在战斗中确实很勇敢。追击黄维兵团，我们一天一夜跑过两百多里路，连饭都不吃，要把敌人往双堆集战场中间压缩，打得非常激烈。

双堆集除了两个大土包，都是平原，不挖战壕，没法进攻。所以就得拼命地挖，部队进得多快，战壕就得挖多快，把部队运进去。李土楼打得最紧张。我们防守，敌人突围，从这拼命地往外冲，我们拼命地往里边堵、往里边压缩，不让他们跑。有时候直接能看到敌人，就这么瞄准打。李土楼这个村都被打平了。

我看到部队打飞雷炮，炸药包飞过去，有的在空中就炸了，有的落到敌人那儿爆炸，准确性差一点，但是威力还是有的。

淮海战役下来，团长的胳膊也负了伤，我们团还剩下不到二百人。但是我们俘虏敌人两千多，缴获的东西多了。我们部队进大别山的时候，为了轻装前进，重武器全部撂到池塘里去了。淮海战役打完以后，我们缴获了一些大炮、坦克，装备了自己。

团结配合，依靠人民

华野和我们配合作战都是非常好的，他们支援我们，我们也支援他们。打仗，不是光你这一个部队打，有的时候我们遇到困难了，叫敌人包围了，他们能马上给你解围，互相支援，配合得都挺好。

军民团结一条心，没有老百姓的支援，不行！解放过来的那些国民党军士兵给我们讲，一围困他们就没办法，没有吃的。你饿着肚子能干啥，武器没有子弹打什么，是不是？所以说，部队打胜仗，不光是军队的功劳，老百姓的功劳是主要的，那可了不得。

天上有飞机，地下有炮弹，人民群众勇往直前，支前的积极性很高，推着小车给部队运东西，武器弹药、吃的用的往前送，往后运伤员。这是实实在在的，我们都看到了。

艰苦奋斗是我们历来的传统。我们当兵的时候，组织和上级叫干什么就干什么，叫干什么就能干什么，叫干什么就干好什么。脑子里面装着人民，我就是为人民来工作的，为人民服务的，努力工作，把事情干好。

邹国富，1929年出生，江苏东台人，中共党员。1944年参加革命，淮海战役时任华野六纵十六师四十八团二营六连副排长，中华人民共和国成立后曾任烟台燃料公司党委副书记。

邹国富口述

（2016 年 3 月 30 日）

必须打好这一仗

淮海战役之前，我是突击班的班长，在河南开封参加战斗时被手榴弹炸伤了左眼，眼珠也没有了，稍偏一点我就完了，伤还没完全恢复就回部队了。领导讲，这次打大仗要保存一部分干部，就把我调去师部教导队学习。

淮海战役第一阶段是消灭黄百韬兵团，我们部队参加了。师教导队离战场不远，情况都知道，只是没有直接参加战斗。打黄百韬的时候，我们连伤亡了一半以上。

后来，国民党军黄维兵团从河南赶来增援，被中野包围在了双堆集。这时候我从教导队回到六连当副排长，跟着部队从碾庄战场南下，去阻击蚌埠的国民党军，不让他们增援黄维兵团。当时部队从上到下战斗情绪相当高，就一个思想——必须打好这一仗！

这场阻击战打得十分激烈，国民党军炮多，火力强。连长讲："不管打到什么时候，必须坚持下去，没有命令一律不准撤退。"我带的那个班牺牲了五六个战士，工事被敌人炮火炸塌了，我们就冲出阵地继续战斗。全营四个连缩编成两个连，有一个连除了班长、副班长是老兵，其他都是在战场上补充的解放战士。国民党军没有突破我们的防线，又不敢离蚌埠太远，怕被我们大部队包围消灭，所以很快就撤回去了。

永远听党的话

淮海战役咱们能打败国民党军，第一是靠党中央、毛主席的英明指挥。第二是靠人民群众的支持。解放军几十万部队需要那么多的粮食，战场上那么多的伤员，如果没有人民群众抬担架、推粮食去支持战争，不可能取得胜利。国民党为什么失败，因为没有人民支持他。第三，我们的部队思想教育特别好，忠于党、忠于毛主席，部队就是我们的家。我第一次负轻伤，第二次重伤，轻伤不下火线，重伤仍坚持战斗。大家都是这样子，打仗很勇敢，为革命视死如归。领导干部以身作则，部队斗志强。这一点，国民党军根本比不上我们，所以解放战争胜利得这么快。

我们要永远听党的话，坚决保卫好毛主席领导中国人民打下的红色江山。

　　段学生，1929年出生，山东烟台人，中共党员。1947年参加革命，淮海战役时为华野九纵二十七师七十九团三营卫生员，中华人民共和国成立后曾任牟平县观水镇卫生院院长。

段学生口述

(2016 年 3 月 30 日)

我是共产党员

淮海战役时，我们卫生所有两个共产党员，一个是我，另一个叫王四有，我俩同岁，他是卫生班班长。郭营战斗，敌人的枪打得特别猛，很多战士受伤了，必须跳到战壕外面才好抢救伤员。我俩都是共产党员，争着抢着往前爬，敌人的子弹打得"噗噗"的，太猛了。他趁我不注意，一脚把我踢到壕沟里。他的想法我知道，就是不能让我在他前边牺牲。我也是这么想的，我们同志之间都是这样，那真是生死战友啊。

作为卫生员，我救护过的战友很多，哪次战斗不得抢救二三十个啊。打潍县，教导员孙宏文肠子打出来了，还在一个突破口上坐着指挥，我上去给他包扎好，让他下来。他说："前面还有三十多个战士，我要跟他们同生死共患难。"这时，我看见一个战士被燃烧弹炸到了，身上着了火，我赶紧把他抢救下来。他叫焦正天，头、脸、两手都烧伤了，手指头都没了，后来评为一等残废军人。

从解放战争到抗美援朝，我立过七次功。因为我是共产党员，每一次打仗我都要争取立功，立了功我就光荣完成了一个党员的义务。后来转业到了地方，我也是这样做的，保持着革命军人的光荣传统。在战争年代我都不怕死，到地方来不就是吃点苦吗，比起战争年代差远了。我今年八十七岁了，到现在为止，我没犯过一次错误，我要保持一个共产党员对党忠诚、干干净净、清清白白的一生。

一等功臣王守保

我写过一篇回忆文章《一宿打三仗》，讲的是我们一宿打了三个村庄，最后一个村庄叫郭营。

敌人在郭营驻了一个团，修了地堡、鹿寨，工事十分坚固。我们晚上挖壕沟，一直挖到离敌人前沿工事一百来米，上级命令白天攻击，把郭营拿下来。我们的坦克部队把大部分地堡都摧毁了，但是还有一个集团堡，那里地形凹，坦克打不着，怎么办？必须人工爆破。九连连长姓田，他指挥爆破班去炸掉这个集团工事。一开始上去的两个战士半道就牺牲了，爆破班班长宋协点往前冲，离敌地堡就剩个五六十米，也牺牲了。副班长王守保紧接着就上去了，他抓过班长的炸药包就往上跑，没跑几步，右手被打断了，炸药包掉在了地上。他用左手托起炸药包又往上跑，左胳膊也被打断了，他一下倒在了地上。我跟着连长，看得清清楚楚，我说："完了，王班长也牺牲了！"没过多久，我看到王班长又往前爬了，他右胳膊夹着炸药包，一直爬了五十多米，把炸药包放在射击孔的死角，用牙咬着拉响了导火索，然后迅速从地堡上翻滚下来。炸药响了，地堡被炸开了，我们的突击部队这才突到村里面去，打了一下午，全歼敌人一个团。王守保副班长真是钢筋铁骨，战后他荣立一等功。

胜利的因素

淮海战役我们取得了伟大的胜利。陈毅元帅讲，淮海战役是用小车推出来的胜利。我也总结了几条。

第一条是党中央、毛主席的英明决策和指挥。

第二条，我们打的是人民战争，是正义战争。我们兵力才六十多万，但民工很多。为什么我们的粮食足足的、弹药足足的？我们和人民是鱼水之情。淮海战役时，我们部队每个人都会唱一首歌，这首歌到现在我还会唱："同志们呀，我要问问你，你吃的饭穿的衣是哪里来的？吃和穿咱都要依靠老百姓，咱离开老百姓就像离水的鱼。鱼儿离水活不成，咱离开老百姓，就不能打胜仗。军和民一条心，打倒了反动派，最后的胜利属于咱们！"淮海战役就是人民战争的典范。

第三条，我们有战斗意志像钢铁一样的战士，因为我们懂得为谁当兵、为谁打仗，我们是人民的子弟兵。

　　张万春，1928 年出生，河北邢台人，中共党员。1946 年参加革命，淮海战役时任中野六纵十八旅五十四团三营八连排长，中华人民共和国成立后曾任中国人民解放军济南军区陆军学校副政治委员。

张万春口述

(2016 年 3 月 30 日)

与华野七纵一起战斗

1948 年的 3 月份，我们部队才从大别山出来，到了河南的遂平县休息整顿。以后就打了湖北的襄阳，国民党军第十五绥靖区司令官康泽就是被我们团抓住的。打了胜仗就赶快收容敌人，先换枪、换子弹，以战养战。在襄阳我们换了不少好武器，还弄了四门化学炮。

到了 10 月份，我们部队从那往淮海战场赶，赶过来以后，部队的减员比较大。所以当时上级知道这个情况，以后华野的七纵就来了，加入到我们的行列里，支援中原野战军加强南线防御，不让黄维兵团从这地方跑掉。打大王庄那一天，我们这个部队没参加，是四十六团打的。那天中午 12 点钟左右，那地方打得开了锅，很激烈，有的连队最后就剩下几个人了，我们武器不行，人员也少，主要靠精神。我们六纵跟华野七纵关系挺好的。

抢占双堆集战场制高点

在双堆集半个多月，白天打仗，晚上挖战壕。那时候也没尺子，指挥员说："一个人往前跨三步，你从后边往前挖，前面的往后挖，一个一个地接起来，不能都挤在一堆。"晚上敌人听到以后，就打枪、打炮。我们一宿一宿不停地挖，减少了好多伤亡。最后距离都比较近，再往前挖，我们的人不够拢一圈，容易丢了阵地。

部队伙房离前线好几里地，在那做饭，有油饼，有用高粱面、黑面、白面卷起来蒸的卷子，早上天还没亮就得赶快送，别叫敌人发现了。因为白天往这送太困难了，弄不好连他也打死了，敌人也抓我们的规律。

一天晚上，我们插到双堆集边上，也分不清东南西北，前面有个大土堆子，是平原上的制高点，国民党军有一个连在那上面守卫。团里叫我们这个营上去，把土堆子拿下来，控制制高点。咱们晚上拿下来以后，白天那地方就守不住了。因为天一亮，敌人的坦克出来了，顺着平原直往上攻，来夺取这个土堆子。我们那个营，光营长就牺牲了三个，柴兴起是第一个，换的营长没过两天也牺牲了。双堆集战场都是平地，我们晚上攻击，拿过来了，敌人白天开着坦克横冲直撞，我们只有一挺反坦克机枪，根本也打不透坦克。坦克来了，我们没有别的办法，只能钻到挖好的猫耳洞里藏起来，坦克走了再出来，就这样一直坚持着。敌人最后放毒气弹，有的管用，有的不管用。因为那天正好有风，可能风向不对，毒气没刮过来。

最后总攻的时候，打得挺残酷，咱们部队基本都打光了，不是负伤就是牺牲了，没有多少人了。敌人的坦克又冲上来了，我们部队的司号员滕道林，他在那吆喝了一声"反击"，指挥大家把敌人赶下去，敌人又往上攻，我们又把敌人赶下去。滕道林后来立了功，还出席过全军青年英雄代表大会。

当班长就得带头打仗

王近山司令员说："打仗就看你这骨干、干部怎么样，干部不行，这个仗就打不下来。"当班长就得带头打仗。那时不仅班长带头，排长也带头，连长、指导员也是哪里艰苦就到哪里去。当班长也不容易，我头上、眉毛上都是打仗留的疤，身上也有，两年前才把脊梁骨里边的一块炮弹皮挖出来，就是淮海战役负的伤。

为什么去当兵？家乡实行了土地改革，分到房子，分到地了，去当兵的目的是保卫国家，最现实的就是要"保卫胜利果实"，别叫敌人再夺去，道理就是这么简单。

打胜仗凭什么？叫我说，主要是靠我们党的领导。国民党的兵经过正规的训练，咱有什么训练？我当兵，换了军装以后，从我们县到部队走了两天。到那以后，一人给一个手榴弹撂了，这就学会撂手榴弹了；给了三发子弹，也不知打哪儿去了，就算是学会打枪了，没过几天就开始去打仗了。咱这些方面都不如敌人，他们的枪、炮都比咱打得准。咱们靠什么呢？说是勇敢加技术，我看勇敢比技术有用。我们知道为谁打仗，这个比较明确。

　　李少英，1931 年出生，山东栖霞人，中共党员。1945 年参加革命，淮海战役时为华野卫生部第十二医院手术室麻醉师，中华人民共和国成立后曾任中国人民解放军第二十六军卫生处副处长。

李少英口述

（2016 年 3 月 31 日）

紧张的麻醉手术

我们医院是受华野卫生部直接领导的。1948 年秋天，伤病员全部转到后方去了，部队开始往南边走，准备迎接淮海战役。医院工作人员分为两部分，一部分人根据伤员的伤情进行检伤分类，比如是上肢还是下肢负伤，是头部还是肺部、腹部负伤等，哪种类型的伤转到哪个医院去；另一部分人负责抢救和手术，工作紧张繁忙。当年医院用的药品基本都是战斗中缴获的，像止血药、消炎药这些数量很少。需要做手术的伤员很多，而医院的麻醉药品只有乙醚，这种药品麻醉的速度很快，掌握不好就容易出事。我的任务是给伤员麻醉，一天下来要做七八个麻醉手术。麻醉药品味道很大，一进手术室就能闻到，手术多的时候，自己都被麻醉药品刺激得站不住，呕吐，吃不下饭。

安抚伤员情绪

除了麻醉工作，我还是医院宣传队的干事，要做伤员的情绪安抚工作。有的伤员手臂截肢了，就问医生："能安假肢吗？"我们说："到后方以后养好伤就能安假肢，假肢安上以后也能干活，你不要担心。"我记得最清楚的是一个十六岁的小战士，他是山东人，两条腿粉碎性骨折截肢了，我们几个女孩到病房去看他，心里很难受。小战士说："大姐，我的腿锯掉了，还怎么打仗呀？""你的腿确实不能保住了，不然会影响到你的生命。"他说："唉！我的腿没有了，回家以后怎么办？没有腿就不能种地，母亲年纪大了，还得照顾我。"我说："解放区有人民政府，回去以后，政府会照顾你的。医院给你治好了再安上假肢，就能像正常人一样生活了。"

救治国民党军伤兵

淮海战场上，我也看到了被俘虏的国民党军残兵败将成群结队地往战场外走。很多俘虏都是被国民党军抓的壮丁，本来就不愿意当国民党兵，经过思想教育以后，很多俘虏自愿留在解放军，他们打仗还很勇敢呢。

那些受伤的国民党军俘虏我们都给救治，他们叫我"解放军小姐"，我说"叫我解放军同志"。有一个俘虏是个营长，他不相信解放军能把他的腿治好，轮到他做手术的时候，叫他也不答应。外头好多人都等着做手术，后来我们队长急了，跟他说："你不做可以，把后头那个抬上来，把你排到最后去。"这个营长表面上硬撑，这么一听害怕了，连忙说："我做，我做。"

解放区那些抬担架的老百姓，一看让他抬的是国民党的兵，就不愿意了。我们还得做老乡的工作，我说："国民党军扔下这些伤兵不管，我们解放军讲人道主义，都给收治。"

　　夏继明，1931 年出生，山东荣成人，中共党员。1947 年参加革命，淮海战役时为华东局电话管理局集中台报务员，中华人民共和国成立后曾任中国人民解放军武汉通信指挥学院副院长。

夏继明口述

（2016 年 3 月 31 日）

报务员的工作

集中台它是一个机关，联系的对象有上级、下级和平级，所有的指挥部队和协同部队都是通过电台来联系。我们电台的联络对象是谁呢？对上是党中央、毛主席，对下是所有纵队。我们报务员每天的任务就是收报、发报，保证通信畅通。工作流程很简单，机要员把电报送到电台，交给你去发；收报员收到以后，再送到机要局去；密码电报由机要员翻译完后交给首长。

一个单独的电台，原来是收发都在一块儿的，但是成立集中台以后，它就分开了，因为电台功率大，都是五十瓦的，如果靠太近会互相干扰，所以要拉开距离。就是发报台在一个地方，收信台又在另一个地方，之间有线连着。发报台和收信台是两个单位。另外，它有个天线厂，目标也很大。我们报务员不管在什么情况下，都要保护电台不能出事。

那个时候每天电报来往的数量很多，电台的几个人基本上二十四小时轮班转。电报分等级，有平报、急报、特急报。特急报就要保证及时发出，送来的报头上都写得清楚，"特"字什么的，我们都是根据这个缓急来处理。

当报务员，最难的就怕联络不上，听到对方有回信，就算是成功了。对方发报你收报，必须要听到它，有时候信号特别特别弱，别人听不到，但是技术好的能听到，不仅能听到，还能抄下来。你发完了以后，哪个字对方没听清楚，就要重发一下，发出之后，最后给你收据，这个任务就完成了。所以我们搞报务工作的，大家评谁的技术好坏，就是看他的手法，发得准不准确，速度快不快。我们一天到晚钻研技术，为了完成本职任务，学习都是围绕这个。华东局的报务员发得快、发得好，一分钟发到一百四以上，最高有时候到一百六。

作战勇敢　军纪严明

我参军的时候，我们村的年轻人基本上都报名了。军属家里的土地村里要代耕，年轻人参军了，中年人都去支前了，代耕的任务太重了。在我们胶东解放区，这种事例很多。我们胶东兵没有多少文化，但是作战很勇敢，大家都知道，当兵第一条就是不怕死，只要是上边的命令就去执行，没什么其他想法。

国民党军进攻山东的时候，我们解放军主力转移到外线作战，华东局机关突围，战斗打得挺惨烈。八月中秋的时候，满地都是地瓜、花生，大家都饿得厉害，但是周围没有一个人拔地瓜或者花生吃。为什么呢？因为部队群众纪律特别严格，不拿群众一针一线。军民鱼水情，确实是这样的。

我们电台里边有一个炊事员，是解放战士，他调戏妇女，上级下命令一定要枪毙，老百姓讲情也不行。另外，群众对我们也特别好。有一个战友的钢笔丢了，那时有支钢笔很稀罕的，村干部发动全村的人到地里找，硬是给找回来了。

党叫干啥就干啥

我们部队同志之间的关系很好。我们有点东西，也不分什么你的我的，领导干部也没什么特殊的。国民党军进攻胶东的时候，救济公署给了我们一部分物资，我们每人分了一条美国军毯。我那条毯子割成两半，分给战友一半，剩下的半块毯子，后来剪成一绺一绺的，分给大家当腰带了。

我们这些人出身比较穷苦，文化程度也不高，现在呢，都是教授、将军了。回想这一生，不管是接到什么任务，脑子里想，党对我这么信任，只能拼命地把这个事情做好。我当教员的时候，要是这节课备不好，晚上绝对不睡觉。我曾被评为学习毛泽东思想积极分子、革命故事优秀教员，两次到北京参加全国会议。通过学习，真正懂得了什么是共产主义，中国要走社会主义道路。现在的社会发展也是这样，这些基本信念不能变，党叫干啥就干啥。

　　张儒生，1928 年出生，山东莱芜人，中共党员。1945 年参加革命，淮海战役时任华野八纵后勤卫生部野战医院一所司药，中华人民共和国成立后曾任中国人民解放军第一〇七医院眼科主任。

张儒生口述

(2016 年 3 月 31 日)

"一针、二碗、三干净"

我入伍的时候被分到鲁中军区卫生部一所，刚开始当护理员，负责照顾伤员，给伤员换药。后来到药房当司药，自己用土办法烧蒸馏水，配注射药。那时候除了蒸馏水，其他的药品很少，特别是消炎药，像青霉素就更少了。当时部队医疗条件很有限，有个口号叫"一针、二碗、三干净"，"一针"就是打破伤风针，"二碗"就是喝两碗水，"三干净"就是清理伤口、换敷料。

当时野战医院不在后方，是跟着部队走的，离一线战场很近，有时只有几里路，国民党军飞机轰炸得比较厉害。蒙山阻击战时，我们被敌人包围了，我和另一个护理员为了抢救一个骨折的伤员，抬着他一晚上走了二十里路，冲出了包围圈。

野战卫生所的"四大技术"

淮海战役时，我在华野八纵卫生部野战医院一所。野战医院离前线不是很远，做手术的时候基本上都是在房子里。伤员在前线负伤了，先是连队的卫生员背下来进行简单的包扎，然后再转运，到我们这里可以做一些简单的手术，处理好再转到后方去。

手术有四大技术，就是扩创缝合、结扎止血、骨折固定、上夹板。扩创缝合就是取弹片；结扎止血就是切开缝合结扎，用止血带止血；骨折固定就是打石膏，用石膏把腿固定起来；上夹板，那时叫托马斯夹板，是用板子把腿部夹上。至于像颅脑伤、胸部伤、腹部伤这样的重伤，当时救不了，很多都伤重牺牲了。

淮海战役伤亡大，战斗紧张的时候不断有伤员下来。处理伤员的伤势，止血是第一步。当时一线的野战卫生所是不能输血的，不像拍电影似的抽出来就能输，不是那样的。因为输血要用到显微镜，对上血型才行，还要搞应激试验，这些条件我们都没有。那时候咱们的医疗器械药品，只有简单的能供应得上，比如白布，撕开就是绷带。当时手术麻醉用氯仿，别的麻醉没有，都是戴着口罩滴。小的地方可以局部打麻药，大的地方要全麻。氯仿麻醉不容易掌握，麻醉浅了病人疼，伤员乱动没法手术；稍微掌握不好量用多了，人可能就回不来了。

　　顾洪海，1928 年出生，山东沂水人，中共党员。1945 年参加革命，淮海战役时为华野八纵野战医院二所护士，中华人民共和国成立后曾任中国人民解放军第一〇七医院院务处主任。

顾洪海口述

（2016 年 3 月 31 日）

淮海战场上的护士班长

我是 1945 年 1 月参加革命，1947 年入党，一直在部队医院工作，淮海战役时是华野八纵卫生部野战医院二所护士。那时候参军到部队，也没有像现在这样还要经过学习，一些岁数小的就分到医院去了。我分到医院刚开始当护理员，以后就当护士，反正就是这样一点一点干起来的。仗是打了不少，解放开封的战役，以后淮海战役、渡江战役、上海战役都参加了。

淮海战役时我们叫野战所，我在那当护士班长，任务就是接收抢救伤员，给伤员换药包扎，做一般的处理，每天的工作量都很大。

淮海战役伤员多，尤其是打碾庄的时候，伤员特别多。那时候的情况比较危急，伤员收治不下了，我就奉命将部分伤员转运到黄河北边，用的是鲁中和胶东地区的担架队。卫生所一般都离部队不远，阻击的时候远一点，大概十几里路，进攻的时候就近一点，最多五六里路。

这么多年过去了，别的事情记不清了，只记得当时就是接收伤员，伤员来了以后就处理，该上夹板固定的固定，该打针的打针，该换药的换药，就干这些事，别的事也不懂。那时候我们还接收了很多国民党军的伤员，许多伤员经过我们救治就活下来了。

在我看来，我的工作是当护士，没有在前线打仗，这个工作平平常常，没做出什么成绩，也没有什么大的贡献。

　　林森松，1933 年出生，山东文登人，中共党员。1948 年参加革命，淮海战役时为华野第一野战医院护士，中华人民共和国成立后曾任龙口市海岱医院医师。

林森松口述

（2016 年 4 月 1 日）

奔赴淮海战场

我十五岁分到华野第一医院工作，第一次接触伤员时，看见伤口这么大，我吓得差一点晕倒。因为我是小学毕业的，能写，还会一些英语，后来就被安排到办公室里，负责写药瓶的瓶签、发药、分药。手术室忙的时候，我也去帮忙，给医生递手术器械。10 月底，这批伤员都转到后方重伤二院去了，我们野战医院的人员背着行李，抬着药品和器械，开始往南进发。

我不怕吃苦，就怕行军。因为年龄小，常常是走不动又跟不上趟，只能跟在后边小跑。部队的老兵爱护小战士，我的背包、干粮袋都是战友帮着背的。有一个通信员，行军时他的枪总是在背包上横着，两边挂的都是我的东西，我空手跟着跑，要不然就跟不上。晚上行军看不见路，组长就把白手巾系在背包带上，让我用手扯着跟着跑，走到天亮才能找地方宿营休息。一听说就地休息，我躺下就能睡着。虽然很累，好在年纪小恢复得快，就这样从济南一步一步走到了徐州。

忙碌的实习护士

淮海战役打响以后，我们医院设在陇海铁路东边一个叫沙塘的村子。这里的条件比打济南战役时还要差，因为冬天特别寒冷，又没有取暖的东西，只能在平地铺麦草，让伤员挨个在地上睡着。我们尽量想办法给伤员弄点豆芽、萝卜吃，但是油也很少。

淮海战役期间，我所在的大队就接收了三百多个伤员。白天国民党飞机轰炸，担架队不敢运送伤员，大部分都是晚上往病房里送，常常是一宿就接收几十个，而且伤势都比较重，枪伤少，炸伤多。夜里也有枪声，火光一直闪，医务人员也有负伤的。当时我们科室只有两个医生，其他都是护士和看护人员。我是实习护士，经常领着看护员查病房。看护员给伤员翻身、送水送饭，护士给伤员换药包扎。

淮海战役时间比较长，打得很残酷，伤员太多，不只有枪伤、炸伤，还有冻伤。医务人员太忙了，给伤员清创、缝合、截肢，白天黑夜不停地做手术。我当时才六十多斤，很瘦弱，医院对我比较照顾，就叫我做轻快一点的工作。我在那里帮着换盐水、递器械，医生要啥东西，我就赶快跑去拿。伤员流动得很快，手术完了就赶快往后方转，因为前方医院压力太大，今天不转走，晚上再来新伤员就没地方住，只能不断地循环。后来一个村子实在住不下了，又开辟了一个叫蔡庄的村子，我们就在沙塘和蔡庄两边跑。

我们也收治国民党军的俘虏，我印象中有个师长，他年龄比较大，人很瘦。有天晚上我值夜班，他的心跳只有一点点了，我赶紧给他打强心针，把他抢救过来了。

　　丁景含，1923 年出生，山东黄县人，中共党员。1944 年参加革命，淮海战役时任滨北二团五连政治指导员，中华人民共和国成立后曾在中国人民解放军济南军区宣传部马列主义研究办公室工作。

丁景含口述

（2016 年 4 月 1 日）

淮海战役的后备队

参军以前我在烟台、北京上过高中，后来因为家境问题辍学后，到了胶东建国学校。学校是 1944 年建的，当年准备跟国民党合作的，培养建国的初级干部，我就在那儿学习了一年。后来日本人投降了，我们就进了烟台各救会，就是各界救国委员会，包括青妇会、农工会等，我在青救会里工作，后到烟台市青联当过干事。国民党军进攻山东以前，我转到军队里去了，在烟台指挥部宣传科。1947 年我们撤离了烟台后，我就到胶东抗大训练了一年，进行军事、政治方面的学习，后转到滨北二团当副指导员。淮海战役时，我们是后备部队，坐敞篷火车赶到时，淮海战役接近结束了，没有直接参与战斗。

淮海战役后的工作是准备渡江，部队到长江边上练习怎么坐船，试着坐木盆在江里划一划。在长江边上逗留了大概一个多月，国民党就从江南撤退了。我们部队过江时没有战斗，是船工划着木船把我们送过去了。渡江之后，我在上海、南京办过报纸，当过编辑。后来部队改成培养初级干部的教导师，我就到青岛去办速成小学。那时部队很多营、连、排干部的文化程度很低，都送到速成小学去学识字和初级的读写。办了一年速成学校，结束后又办了文训队，我在那儿当队长。再往后，我又调到济南军区宣传部工作，主要是办政治经济学的理论学习班。

　　成善良，1930 年出生，山东龙口人，中共党员。1945 年参加革命，淮海战役时任胶东渤海独立一团医疗队卫生班班长，中华人民共和国成立后曾任中国人民解放军第四航校军医。

成善良口述

（2016 年 4 月 1 日）

辛苦忙碌的护理工作

淮海战役时，我在山东前方后勤医疗队任卫生班班长。战时条件艰苦，我们在老百姓的房子里设立了医疗间，临时救治伤员。伤员送过来后先验伤简单包扎，治不了的重伤员就让民工转运到后方去，轻伤的就留在这儿养伤，好了再归队。医疗队的医生护士都很少，伤员却很多，我这个班只有十二个人，最多的时候一天接收了三百多个伤员，不光是我们自己的伤员，还有俘虏国民党军的伤员。护理工作十分辛苦，夜里也不能睡觉，有的护士站在边上，端着药盘靠着墙就睡着了，有的护士换着药就打起了瞌睡。有一次，我去给一个伤员测脉搏，本来很快就能测好的，我坐下以后好久没测出来，其实我那是累得睡着了。我们虽然严重缺觉，但也必须咬牙坚持，这么多伤员要换药，换不好就不能歇。

一夜救了十八个伤员

淮海战役期间，我们卫生所和一线部队挨得比较近，都是到第一线去抢救伤员的。救伤员的时候十分危险，因为伤员受伤躺在那里自己不能动，卫生员去救时敌人肯定会开枪。我是党员又是班长，哪怕会在枪林弹雨中牺牲，我也得去把他们拖下来抢救，包扎了就赶紧送到安全的地方。有一次，我背着药包跟随一个分队行动，有三个人负伤，我就赶紧给他们临时包扎，当时药包被敌人打进了一个子弹头。最困难的一个晚上，我上前线抢救了十八个伤员，其中一个是机枪班班长，他在帮助我拖其他伤员时牺牲了，最后我也累得昏倒了。后来战友吴洪发告诉我，那天下雨，我倒在路边的沟里，身上全湿了，鞋子里外都是淤泥。

淮海战役中的民工数量非常多，我们把伤员从火线上抢下来，简单包扎后再交给民工，由他们用担架把伤员抬走。老百姓对待伤员非常好，有的人甚至在空袭中为了掩护伤员而牺牲，我们很感激他们。

　　李淑珍，1927 年出生，山东栖霞人，中共党员。1946 年参加革命，淮海战役时任华野第五医院护士班班长，中华人民共和国成立后曾任莱阳市内燃机摇臂厂医生。

李淑珍口述

(2016年4月1日)

冻伤的手和腿

我当兵以后先是在卫生大队接受训练，分到医院当看护员，不到一年就提升当了护士。那时候病员多，伤病员换下来的纱布、棉花都不能丢了，都是洗干净以后再用。河水冻上了，我们把冰砸开以后再洗，我的手就是洗敷料冻伤的。

我们卫生班有二十个人，都是女同志。班里有几个小姑娘，发的鞋穿着大，就用草绳绑起来，脚指头都磨了泡。休息的时候，我和副班长烧热水让大家洗脚，脚上打了泡的给她们挑开，擦点红药水。她们都睡下了，我和副班长才能去休息。冬天行军，有时候要蹚水过河，我们女同志来月经了，也得蹚过去。我的腿也是那时候冻伤的，得了风湿性关节炎，经常酸痛。

难忘的七天七夜

淮海战役时我在华东第五野战医院。伤员最多的时候，我们七天七夜都没睡觉，累得都走不动了。这七天七夜没时间换衣裳，甚至连吃饭的时间也没有。伤员太多，一批又一批，该做手术的做手术，该往后转的往后转。伤亡很大，很多伤员都是大出血牺牲的。这么多伤员也没有提到打的是哪一场战斗，他们只是说"我从萧县下来的""从宿县下来的""从徐州下来的"。

晚上我们不能睡觉，必须守着病员，怕他们休克致死。有个政委姓李，他的腿受伤后得了破伤风，第二天发高烧，两条腿都发紫了，只能截肢。那时候做手术，也没什么麻药和止疼药，伤员疼得直喊，我们心里很难受，只能尽力去照顾、安慰他们。给伤员接大小便，给伤员擦身体、喂水喂饭，很多战士都向我们表示感谢。

这七天七夜中，有一件事让我很难忘，就是给俘虏输血。有个俘虏截了一条胳膊、一条腿，大出血休克了，他是 AB 型血。我们全院就三个人是 AB 型血，其中就有我。当时我不高兴，就跟护士长说："护士长，咱们解放军优待俘虏，给他别的优待就是了，还要给他输血，也太优待了。"护士长说："你说得不对，他不是被解放过来了吗？按照我们的政策，就得好好待他。"我们三个人各抽了 300cc，一共差不多 1000cc。这个俘虏输血以后活过来了，他感激地对我们说："解放军真优待俘虏，你们把自己的血给我输上了，谢谢你们！"

　　郎铭发，1928 年出生，山东莱州人，中共党员。1941 年参加革命，淮海战役时任胶东军区支前司令部民工支前大队民运干事，中华人民共和国成立后曾任莱州市物资机电设备公司科长。

郎铭发口述

(2016 年 4 月 1 日)

血战碾庄

1948 年 10 月份，我调到民工支前大队当民运干事，我们是十九大队，大队长是李子青。当时各县、各区都有带民工、民兵的领导，也是按照军队的班、排、连来编制，海阳县、胶阳县、掖县，这三个县的人员分头集中，送炮弹，送粮食，抬担架。运输工具都是木头的独轮车，"吱吱呀呀"地送粮食；再就是用扁担挑着子弹和炮弹；担架就是用两块木头钻的眼，用麻绳编好穿起来，四个人一副担架抢救伤员。

我们从济南集合，经过泰安，带民工往南走。原来是和部队一块儿走的，当时有命令，要求部队赶赴前线包围黄百韬兵团，所以部队昼夜不停地往前赶。白天国民党军飞机扫射，我们民工队就改成晚上行军。

淮海战役先打的碾庄圩。碾庄有土圩子，圩墙外面有很宽的壕沟，水有一米多深。我们到那里的时候，看到壕沟里有许多牺牲的战士。民工们都掉泪了，赶紧往上抢，不能让他们在水里泡着。部队冲进去以后和敌人展开激战，一个屋一个屋地打，再往后就打肉搏战，拼刺刀了，战士们牺牲的也非常多。我们就在碾庄外围，接收前线抢救下来的伤号，再往后送到下一站，他们接了以后再转送到医院。打完碾庄，民工们抢运出来的解放军战士遗体就有几千具。

拥军支前理当然

在解放区，老百姓支援前线都是很积极的。胶东海阳的老百姓出工最多，当时在海阳县你都找不到男劳力，当干部的都是女的。老百姓知道，前线战士打仗是为了老百姓，不吃饭怎么能打胜仗？所以交粮食，老百姓都是自愿的，粮食所给打收据。那时候小米很少，主要是苞米、高粱。后方的老百姓磨面、碾米、做鞋，拥军支前。

当年，绝大多数支前民工是比较积极的，也有个别落后的。我们也做宣传工作，没有炮弹，前线怎么打胜仗？没人抬担架，战士受伤怎么办？到了前线，看到那些为老百姓打仗牺牲的战士，也激发了民工支前的积极性。有些想开小差往家跑的，这时候也积极起来了。再加上解放军一直打胜仗，民工更积极了。

咱们民工大队也评功，俺村有个叫张学本的民工，平时有说有笑的，担架排长郎甲三牺牲以后，他发誓一定要为牺牲的战士和郎甲三报仇。张学本主动给伤号们做饭，给伤号们洗脸、端屎、端尿，被评为支前模范。支前模范报上去，指挥部给他们发勋章。民工牺牲了，给他家里发个烈士证，证明是烈属，村里可以代耕。新中国成立以后，家属可以享受烈属待遇。

战争年代，医院没法长期在一个地方，今天挪这，明天挪那。医疗所在哪里，哪里的老百姓就热情地照料伤病员，他们热爱伤员是发自内心的！

咱们六十万解放军能够打败八十万国民党军，我觉得，第一个是军队步调一致，不分你我，互相支援，集中力量战斗；第二个，部队打仗离不开老百姓，鱼儿离不开水，水也离不开鱼，老百姓的支援是保证战争胜利的基本条件。

　　姜健，1929 年出生，山东牟平人，中共党员。1944 年参加革命，淮海战役时任华野八纵二十二师司令部作战科测绘文印组组长，中华人民共和国成立后曾任莱阳市供销社调研员。

姜健口述

（2016 年 4 月 1 日）

油印下发作战命令

我是高小水平，像我这样的文化程度，在我们部队就是"秀才"了。淮海战役时我在师司令部作战科，是测绘文印组的组长，主要工作是油印司令部下达的作战命令。参谋长定了内容以后，我们立即刻钢板，用蜡纸油印，印十份左右，连夜发下去。作战命令要同时上报纵队司令部和师直司令部侦察科、通信科、军训科，再发到团一级单位。夜间工作有时候很疲劳，一疲劳就打瞌睡，我的帽檐子被油灯烧了，还不觉着哩。钢板、蜡纸对我们来讲可是宝贝，等于战士的武器，不能把它丢了。物资从哪里来？一是战场上缴获，另外从我们解放的一些县城也能买到。

八纵政治部有个小报社，军报叫《红旗》，也是油印的。我们师里没有报纸，师政治部有宣传科，宣传干事下到连队去了解战场情况，发现了英雄模范事迹，就通过电话逐级上报。政治部主任来给政委、党委汇报，我们这些人也在指挥所里面，有些情况就知道得快一点、准一点、多一点。

徒涉沂河　决战淮海

淮海战役是 11 月开始打的，我们已经发了棉衣。过沂河的时候天气冷了，沂河水深，本来准备搭浮桥让部队通过的，用秫秸、门板搭好以后，水流很急，浮桥一下就被冲跑了。河对面就是敌人，最后部队下命令徒涉。河边的水、淤泥都有膝盖深，我们就扒了棉裤，只穿一条短裤，把棉袄拼命往上撸，把武器弹药、棉裤放在头上顶着，过了河套上棉裤就追击。淮海战役第一阶段的任务就是包围黄百韬兵团，黄百韬部队有很多广西兵，个子小，有战斗力，我们叫他"广西猴子"。碾庄战斗打得很残酷，部队伤亡也比较大。

第一阶段结束以后，徐州的国民党军部队要跑，我们就向徐州方向追击，一天急行军一百六十里。那天黄昏以前，我们就赶到了濉溪口，天黑以后到达指定位置，我们师就在陈官庄西南边十公里左右，占领阵地。这时候，中野刘伯承、邓小平的主力在双堆集围歼黄维兵团。杜聿明集团被包围以后，想突围也突围不了，只能固守。我们就在战场上挖工事，做总攻前的准备。

战场上我们吃的粮食主要是靠解放区的支援，山东解放区的支前民工推小车、抬担架，浩浩荡荡的。当时处于冬天，我们的伙房在后头每天做饭往前方送，大家记忆最深的是高粱面窝窝头，冻得梆梆硬，根本就啃不动，抓起一个来都能砸破头。一个冬天很少能吃到热饭，这个印象比较深。

但是后来有一段特别高兴，为啥？我们吃到大米了。国民党军被包围以后，他把老百姓的粮食吃光了，最后把马匹都杀了，但是也不够吃。怎么办呢？国民党军的飞机从南京空运大米，飞机在战场上空盘旋，它飞矮了我们就打，飞高了就空投不准，有时候降落伞就投到我们阵地上来了。所以我们伙房赶紧做大米饭送到前线去，大家吃得可来劲儿了。也有人不喜欢吃大米饭，给我们服务的民工说，吃了大米饭以后不到俩钟头就饿了，还是吃煎饼扛饥。

1949年1月10号，我们打进了陈官庄。那天下午，我跟作战参谋高寿昌两个人，一人骑着一匹马去陈官庄战场，看到村子里一间房子都没有了，都修成了小地堡，到处都是战壕、掩体。战壕里面有很多被打死的国民党军官兵，还有被国民党军扔下的伤兵在那里哀号。

淮海战役胜利结束，我们撤出战斗，接着就南下过淮河，在蚌埠东边的板桥车站过春节。在那里，华野八纵整编，改为第二十六军，我们二十二师改成七十六师。

阶级觉悟　思想根本

我们解放军主要是靠阶级觉悟，这是思想工作的根本，它有无限的力量。我们共产党就是为了老百姓不受压迫，为了解放老百姓。解放区土地改革以后，家家户户分了田地。国民党发动内战，翻身农民要保家、保田、保饭碗。现在也是一样，我们党为什么能长期执政？因为中国人民一心拥护。国民党失败是注定的，为什么呢？国民党不是为贫下中农、为工人谋利益的。

战场上俘虏的国民党兵，刚开始看到我们还是战战兢兢的，因为他受国民党军一级压一级的剥削，他以为解放军部队也是这个样。结果过来之后，看到我们官兵一致，再经过诉苦教育，他的阶级觉悟就转变了，愿意留下来参加解放军，就成了我们的阶级兄弟了。

淮海战役、解放上海、抗美援朝，我都立过三等功。师司令部成立了党支部，我很长时间都是支部委员，是个骨干。克服困难完成任务，我认为这些是很平常的事，也是应该做的。

　　王进达，1925 年出生，山东莱州人，中共党员。1947 年参加革命，淮海战役时任西胶部队西海独立团第一大队排长，中华人民共和国成立后曾任莱州市过西粮所保管员。

王进达口述

（2016 年 4 月 2 日）

优待俘虏　官兵一致

西海独立团有四个大队，我在一大队当排长，一个排五个班，带六十二个人。淮海战役的时候，我们负责在第二道防线接收俘虏，俘虏兵里边四川、广东的人多。解放军优待俘虏，给他们吃小窝窝头，俺们吃地瓜。这些俘虏看了就说："你们穿的、吃的都一样，看不出来官和兵。"我们连长有两双鞋，都给战士了，那时候都这样。所以俘虏都觉得共产党的政策好，解放军也好。俘虏兵很多是抓的壮丁，咱们就开诉苦大会，进行阶级教育，让他们知道解放军是人民的军队。

我和副排长、司务长三个人，一路上要负责联络，找房子。那时候一天最少得走七八十里，最多走过一百二三十里，还不觉得累。白天有飞机，只有晚上走，地上有路标箭头，各有各的代号，我们就按照自己大队的路线走。走得困劲大了，一边走一边睡，还能跟上部队。

我是党员，还得保证队员不要开小差。队员都是穷雇农，没经过正规的训练，飞机一炸他害怕呀。我说："不要慌，你越害怕越死得快，你不怕，真打红眼了，才能胜利。"

步调一致　爱民守纪

我们优待国民党军俘虏，可是老百姓一看，让他抬的是穿黄衣裳的国民党兵，一下子就给扔沟里去了。为啥？因为国民党部队总是欺压老百姓。

行军路上，树上的柿子软乎了，有人摘了吃，地里边花生刨两个吃，这不行啊，破坏纪律了，开会的时候得批评他。有个老大娘说："恁吃得不好，他没吃饱，不怨他。"我们说，解放军是毛主席的队伍，共产党的部队讲三大纪律：第一服从命令听指挥，步调一致；第二，不拿群众一针一线；第三，不调戏妇女。解放军的部队不住民房，下小雨也在外边，老百姓感动地说："这可怎么好啊!"

　　于新江，1929 年出生，山东文登人，中共党员。1947 年参加革命，淮海战役时为华野一纵二师五团三营七连卫生员，中华人民共和国成立后曾任青岛医学院附属医院干部。

于新江口述

（2016 年 4 月 2 日）

"我觉得这边比那边好"

豫东战役的时候，我们连补充了很多俘虏兵，咱们训练半年真起作用。淮海战场上，我碰到一些豫东战役解放入伍的战士，这些人大部分都挺好。当然也有不愿意留下的，跑了。有个卫生兵比我还小，他对我说："班副，他们也叫我跟着一块儿跑。"我说："你怎么没随着一块儿跑？""我觉得这边比那边好！"他为什么这样说？他是莱芜战役被俘虏的，解放军放他回家了。走到半路上，他又让国民党的新五军抓了，豫东战役又叫咱抓回来了。那时候有拉痢疾的伤员，吃磺胺药得多喝水，四个小时吃一回药。这个小兵说："班副，我的暖水瓶给你用吧，你晚上好喂伤员吃药。"他经常对我说："这边比那边好。"是我们的俘虏政策好。

国民党部队为什么这么快就被消灭了？不是他军队太弱，是人心向背。东北已经全解放了，包括北京附近也被咱们控制了，在淮海战场，他们就没有信心了。有些国民党军士兵就跑过来了，说："看看你们解放军，一行动起来，有那么多的老百姓来支援。"淮海战役打到最后的时候，国民党兵跑过来，给他个帽子戴着，就跟着咱们一起打仗了。

淮海战役如果没有老百姓的大力支持，完不成也打不赢。在临沂夜间行军的时候，遇上了推小车往前线送粮食的老百姓，我就问："你们从哪来的？""掖县。""你们来干什么？""送军粮。"我们在前线打仗，地方上发动组织老百姓来支援前线，军民配合得好，胶东老解放区为军队出了力。

淮海战场身负重伤

11 月 6 号淮海战役打响了。我原来在团卫生队，部队打狼山的时候，有一个连队的卫生员耳朵震聋了，卫生队长调我去接替他。后来徐州的敌人撤退了，我们就向西往萧县方向，以后又拐弯向西南追击。敌人在前面跑，我们在后面追，飞机在上面扫射。12 月 4 号，我们在芒砀山跟敌人接上火了。通信员告诉我："卫生员，快！营长受伤了！"当时干部都是身先士卒冲在前面。我到那一看，营长腹部受伤出血，我给他包扎后，让担架赶紧向后抬。其他的伤员也是简单包扎以后，赶紧让担架抬下去。我们不能停，还得向前追。第二天早上，有一部分敌人被打散了，向我们连队方向跑过来。指导员叫大家把战线摆开，他对我说："你在这等着，不要往前去。"后来，前线的同志叫我："卫生员，有人受伤了。"这个同志腹部和膝关节受伤，我给他包扎以后，让担架员抬下去。

太阳刚出来的时候，一发炮弹落在我身边，我的胳膊、腿、腹部都受了伤，几个手指头被炸得几乎断掉，耳朵也震聋了，什么也听不到。说来也巧，团卫生队跟我一个班的卫生员，他跟着团政委到前面来，碰上我了。他叫我，我听不清，他赶快给我包扎，让连队文书带着担架抬着我向下走。走了不到两个小时，又来了个炮弹，把抬担架的人都炸倒了，我也摔在了地上。抬担架的同志叫："文书，文书！"没有声音。我摔在地上以后就大声吆喝，附近正巧有我们营的一个军医，他听到就过来了，给我包扎好。我没有二次受伤，战士们把我从战场抬到野战医院，当天晚上就做了手术，夜里就被担架队抬走了。12 月天气比较冷，担架员把衣服脱下盖在我身上，他们抬着我，走得都出汗了。天快亮的时候我醒了，一问他们，说走了二十多里路。因为白天有飞机轰炸，不能走，晚上才能走，走了十天，才把我抬到徐州。又从徐州抬上火车，到济南去治伤。

　　王广善，1931 年出生，山东临沂人，中共党员。1948 年参加革命，淮海战役时为华野八纵二十三师六十七团二营六连战士、通信员，中华人民共和国成立后曾任徐州市交通局干部。

王广善口述

（2016 年 4 月 5 日）

当兵后的第一仗

我是 1948 年 10 月参军的，淮海战役打碾庄的时候，我们班十二个人，任务就是架梯子。我们抬着梯子往前冲，怎么越抬越沉啊？回头一看，就剩三个人了。按规定我们把梯子架上去以后，五连是攻坚连，就要冲上去了，结果到那一看，梯子没架成，那也得冲啊！这一仗打完，五连只剩了一个通信员、一个连长。晚上全营点名的时候，大家都哭了，哭得呜呜的。

我们打进去以后，枪都上了刺刀，碾庄南门东边有个大汪，我们要从大汪里边过去，敌人的飞机来了以后，"嗒嗒嗒，嗒嗒嗒"子弹都打到水里，很危险。打到最后，国民党军的俘虏成群结队地往外跑。我押着俘虏，还背了七支枪，战利品太多了，我还捡了一个"手表"。晚上开会，谁缴了多少枪，缴的什么东西，你得说啊。我给班长说："我还缴了个手表。"班长一看："你这哪是手表啊，是个指北针。"最后都交上去了。打碾庄我们班牺牲了九个，战斗结束以后，我立了三等功。

火线送信的通信员

班长说："今天晚上要爆破，看谁去合适。"大家都争着报名："我去！""我去！"去爆破炸地堡，当时也有要求：第一得是党员；第二身体要好，要有力量。小包炸药十斤重，小地堡就能被解决。我也报名了，班长不同意，说我个子小力气小，抱不动。

打陈官庄的时候，有一次战斗，敌人十三次反冲锋，排长让我赶快跑去向连长汇报。交通壕很浅，我只能弓着腰跑，累得不行了就站起身子。刚一站起来，一发子弹正好打到我的脑袋上，幸亏有个钢盔，头打得晕乎乎的。我心里想，任务还没完成，得赶快往连里跑。到那以后，我说："报告连长，前边没手榴弹了，要五十箱子手榴弹，还要子弹。"连长马上又派通信员去营里要。就在我汇报的当口，我们排基本上打光了，就剩下一个副排长、一个副班长和几个战士，其他全部牺牲了。连长杜保全看我跑得快，机灵，就把我留在连里跟着他当通信员了。战斗中，司号员和通信员都是敌人的重点目标。

在陈官庄，我们挖了很多工事，修了交通壕。总攻的时候，武器、人员各方面都准备好了，上级说"冲！"我们就全部冲上去了。敌人死的死、跑的跑，打得真痛快。

打胜仗的原因

国民党军队有美国支持，咱们武器弹药不如他，为什么能打胜？

第一条，部队一切听指挥！调你这个连支援，马上就到。

第二条，我们部队打仗勇敢，讲团结。

第三条，打胜仗离不开老百姓。淮海战役我们没有挨过饿，老百姓把猪杀好了，送到前线。前线有负伤的、牺牲的，民工担架队就给抬下去了。

第四条，军民团结搞得好。到了地方，部队的群众纪律相当严。不打仗的时候，就帮老百姓扫地、打水、干活，农忙的时候帮老百姓割麦子、砍蜀黍，闲不着。不拿群众一针一线，跟群众打成一片，我们和老百姓就是一家人。

　　王永生，1928 年出生，河南林县人，中共党员。1944 年参加革命，淮海战役时为中野六纵十六旅四十六团三营十连卫生员，中华人民共和国成立后曾任郑州市卫生防疫站党总支书记。

王永生口述

（2016 年 4 月 12 日）

缺医少药的卫生员

我当卫生员的时候，部队发的卫生材料很少，一个卫生员发四条绷带、一小瓶急救水、一小瓶碘酒，还有几条三角巾。以前行军打仗部队都喝凉水，战士肚子疼了给他喝点急救水，身上长疮肿起来了，弄点碘酒擦擦。有些同志讲：红汞碘酒，一抹就走。头疼发烧，阿司匹林一包。那时候药品很少，所以每一次打仗，我也和战士们讲："你们如果发现哪里有药品了，告诉我，我去弄点药品。"但是很不容易弄到。打襄阳的时候，我们缴获了三千多粒阿的平，可以防治疟疾。战场救护的时候，只要发现是我们的伤员，不管他是不是自己连队的，都救护。

除了卫生救护，那时候连队和上边、下边联系，都是我负责。部队出发要写路条，画个路线图，今天从哪出发，到什么地方去，经过了哪些地方。到目的地以后，哪个单位哪个连，有多少人，有多少武器弹药，到齐没有，还有哪个没到，要写宿营报告。

大王庄争夺战

大王庄战斗整整打了一天。天刚蒙蒙亮，部队上去就打响了。敌人的两辆坦克装着炮弹，对着我们前面、后面、侧面打，把几个碉堡全部都掀掉了。敌人不停往上攻，攻上来我们打下去，再攻上来再打下去，反反复复地争夺。好多战士都负伤了，我不停地爬到他们身边，把伤员拖到安全的地方，给他们包扎好，轻伤员叫他自己走下去，重伤员用担架抬下去。我们连长、指导员也都负伤了，连长负伤以后，排长指挥，排长负伤以后，其他人都自动上前指挥，不管是谁指挥，大家都听，都支持他。打到最后，阵地上只剩下八九个战士了，我就站出来组织他们继续反击，一直坚守着阵地。到晚上七八点钟以后，敌人也筋疲力尽了，进攻一天，他们伤亡也大。

天黑以后，团长唐明春带着警卫员来了，他问我："还有几个人？"我说："就剩三个了。"

大王庄战斗前，我们连队有一百二三十个人，战斗打下来还剩三个人，后边还有两个炊事员、一个文书、一个司务长，加上回来的一个轻伤员，我们几个人到营部去报到。后来部队拨了一部分俘虏补到我们连队，又从山西解放区补充了一部分新兵，连队慢慢地又恢复起来了。

打襄阳的时候我立了大功，授予我"人民功臣"的称号。淮海战役结束后，我评了特等功，在蒙城开的英模大会，授予我"特等英雄"的称号。

军民就是一家人

我们这个团是红军部队的老底子，思想作风很好，党员干部都带头，官兵一致，团结协作得很好，打起仗来攻必克、守必固。淮海战役时，部队的口号是："守如钉！攻如锥！"

我们来自人民，保卫人民，为人民战斗。北方麦子熟了，部队要帮着老百姓收割，帮忙的时候只准喝开水，不准吃老百姓的东西。解放军部队住在哪个地方，对老百姓都特别好，室内、室外、街道，都打扫得干干净净。部队有个"满缸运动"，就是抽时间帮老百姓挑水，让老百姓水缸里面始终都有水吃。军民就是一家人。

　　马生林，1930 年出生，河南淇县人，中共党员。1947 年参加革命，淮海战役时为中野九纵二十五旅七十五团二营六连二排六班战士，中华人民共和国成立后曾任中国人民解放军第十四军四十一师副政治委员。

马生林口述

（2016 年 4 月 13 日）

配合主战场打援

1948 年 11 月份，淮海战役打响了。我团的一营被抽调到蚌埠打阻击，还有二营和三营，不够一个团的建制，就补充了一个民兵独立营。行军时我们每个战士要背一支枪、四个手榴弹、一个背包还有五六斤的干粮袋子，加起来五十斤左右。干粮是用蒸过的麦子面搓成的面蛋蛋，沙子在锅子里炒热，然后把面蛋蛋放进去炒，炒到两面发光了，冷凉了放在干粮袋里，不准随便吃，就怕打仗的时候吃不上饭。

我们还没有到达指定位置，又接到上级的新命令，要我们团到安徽和河南接合部的界首，和其他友邻部队一起构筑防线。这道防线两个任务，一个是围敌，一个是打援。上级要求，敌人如果向这个方向突围，要坚守两到三昼夜。我们构筑的工事很坚固，战壕、交通壕都连起来了，战壕里面又挖了坑、挖了洞、挖了掩体，既能防炮，还可以在里边休息。

我们在战壕里生活了一个半月。河南的老百姓推小车，源源不断向战场运粮食、运军械物资。河南产小米，炊事班在村里煮饭往阵地上送，基本上都是小米干饭，也有馍和面条。

在这一个多月的战斗中，一些国民党军的散兵，有的穿着军装，有的换了便衣，都是夜间从阵地跑出来的。光我们这个连，就逮着十六个俘虏兵。

淮海战役打得很艰苦，但也比较顺利，敌人也没有机会向别的地方突围，武汉白崇禧的部队也没敢来。淮海战役结束，我们部队就归建了。在临颍附近评功，总结战斗经验，进行整编。九纵改编成解放军第十五军，上级动员我们要乘胜追击，打过长江去，活捉蒋介石，解放全中国！

取胜的原因

我们装备差，兵力少，是怎么打败国民党军的？我认为，一是我们部队政治觉悟高。新兵入伍都要进行诉苦教育，懂得为谁扛枪打仗的道理，就不怕牺牲流血。部队成员基本上都是贫下中农，在农村吃不饱、穿不暖，这些人参军就是为了自己解放。有的已经解放了，家里分了房子分了地，娶了媳妇，有的还生了娃娃。你已经得到果实了，别人还在受苦，怎么办？参军去，解放其他受苦人。

第二，在作战方法上，我们采取集中兵力的办法。敌人有一个连，我们来了一个营，敌人一个团，我们可能来了三四个团，就这样打。我们多数是打运动战，一般不攻城略地，我们不打盲目仗。这一仗任务是啥，怎么打，你打哪儿，他打哪儿，都交给大家讨论，这叫军事民主。

第三，我们部队依靠群众，到哪个地方都有群众支持。

第四，我们打仗的时候，从国民党部队手中夺取武器，用敌人的武器再去打敌人，这叫以战养战。我刚参军的时候，发了一支汉阳造步枪、三发土造子弹。土造子弹是用战场上捡回来的弹壳，兵工厂装上弹头、火药，打出去没有准头。手榴弹是用铁轨、铁钟熔化了，铸个弹壳，里面装上火药，投出去有些崩两瓣、崩三瓣，效果比较差。我们的武器弹药很少，解放区兵工厂生产的子弹、手榴弹，威力要差一点。

我们人民解放军有政治觉悟，有不怕牺牲的精神，有战胜敌人的战法，有人民的支援，就能打胜仗。

　　宋三元，1922 年出生，山西阳城人，中共党员。1942 参加革命，淮海战役时任中野四纵十一旅三十二团二营四连政治指导员，中华人民共和国成立后曾任中国人民解放军第十四军后勤部副政治委员。

宋三元口述

（2016 年 4 月 13 日）

参加淮海战役外围作战

淮海战役，我们部队在河南豫西，在内乡、西峡口这一带，离主战场比较远，打的都是外围的仗。战斗都是拉锯式的，从这里打到那里，一天到晚跑得很紧张。

我们再困难，都不影响老百姓的生活，老百姓很感动。我们去老百姓家里借粮食，跟人家公开借，如果没人的话，给他写个条子，压到他房里面，不能白吃老百姓的粮食，当时不能还，以后要补偿。

打仗就有伤亡，各个单位不一样，有的伤亡三分之二，有的三分之一，我们连也伤亡了几十个。抓到俘虏先进行诉苦教育，再编到我们部队里面去。解放战士过来以后，很佩服我们。过去他们参加蒋介石部队，老是打败仗，现在参加解放军，要立功打胜仗，将功补罪，解放战士战斗表现很好。

最后我们部队接到命令调动，跑了十来天，快到目的地的时候接到通知，不需要去了，前方已经胜利了。

党员干部处处带头

当干部的就得以身作则，起模范作用，反正什么都是带头。部队行军，我从后边一直走到前边，从前边又返回来，要做思想工作，做鼓动工作，叫他们跟上别掉队。到了一个地方宿营，我得赶快去看一看大家休息得怎么样，吃过饭没有，洗脚了没有。

我是老党员，介绍过好多人入党。入党首先是政治思想，再一个是勇敢，还有家庭出身各方面。主要看实际行动，看你是真心为革命，还是为个人。大家看，领导也看，各方面表现好的才介绍入党。那时候的党员有一个算一个，确实都是拼着命干的。打仗的时候，冲锋在前的都是共产党员。

　　田双谦，1930 年出生，河南嵩县人，中共党员。1947 年参加革命，淮海战役时任中野四纵二十二旅六十六团三营八连副班长，中华人民共和国成立后曾任中国人民解放军第十四军洛阳干休所协理员。

田双谦口述

（2016 年 4 月 13 日）

两支完全不同的军队

1947 年 9 月国民党部队打嵩县，我被抓去当兵，在国民党部队背子弹。刚抓去时我开小差跑过一次，抓回去就挨打，打了以后就不敢走了。那时候小啊，到哪地方也不知道东西南北，情况都不了解。被抓去的这两三个月时间，我看到国民党部队走哪吃哪，老百姓的东西见啥拿啥，打人、骂人、抢东西的多了，国民党部队就是这样不得人心。

1947 年 12 月在河南驻马店，国民党军整三师被解放军打败了，我们都被解放了。我才十七岁，到了咱们部队后，老兵、班长、连队干部对我都很关心，很照顾。行军走不动了，帮我拿东西，干啥都帮助。国民党的部队和共产党的部队完全不一样，这一点我深有体会。解放入伍后我参加了宛东宛西战役，打完这仗以后，就参加了淮海战役。

沈庄战斗

部队战前动员讲得很清楚，人民能不能翻身解放，中国能不能彻底解放，淮海战役这一仗很重要。我们部队的思想政治工作是比较强的，我们就靠勇敢、靠觉悟、靠精神，这是关键。

沈庄战斗我们八连担任突击连，我们排是突击排。第一天晚上打，上去以后发现敌人阵地前边有鹿寨挡着，我们接近到鹿寨，离敌人的工事很近了，突然遭到敌人的火力封锁，部队损失很大，撤下来了。我们突击排三个步兵班、一个机枪班，将近五十个人，撤回来以后只剩了十七个人。第一次没打下来的原因，是我们的炮火准备不够，所以伤亡比较大。

第二次打之前，旅长查玉升亲自到前沿阵地了解攻击情况。这一次我们的炮火准备比较充足，打了半个小时，然后部队再开始发起冲击，很快地歼灭了敌人。当时国民党军有个军长，后来知道他叫熊绶春，被我们打死在碉堡里边了。

战壕和"飞雷炮"

敌人被我们包围以后，他的工事修得比较坚固。那时咱解放军部队火力、炮兵还不强大，所以就搞发明创造，研究怎么打能够尽量减少损失。淮海战场都是平地，没有什么可以隐蔽的地方，所以就挖战壕，一直挖到离敌人百十公尺。开始窄，以后要抬担架过来过去，慢慢再加宽。一个多月的时间，我们一直在交通壕里边，墙边挖个洞，晚上就睡在那。炊事班送上来的饭凉啊，馍冻得咬不动，条件比较艰苦。

咱们对敌人做政治工作，拿个铁皮喇叭喊话，劝他们别再给国民党军卖命了。敌人没吃的，慢慢地也有些士兵偷跑过来。

部队研究的"飞雷炮"，这么大的铁桶，几十斤炸药搁里边打出去，好多国民党兵都给震死了，所以国民党军叫它"没良心炮"。最后总攻的时候，我们伤亡就相对少点了。

火线入党立新功

打仗这方面我很勇敢，因为知道共产党为了老百姓。打仗不能犹豫，越犹豫越不中，该跑得跑，该停就停。过去打仗都抬那个大梯子，得十几个人抬，往城墙上边翻。那时候部队搞发明创造，用一根长竹竿，弄个铁钩子、三角叉，推上去一钩就上去，这样伤亡也就小了。战后评功首先看班里边谁表现得比较好、打得好，再往排里、连里一级一级地往上评。

我是在淮海战役中火线入党的，立了三等功。我是副班长，也是机枪手，我自己打一挺机枪，还得指挥排里另外两挺机枪。我们班长、排长是我的入党介绍人。

　　李馨，1926 年出生，河北内丘人，中共党员。1945 年参加革命，淮海战役时任中野九纵二十五旅七十五团迫击炮连排长，中华人民共和国成立后曾任中国人民解放军第十四军四十一师副师长。

李馨口述

（2016 年 4 月 13 日）

阻击李延年兵团

淮海战役的时候，我们的任务是在淮河以北的固镇附近打援，阻击敌人一个半军，任务很重。上级命令七天之内不能让敌人过来，否则会影响到我军歼灭黄维兵团。我们死守阵地，打了两天两夜，没有叫敌人进来。第三天晚上出事了，我们排的一门迫击炮自己炸了，四个战士牺牲了。在那继续阻击了两三天，有的村子与敌人反复争夺了八九次。敌人前进不得，就撤退了。

上级叫我们慢慢地往回撤，把李延年兵团引过来，诱敌深入。连里叫我们排把炸坏的炮也带上，牵着骡马一起往回撤退。一边撤退一边打，没有战壕也没有工事，就在漫天野地里打。过了半天，上级命令前面的部队从两翼插上去截断淮河，看住淮河桥，歼灭李延年兵团。那天国民党军出动了十几架飞机轰炸，一枚燃烧弹落在我们连和民工队伍附近，"轰"的一下就烧起来了，我们伤亡了十来个人。李延年兵团发现我们两翼部队迂回过来了，他们就没再敢往前进。敌人退防以后，我们到了淮河东，就守在淮河边，坚持到黄维兵团被消灭，我们的任务也完成了。

迫击炮打炸药

迫击炮排有两个炮班，一个弹药班，二十多个人。排里有两门炮，一门炮八个人，六个正式炮手，两个牵牲口拖运迫击炮。弹药班有六七个民工，负责牵牲口拖运炮弹，战斗当中就靠自己带的这些炮弹。我们用的是八二迫击炮，射程两千八百五十米，杀伤直径二十五公尺，就是炮弹周围二十五米范围都有效。炮弹是兵工厂土造的，有时检查不到砂眼，有砂眼的炮弹往炮筒里一装，只要一打就会炸膛。

迫击炮打炸药，攻坚战的时候用得多。打郑州的时候，就用个长木杆子，外面用炸药包裹好，迫击炮屁股底下装上平射撞针，然后一拉火就打出去了，最多能打七十公尺。

飞雷炮威力大

飞雷炮是其他单位发明的。打郑州时我们第一次用飞雷炮，专门用它炸碉堡。一开始捆绑得不紧，打出去"砰"就散掉了，失败了继续再打。我们打了五炮，有一炮命中，一下就把城墙炸开了。步兵一看飞雷炮作用这么大，以后攻城就用它。

飞雷炮打不远，五十到一百公尺左右。还有个问题，雷管导火索在炸药里头插着，炸药包打出去以后飞行时间和落地距离是多少，有个计算过程。比如飞行二十秒，导火索得留多长，留长了到时候它不爆，留短了就会提前爆，要叫它到地方以后爆炸，才能起作用。有一次很危险，"咚"的一下打出去，只飞了二十多公尺就落地了，没有捆好散掉了。幸好没有爆炸，不然我们就有伤亡了。打飞雷咱们也不是专家，研究这个东西费了好多力量。

好作风要传承

咱们跟国民党军比起来，武器不如他。但是我们有信心，一是抓住战机不放松，直到胜利。第二，就是集中兵力各个歼敌。不打全面，打他一点，他有一个连，我们集中一个营去打，这种仗胜利的多，失败的少。咱们部队平时、战时士气都是高涨的。战前动员，要打谁、打的方向、任务都讲清楚，很明确。打仗前每个人都表态，服从领导，听从指挥。我负过两次伤，立过六七次功，挂在家门口的立功匾有四块。

希望我们的军队在党的领导下，能够继承发扬优良传统，全心全意为人民服务。

    马宗超，1931 年出生，河南洛宁人，中共党员。1945 年参加革命，淮海战役时任中野陕南十二旅医院护士长，中华人民共和国成立后曾任中国人民解放军第五一一医院院长。

马宗超口述

（2016 年 4 月 14 日）

淮海战场的救护工作

淮海战役时，我们医院在蒙城北边的一个村子，离前线最多二十公里。我们有一个手术组，卫生处长可以做手术，四个看护班有几十个人。我是看护班班长，医院没有护士长，后来就叫我代理护士长。上级要求一定要把手术做好，一定要给伤病员服务好，一定要护理好伤病员，这是我们的任务。

我们住的地方，半个村子都没有人，就利用这些空房子当救护所。伤员从前线抬下来以后，我们首先赶快检查有没有出血的，在这里止血、包扎，做一些紧急的手术。需要做大手术的重伤员，就得赶紧往后转。我们就在那守着，一批接一批地接收、转运伤员，忙得顾不上跟民工讲话，那时候工作都累得很。

白天敌机经常来撂炸弹，我们就提前在地上挖好坑，用老百姓的牛车倒扣过来，把伤员分散开藏在下面，一个牛车底下能藏五六个人。有一次，一个炸弹落到水塘里没有炸，水里的鱼都被震出来了，炸弹要是炸了，我们和伤员都得死。晚上大部分时间不能睡觉，伤员要下来了。打得最激烈的一天，从小李庄抬下来的重伤员就有几十个，我们只能开展一台手术，连夜做都跟不上。

好多人都打没了

前边打了半个多月，我们部队打得很惨烈。我认识的好多人，有的是指导员，有的是连长，有的是营长，和他们见面打招呼："你们到前面胜利啊!"仗打完了，好多人都打没了。烈士的遗体想办法给送回来，集中在一个小房子里头。医院领导说，没有棺材，我们把这些牺牲的同志用白布给包一包。最后都是集体掩埋的。

淮海战役结束后，师里开庆功会，有一个连队的奖旗是卫生员上去领的。台上的人说："你们连还有人没有啊？""有！""领旗子！""首长，我是卫生员，我不能领旗子。""能领，你过来，你先领上！"这是个实实在在的事。那个连健健康康、没有负伤的，就这一个卫生员了。

　　徐培家，1926 年出生，河南林州人，中共党员。1947 年参加革命，淮海战役时任中野一纵二旅八团三营九连班长，中华人民共和国成立后曾任中国人民解放军云南省军区思茅军分区后勤部长。

徐培家口述

(2016 年 4 月 14 日)

一个班只剩下三个老兵

我们中野一纵从开封往东走，商丘边上有个马牧集，我们不知道敌人有一个旅，第一次去了一个营的兵力，结果没打下来，第二次才打下来的。涡河阻击战打得比较艰苦，当时国民党军黄维兵团要北上增援徐州，我们纵队接到任务，不能让他过去。部队日夜急行军，一天走一百多里路，赶到涡河，在那里组织防御作战。我们伤亡不少，完成了上级交给的阻击任务。涡河防御战以后，部队往宿县方向转移途中，我被炮弹皮炸伤了，至今头部还残留着四块弹片。当时我留在附近养伤，十几天以后就重回战场了。我是班长，肯定要带头冲锋陷阵。

黄维兵团被解放军包围在双堆集，这个战场大，国民党军的飞机经常来轰炸，战斗打得很激烈。我们把敌人围困起来以后，先挖战壕，这样就压缩了包围圈。国民党军反攻厉害得很呢，他们的步兵前边有坦克掩护，我们防守的阵地一层一层、一段一段的，装备就是步枪，子弹够用，没有机枪，决不能让敌人突出包围圈。这一仗打完，我们班的十二个人只剩了三个老兵，我们九连牺牲八十多人，伤亡太大了。我经历的战斗当中，淮海战役打得最惨烈。

胜利的原因

我们用小米加步枪打败了国民党军的美式装备，最重要的一点是党中央的英明指挥。当时我们都是小兵，也不懂那么多，一到晚上就听命令行军出发，一夜七八十里路，第二天天亮了，又返回原来的地方。一开始大家都想不通，哟，怎么又住回这个地方？其实这是一种战术。敌人就报告了，整整一夜的时间，解放军的大部队都在行军。实际上我们就这么多兵，国民党军就得琢磨了，这地方到底来了多少解放军？我们是故意迷惑敌人的。

第二，就是战士的思想觉悟比较高。战士当中，一部分是老根据地参军的，家里都分了田、分了地，要保家卫国，这一部分人思想觉悟高；另一部分就是国民党军的俘虏兵解放过来的。淮海战役前，我们九连一百二十多人，战役中牺牲了八十多人，战役结束以后补充了好多解放战士，我们连有一百三十多人。这些解放战士有技术，我们说："来几炮，把那个碉堡打掉。"他说："只要三炮，打不好，你枪毙我。"

第三，靠人民支援。老百姓一切为了前线，我们吃的、喝的、弹药物资都是老百姓给送来的。

　　崔化香，1928 年出生，河南滑县人，中共党员。1945 年参加革命，淮海战役时为中野十一纵司令部特务营一连战士，中华人民共和国成立后曾任中国人民解放军云南省军区西双版纳军分区独立营教导员。

崔化香口述

（2016 年 4 月 14 日）

保卫首长的安全

我们司令员是王秉璋，政委是张霖之。特务营的任务就是保卫首长、保卫机关，没有直接去前线冲锋陷阵。王秉璋司令员给各部队下命令："打不下来，拿头来见！"我们都听得清清楚楚的，他比较严肃。但是司令员、政委对我们这些站岗执勤的战士好得很。

司令部距离前线不远，有时候就几里地，肯定会有危险。打起仗来，有的村子老百姓都跑光了，我们就在那住。部队纪律比较严，要是用了老百姓的东西，吃了他的粮食，打个条子压到一个比较明显的地方。值多少钱要赔给老百姓，一点也不能少。

不能让首长住高房子、好房子、大房子，目标太大了，敌人飞机天天来轰炸，住烂草房才安全。有一次我们去号房子，发现敌人也在村子里面，趁敌人没发现，我们就走了。还有一次特别危险，那个村叫黑虎庙。晚上行军我们要通过这个地点，不知道敌人住在黑虎庙，结果一进村庄就打起来了，这是一次遭遇战。

人民支援是取胜的根本

国民党军那边没饭吃，饿得把马都杀了。我们在一人多高的交通壕里面，一个连有一个宣传点，用喇叭喊话，向敌人宣传解放军优待俘虏的宽大政策，瓦解敌人。我们这边吃得好，人民群众支援前线的东西吃不完、用不完。国民党军有一个团长跑过来了，我们先让他吃饱饭，然后领他参观我们的阵地，让他看看老百姓送来的馒头，还有一卷一卷的山东煎饼，那个团长回去以后就带着一个团过来投降了。

有个首长说，我们打胜仗，是老百姓用小车推出来的。确确实实，一点都不假。山东、河南来的送公粮、抬担架支援前方的老百姓，人山人海啊，积极得很。我们过了长江，解放江西上饶的时候，老百姓还跟着嘞。到现在我都深有体会，人民的支援，是我们取得胜利的根本。

　　孙为民，1930 年出生，山东临沂人，中共党员。1947 年参加革命，淮海战役时任华野鲁中南纵队四十七师机炮连重机枪班班长，中华人民共和国成立后曾任河北地质职工大学校长。

孙为民口述

（2016 年 4 月 18 日）

首战郯城　徐东阻击

我打机枪是跟一个俘虏兵学的。他说："你是个机枪手的料，我一开始打，还不如你呢。"有一次打仗来了个炮弹，我看到他的棉裤被炸开个口子，我说："你负伤了。"他当时精神高度紧张，负伤了都不知道，用手一抓都是血，后来让民工担架抬下去了。我们这六十万部队能吃上饭，全靠支前民工，我们很感谢他们。

淮海战役刚开始，我们在郯城打的王洪九，他手下有四千多人。开始打的时候，我在后边掩护攻城部队，等他们进去了，我就到前头，敌人要是跑出来，我们就用机枪、手榴弹、掷弹筒消灭他。

打完郯城以后我们往新安镇追，敌人跑了，我们追到运河西边截着一部分。在小张庄，一个老百姓向我们报告，说他家猪圈里头有国民党的兵。炊事班班长带着人去了，抓了七个俘虏。

部队打阻击伤亡比较大，因为敌人的力量比我们大得多。不管敌人来多少人，我们只有这些人，没有后续部队，预备队也很难上去，只有跟他拼了。战士们都很顽强，如果我们顶不住敌人，就得挨打。

火线入党的机枪手

我们机枪班有十二个战士，淮海战役中牺牲一个，负伤一个，还剩下十个人。班里有一挺英国造的马克沁重机枪，枪身重四十斤，正副射手扛着，枪架子六十斤，四个战士轮换着抬，其他的是弹药手。弹药箱子有一尺来长，前面有一个木头杆，架到肩膀上扛着、背着走，我们都是这样行军的。到了阵地以后，几分钟就把机枪组装好了。

马克沁重机枪是水冷式的，枪身有个装水的地方。枪打热了，水开了锅，要马上把水放出来，往里边加凉水，冷却了再接着打。如果没有条件换水也能打，但是效果不好，因为枪身热了，枪管也会往外扩点，装弹线就松了，子弹的初速就慢了，走的距离就短，杀伤力就小。有时候仗打得急，没办法给机枪换水，就撒尿降温。

因为我射击的准确度比他们高，给我的子弹也多。每五发子弹里头有一发是曳光弹，打敌人据点的时候，曳光弹进去了，马上把它卡住，就稳定住了。我能从敌人的工事口子里打进去，那工事口子挺大，要不然他怎么打枪，但是离远了，就不容易打进去。那些送炸药的战士都爱叫我掩护。有一次战斗，我都流泪了。第一个送炸药的倒下了，第二个上，第二个倒下了，第三个上，那真是前仆后继啊，只要部队往前冲，机枪掩护就不能停。

1949 年 1 月，我在战场火线入党了。淮海战役结束后，我立了二等功。

　　商锡坤，1928 年出生，山东临淄人，中共党员。1945 年参加革命，淮海战役时任华野十纵二十九师八十八团一营机炮连排长，中华人民共和国成立后曾任中国人民解放军第二十八军副军长。

商锡坤口述

（2016 年 4 月 19 日）

徐东阻击　鲁楼堵击

我们十纵不但能打阻击，也能攻坚。"排炮不动，必是十纵"，这是截获敌人的文件上讲的。第一阶段的徐东阻击战，十纵主要是在陇海路两侧阻击第八军、新五军支援碾庄的黄百韬兵团。当时敌人非常猖狂，野马式飞机往下俯冲，飞机上的人都可以看到，有时候我们就用机枪打。敌人冲上来以后，我们先打一排手榴弹再开枪，弹药打光了就跟他们拼刺刀。我们团在大庙车站两侧打了三天三夜，之后兄弟部队上来，我们就撤下来了。

歼灭黄百韬兵团以后，我们向蚌埠方向阻击李延年的部队。不久后，徐州的杜聿明集团三十多万人向永城方向逃跑。这时候我们十纵的两个师回过头就追击敌人，不让敌人南逃。

敌人以陈官庄为中心，东西大概有三十多华里，南北二十多华里，三十多万人就猬集在这样一个地区。敌人想向南逃跑，我们师的八十五团在鲁楼这个主要位置上顶住敌人，顶了几天几夜，打得非常艰苦。我们团也参加了，在他们右边打的。

总攻陈官庄

在陈官庄围住敌人以后，部队按照中央的命令，先不打，因为平津战役还没有结束。一到夜里，我们部队就在阵地前边设上警戒，开始近迫作业，挖战壕。挖到离敌人最近的地方也就五六十米，我们不打他，他们也不打。将近一个月我们都在战壕里生活，在猫耳洞里休息，冰天雪地的也不感觉冷。部队供应还是很好的，山东、河南、河北的几百万民工供应我们部队吃饭。

包围圈里边的几十万国民党军队，只能靠南京来的飞机运粮食、给养，空投。有时候也会丢到我们阵地上，因为紧挨着嘛。下大雪飞机没法空投了，敌人没饭吃，我们一喊话，他就跑过来了。跑到我们连里的有十几个，过来以后不能马上给他吃饱，必须让他慢慢吃，不然就把胃撑坏了。这个时候，敌人基本上没什么士气了。

1月6号开始总攻，团里的崔参谋跟着我们排，当天夜里就打进去了。拂晓以后发现前边几十米就是敌人，敌人也发现了我们，向我们开火，崔参谋的两条腿负伤了，子弹没打中我，把我的枪托子打了个洞。紧接着我们二连就开始进攻了，敌人是炮兵部队，我们匍匐前进向敌人撂手榴弹，整个部队就冲上去了。我们连队的右边还有敌人，我带一个排冲上去，俘虏了一个营长和九十多个士兵，缴获了六十七支枪，还有五匹大马。这时候已经到第二天的下午了，部队继续前进，继续打。打到10号这天，淮海战役就结束了。

从战场下来以后，我们部队住在涟水，在那改编成二十八军。全军评功授奖，我被评了一等功，从排长提拔为连长。

听党指挥　依靠人民

任何情况下都要听党指挥，党是军队的绝对领导，连里都有党支部，营、团有党委。我是1947年3月入的党。那时候你打仗勇敢，组织上看你行，就可以入党了。

我们党指挥部队打仗，是为了广大劳动人民得解放。在解放区进行土改，进行宣传教育，那些参军的青年，村里都是敲锣打鼓送过去的。各个乡各个县由地方负责组织担运团，跟着部队运粮食、运伤员。

陈毅元帅讲，淮海战役是用小车推出来的胜利！为什么？群众支援你，群众拥护你，这就是正义的战争。

林华，1931 年出生，江苏海安人，中共党员。1947 年参加革命，淮海战役时任华野十一纵三十一旅九十三团一营一连管理排长，中华人民共和国成立后曾任中国人民解放军第二十八军纪委专职委员。

林华口述

（2016 年 4 月 19 日）

两个连队编成一个连

淮海战役从发起一直到最后结束，我从头到尾参加了，经历了全过程。

徐东阻击战的时候，连队的人都去参加战斗了。我是搞后勤的，只知道要打仗，不知道打的是什么人、打得怎么样。后来才知道，我们阻击的是邱清泉兵团的九十六师，战斗力很强的部队。敌人的炮火很猛，炮弹一来"咚咚咚咚咚"，谁也别想走得了。打阻击的地方都是石头山，也没法挖战壕。我们一连、二连伤亡很大，连长、指导员、副连长、副指导员、文化教员，都牺牲了。阻击战结束以后，这两个连队编成了一个连。

壮观的炮击场面

最后我们在陈官庄围歼杜聿明集团，那是一个大包围圈，我们部队住在鲁楼，靠近敌人总部的最东头。国民党军的飞机每天来送东西，只要飞机一来，国民党军阵地上的机枪就打，"嗒嗒嗒"打个不停，都没东西吃了，他们就拼命去抢啊。

打到最后那一天，我带了一个人去永城买菜买粮食，从鲁楼到那有几十里路。在路上我第一次看到，咱们解放军有那么多的炮，这些炮都是解放战争期间缴获敌人的。我们俩走到半路，解放军就开始炮击了，整个炮击过程我看得清清楚楚，太壮观了。等我们返回的时候，敌人已经被消灭了，就看到成千上万的俘虏往外走，我心里高兴得不得了。

战役打完，部队评功，我因为保障前线供应工作做得好，立了二等功。

　　魏朝春，1926 年出生，江苏铜山人，中共党员。1942 年参加革命，淮海战役时任华野江淮军区独立旅一团司令部作战参谋，中华人民共和国成立后曾任中国人民解放军福州军区师级干部。

魏朝春口述

（2016 年 4 月 20 日）

进军淮海阻敌西逃

淮海战役一开始，我们江淮独立旅一团住在睢宁以东的大小新庄，上级通知，夜里向北出发。到了土山以后，部队通知所有人在棉衣里边写上自己的部队番号、姓名，这样一来大家就知道要打大仗了。

第二天我们向赵墩行进，到了下午，敌人的飞机就比较多了，满天飞。敌人一个团向我们一营阵地进攻，打到天黑敌人撤走了。晚上，副团长王钦带着我和各个连队的干部还有警卫排去赵墩侦察。我们摸到赵墩圩堤里面，看到里面的敌人走动都打着手电筒，讲话我们也听不懂。警卫连长抓到一个俘虏，我们就回来了。问这个俘虏话，他听不懂，我们也听不懂他说的啥，后来就把他送到旅部去了。

天亮后，部队出发奔碾庄。一路上敌机飞来飞去，部队采取分散几路，拉开距离，敌机一转头就向前行动，转过来就停下来，就这么一路慢慢向前，黄昏时到了指定地点。

我们一团的任务是打火烧房子和张庄这两个村子。团长、政委、参谋长带着一营打张庄，我跟着副团长指挥二营攻击火烧房子。晚上 8 点部队开始攻击。打了一夜，二营打得半半拉拉的，一营也没打进去，就这样坚持着。到了晚上，团长打电话叫我到团部去。到那以后，他说一营营长负伤了，叫我到一营代替营长，配合教导员打张庄。接到任务我就准备走，参谋长朱浩交代我说："你记住，这是个死命令，一定用一切办法把张庄打下来；第二，你们组织打的时候，突破口的火力要加强；第三，打进去以后，部队得赶快撤出来，要防止敌人的炮火。这几条你要特别记住。"我说："好!"

从团部到一营有两里多路，都是旷地，一点遮蔽物也没有，我带着通信员向前跑。到那以后，一营教导员赵家怀说："哎呀，你来了，我们正等着首长的意见，你传达吧。"我把情况讲了以后，问他准备怎么打。他说："营里有六挺重机枪，前边用四挺，留两挺作为机动。"我说："重机枪不能像轻机枪那样用，你把六挺都放在前边，等打到里头你需要用，重机枪不就下来了嘛。"他讲："可以。"我说："我们分配任务，我带突击队。"他说："情况你不熟，我带突击连，副教导员掌握火力突破口，你负责其他部队。"

突击的时候，六挺重机枪压制敌人火力，连续三炮就把障碍物破了，部队一下就打进去了，但没抓到多少敌人。我跟教导员说，留着三连在北边，部队赶快撤。刚撤出村子，敌人的百把发炮弹就在村子里炸了，接着开始反冲击。三连没有撤，在那顶住敌人。敌人炮火刚停，一营就冲进去把敌人打退了，这一夜我们就守在那里。

遗憾的灵璧战斗

第二天夜里，兄弟部队赶来接防，上面命令我们撤出来。到了双沟以北接到任务，我们这次是去阻截孙良诚。大家一听要打老对头孙良诚，那是真高兴，拼命向那跑。刚到卢套，部队还没住下，上面就通知，孙良诚的问题解决了，叫我们准备打灵璧。敌人在灵璧有一个师五六千人，我们两个旅就不好打了，就在那坚持着。后来十三纵来了，才把它打下来。

战斗打响前，团参谋长朱浩交代我任务：负责组织训练爆破队。灵璧城的围墙蛮高，也蛮厚的，里面还有土堆着。我说："爆破围墙，需要炸药。"他说："给你三百斤够不？""三百斤差不多。"从北面城门到东南角拐弯，这中间大概有两百米，我说："我们如果有三到四个爆破点，基本上可以把城墙炸得差不多。"参谋长说："好！就按这个方法。"我们就这样训练了，采取连续爆破，第一个点爆破了以后，第二批最少有两个爆破点，争取扩大到三四个爆破点，这么一来大家的信心也增强了。

爆破训练基本上差不多了，参谋长又叫我研究制造一个过河的浮桥。圩河宽，没有那么长的木头杆子。我们研究后，先做两个排梯。外边用两根不到三米长的粗木棒，靠近两头用两根六十公分的木棒支撑，就像个梯子一样，高粱秸打成捆把子，一捆捆地铺在上边，再用铁扣把两个排梯连接起来。试验以后很好，因为两根杆子一踩，底下有浮力，人走在上面能撑住。

攻城战斗开始前，我回到了团参谋处，作战会议也没赶上参加。我们的张团长，要讲资格他很老，他跟原来的叶团长相比，指挥起来是两个层次。叶团长每次作战研究都把参谋喊去，因为参谋勘察地形看得都很细，他让我们讲，汇报情况。张团长他不搞这些东西，把几个干部一叫，就这么打。他上任之后打了四仗，没有一仗打好的。这次打灵璧，指挥上犯了一个错误，还是跟过去打小据点一样，采取一路进攻。敌人四个团六千多人，城墙在我们正面，最少也有一个团的兵力。我们一个团打他一个团，他在里边，城墙厚，工事坚固。我们连续四包炸药爆破，炸开的口子有七八米宽，攻击条件很好。但是由于团里只从一个点进攻，担任突击任务的三连很快被敌人截断，后续部队就进不去了。这次攻击失利，三连基本上打光了。每次一回想起来，我都深感遗憾和惋惜。

南渡淮河继续战斗

灵璧解放后，我们继续向淮南进军。一团编为两个梯队，团长率主力部队作为第一梯队先过河；直属营加上后勤民工队的五六百人作为第二梯队，由直属营的副营长、教导员李铁群和我三个人成立指挥小组，主要由我负责，过河后与旅参谋处杨处长联系。

我们晚上出发，走了二三十里，就进到了一大片芦苇丛。那些芦苇又大又粗，乱七八糟地倒下来，芦苇茬子到处都是，搞不好就把脚戳破了。一直到下半夜三点多钟，我们才到了渡口。结果到那一看傻眼了，渡口只有四只小船，码头也乱七八糟的。副营长就问怎么办，我说："你派骑兵沿河去找小船，找了以后赶回来，这是一；第二，发动人扛芦苇，把码头搞起来。"很快地，大家从很远的地方扛来芦苇，把码头给弄起来，骑兵也找到了十几条小船。我们就组织人上船，马、骡子泅水，从水里走。天快亮时，我们第二梯队基本都已过河。

过河以后，我上去一看，我们的人员都在那整齐坐着。其他部队的一二百个民工，在那烤火的、闲谈的，很散漫。我跟他们讲："你们赶快走，不能留在这。"讲了也没人动。李铁群教导员说："杨处长没找到，也没看到旅部的人。"我一看天亮了，这里可不是安全地方，我们商量后决定：立即离开渡口，前面两里多路有个村子，先上那去。副营长带着我们的人转移了，我最后走的，看到李教导员在村头的一棵树底下站着。我说："李铁群，我们部队走完了，你赶快走。"他说："你走，我也马上走。"我就骑着马走了。我刚进村子，敌人的飞机就来了，沿着河飞得很急，向着小船打，那火光都看得清清楚楚。它打了以后转回来就开始丢炸弹。

我进村以后，赶快派人维持秩序，村子里任何人不准进出，分散隐蔽。敌机轮番轰炸，直到中午以后才停止。我叫人去渡口那看看，他们回来讲，到处炸的都是大坑，一个接一个，死尸遍地，真惨啊。我们的李铁群教导员也找不到了，估计他已经牺牲了。

部队到淮南以后，就在津浦路来回打了几仗，解放了滁县、全椒县。渡江以前又打了大河口，那是比较典型的步炮协同，打得很好，那次战斗我们没伤亡一个。

　　张桂绵，1929 年出生，山东荣成人，中共党员。1944 年参加革命，淮海战役时任华野九纵二十六师七十六团三营九连政治指导员，中华人民共和国成立后曾任中国人民解放军南京军区装甲兵政治部副主任。

张桂绵口述

(2016 年 4 月 20 日)

攻占碾庄子母堡

淮海战役第一阶段打黄百韬兵团，打阵地战，部队伤亡大。什么叫阵地战呢？就是敌人住在一个村庄里面，搞了铁丝网、鹿寨、壕沟，还有雷区，防御工事特别多。我们部队打起来，要炸铁丝网、鹿寨，要爆破雷区，还得搭桥过壕沟，所以伤亡大。

战斗一开始，营里命令我们连主攻，要消灭碾庄南门壕沟以外、圩墙以外的敌人，肃清外围。南门那里有个子母堡，一个很大的母堡，周围一圈有六七个子堡，一个子堡里边起码有一个班，整个子堡、母堡这一圈加起来，顶一个加强连。我们连的任务就是消灭子母堡，拔掉这颗钉子。

那天晚上，我们进到离子母堡还有三四百公尺的地方，我和连长带着几个排长到前面去看地形，回来以后就让大家进行土工作业。全连一百四十多个人拉开距离，一直排到离敌人子母堡还有几十公尺的地方，每隔五公尺一个人，就开始挖壕沟，要挖到腰以上，能够在里边运动。我们一晚上就挖通了，连起来有几百公尺。挖通以后，我叫宣传员拿着个喇叭喊话："蒋军弟兄们，现在你们要灭亡了，只有投降一条路，才能保活命。我们现在已经到你的地堡跟前了，你要是不投降，马上就用炸药包，叫你去坐'飞机'。"敌人一听动摇了，没敢打。国民党军一个连长马上打出个白旗来，在那吆喝："不要打，不要打，我们投降。"我说："你要是投降的话，把枪都收上来，放在地堡的外面堆着。你打着白旗在前面带着队出来，让你的兵举着手，低着头，一个跟着一个，我保证不开枪，保你们活命。"最后，那个连长带着一百多人投降了。哎呀！这一仗打得痛快呀。

黎明前的误伤

快天亮的时候，我带着一个排占领了母堡。靠近圩墙边有个地堡，连长带着一个排往那边去了。没过多会儿，听见外边打得很厉害，我拿起望远镜看，天刚蒙蒙亮，看不清楚。我心想，怎么国民党军还这么坚决，他来攻我，打得这么厉害？我让通信员搬来一箱手榴弹，他给我拔盖、拉弦，我就甩手榴弹，一箱手榴弹甩完了，天也亮了。我又拿望远镜看。哎呀！我一看是我们自己的部队，我赶紧叫司号员吹号联络，对面的司号员可能负伤了，没有回应。我就大声喊："是自己人，误会了，不要打，不要打，子母堡的敌人已经投降了。"这么一喊，那边的战士听到了，就不打了。后来我带着部队向碾庄突击，经过他们的阵地时，有人喊："张指导员，看你把我们打的、伤的……"我原来就在这个特务连，大家都熟悉，我当时眼泪都下来了。特务连不知道我们占领了阵地，还以为是敌人呢，就来攻这个子母堡，没想到造成误伤了。我说："你们赶快隐蔽，去包扎，我们继续向里边发起进攻。"

扫清外围继续前进

早上八九点，我们通过壕沟，翻过圩墙，打进碾庄。一进村发现前边有个地堡，我叫部队准备射击，我往地堡里扔了两颗手榴弹，里边五六个敌人就举手投降了。前面有个十字路口被敌人机枪封锁了，我用望远镜一看，是村里边一栋房子发出的火力。等我们的轻机枪、重机枪调上来以后，我说："集中火力打那个房子。"把敌人的火力压下以后，部队快步进入村庄，到了敌人打枪的这栋房子跟前，我发现房子旁边堆了好多的苞米秆子，不知道房子里面还有没有敌人，我就在外喊话。正喊着，突然有人从苞米秆子堆里打枪，这里边还有敌人。我拿冲锋枪这么一打，有个敌人出来投降了。我说："你也不看看什么时候了，还替国民党卖命。"一了解，他还是个连长，缴了枪押下去了。

我们继续向前打，后来发现敌人工事里边有夹皮墙，两边都有枪眼，可以向里打，也可以向外打，敌人就在这中间跑。我们开始没有经验，后来就注意了，进去以后先把这个夹皮墙捣下来，就这样一栋房子、一栋房子地往里打。

只剩八个人的连队

没打仗之前，我这个连一百四十多个人，一个排住一个村庄，连部跟着一个排，住了三个村庄。碾庄战斗打完以后，连我在内还剩了八个人。原来住三个村庄，回来以后住一间房子还宽宽绰绰的。战士们睡不了觉，吃不下饭，都在那儿哭，那么好的兵，一个个都伤亡了。

后来就补充兵源。一是补充新兵，我们解放区入伍的战士来了；再一个就是国民党军的俘虏兵，经过诉苦教育，他们的觉悟提高很快，愿意当兵的留下来，不愿意可以回家，还给发路费。我这个连又补充到了一百四五十个人。从我们连队本身来讲，打得很残酷，伤亡大，收获小；但是从全局来讲，没有局部的牺牲就没有全局的胜利。

孟小楼遭遇战

孟小楼是个小村庄，渤海的部队已经在这打了两三天，把敌人消灭了不少。我这个连是跟着团指挥所走的。连长担任前卫，快到孟小楼了，敌人从壕沟里出来了，一家伙遭遇了。我们前卫排的一个班长带了一个战斗小组，也没个思想准备，在壕沟里边一碰面，叫敌人抓去了。

这个时候怎么办呢？连长在前面看着，我到后边找了一个补充进来的俘虏兵，他手炮打得很准，我让他把手炮、炮弹都带着。敌人阵地的壕沟边上有三棵大白松，我们的战士被抓的时候，就在这三棵树中间。我就跟他讲：“听说你手炮打得很准，现在有个特殊情况，我们有一个班长还有两个战士被敌人俘虏了，就在壕沟里。现在给你个任务，这三棵树，你瞄准最后那一棵打，把敌人拦着，别让敌人跑掉了。我先给你两发炮弹，可以打到壕沟外面，第三发炮弹，你要给我打到壕沟里边。”他的手都在发抖，紧张啊。第一发炮弹打到壕沟跟前，第二发炮弹就打中了。我说：

"好，打得好！我得嘉奖你。从现在开始，五公尺一发，顺着壕沟挨着向前打。"万一打着我们的战士呢？那时也想不了那么多了，你不打，敌人也会把他打死的，我们就是要消灭敌人。结果打了五六发炮弹，敌人就在壕沟里缴枪了。班长带着两个战士没有伤亡，因为打炮的时候他们都趴在地上了。

战场上的政治工作

做思想政治工作，一是要会巩固部队。连队补充的俘虏成分杂，为了启发他们的阶级觉悟，要进行诉苦教育。另外就是做好后进战士的思想工作，巩固部队的战斗力。如果战前没做好巩固部队的工作，打起仗来有逃跑的、掉队的，对部队的影响就会很大。

第二，就是要给战士进行荣誉教育。解放军是劳苦大众的军队，我们是保卫人民、解放人民的，这是我们的光荣任务。保卫人民要看实际行动，吃苦耐劳，不怕牺牲流血，要争取光荣立功。

第三，要发挥党员干部的作用，发挥积极分子的作用。连长负责哪个排，我负责哪个排，排长负责哪个班，班长负责哪个战斗小组，就是这样分工的。在工作方法上，各个班排的骨干要包干。这个班里有一个落后战士，党员、积极分子、干部要保证这个战士在思想、行动各个方面有进步。打起仗来不能集中讲话，发挥个别谈话的作用，发挥战斗小组的作用。另外团结互助，强帮弱，先进的帮助落后的。这些都是做政治思想工作的方法。

我们的政治动员很简单。战斗任务来了以后，连里先开支委会，分任务。挖壕沟，一排在哪里，二排在哪里，三排在哪里，谁在前头，谁在中间，谁在后头。分工的时候，我和连长两个都在前头，因为挖壕沟跟敌人接触，我们俩好随时商量，副指导员或者副连长在后面。攻下子母堡以后，我就动员大家："同志们，昨天晚上壕沟挖得很好、很快。在敌人的火力封锁下，我们能把壕沟直接挖到敌人的子母堡跟前，迫使敌人投降，这是我们伟大的胜利，我们减少了伤亡。但是，这个子母堡拿下来以后，并不是我们战斗任务就结束了，这只是扫清了外围。我们后续战斗任务会更艰苦，牺牲的、流血的就会多，所以说，大家要有充分的思想准备。特别是主攻班、主攻排，要很好地完成这个任务。不管你平时怎么样，到了关键的时候，就是考验你的时候。党员也好，干部也好，一定要冲锋在前。"

淮海战役当中，我这个连队火线入党的战士有十几个。因为党员的伤亡很大，所以说，只要这个战士仗打得好，很勇敢，马上就火线入党，大部分都是班长、排长直接介绍的。

身先士卒的带兵人

你问我立功了没有，那时候干部立功的很少。我打一仗提一级，这比立功还来劲呢。1946年我当侦察员，报告的情况准确，配合部队消灭敌人，回来以后，给我评了个甲级战斗模范，提了我当班长；淄博战役，我给班里每个人弄了一双鞋、一个钢盔，班长一下子提了排长；打周村这一仗我负伤了，从医院回来以后提了副指导员；打济南我就当指导员了，我这个连消灭了国民党军一个美械加强连，最后把山头拿下来了。那一仗伤亡大，全连剩了不到二十个人，我的耳朵也打聋了。下来以后，组织股长拿个条子给我，说你耳朵聋了，听不到，团长、政委表扬你了，说你昨天晚上打得不错，你把山头拿下来了。

当干部的要身先士卒，能吃苦，要爱护战士，保护战士，帮助战士背枪、背背包，没有干粮吃的时候，干部都省下来给战士吃。班长一定要把你这个班带好，排长就把你这个排带好。打仗的时候，班长、排长在前面带着大家冲锋，我们都跟着一起，这一点还是不错的。

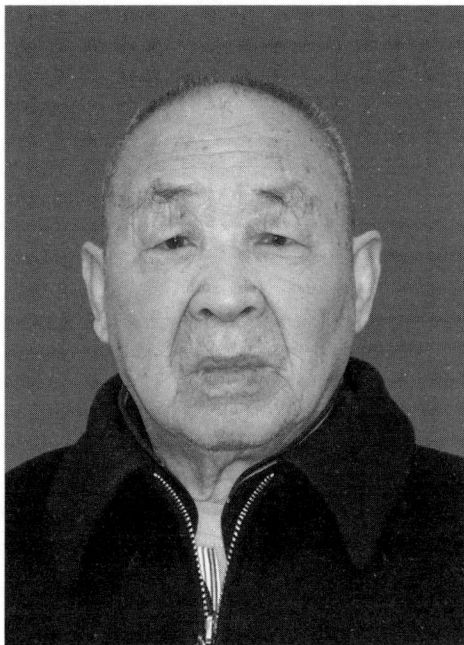

　　田长锁，1927 年出生，河北新河人，中共党员。1943 年参加革命，淮海战役时任中野二纵六旅十七团一营二连连长，中华人民共和国成立后曾任中国人民解放军第十五军巡视员。

田长锁口述

（2016 年 4 月 25 日）

棉大衣救了我的命

我们二连比较能打，所以就把我们放在第一线，防守的村子比较突出，在最前面。梁营长跟着我们连，我们左边是一连，右边是六连。敌人先打一连，接着又打六连，占领了阵地。我说："营长，敌人可能要包围我们，我们撤吧。"梁营长说："没有接到团里的命令，我们不能撤。"我们就继续在这里顶着。后来我们的电话线也被敌人打断了，跟后面联系不上了。这时营长说："根据现在的战场情况，我们撤退。"我说："营长，你带一个排先撤，我来掩护你们。"

营长走后，我带着两个排也往后撤。这时就听见有人冲着我们喊："来呀，往这里来，往这里来。"我的通信员叫苏振魁，他说："连长，那边有人叫我们过去。"我往前跑一点一看，我说："不对，我们没有这种帽子，这是敌人。"他们的冲锋枪、重机枪都在那准备着呢。我们赶紧往后撤，有个战士把棉大衣扔了，这样他就能跑得快一点。我觉得扔掉可惜了，就捡起大衣折起来，绑在身上往后跑。跑着跑着，敌人的冲锋枪一梭子就打过来了，正好打到我的肚子上，我对通信员说："坏了，我挂彩了，小肚子发热。"通信员跟着我跑到一个坟头后边，我脱了裤子一看，一个子弹头把棉大衣和裤子都打透了，小肚子都打红了，没伤到肉，真是万幸。

打坦克的土办法

之后我们又转到蚌埠阻击李延年兵团。我们武器不行，就用汽油桶把绑好的炸药包抛到敌人那边，震得他们鼻子流血，死的死、伤的伤，还不知道这是什么新式武器。敌人有坦克，我们打坦克也用土办法。用火烧，埋地雷，炸药包捆上手榴弹，这三个都是土办法。我们一排还炸毁了一辆坦克，土办法还算可以。

在那打阻击的还有华野六纵的部队，我们一起阻击敌人。我们和华野部队的火力可以交叉，他的火力可以打到我前沿，我的火力也可以打到他前沿，友邻部队的协同、协作都是比较密切的。我们按照命令阻击，顶住了敌人的进攻。

战斗前的动员

每次战斗之前，我都要做战斗动员："同志们，这次打仗，我连长带头，领着你们向敌人冲锋，我跑到哪，你们都要跟上我。我们二连是红军的底子，我们要勇敢杀敌，保家卫国。"战斗下来要进行战斗总结，讲一讲哪个班、哪个排打仗比较勇敢。

淮海战役开始的时候，我们连有一百一十多个人，战斗下来还有八十多个。战斗减员的时候，就教育那些俘虏兵，让他们知道，我们解放军是为了穷人翻身，为了保家卫国来打仗的。然后对他们说："你们愿意留下的，就在我们这里当兵。想回家的，就放你们走。"他们说："我们都是被国民党抓来的，回了家搞不好又被敌人抓了去，又要当炮灰，我们不回家。"所以我们连队补充了很多解放战士，他们打仗也很勇敢。

打仗就得"三不怕"

我们是小米加步枪，国民党军是大炮、坦克，还有飞机，这些我们都比不上他们。我们为什么能打胜仗呢？最关键的一条，我们的战士、干部思想目标比较明确，就是"消灭敌人，保存自己，保卫家乡，保卫国家"。指导员也好，连长也好，给战士讲话动员，都要讲这个，关键就是不怕死、不怕累、不怕苦。冲锋在前、退却在后是党员干部的光荣传统，行军不怕苦，打仗不怕死，这两条必须具备。那时候连队的党员很少，但共产党员都是带头杀敌，干什么都是起模范作用。

我负过三次伤，身上有八个窟窿。刘华清旅长说："小锁子在艰苦的战斗当中，都是负过伤的。"他对我是比较了解的。

战斗下来，刘伯承司令员和邓小平政委都会到下边去组织讨论、研究这次战斗打得怎么样。打得好的，邓政委都表扬："你们这个部队有老红军的传统，打仗不怕苦，行军不怕累，你们打得好。你们这些人都是最勇敢的。"

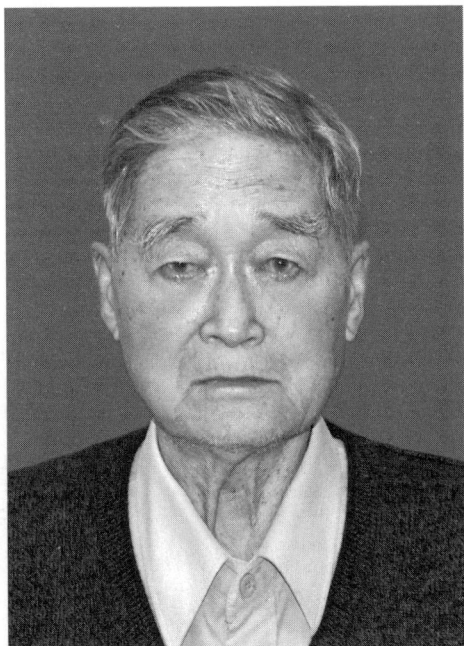

　　黄瑞基，1927 年出生，山西平定人，中共党员。1938 年参加革命，淮海战役时任中野九纵二十六旅七十八团卫生队军医，中华人民共和国成立后曾任中国人民解放军第十五军后勤部副部长。

黄瑞基口述

（2016 年 4 月 25 日）

张围子战斗中的救护工作

解放郑州以后，我们团留在郑州城防了一个月，等我们赶到淮海战场的时候，黄维兵团已经被包围了。

12 月 6 号，我们团接到任务攻打张围子。在这防守的是国民党军的主力部队，号称"青年团"，我们的战壕跟敌人战壕相隔不到一百米。第一天晚上我们火力没组织好，攻击没有成功。第二天重新组织打，战斗中团参谋长陈洪汉牺牲了，二营副营长牺牲了，伤亡的连队干部记不清了。"青年团"的敌人比较顽固，最后俘虏的基本没有战斗兵，只是一些勤杂人员。打到双堆集里边，国民党军队的建制被打乱了，也没有战斗力了。张围子战斗虽然只打了两个晚上，但是我们包扎的伤员就有三四百人。

团卫生队离前线只有四五里路，队里就我一个军医，其他都是卫生员。伤员抬下来以后，我们挨个检查伤情，清理包扎，把出血部位捆住，再及时往后运送。当时急救包还没有普遍下发，但包扎需要的纱布、绷带等物品还能供应得上，我们就教战士包扎自救、互救。战场上主要是枪伤，都是附近的战士把伤员从火线上背下来的，光靠卫生员是不能完成的。

胜利的因素

淮海战役的胜利因素主要是有坚定的信仰、必胜的信心和坚强的斗志。我们部队官兵一致，党员干部冲锋在前，干部的伤亡比例比战士还高。虽然伤亡很大，但我们的干部很快可以得到补充，从士兵里面直接提拔，这样部队的情绪稳定，战斗力丝毫不减。还有一部分兵源靠国民党军俘虏来补充，他们在接受思想教育后，掉转枪口杀敌立功。被俘的国民党军官想不通，说："我们的士兵，在后面督战催着他打他都不上，被你们解放军俘虏过去以后，掉转枪口打他原来的长官。共产党真的很厉害。"

　　作为一名老党员，我希望年轻人能够把老一辈身上牺牲奋斗、公而忘私的精神很好地传承下去，我相信一代更比一代强。

　　张立春，1931 年出生，河南沁阳人，中共党员。1947 年参加革命，淮海战役时为中野九纵二十七旅七十九团卫生员，中华人民共和国成立后曾任中国人民解放军第十五军四十五师医院副院长。

张立春口述

（2016 年 4 月 26 日）

日夜救护伤病员

1947 年，我们家乡已经土改了，家里分了土地。我家弟兄四个，我是老小，觉得当兵光荣，就报名参军了。走的时候戴朵大红花，父老乡亲们都来欢送。

在新兵团训练了半年多，我被分到部队当通信员。后来到了九纵七十九团卫生队当卫生员。卫生队有一个队长，还有班长，带着我们十几个卫生员。救护知识和技术，都是老队员教我的。

我们到淮海战场的时候，天气已经冷了，穿棉衣了。我最难忘的是在双堆集打黄维兵团，小张庄那一仗打得很惨烈，重伤员多，牺牲的多，一营营长和副营长都牺牲了。

伤员要经过多次转运。连队卫生员救下伤员后，先简单包扎，到了营卫生所再检查包扎，接着就转送到我们团卫生队。伤员来了以后，我们看看伤口包扎得对不对，不对的重新包扎。我们卫生员有个急救包，里面有绷带、方块药包，还有止血带，消毒水是自己制的，就是生理盐水，还有一些红汞、碘酒。轻伤员给他擦一下，消消毒；重伤员得赶紧往后运，送到师部医院进行手术。卫生队有好多担架，都是民工担架员，对伤员很好，有些人后来也当兵了，他们每天最多能转运三百多个伤员。伤员多的时候，我们十几个卫生员就忙不过来了，有时候几天几夜都不能休息。

　　萧锡谦，1924 年出生，山东莱西人，中共党员。1944 年参加革命，淮海战役时任华野九纵二十五师七十三团三营七连连长，中华人民共和国成立后曾任中国人民解放军第十五军四十四师副师长。

萧锡谦口述

(2016 年 4 月 26 日)

部队勇敢士气高

淮海战役是华东和中原两个野战军合起来打的，战场情况非常复杂。我是连长，负责指挥打仗；迟浩田是指导员，主要负责战士的思想工作，我们两个配合得还可以。

第一阶段在碾庄圩打黄百韬兵团。碾庄圩是平地，村子周围有土圩子，土圩子外面有水壕，敌人兵力比较多，火力也很强。我们团五连从西边进攻，正对着水壕边敌人的火力点，所以五连吃了亏，伤亡比较大。我们七连是从西北角打进去的，发现到处都是敌人的尸体，可能是我们其他部队先打进去了，敌人准备逃跑，我们攻击得很顺利，伤亡不大，司号员牺牲了。

打完碾庄以后，国民党军黄维兵团要和徐州、蚌埠的敌人三路会师，我们部队就到徐州南边打阻击。后来徐州敌人跑了，我们就追击，当时敌我状态乱得很，两个军队相隔很近，有时候都穿插到一块儿去了，情况非常复杂，也非常紧张。

我们把杜聿明的部队包围在陈官庄以后，天下雪了，战壕里特别冷。国民党军的飞机来空投，包围圈里的敌人都去抢，抢着抢着就相互打起来了。那时候我们各个连队都有喇叭筒，开展对敌喊话来瓦解他们。国民党军饿得不行了，基本上没战斗力了，有的就爬过来要东西吃。

战场上虽然很艰苦，但我们部队的战斗情绪非常高，不管是哪个部队，叫打哪里，部队就冲上去了，都勇敢得很。部队有时候伤亡大，所以抓着俘虏以后，先征求俘虏的意见，愿意留下的就当场补充，很多解放战士连帽子都没换就补充到我们部队来了。

现在回想起来，我们能够打胜仗，一方面是高级指挥员作战计划安排得比较科学、正确，敌人有多少、有什么武器、在什么地方住，高级指挥员都很清楚。我们接受的具体战斗对象、具体任务，都非常明确，战斗纪律抓得好。另一方面，群众的支援是我们取胜的重要原因。山东老百姓推着小车往前线送粮食、运炮弹，前线的伤员也是他们帮着往后转移，真是兵民一家亲啊。

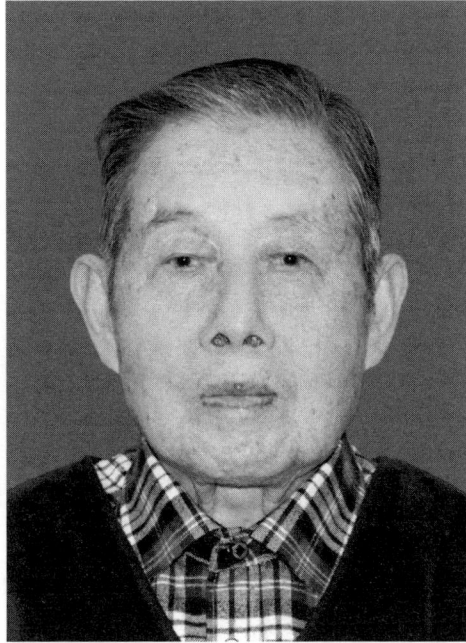

　　庞海鱼，1928 年出生，陕西洛南人，中共党员。1946 年参加革命，淮海战役时任中野九纵二十六旅七十六团二营五连二排排长，中华人民共和国成立后曾任中国人民解放军第十五军四十四师一三〇团团长。

庞海鱼口述

（2016 年 4 月 26 日）

难忘的张围子战斗

淮海战役我最难忘的战斗是打张围子。当时敌人把村子里的树都砍了修鹿寨，阵地四周还架了铁丝网。张围子是平原地，为了减少伤亡，上级命令我们挖战壕。一到夜晚，我们就匍匐前进，战士们每个人相隔五米，一开始只能趴着挖得很浅，很快挖成一个坑，可以跪在里边挖，再继续挖到胸部那么深，就变成了立姿坑，每个人之间再相互打通，交通壕就挖好了，一直从咱们阵地挖到敌人鹿寨前。总攻的时候，部队用炸药炸开个口子就直接冲进去了。

除了采取挖战壕的办法减少伤亡，我们还用迫击炮和汽油桶打炸药包。这些土武器威力很大，我们用它拔掉了很多碉堡和据点，国民党军的俘虏说："你们用的是什么炮，那个坑跟飞机炸弹炸的一样。"我们今天派这个团打一个村，明天派那个团打一个村，一点一点地打，一点一点啃硬骨头，九纵司令员秦基伟讲，这叫"砸碎硬核桃"。

黄维兵团在双堆集被围了二十来天，他们把老百姓的牛、猪都吃光了，后来把拉炮的骡马也吃了。包围圈越来越小，黄维兵团汽车多，他们就把汽车围成一个圈子，用麻包装上土堆到汽车上边，汽车下边也用麻包堆起来，在里边守着。

国民党军的飞机空投大饼，好多都投到我们这边了。我们对他们喊话："过来吧，解放军优待俘虏，我们这边有馒头吃。"打到最后，成群结队的国民党军跑过来向我们投降。

我们胜利的原因

当时解放军是小米加步枪，兵力又比国民党军少，淮海战役为什么能够打胜，主要有以下几点原因。

一是靠党员干部带头、战士勇敢作战不怕牺牲的精神。党员干部打仗的时候都冲在前面，这是一点也不能含糊的。我们党员的衣服右下角盖了一个公章，牺牲以后揭开衣服一看，就知道他是不是党员。

二是部队的后勤保障好。前线的粮食都是山东、河南解放区的老百姓用小推车运来的。老百姓用白面和高粱面做的花卷，我们都爱吃，部队没有饿过肚子，供应很充足。

三是我们的俘虏政策好，随俘随补。我是 1946 年解放入伍的，1947年入党，淮海战役的时候当了排长。我们连队大部分都是俘虏兵，他们都是穷苦人家的孩子，被国民党抓壮丁抓来的，通过解放军的诉苦教育，阶级觉悟很快转变，他们打仗都很好，还有不少立过战功。

　　张永祥，1929年出生，山东莱芜人，中共党员。1945年参加革命，淮海战役时任华野司令部警卫连连长，中华人民共和国成立后曾任中国人民解放军第十五军四十三师司令部副参谋长。

张永祥口述

(2016 年 4 月 26 日)

从战士到指挥员的转变

淮海战役时我是警卫连连长，不到二十岁，那时候好多战士比我大，但大家对我都很放心。当时选干部要求政治坚定，指挥灵活，关键时刻能起作用。我干事情认真，不怕苦，不怕累，一有艰巨任务就主动要求去，上级经常说："那小伙搞得不错，就让他去。"我会根据任务的轻重灵活处置，每次都能完成任务安全回来。

但是作为指挥员，光打仗勇敢不行，还要能指挥部队。每次打仗要做战前准备，不打没有把握的仗。解放军实行军事民主，每次打仗之前开民主会，让大家都说一说这一仗怎么打；战斗结束还要开民主会，谈谈战斗中的问题。指挥战斗时，我懂得观察地形和敌人的活动，根据自己的判断，最大限度消灭敌人、保存自己。实践出真知，这些经验我都是在战场上学的。

在首长身边的日子

淮海战役时，我们警卫连跟着粟裕司令员。首长平时话不多，很严肃，有时整天在屋里来回走。他喜欢看地图，经常晚上点着油灯看地图，淮海战役最紧张时，他几天都没睡觉。首长习惯把指挥部设在前线，这样可以了解第一手资料，对于别人汇报的情况，他都心里有数。打碾庄的时候，刚开始部队攻击受挫了，粟裕首长召集各纵队司令员来开会，讨论下一步如何调整部署，布置任务时很坚决，要求各个纵队，你把那个点拿下来，你把这边守住。他经常去前线视察，远了骑马，近了就步行。

当时除了粟裕首长，我还见过谭震林副政委和张震副参谋长。谭副政委讲话很稳重，张震副参谋长讲话做事很干脆。

我在首长身边做警卫工作，也跟在首长们身边学习。首长们都很虚心，工作认真，对问题的分析透彻，对待下属宽宏大量，一视同仁。他们做事情很坚决，定了的事情一定要完成。首长们对我的帮助很大，让我学到了很多东西。

　　王燧，1930 年出生，山东文登人，中共党员。1946 年参加革命，淮海战役时为华野九纵二十五师七十六团二营六连卫生员，中华人民共和国成立后曾任中国人民解放军第一一四医院传染科主任。

王燧口述

（2016 年 4 月 27 日）

辨别烈士身份的"白布条"

我们九纵是个打硬仗的部队，和敌人接上火以后，没有向后撤的这个说法，一定要吃掉敌人。

我们团打济南伤亡很大，战后补充俘虏兵，一个班最多有两个老兵，其他都是解放战士。解放战士过来以后，第一个愿望就是换军装。那时候也没有那么多军装啊，顶多是换顶帽子、换子弹袋、换挎包，枪都是原来的。有的解放战士来不及进行诉苦教育，但是他知道解放军是穷人的部队，他连装备都不卸，就跟着我们一块儿打。

淮海战役发起前，每个老兵口袋都装着好多的白布条，上面写着"解放徐州"四个字。一人装个一二十条，让解放战士把布条系在第二个扣子那里。因为解放战士还穿着国民党的军装，在战场上寻找牺牲的烈士，就靠这个布条。

部队追到新安镇，发现敌人跑了，我们就不停地追。过了运河追上了，在碾庄包围了黄百韬的部队。突击碾庄黄百韬的司令部，我们团是主攻部队，伤亡很大。我在团卫生队接收伤员，离前线才三里多路，如果敌人炮弹打过来，是很危险的。我们二营的卫生班班长和三个卫生员都在碾庄牺牲了。

后来我们就到了徐州南边夹沟一带阻击国民党军，当时在那打阻击的是两广纵队，国民党军攻得很凶，两广纵队伤亡很大，后来我们换防上去接着打。

徐州的国民党军跑了，我们昼夜不停向西追，追到永城一带，把敌人围住了。上面有命令，围而不打。最后总攻的时候，敌人的飞机轰炸扫射，我在的那个连牺牲了二十多个人。

战场救护

卫生员都是连队里比较优秀的人，因为要在战场上救护，所以步兵的三大技术——刺杀、投弹、射击，卫生员都会。训练新兵的时候，卫生员也是教员之一。平时休息的时候，卫生员除了教战士包扎自救，还要练习这三大技术。刺杀训练，要一口气刺六十下。投手榴弹，我现在还可以投四十米。卫生员没有急救包，每人二十卷绷带，几条三角巾，一把剪刀，一个酒精盒，里面放一些纱布，背着两副夹板，另外还有两个手榴弹。

打仗的时候，哪个连有战斗任务，营里就派一个卫生员过去，这样每个排就都有一个卫生员了。战斗打响以后，卫生员带一副担架跟在爆破组和突击排的后面，只要有人打进突破口了，卫生员就要跟上去。战士们一上突破口，回头看到卫生员，他就喊："卫生员来了。"战士们很信任我们，他不怕负伤，就怕没人往下背。我才十八岁，背不动，也背不了那么多伤员，这时就得靠担架员了。一个连队有三副担架，担架员是炊事班的人，我扒着伤员，他们就向后抬。卫生员要巡视阵地，在第一线的这几个班，你得不停地去转。部队号召"轻伤不下火线，重伤不哭"，有的战士负伤了，他也不叫你。到了夜里，卫生员要在战壕里趴着闻一闻，哪里有血腥味就到那找一找，看看有没有负伤的。

清洗、掩埋烈士遗体

我们团卫生队有一个抚恤组，专门负责掩埋烈士。卫生队队长问我："敢不敢去抚恤组，帮着清洗烈士遗体？"我说："敢去，怎么不敢去？"那个院子门口挂着白布帘，老远就能看到。我就去报到了，组里有负责抬的，有挖墓坑的，有专门登记烈士遗物的。

担架队把烈士从前线抬下来，我们再一个一个地清洗，口袋翻一翻、掏一掏，看看有没有什么遗物，有衣服的就给换一换。说实话，一下子看到那么多烈士，我头皮都发麻。烈士里边有很多是解放战士，他们都有一个铝边的小镜子，那个小镜子装了好几个麻袋，一个小镜子就是一个人啊！烈士身上最多的是入党志愿书和功劳簿，一个小本子，立的一等、二等、三等功，就给填上去，装在口袋里。

烈士遗体清理过后，也没有棺材，一个人用一丈二尺裹尸布一包，就地掩埋。晚上也不能点灯，怕敌人用炮炸。忙乎一宿，第二天早上一看，一片新坟啊。也没有墓碑，有准备好的木头条子，用毛笔写上姓名、单位、哪个地方人，再用花生油涂一涂，就插在坟头上。

　　邹积田，1930 年出生，山东威海人，中共党员。1944 年参加革命，淮海战役时为华野九纵二十六师七十八团卫生员，中华人民共和国成立后曾任中国人民解放军第一一四医院副院长。

邹积田口述

（2016 年 4 月 27 日）

火线救伤的卫生员

淮海战役发起后，我们的部队从济南东南方向出发向陇海路靠拢。到新安镇前，部队先派侦察兵化装进去侦察，发现新安镇的敌人已经逃跑了，这种情况下必须快速行军才能追上敌人。我们一天跑一百多里路，在路上我碰见了几个女卫生员，她们个子比我们矮，步子也小，但她们跟着我们走，从不掉队，真是巾帼英雄。

战场救护工作中，一个连有一个卫生员并配一个助手，助手经过学习晋级以后再提拔为卫生员，营卫生所大概有五六个人，团里的卫生队有一个班。团卫生队与前线的距离是根据战场地形来定的，地形不好就稍远一点，地形不错就尽可能地靠近一线部队。打起仗来卫生员要冲上去给伤员包扎，并把他拖到一个隐蔽处。战场救护光靠我们卫生员也不够，战斗不太激烈的时候，前线的战士们也会想办法把伤员拖到安全一点的地方。战场救护的卫生员伤亡很大，所以后来就规定，没有巩固住的突破口卫生员不准上，要保存救护力量。从战场上救下来的伤员会直接送到营里或团里，如果团里也无法救治，就赶快往后送到师里，就这样一级一级往后送。

我们卫生员的背包里平时有几瓶红汞、碘酒，还有一些常用的药，如阿司匹林等，但打起仗来就不够了。战斗前，我们就准备好了急救包，每个急救包里有纱布、绷带、碘酒，还有小夹板，一个卫生员要背三十个急救包，打起来仗来都不够用的。卫生员的任务就是尽量减少部队的伤亡，这些急救包也起了很大作用。

鞠湘川，1929 年出生，山东沂水人，中共党员。1945 年参加革命，淮海战役时任华野鲁中南纵队四十六师一三六团二营六连二排六班班长，中华人民共和国成立后曾任中国人民解放军第一一四医院副院长。

鞠湘川口述

（2016 年 4 月 27 日）

沈家湾阻击战

淮海战役第一阶段，华野几个纵队在碾庄把黄百韬包围起来，徐州敌人要来增援，上级命令我们向西去打阻击。我们急行军过了运河，晚上到了沈家湾。村西边有一道沙堑比较松软，我们营就顺着沙堑挖工事。

头一天是兄弟部队打的，枪炮声不断，打得很激烈。第二天轮到我们打了，中午时听到西边“轰隆轰隆”响，紧接着炮弹就到了，“呜呜呜”“咣咣”到处落。我在战壕边上挖了个单人掩体，一打炮我就蹲进去，不打了再出来。炮击以后，敌人的步兵从西边开始攻击，因为敌人的兵力、火力强，五连和机枪连的阵地先后失守。这时敌人两辆装甲车向我们六连阵地开过来了，当时全连的枪榴弹都集中在我这里，装甲车离我们还有一百五十公尺左右时，战友们齐声喊“打!”我就打。装甲车铁壳子很厚，枪榴弹爆炸了也没啥穿透力，所以打了也没成功。装甲车有一门机关炮、一挺机枪，机关炮打到哪里“轰隆”一声就炸了。一排几乎打光了，排长牺牲了，四个班长还剩下一个，副班长也伤亡得差不多了，这一次战斗牺牲了二十六个，大部分都是一排的。

我和四班长陈道一、五班长张洛文三个人一起商量，我说：“敌人很快就上来了，那边是一片平地，突不出去。咱们就在拐弯的地方拿冲锋枪堵着，对着他们打。”我们一直坚持到七连上来，夺回了后面的村庄和阵地。敌人就退到了前面一个村庄。当时敌人虽然被打退了，但损失并不大。晚上，九连接受任务去攻打那个村庄，遭到敌人猛烈反击，九连进去两个排，到最后一个都没出来。营教导员申步云带着通信员在后面指挥，他靠近一棵小树，敌人的机关炮正好打到树上，通信员牺牲了，教导员头部负重伤，往后转的时候也牺牲了。

激战徐南郝庄

沈家湾阻击战结束以后，上级命令我们团赶到徐州南边的郝庄阻击敌人，到那以后我们抓紧时间抢修工事。我们六连阵地在中间，一排在东面，三排在正面，我们二排在后面作为预备队。四连在我们左边诱敌深入，敌人一进攻他们就撤下来了。一排没几个人了还在那里坚持着。打了两三个冲锋以后，三排就吃紧了。连长对我说："你带着六班去支援三排。"我们班进去以后打了三四次冲锋，占领了阵地东边一个角。这时已经快到中午了，敌人的冲锋也减弱了一些，但是我们的子弹打光了。团里让民工往上送弹药，敌人一打炮，子弹送不上来。我的冲锋枪还有一梭子子弹，也就是三十发，旁边三排一个同志牺牲了，我就把他的三八枪拿过来，准备应急的时候再拿出来打。就在这个时候，连里的便衣排每人扛着一箱弹药送上来了，大家高兴得不得了，终于有子弹了。一天下来，我们打退了敌人九次进攻。

夜里10点，通信员通知我们班撤退。撤出来以后，我碰到指导员聂奎聚，他说："你看到三排撤下来没有？""没看到。""你回阵地看看还有没有人。"我叫上两个战士，我说："你们从壕沟里面前进，我从上边走，如果听到我开枪，你们就赶快往回跑。"回到阵地一看，部队都撤了，我们就撤下来了。走了三四里路，看到其他纵队挖的工事，比我们的还好。我们是第一道防线，这里是第二道防线，要把敌人挡住，没有上级命令是不能撤退的。

紧急增援双堆集

撤下来以后，上级叫我们休息一个礼拜。第二天连里派人去买肉买菜，准备包饺子改善生活。派出去的人还没回来呢，上级的命令又来了，说徐州敌人逃跑了，赶快去追。我们追了两天两夜，赶到了永城东边，之后解放军的部队越来越多，就把敌人围住了。

在这期间，我们纵队又接受了一个任务，到双堆集去配合中野打黄维。到双堆集有四五十里路，我们按照命令傍晚前赶到，中野把一个纵队的突破口给了我们。我们几个班长跟着连长、营长去看地形，那里全部是汽车做的障碍物，一辆挨着一辆。我们看好地形回来以后，我和营长趴在一个地窖子里边休息。第二天早上天亮了，营长说："你们还不起？敌人都跑光了。"我们追了二三十里路也没追上，敌人基本上被其他兄弟部队消灭光了，只跑掉了几辆坦克。之后我们就回到永城东边待命。1949年1月10日，淮海战役就胜利结束了。

党员处处要带头

战后评功，连里给我报了一等功，报到师里批下来的。立功原因是平时各方面表现都很积极，郝庄战斗我带一个班，完成任务比较突出。

我是1946年10月份入党的。党员平时要带头，打仗要带头，处处要带头。整个淮海战役打下来，我连条棉被都没有。一开始包炸药，每班要凑一床被子，我是班长，带头先交上。后来给了我一件大衣，睡觉的时候大衣一盖，两个月就是这样过来的。

　　毕忠，1929年出生，安徽合肥人，中共党员。1945年参加革命，淮海战役时任华东军区第五后方医院药材股代股长，中华人民共和国成立后曾任中国人民解放军第十五军后勤部卫生处副处长。

毕忠口述

（2016 年 4 月 27 日）

千方百计做好药材供应工作

我们是第五后方医院，由华东军区统一管理，根据战争需要及时调动，也是双重领导。一个医院的人员不是很多，都是以队的形式，由三个医疗队组建而成。医院有政治处、行政处、供应股、药材股。1948 年 8 月，我调到华东军区第五后方医院药材股担任代理股长，主要任务就是做好药材的供应和配发。

淮海战役打得很激烈，六十多天歼灭敌人五十多万，伤员很多。我们医院负责接收淮海前线下来的伤员，医护人员一个人要照管二十多个病号，都住在老百姓家里打地铺，晚上提着小马灯去查房，很辛苦的。为了保证医疗队能够顺利完成任务，确保前方战士有医有药，尽量减少伤员的死亡率，医院组织我们加班加点赶制三角巾、急救包、绷带、药用棉球等急救物品。我们有一个制药厂，可以配置十几种酊剂，像麻醉针剂普鲁卡因我们自己也能做。伤员转到我们医院以后，三个医疗队需要什么药材、物品就打电话给我们，或者派人来领。

手术用的医疗器械和药材，我们就要通过封锁线到敌占区去购买，千方百计满足医院的需要。过敌人的封锁线是很危险的，趁着天黑，我和两个战友坐着老乡的小船悄悄渡河，国民党军的小货轮在河里边来回巡查，我们就慢慢靠近岸边，一听到声音就赶快卧倒不动，等他们过去了再走，幸好没有被抓住。这项工作确实不容易，但我若不去，药品供应不上，医疗队就完不成任务，所以再危险也得干。

后勤工作很艰苦也很光荣，虽然不像前线枪林弹雨，但也是夜以继日奋战不停。别人可能看不到我们的工作，但我们无怨无悔，勤勤恳恳，一心一意为革命，甘做无名英雄。

　　冯乃秀，1929 年出生，河南辉县人，中共党员。1947 年参加革命，淮海战役时任中野九纵二十六旅七十七团二营四连排长、代理连长，中华人民共和国成立后曾任中国人民解放军第十五军参谋长。

冯乃秀口述

（2016 年 4 月 28 日）

敌人的"两怕"

郑州解放以后，我们部队齐装满员，粮弹充足，坐火车到开封，接着步行东去参加淮海战役。一进入战场，我们团接到的任务是到任桥阻击南来的敌人，配合华野歼灭黄百韬兵团。一天一夜打退了敌人十多次冲锋，完成了阻击任务，这是我参加淮海战役的第一仗。

后来黄维兵团要突破浍河，我们团奉命强渡浍河，就和黄维兵团混战到一块儿，打了一天一夜，敌人伤亡很大，我们伤亡也不小。我们二营教导员黄鹰牺牲了，营、连、排干部大部分伤亡，四连一百一十多人，就剩下我这一个排长还有十三个战士。这是打得比较激烈的一次战斗。

黄维兵团依靠兵力、火力的优势，一个村一个村地构筑堡垒，形成"硬核桃"战术，叫解放军啃不动也咽不下。如何打呢？陈赓司令员到前线视察了，他一看，我们进攻前沿都是平地，距敌人有四百到六百公尺的开阔地，还按照我们过去的夜战、运动战打，不行啊。敌人火力强，平地接敌运动伤亡大，所以要改变战术。陈赓从我们抓的俘虏嘴里了解到，国民党军队最怕解放军两条：第一，想不到一个晚上，解放军的地下战壕就挖到阵地前面了，这是怎么回事啊？第二个，最怕那"没有良心炮"，连工事带人都给他崩掉了。敌人最怕我们这两样。所以后来呀，陈赓大力组织部队赶制"飞雷炮"，由野战进攻改成近迫作业，从地下接敌运动，叫敌人发现不了，减少伤亡。

战壕挖到敌阵前

司令员和团长走了以后，连长王得卢命令我："你负责把这条战壕挖到敌人前沿，从一排调一个班、调一挺机枪加强你们。"这样的近迫作业，我们过去也没有搞过，怎么办呢？我就带着各班的班长，天黑以后到现地观察研究。这地方离敌人大概是二百五到三百公尺的距离，我们机枪一打，敌人火力反击很猛，打得我们抬不起头来。看完以后，我们回去召开全排骨干会，分析如何在敌人强大的火力下挖工事。各班班长建议，先组织骨干试挖一下。我就采取了这意见，从各班组织了十二个人，我说："你们出去由四班长马国仁带队，一路队形，匍匐前进，每个人距离五米，我组织两挺机枪掩护你们。"在敌人的火力压迫下，战士先挖卧姿，再挖跪姿，再往下挖，就可以弯着腰运动了。我问他们："你们为什么挖得这么快？""我们头顶上有敌人的机枪，逼着我们往下钻，你不赶快钻到地下去，那就很危险。"第一天摸了一些经验，了解了土质和敌人的火力情况，挖出了六十米的堑壕。第二天，我组织三挺机枪掩护，全排挖了一百多米。第三天晚上，因为离敌人前沿比较近了，火力比较强，比第二天挖得少点，挖了八十米。我们回来就向连队报告，完成了抵近挖战壕任务二百四十米，已经接近到敌人鹿寨边了。

全歼杨四麻子守敌

会攻黄维兵团，我们团奉命攻打杨四麻子村，这是敌人在东北方向的最后一个坚固堡垒。团长葛明下命令，叫我们四连配合三连并肩战斗，消灭杨四麻子守敌二二四团。有一条战壕可以隐蔽接近敌人，我们往前运动，正要准备发起冲锋，后边通信员跑来说："报告二排长，连长牺牲了，营长命令你代理连长。"这时，团里的五发信号弹已经打上天空，我命令司号员吹冲锋号，一排、二排一梯队，三排预备队，就开始冲了。

一排冲上去没有伤亡，占领敌前沿阵地以后，敌人马上就反击了。我带着二排和敌人近战拼刺刀，把敌人打回去了。我的帽子被打掉了，通信员捡起来一看，帽子被打了个窟窿，敌人枪打得不准，打高了一点点，我头发被扫了一条沟。我们以壕夺壕、以堡夺堡，连续打掉敌人五个碉堡，就站住了脚。组织火力继续攻，前面纵深冒出来一股敌人向我们反击。大家说，敌人这么顽固。我说不管他，跟他拼！再往里打，发现一个集团据点，我们打掉一个碉堡，又打掉一个，当打掉三个碉堡的时候，敌人出来投降了，我们抓了八十多个俘虏。经过清理，发现俘虏里面有个二二四团的副团长。我问他："你团长呢？""团长跑了。"这地方是敌人的团部，我们炸掉这个据点，缴获了敌人的重迫击炮、电台一部，抓了二百多个俘虏。

这次杨四麻子战斗，我们连只牺牲了一个，就是连长王得卢，负伤四个。我们伤亡小，胜利大，抓到二百多个敌人，包括一个副团长，打掉了敌二二四团的据点。这时候大家感觉到，哎呀，可算敲掉这个"硬核桃"了！当时，从我这代理连长到排长、班长、战士，那情绪可高了。

窟窿帽和开裆裤

正在高兴的时候，上级命令四连清查人数，跑步向双堆集前进，去会攻黄维兵团部。我们一清查，全连还有八十九个人。战前上面动员说："打黄维要拼命，拼老命！"大家说："咱们去，拼命也要抓住黄维。"从杨四麻子到双堆集，一气跑了十来里路。到那以后，到处乱哄哄的，我们和敌人打了一下，抓了一些俘虏。又往前进，没有人了，只剩下几门炮，还有一些骡马。再往前，就看到一群一群的俘虏兵，听说黄维已经坐坦克跑了。

一听说战斗结束了，我摸摸头还在上面长着，"呼嗵"一声，人就坐到地上了。战斗紧张时一点都不饿，现在饿了。我坐下后，感觉这屁股好冰，就和通信员说："地下怎么这么冰啊？"通信员一看："连长，你的裤子开裆了。"我一看，可不是吗，在杨四麻子打了一夜，趴坑翻墙，那时候就一条军裤，里面没有衬裤，也没有裤头，一磨破就成开裆裤了。通信员打趣说："连长，你头上戴窟窿帽，底下穿开裆裤。"通信员找来一条敌人的裤子，我把它罩到外面。打仗的时候都不考虑这些，只要人还在，就得拼。

回家乡撤红匾

淮海战役结束后，我们开到河南周口，部队在那开贺功会，通知我参加。说实话，我不想参加，我们连长牺牲，教导员牺牲，那么多的战友牺牲了，我还立功。后来上面再三通知，一定要参加。我们二排记集体一等功，我记特等功，授予"战斗模范指挥员"，向守志旅长亲自给我戴的人民英雄纪念章。

之后部队通知地方，要庆祝淮海战役的胜利。县长就带着剧团到我们家门口唱戏，还挂一块"人民英雄"的大红匾。1953年，我从朝鲜战场回国后在高级炮校学习，7月份放假，我回家了。走到家门口，我迟疑了一下，看了又看，想了又想。到家后我问父亲："怎么大门口挂了匾呢？"他说："县长来挂的。"我说："跟你们商量一下，能不能把那个匾撤掉？"父母亲说："县长挂的，你撤掉干啥？"我说："一看到这个匾，我就想到我的连长和战友，牺牲好多人啊。"听我这么一说，父母亲讲："那就把红匾撤了吧。"

淮海战役和黄维兵团会战，我们伤亡确实大，好多战友牺牲、负伤，排以上干部就剩下我一个人，心里怎么能不难过呢？所以领导给我立功也好，挂红匾也好，想起牺牲的战友，我都觉得受之有愧！能够活到现在，我是幸运的，每当回忆这些战斗故事，就很激动。

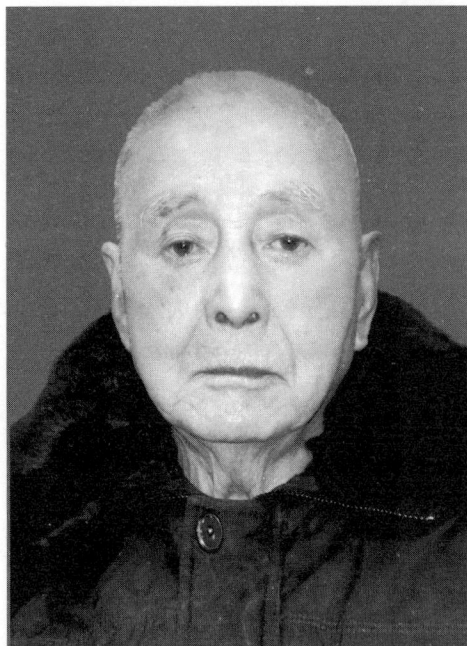

　　王保成，1925 年出生，山西陵川人，中共党员。1946 年参加革命，淮海战役时任中野九纵二十六旅七十七团警卫通信连侦察排长，中华人民共和国成立后曾任中国人民解放军工程兵第六纵队后勤部政治委员。

王保成口述

（2016 年 4 月 28 日）

南下参加淮海战役

1946 年下半年，蒋介石要北上打内战。为了保卫胜利果实，我老家礼义镇召集村干部和民兵开会，动员参军。我是个副村长，爹娘就我一个儿子，那会儿刚结婚没多久，共产党给我们分了房子和地，我当然要带头参军了。我们山西出兵多，一批一个团，我是第三批，分到太行军区独立旅当兵。参军后训练了一个月，就在山西打了几仗。后来南下到了河南辉县、新乡地区，主要是打游击。豫北战役打下汤阴以后，部队就发展壮大了。1947 年 8 月，我们升级成了中野九纵。部队打完郑州以后，我们坐火车到开封，接着就南下参加淮海战役了，当时我是侦察排长。

九纵二十七旅配合三纵打宿县，消灭了国民党军一个师，我们旅赶到蚌埠西北的任桥一线阻击打援，保障华野围歼黄百韬兵团。这样蒋介石就坐不住了，把黄维兵团调来参加战斗。我们纵队是主力，在浍河阻击敌人，国民党军上面有飞机，下面有坦克、大炮，但我们仍然把敌人顶住了。

黄维兵团被围在双堆集以后，他派部队从西南边突围，其中有一个师突围的时候起义了，其实他是提前跟我们联系好的。这个师起义以后，还告诉黄维已经突围成功了。黄维又派人来，我们就把口子关上了。围住敌人以后，为了缩短攻击距离，我们就在晚上挖地道，一个连队一夜能挖一百多米。当时部队大炮很少，我们就想办法，用汽油桶装炸药，向敌人阵地投，能打出去一二百米远，敌人伤亡很大，有的耳朵都震出血了。那些俘虏说："你们打的是啥东西？挺厉害的。"后来华野的部队也来帮着我们打，华野的大炮多，如果光靠我们纵队打，是打不下来的，伤亡也挺大。

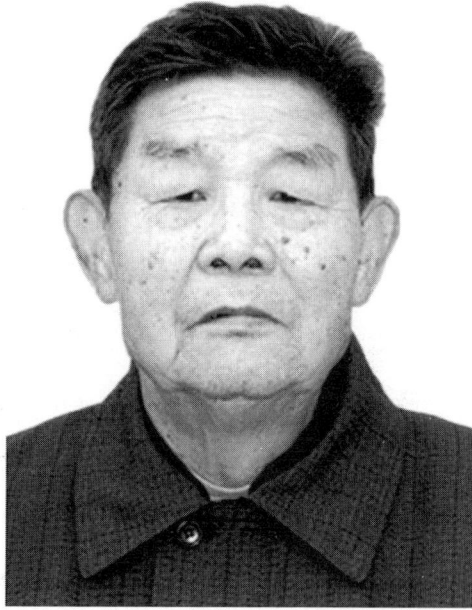

　　亢文彩，1927 年出生，河南焦作人，中共党员。1945 年参加革命，淮海战役时任中野九纵二十七旅七十九团炮连副政治指导员，中华人民共和国成立后曾任中国人民解放军第十五军政治部主任。

亢文彩口述

（2016 年 4 月 28 日）

边打边组织

我是炮兵连的副指导员，打郑州时四个连级干部只剩下我和连长贾福喜两个了。淮海战役一开始，连长也牺牲了，就剩了我一个连级干部。上级指示边打边组织、边打边补充，一定要保证连、排干部满员。

我让通信员把三个排长叫来开会，我宣布：我代理指导员，一排长张洪顺代理副指导员，三排长刘自知代理连长，二排长铁风银代理副连长，几个班长提拔当排长。战斗中谁打得怎么样心里都很有数，一宣布马上就到位了。打仗时必须保证基层组织，只有组织好部队才有战斗力。

我们炮连一共一百八十人，有九门八二迫击炮，还有两门九二式步兵炮，一门炮配备十来个战士。行军时把迫击炮拆开，一门炮拆成炮身、炮盘、炮架，三个人分别来扛。一发炮弹大概有七斤重，连里有骡马驮运，一匹马驮十八发炮弹，有时也用人力挑运炮弹。

以战养战　步炮协同

淮海战役打了两个多月，国民党军修地堡，我们也修地堡，依靠工事，依沟夺沟，依堡夺堡。进攻受阻的情况下就挖战壕，先挖卧姿再挖成跪姿，最后挖成立姿，再横向挖就连成了战壕，从这个连到那个连，从这个营到那个营，战壕都能互通。

除了依靠工事，还要依靠火力。毛主席讲"以战养战"，蒋介石是我们的"运输大队长"。我们的大炮、子弹、机枪都是缴获国民党军队的，后面送炮弹也能跟得上。我们七十九团突破浍河以后，缴获了五门山炮和两门日式炮，后来把大炮交到旅里，成立了山炮营。

八二迫击炮射程一千多米，炮兵阵地一般设在距离一线阵地一百多米远的地方。有时候我们采用土办法，用八二迫击炮打炸药包，威力很大，国民党军吓坏了，还以为解放军使用了什么新式武器。我们的炮兵技术大部分都是解放战士教的，他们技术很好，我下命令把地堡打下来，有的人只用一发炮弹就打下来了。淮海战役打张围子，我们炮兵连挺厉害的，打掉敌人十四个地堡，大量减少了步兵的伤亡，战后受到师里嘉奖，给我们连发了一面锦旗。

　　王庭义，1928 年出生，河南林州人，中共党员。1946 年参加革命，淮海战役时任中野九纵二十七旅七十九团直属炮兵连步炮排排长，中华人民共和国成立后曾任湖北省机电研究院党委书记。

王庭义口述

（2016 年 5 月 1 日）

攻宿县"巧用"迫击炮

淮海战役发起后，纵队命令我们炮兵连配属给八十团，到徐州南边配合三纵打宿县。

宿县城墙外有一条十几米宽、两米多深的护城河，敌人在城墙内外都修了地堡，机枪"嗖嗖"地扫射，易守难攻。三纵突击队的战士伤亡了上百人，我们打了一天也没打进去，最后用炸药把城墙炸了一个口子，部队才突进去的。我们打炮的时候，因为敌人在城墙里面，我们在城墙外面，而炮弹打出去有角度，一般打不到死角。在这种情况下，我们采取简便射击的办法，不用炮架和座盘，把炮筒调整到八十三度角，炮弹可以落到五十米开外的地方，这样的距离和角度就能打到死角，只打了两三炮敌人就缴枪了，我们也缴获了不少武器。

邓小平政委下命令，打下宿县，缴获的重武器都归陈锡联的三纵。三纵在大别山打游击，重武器基本没有了。我们打了宿县仓库，把重武器交给三纵，上级划给我们连六门崭新的迫击炮。战斗结束后，我从炮兵班长升为排长。

近迫作业"砸碎硬核桃"

打完宿县以后，当时黄维兵团正在赶往徐州增援，我们奉命在浍河边的南坪集阻击拦截。黄维兵团有十二万人，都是美式装备，有坦克，炮也多。九纵只去了一个旅，还不到一万人，顶了两天以后，野战军首长命令我们主动撤退，让黄维钻进"口袋"里面。黄维兵团钻进去以后，发现周围都是解放军，才知道上当了，想退出去已经来不及了。

双堆集附近是大平原，一眼看不到头。敌人被围后，一个村庄里边驻一个团，一个团最少有两三千人，他们把房子拆了修工事、修碉堡。我们团首攻小张庄，遇到敌人修的连环地堡，你打了这个地堡，那个地堡还在后面，消耗了不少炮弹才把它打掉。

包围圈缩小以后，进攻变得更加困难。这时候首长提出采用"砸碎硬核桃"的战术，一个村一个村地打，一个据点一个据点地攻。那些村庄据点都是平地，每次接触都很困难，所以我们就开展近迫作业。一个连的人散开以后，每人间隔几米挖交通壕，一直挖到离敌人只有几十米远的地方。敌人蒙在鼓里，只觉得头一天我们离他还有一两公里空地，第二天一看，战壕直接挖到跟前了，他们吓坏了，连连喊着"这是土坦克啊"!

打那以后，敌人就没有力量进攻了，他们被困在包围圈内，粮食和弹药基本上靠空投。但因包围圈太小，每次飞机投放的物资大多数都落到我们这里，落到他们那的很少。于是他们相互抢夺，甚至开枪。后来他们饿得不行了，骡子、马都杀光了，我们就在几十米外的战壕内对他们喊话："你们过来吧，我们这吃肉包子，优待俘虏。"我们吃的粮食都是解放区的支前民工日以继夜地用肩膀挑、车子推，送到前线的。有的战士把馒头、包子扔过去，敌人都抢着吃，随后就有敌人过来投降，开始一个一个地往这边跑，后来就整班、整排地过来投降，敌人的战斗力和精神完全垮了。

诉苦教育　即俘即补

淮海战役还有个特点，就是新解放战士多。我们开玩笑说蒋介石是"运输大队长"，解放军的大多数武器装备都是他运输过来的，包括兵源，大多数也是他送来的。我当班长时，一个班十四个人，有八个是俘虏转变过来的解放战士。我们连长也是在以前的战斗中解放入伍的，后来还当了营长。

战场上对俘虏进行教育，最主要的方法就是忆苦思甜，找一些最典型、过得最苦的俘虏给大家讲他们受苦的经历，这些人讲得很生动，下面的人听得哭声一片，也都站起来诉苦，大家的阶级觉悟很快就提高了。有些俘虏兵就愿意留下来跟着解放军干，这些新解放战士在战场上掉转枪口打敌人，进步很快。

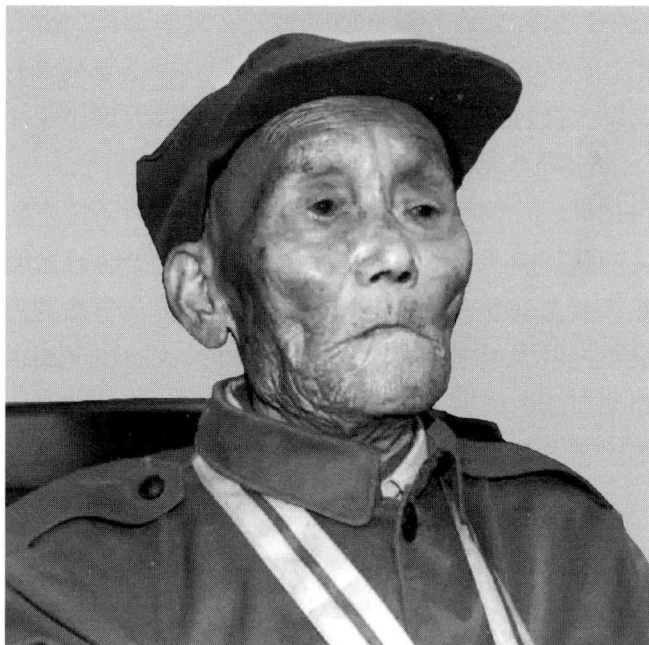

　　张道干，1923年出生，江苏宿迁人，中共党员。1942年参加革命，淮海战役时任华野江淮军区二分区泗阳县县大队班长，中华人民共和国成立后复员回乡务农。

张道干口述

（2016 年 5 月 12 日）

曲折的"寻党"之路

1942 年我十九岁，那时彭雪枫在泗洪县开辟根据地，区委书记、区武工队政委马振藻经常来我们村。马政委对我说，共产党是真心帮助穷人过好日子的，新四军是抗日的队伍，是为穷人打天下的。我一听这是打鬼子的部队，我要参加，给家里人报仇。我喊着村里的十几个年轻人一起参了军，跟着马振藻一起抗日。马振藻教我打枪、扔手榴弹、拼刺刀、躲炮弹。年底我就入党了，马振藻是介绍人。那时候党员身份不公开，开会都是秘密的，老百姓叫"开黑会"。马振藻和他爱人杨美田经常在我家里吃住、组织开会，我就跟杨美田一起在家门口站岗放哨。那时候生活苦，一人一天就两个野菜玉米面饼子，断粮的时候也吃过山芋叶子。

1944 年，马振藻书记和杨美田大姐调走了，去开辟新根据地。临走时给我家留下三块银圆，让我补贴家里生活用。

抗战打完了，国民党又打内战。1946 年，国民党军反攻的时候，我家乡的部队给打散了。撤退时，地方党组织遭到破坏，死了很多人，有些党员被抓走了。当时为了防止有人熬不住拷打变节招供，我们组长就把党员名单烧掉了。

以后，我们县大队配合主力部队参加了淮海战役，那会儿我是班长，带着全班战士去破坏铁路，一夜的时间，我们撬了八根铁轨，累得很，棉衣都湿透了。指导员觉得我表现勇敢要发展我入党，我说："抗战的时候我就入党了，从没犯过错，也没背叛组织。入党，我不能入二次。"

1950 年 10 月，我复员回乡务农。到村支部去交党费的时候，才知道我的党员身份"丢"了。只有找到可以证明我党员身份的人，才能回到党组织。我不识字，家乡周边的村子我都去过，村里来了外人我就打听有谁认识马振藻。七十多岁的时候，我得了一场重病，几天水米不进，我心里想啊，还没找到收我党费的地方，死也不甘心。就是这个意念，让我又活下来了。

2014年，记者报道了我寻找入党证明人的事，当时她问我："如果找不到证明人，不能恢复党员身份怎么办？"我说："我会一直找下去！共产党是我一辈子的信仰，就是我的命根子！我不要金、不要银，只要恢复党员身份。"感谢这些记者，他们的报道让我和马振藻的夫人杨美田联系上了。2015年在中央电视台《等着我》栏目现场，我和分别了七十一年的杨美田再次相见，我把三块银圆交给她："这是党的财产，是我入党七十三年的见证。"听说马振藻1991年就去世了，我很难过。

在杨美田的证明下，中共宿迁市委组织部同意恢复我的党籍。2015年底，我和村里的党员们一起重温了入党誓词，七十三年后再举拳头："我志愿加入中国共产党……永不叛党。"

感谢党没有忘记我这个抗战老兵，我现在没有遗憾了，就算是死，我也能闭眼了。

　　丁继超，1927 年出生，山东枣庄人，中共党员。1945 年参加革命，淮海战役时任华野三纵八师二十一团后勤处会计，中华人民共和国成立后曾任常州牵引电机厂党委书记。

丁继超口述

（2016 年 5 月 14 日）

财务工作有制度

我到部队之后一直干财务工作。一开始我当给养员，去找出纳员张子栋借钱，当时我连个借条也不会写，是张子栋替我写的借条，还代我盖的章。当时同志之间互相信任，上下级之间没有隔阂，对党对部队都很忠诚。有时开展互相批评，大家不但不记仇，还觉得很亲切，认为你的批评是对我的帮助。财务股有个新来的同事没有笔，之后发了一次津贴费，我们其他五个人就凑钱给他买了一支钢笔。

部队用的钱是上级供应的。在山东的时候我们用的是北海币，1947 年部队外线出击以后，就发冀鲁豫出的冀币，到了中原地区使用中州币。当时二百元中州币可以换一块现洋，河南的老百姓很相信中州币。

淮海战役时我在后勤处当会计，负责管账。各个营的供给员先到我这里来借钱、领钱，再发给连队。财务工作有制度，财务支出分类很明确，比如残废金、生活费、办公费等等，买了办公用品报销要有发票，很详细的。经我手的钱和物资都很多，但我从没花过公家一分钱，管好党和军队的钱是我的职责。

执行力就是战斗力

不论在前线还是在后勤，我们共同的目标任务就是打倒蒋介石，解放全中国！战士们在前边打仗，我就干好后勤保障，上级布置一分我要完成十分，都是自觉地抢着干，无论干啥事，就要把它干好，执行力就是战斗力。

解放军打起仗来都是干部冲锋在前，一级一级跟上。连长牺牲有排长，排长牺牲有班长，班长牺牲有老战士，战斗任务需要时，共产党员和积极分子就主动站出来带兵，哪怕只剩下一个人也坚持战斗。上边指挥正确，下边认真执行，合起来才能打胜仗。国民党部队打仗，军官拿着枪躲在后面督战，你把军官打倒了，士兵就直接缴枪了。

军纪严明得民心

解放军有三大纪律八项注意，大家都是自觉地执行纪律。有一次夜里行军，大家又渴又饿，休息的时候，助理员张秀叶去田地里解大便，那是一片瓜地，他就顺手摘了个瓜，拿回来还要分给大家吃。我们到地方住下来以后，党小组就开会批评他。

特别是到了新解放区，老百姓不了解共产党的政策，我们执行群众纪律就更严了。到了一个地方，我们先在村庄外边住下来，天亮以后再进村。有一次我们住在一个老大娘的院子里，她家两个女儿都用锅灰抹的脸，穿得破破烂烂的，在里边屋子不敢出来。我们吃饭的时候要向老百姓借碗、借筷子，通信员就喊"大娘"，大娘不让进屋，把碗筷拿出来递给通信员。我们帮大娘挑水、扫院子、干农活，到了第三天，大娘的两个女儿出来了。她们讲，国民党军来的时候，把村里结婚的新娘子都给抓走了。有个妇女养的猪，国民党的兵把猪拉走了不但不给钱，把她也架到车上带走了，所以老百姓恨透了国民党。看到解放军这么爱护老百姓，她们知道我们是好人，部队走的时候，她们还跟着送呢。

　　黄进礼，1924 年出生，广西平南人。1944 年参加革命，淮海战役时为华野一纵一师一团一营三连机枪班班长，中华人民共和国成立后复员回乡。

黄进礼口述

（2016 年 5 月 19 日）

看到今天　无悔当年

1944 年 6 月，我由伯父引荐，离开家乡前往浙东，在那里参加了新四军，分配到新四军一师当兵，跟随部队参加抗战。孟良崮战役的时候，我在华野一纵一师一团一营三连当机枪班班长，和班里的战友一起抢占制高点，架起机枪扫射敌人。战斗结束了，机枪班就剩下我和一个战友，其余的都牺牲了。这次战役打完以后，我被评为特等功。

淮海战役，我跟随部队从头打到尾，战斗中我勇敢，不怕死，带领班里的战士完成了一个又一个战斗任务。淮海战役胜利了，解放军发起渡江战役。过江后，我接到了家里的来信，我的大儿子金华得了重病，因为得不到及时救治夭折了。我离家以后一直跟随部队，从没离开过战斗岗位，一心就想着天下的老百姓能过上好日子，也顾不上儿子的生死。全国解放了，家人都盼着我回去团聚。但是抗美援朝战争打响了，我又跟随中国人民志愿军入朝作战。在第五次战役中，荣立二等功一次。

1954 年 3 月，我离开家乡整整十年以后，从部队复员回到故乡广西平南县，终于和家人团聚了。军营的战斗生活，我一辈子都忘不掉，我的儿子、孙子和孙女都在部队当过兵，一家三代先后从军。我今年已经九十六岁了，看到今天，无悔当年。我们的生活蒸蒸日上，党的事业后继有人。

何小林，1927 年出生，广东海丰人，中共党员。1945 年参加革命，淮海战役时任华野两广纵队一团二营机炮连副政治指导员，中华人民共和国成立后曾任中国人民解放军桂林陆军学院副院长。

何小林口述

（2016 年 5 月 21 日）

北撤山东组建两广纵队

我是 1945 年参加东江纵队的。1946 年 7 月，东江纵队从广东北撤到
山东以后，我被分配到华东军政大学教导团当文化教员。1947 年 8 月 1
日，中央发布命令，正式成立两广纵队，归属华东野战军指挥。我调到两
广纵队一团二营六连当副指导员，后调到机炮连当副指导员。纵队成立以
后，边打仗、边补充、边整训。当时中央的意见是保持两广部队的骨干，
以后还要打回广东去，所以一些主要的战役、战斗我们都没有参加。

1948 年 6 月，我们从山东连续快速行军，插到河南开封以东地区，参
加豫东战役，打进攻、打阻击、打防守，沿着陇海路跑来跑去。

1948 年 9 月，华野发起济南战役。两广纵队负责打长清县，离济南大
概六十公里，华野首长要求我们三天打下来，结果我们只用两个小时就打
下了长清城，歼敌两千多人，俘虏了几百人。济南战役结束后，我们转入
休整，紧接着就参加了淮海战役。

第一道防线失守了

1948 年 11 月初，我们从山东连续行军，每天七八十里，走了六七天，
到了徐州以西，配合华野三纵牵制国民党军的部队，在那里打了一些小
仗，不让他们到徐州以东去。

华野消灭黄百韬兵团以后，徐州"剿总"杜聿明集团的几十万部队想
通过津浦路南下，与国民党军黄维兵团南北对接，这样就可以顺利南逃。

华野命令两广纵队在徐州以南、津浦路以西修筑防御工事，阻击国民

党军南下。我们就在距离徐州以南几十华里的地方，打了自两广纵队成立以来最艰苦、最残酷的一场阻击战。

两广纵队只有三个团，一团、二团是主力，连、排、班的干部大部分都是原来东江纵队的骨干和老战士，三团是解放济南以后编成的，没有什么战斗经验。我们构筑了两道防线，第一道防线设在两瓣山、纱帽山一线，三团守两瓣山，一团守纱帽山；第二道防线设在瓦房、卢村寨、大方山一线，由二团防守。

11月26日，孙元良兵团四十一军的两个师兵分两路向两广纵队防线发起进攻，其中一路很快占领了三团阵地。27日，敌人又占领了纱帽山阵地，从而突破了两广纵队的第一道防线。纵队首长经过研究，命令一团退守卢村寨，二团退守大方山。

权衡利弊弃守瓦房村

瓦房村距卢村寨二百多米，村口有一条马车道，是通往卢村寨的必经之路。团长彭沃命令以马车道为界，一营在右，二营在左，三营在卢村寨的后边，作为机动部队。

我们撤到卢村寨之前，纵队首长让文工团和后勤人员在距离卢村寨六七十米远的地方修了一道战壕，冬天地面都结了冰，要用镐头刨才行，所以才挖了不到一米深。我们从纱帽山撤下以后，太疲劳了，我和二营四连、五连、六连的指导员四个人，趁着战斗还没打响，在一个简易的掩体里休息一会儿。说是掩体，其实就是一个土坑，上面盖了一些高粱秸，再往上面盖点土。我们几个人刚进去没多久，"咚"一个炮打过来，正好打在这个坑的上面，幸好有高粱秸挡了一下，如果打下来，我们几个连级干部就全完了。我们几个人赶紧回到各自连队，指挥战士们在战壕里边挖防炮洞。

11月28日清晨，国民党军进攻瓦房，被五连打退了。敌人很快组织第二次进攻，打了半个多小时，五连没有弹药了，不得不撤出瓦房。团长命令一营、二营配合，重新夺回瓦房。二连一下子就打进去了，国民党军的重机枪还没有安好，就被我们缴获了。这一仗歼敌四十余人，缴获两挺机枪和十几支步枪。

团首长经过分析，认为瓦房村位置突出，离卢村寨主阵地比较远，容易被敌人包围，所以命令部队弃守瓦房，撤到卢村寨。

誓死坚守卢村寨

敌人占领瓦房后，兵分两路向卢村寨和大方山发起猛攻，野马式战斗机来回扫射、投弹，飞机走了以后，国民党军集中炮火轰击，炮弹打得像下雨一样。第一轮炮击后，卢村寨的工事大部分被炸毁了。敌人炮击时，我们就躲在防炮洞里面，等到他们的步兵上来时，我们再集中火力打步兵，一下子就打退了敌人，阵地前丢下好多尸体。敌人不甘心，又组织进攻，我们又把他打下去。这一天，我记得大概打退了敌人六次冲锋。夜里，敌人派出小分队偷袭，被我们提前布置的潜伏部队击退了。

纵队首长分析，国民党军想要南逃，必须突破我们这道防线，所以，纵队下令："不惜一切代价，死守卢村寨！"团首长表示："与阵地共存亡，与敌人血战到底！"

11月29日拂晓，国民党军集中重火炮轰击卢村寨，天亮后，又出动战斗轰炸机投弹，我们的战壕和工事基本上被摧毁了。紧接着，敌人的步兵发起了波浪式进攻，国民党军官拿着枪督战，谁敢退就枪毙谁。第一波敌人冲上来，被我们打下去，他马上组织第二波进攻，我们刚打退他，第三波再上来……团迫击炮连的六门迫击炮，有的被炸毁了，没炸毁的也没有炮弹了，我们机炮连的迫击炮也打光了，重机枪、轻机枪只剩下十来发子弹，步枪也只剩下几发子弹了。伤员运不出去，烈士的鲜血都流在战壕里，我们走几步就会踩上烈士的遗体。

我们机炮连投入战斗时有九十多人，这时还剩下四十多人。说起来我也算是侥幸，战斗间隙，我想沿着交通壕到前面的机枪阵地去做鼓动工作，刚从防炮洞站起身，敌人的一枚化学迫击炮弹"嗖"的一声就下来了，正好落在防炮洞里边。好在我已经站起来转身了，所以没有炸到我，但炮弹落下后掀起的土埋到胸口这里，我动弹不得，感到胸口憋闷，马上就要晕过去了。我想，这次可能要"革命到底"了——我们当时把牺牲叫"革命到底"。幸好战士过来了，把土挖开，把我拉出来。那时候年轻，喝了两口水，用雪把脸擦一擦，就清醒过来了。

五连有一个排长叫林权，广西人，是莱芜战役解放入伍的，他带着二十几个战士守在一处坟地旁，周围的柏树林基本都被炮火打掉了。国民党军要占领坟堆，才能从侧面进攻卢村寨。林权排长带领全排战士与敌人反复争夺，他腹部中弹后还拿着手榴弹冲向敌人，冲出几十米远后倒下牺牲了。有一个班子弹打光了，敌人冲上来以后，这个班的战士就跟敌人肉搏，拼刺刀，全班壮烈牺牲。阵地得而复失、失而复得好几次，战斗异常残酷。

打到最后，我的驳壳枪里还剩两发子弹，我准备等敌人冲上来以后，打他一发子弹，最后一发子弹，我就对着自己的胸膛打，与阵地共存亡，没有想要活着。当时就是这个信念，誓死不退一步！

火线送信的女军医

我给你们讲个故事。邓英，当时是一营的助理医生，她在火线抢救伤员，帮助担架员往后面抬运烈士的遗体，棉衣都被烈士的鲜血染红了。卢村寨战斗打得最激烈的时候，一营营部的通信班伤亡很大，营长张新、教导员曹洪在营部指挥，他们跟团部联系的电话线被打断了，团部作战参谋曾春连去接线，也受了伤。营长张新想给团部报告情况，要求增援弹药，可这时没有通信员了，谁去送信？当时营部就邓英一个女同志，她自告奋勇，对营长说："我去！"营长和教导员看看她，有些犹豫，邓英说："我会完成任务的。"邓英放下药箱，背起一支冲锋枪，跨出战壕，快步跑过敌人炮火封锁的开阔地，再穿过被炮火打成废墟的卢村寨。敌人的炮弹打来，她一听到头顶上"嗖嗖嗖"的啸叫声，就立刻卧倒，炮弹一爆炸，她又马上跃起奔跑。到卢村寨后，邓英很快找到团部，向团长彭沃、政委郑少康报告："团长、政委，张营长叫我来报告，我们一营要求补充弹药。"团长和政委用惊讶的目光看着邓英，同声问道："你们营的通信员呢？"邓英嘴唇颤动了一下，却说不出话来。团长立即安慰她："哦！知道了，你们打得很苦，打得很英勇，要坚持下去。"邓英临走时，政委关切地说："敌人炮火打得厉害，你是女同志，通过开阔地要小心！"邓英冒着炮火跑回营部，以后又来回跑了三四趟，给营长当战地通信员。后来，教导员曹洪说："卢村寨战斗，邓英是没有上榜的英雄！"

九纵"老大哥"来了

29 日下午，打到最激烈的时候，我们机炮连还剩二十三人，一营二连还剩三十六人，其他连队也都只剩下二三十人。饿了，我们就啃两口冻得硬邦邦的窝头；渴了，就抓一把雪放在嘴里含一含。炊事班的同志烧了热水想送上来，半路上就被炸了，伤亡也很大。曾生司令员派警卫连来增援我们，也伤亡了二十多人。战斗到最后，敌人也打不动了，就在离我们阵地一百多米远的地方挖了一些坑，一排一排地趴在那里。我们没有子弹，没办法反击，就这样对峙了一个多小时。

敌人从正面攻不下来，就出动了四辆坦克，想从卢村寨的右边迂回包围我们。当时情况非常危险，因为我们没有兵力也没有能力打坦克。关键时刻，华野九纵的一个先头营赶到了，协助一团打退了正面进攻的敌人；冀鲁豫军区的友邻部队猛击敌人的迂回部队，敌人迂回不成，只好撤退。

九纵"老大哥"一来，我们都非常高兴，有的战士激动得都跳起来了。

我偷偷地哭了

我们把卢村寨阵地交给九纵，退到卢村寨后面休息。我想起了战斗开始前，我们机炮连有三个排，九十多个人，队伍长长的，我指挥战士们唱歌，歌声很嘹亮。经过三天两夜战斗，全连只剩下二十三个人，队伍短短的，看到这一幕，我就偷偷地找个地方掉眼泪。哭了，那个时候才真的哭了，伤亡太大了！

现在很多反映战争的电视剧、电影里面，我们的战士牺牲了，其他人都在那里哭呀、喊呀，那不是战场上的真实情况。我们这些真正打过仗的人，在战场上看到那么多战士流血牺牲，没有掉眼泪的，越打越眼红，都准备与阵地共存亡，没想着能活下来，更没想到能够活到现在。

　　祁标，1928 年出生，广东东莞人，中共党员。1943 年参加革命，淮海战役时任华野两广纵队二团二营六连政治指导员，中华人民共和国成立后曾任中国人民解放军广州海军水面舰艇学校训练部政治委员。

祁标口述

（2016 年 5 月 21 日）

在山东整训的日子

1943 年 10 月，我参加了广东人民抗日游击队，就是后来的东江纵队。1944 年 1 月，我入党宣誓的时候，支部书记说："你要积极工作，努力学习，力求进步。"这几句话我记得很牢，一生都按照这个要求去做。

1946 年 7 月，东江纵队北撤到山东烟台。不久，我们就分到华东军政大学，在那里学习军事、政治，就住在老百姓的房里，一个班一个班地开展整风运动。大家开展互相批评的时候都很坦率，没什么顾虑，张三的缺点是什么，李四的缺点是什么……互相指出来。我是组长，负责记录，最后归纳起来，每个人都要改正。军事上主要训练刺杀、爆破等技术。

山东的老百姓对我们很照顾。广东人不会做面食，妇救会就派人来帮我们揉面、蒸馒头。经过整训，我们更加遵守群众纪律。借了老百姓的门板卸下来睡觉，走的时候要上门板、捆麦草、挑水、扫院子，团里要派人检查。部队的粮食弹药都是解放区民工运来的，让我们深刻感受到人民群众的力量是多么伟大。

为人民而战

莱芜战役华野打了胜仗，补充了一批广西的俘虏兵给我们。1947 年 8 月两广纵队成立后，我分到二团六连任政治指导员。对俘虏兵的教育，我们有一套办法，比如开诉苦大会，引导他们诉苦挖根：你是怎么被国民党军抓去离开家的？你为什么受苦受穷？经过启发教育之后，他们的觉悟提高很快，为了翻身解放，都愿意留下来参加解放军。

济南战役时，两广纵队的任务是打长清，这是我们第一次打城市攻坚战。战斗前，华野配给二团一个野炮连，我们在老百姓的房子里挖墙洞，准备用炮筒直接瞄准碉堡射击。白天，爆破组、突击排都已做好准备。黄昏时文工团的战士们来到前线，给我们壮行。攻城战斗的炮声一响，突击队、爆破组用炸药炸开城门，部队立即冲了进去，打得比较顺利，不到两个小时就解决了战斗。

济南战役结束后，部队往南走了两三天，路上遇到很多老百姓，见到我们就像见到亲人一样，抱着我们哭啊。后来我们就组织老百姓到部队来诉苦，讲国民党是怎样残害他们的，战士们听了都喊："为老百姓报仇！"

差点钻进敌人的圈子

淮海战役一开始，我们部队从徐州西边往南走，采取运动防御，把敌人拖着引过来，打一打再走一走。

一次，我们防守一个村庄，我跟着机枪班在前面，敌人离我们只有几百米远。后来我们连撤走了，也没通知机枪班。过了半个多小时我一看，后面怎么没有人了？我赶紧派人去找，才发现部队已经撤走了，不知道去了哪里。我带着机枪班往北走了几里路，看到几户人家，我写了个条子，叫一个大嫂带着，帮我到前面去寻找部队，大嫂把纸条塞到帽子里就去了。过了几十分钟她回来了，说前面的部队是国民党军。我带着机枪班马上离开，那次差点就钻进敌人的圈子里去了。

胜利的原因

淮海战役第二阶段，徐州的敌人往南进攻，两广纵队参加了徐南阻击战。我们二团防守大方山，敌人攻上来，被我们打下去；阵地被敌人占领了，我们就组织突击队再夺回来。党员干部都是带头冲在前，退在后，轻伤不下火线，重伤不哭。战斗打了几天几夜，我们始终坚守着阵地。

第三阶段，华野大军把国民党军的几十万部队包围在陈官庄地区，包围圈越来越小，和敌人距离也就几百米。我们守着西边，用老百姓的门板做工事，在平原上挖战壕、挖防炮洞。有不少国民党的兵都快饿死了，我们就在阵地前边放些馒头，对国民党军喊话："过来投降吧，我们这里有吃的。"

最后发起总攻，我们的炮兵、坦克都上去了，国民党军没什么战斗力了，很快就被解放军全部解决了。我们守在西边也没什么仗可打，淮海战役就胜利结束了。

解放军能够打胜仗，主要因为贯彻执行毛主席的军事原则——集中优势兵力，各个歼灭敌人。敌人一个团，我们集中几个团来打，就这么一块一块把它吃掉。解放军以战养战，俘虏过来的国民党军士兵经过诉苦和阶级教育，很快补充过来，所以部队越打越壮大。

　　张仕忠，1926 年出生，广东东莞人，中共党员。1944 年参加革命，淮海战役时任华野特纵坦克大队车长，中华人民共和国成立后曾任中国人民解放军济南军区装甲兵副司令员。

张仕忠口述

（2016 年 5 月 22 日）

学习驾驶操纵坦克

1946 年 7 月，东江纵队北撤到山东，我们到烟台住了不到三个月就南下临沂，在华东军政大学学习。

1947 年 1 月，解放军发起鲁南战役，歼灭了国民党军的快速纵队，缴获了敌人的美式坦克。在这个基础上，华野特纵成立后组建了坦克队，到华东军政大学去招人。当时选拔条件很简单，年龄二十五岁以下，要有高小以上的文化水平，我被选上了。

坦克队成立了，可是我们都不懂技术啊，只能请俘虏的国民党军坦克驾驶员来教我们。对这些解放过来的驾驶员，我们各个方面都很照顾，晚上还给他们打洗脚水，这样一来，大家很快就熟悉融洽了。

后来国民党军进攻胶东，部队要突围，只能把坦克转移到山洞里埋起来。等到烟台地区解放以后，我们再回来把坦克挖出来。

正式学开坦克之前，我们先学了两个钟头的汽车，然后再学怎么开坦克。当时也没人正式给我们讲坦克构造原理，就靠自己琢磨。只要一进到坦克里面，我们就问这个叫什么，那个叫什么。教官讲的时候，我们一边听一边记，这个是启动机，那个是电动机，写下来贴在上面，就这样勤奋学习。一辆坦克四个人，我们三个学员轮流坐在副驾驶座位上，看教官怎么操作油门、变速，每一个动作都死死地记在脑子里，驾驶技术就是这样学来的。当时弹药很少，每个人只给一发炮弹、九发机枪子弹，一次训练就得消耗这么多东西。汽油也很少，所以也不敢让我们多开多练，我们每个人真正驾驶、操纵坦克的时间加起来还不到一个半小时。

配合九纵打永固门

济南战役的时候，坦克大队有四辆坦克参战，配合华野九纵打永固门，我们已经可以独立完成战斗任务了。

济南的城墙很高，城墙下面有一道外壕，三米多深，步兵只能搭桥过去。我们把坦克停在距离外壕几十米远的地方，对准城墙上的火力点开炮。美式坦克有一个优点，不需要测量距离，机枪有闪光弹，看到闪光弹命中目标了，就去扣炮门，百分百命中，城墙上的火力点全部被我们封锁住了。步兵可高兴了，架着云梯冲上了城墙，东门打得很顺利。我们进城的时候，国民党军的飞机在街道上扔了一颗重磅炸弹，弹坑很深，坦克过不去。解放过来的驾驶员给我们讲过，老百姓的土房子一拱就破，坦克就可以过去了。但是我们解放军有纪律，不准破坏民房，所以就没有继续参加战斗。没有了坦克支援，步兵的牺牲就多了。

济南战役中，我们缴获了十几辆日式坦克，最大的八吨重，最小的两吨半。济南战役结束后，就成立了坦克大队。

坦克大队有一个美式坦克队、两个日式坦克队，我在日式小坦克队担任车长兼射手。两吨半的日式小坦克只能坐一个驾驶员、一个车长，车里边只有一挺重机枪，没有炮，也没有电台。

配合六纵打黄滩

淮海战役开始后，坦克队参加的第一个战斗就是配合华野六纵打黄滩，可头一天晚上，我们却打了个糊涂仗。我们和步兵提前商定，等坦克到了，再共同发起攻击。结果我们的坦克还没到，步兵就占领了国民党军的一个村庄，也没派人通知我们。

坦克队派了四辆美式坦克、两辆日式坦克，我们到了以后摆开就打，村子里的解放军战士拼命喊，我们也听不见。后来一个战士跑过来敲我这辆小坦克的门，我开门出来一看，是自己的同志。他说："哎呀！同志啊，你们不要打了，这个村庄一个多钟头以前就被我们占领了。敌人就在对面，距离我们不到五百公尺。"我说："我的小坦克没有电台，你去找大坦克，爬到炮塔上去，把它的镜子一捂，然后敲门通知他们。"他就按照我说的方法找大坦克去了。

那时候步兵与坦克怎么协同、怎么联络，我们都没有经验。国民党军看我们打了解放军占领的村子，就以为是他们的坦克来支援了，我们掉过头去打他，他也叫"不要打了，不要打了"。我和驾驶员姚永国以为又打错了，我露出半个身子往外看，姚永国也下了车。我一看过来的是国民党的兵，赶紧给姚永国打个手势，走！

第一次参加战斗，没有俘虏国民党的兵，还差点让国民党军俘虏了，哈哈哈，闹了个笑话。

坦克送爆破手炸地堡

据守前黄滩的国民党军有子母堡群，火力可以交叉支援，其中一个大母堡，我们的步兵去送炸药，几次都没爆破成功。

11月18号晚上7点，我和班长孙恒树分别指挥两辆2.5吨日式小坦克，向敌人发动进攻。那天晚上没有月亮，但十米以外还可以看见人影，步兵在前面给我们引路，指明要消灭的火力点后，我指挥小坦克"呼"的一声，车屁股一扭，就朝敌人猛冲上去。敌人的重机枪一起开火，小坦克的钢板虽然只有半英寸，机枪子弹却不能打穿它，小坦克在敌堡前左冲右撞，战斗中我打了近千发子弹，完全压制了敌人的火力。这时候我们的步兵跳出战壕，跟在坦克后面冲击，不到半个小时，顺利结束战斗。

孙恒树返回团部后，步兵团的政委说："前黄滩东南角上，敌四十四军指挥所的集团堡还在顽抗，三营冲击四次还未成功，伤亡很大，你们是否可以带着爆破手去送炸药？"我们小坦克曾经研究过带爆破手送炸药的方法，于是决定立刻执行任务。

爆破手抱起一包八公斤重的炸药从后门进了坦克，孙恒树任车长兼射手，命令驾驶员老袁出发。老袁一踏油门，坦克朝着敌人的集团堡冲了过去，离敌堡只有二十多米了，小坦克从鹿寨上碾过去，逼近了大碉堡。这时，老袁一个急转弯，把坦克掉过头来往后一倒，坦克的左侧车身正好堵住了碉堡的枪眼，爆破手打开车门奔向碉堡，放好炸药包后，立即跳回坦克，他说："这回太保险啦。"坦克马上往回跑，离开碉堡三十米时，爆破员拉响了导火线，"轰隆"一声巨响，碉堡被炸翻了，步兵战友们冲向碉堡，全歼了守敌。

战斗结束，小坦克回来了，步兵们高兴地围上来和我们拥抱在一起，像过节一样热闹。

凌国鹏烈士的最后一次党费

追歼杜聿明集团的时候，我们坦克大队支援华野四纵作战。郭庄是个小村子，国民党军的一个营在里面，这一仗我的小坦克没有参加，四辆美式坦克参加了，打得挺顺利，步兵伤亡小。步兵团的副团长希望坦克队继续配合作战，消灭逃到前平庄的敌人。

当时我们的四辆美式坦克就向前平庄开进了，没想到步兵却没有跟上来。距离前平庄不到三百米时，国民党军的两门反坦克炮开炮了，二〇二号坦克炮手凌国鹏双腿被打断了，因为流血过多牺牲了。凌国鹏牺牲前嘱咐战友，把他身上的钱作为最后一次党费交给组织，他牺牲得很壮烈。

我们当兵以后就不顾生死了，打起仗来随时准备牺牲，没有人想到能够活下来。

　　邹远模，1926 年出生，广东东莞人，中共党员。1942 年参加革命，淮海战役时任华野特纵坦克大队炮长，中华人民共和国成立后曾任广东省农业机械研究所副所长。

邹远模口述

（2016 年 5 月 22 日）

革命大家庭的温暖

我出生在牙买加，父亲是广东东莞人，母亲是英国人。我小时候就回国了，跟叔叔一起生活。我们村里经常有抗日游击队活动，时间久了我也受到影响，十六岁就参加了游击大队，给副队长当勤务员。队长和战友们对我很爱护，让我感到很温暖。抗战艰苦，游击队也遇到很多困难，但我们每天都过得很开心，也很团结。

经过党的培养教育，我懂得了只有跟着共产党走，为人民当兵打仗才是最伟大的，没过多久我就入党了。现在回忆起入党时的情景，都要流眼泪，内心依然很激动。我这一生永远跟党走，不应该做的事，共产党员就不要去沾，光明正大地做一个干干净净的人，这是让我最自豪的。不管什么环境、什么时代，我都保持着爱党、爱国家、爱人民的心，这也是我作为一个共产党员的初心。

入党以后，我被调去给曾生同志当警卫员。曾生同志为了发展革命队伍，把家里的田地都卖掉了。在我心中，他就像父亲一样，教我学文化，经常拿一些书让我看，也叫我去执行一些艰苦的任务，锻炼我，做完还会鼓励我。

坦克队首战济南

1947 年，华野特纵组建坦克队，我被挑选上了，成为一名坦克炮手。

我们用的是美式坦克，只有六辆车，在整个的学习过程中，大家都很刻苦，白天晚上轮流练习。一辆车上有四个人，车长、炮长、驾驶员、机枪手，大家各有分工，还要相互配合。因为在车里听不见对方讲话，当时无线电操作也不熟，车长负责指挥，炮长负责开炮射击，与驾驶员的配合很关键。炮长的位置在驾驶员的上方，我就用脚来指挥驾驶员，向左，向右，叫他停就停，叫他走就走。

我们参加的第一仗是济南战役，坦克队负责打外围、打地堡。因为坦克离步兵很近，弄不好就会打到自己人，所以我们要看清楚自己的步兵在哪里再打，把敌人的火力压下去。我们等太阳下山再打，这时敌机看不清楚地面的情况。步兵扛着梯子往前冲，架好梯子攻城，我们马上转移射击，压制城墙上敌人的火力，步兵攻上城墙，我们马上停止射击，步坦配合得很好。

老百姓口中的"俺坦克"

我们在山东的时候，跟老百姓关系非常好。大部分男的都当兵去了，庄子里妇女多，我们到老百姓家里住，他们都把炕让给我们睡。老百姓爱护我们，我们也经常帮他们做事情。

我们执行群众纪律比较好。坦克的破坏性很大，平时要注意农民的东西，不能随便破坏。打起仗来，情况就不一样了，会破坏道路、树木，但老百姓对我们没有什么意见，在庄子里都说"俺坦克"，就是我们家坦克的意思。

驰骋淮海战场

淮海战役的时候，坦克队人多车也多了。有几辆日式小坦克，打碾庄用它送过炸药；美式坦克有机关枪和高射机枪，美式坦克的炮可以打一千多米。

坦克最怕晚上打，因为白天看得见，晚上打看不见。打黄百韬的时候，有一次是夜间打的，没有打进去，晚上你看不见敌人，他能看到你，怎么打啊？

叶培根车长不简单，那天晚上他进去以后发现了敌情，当时国民党的兵在那抽烟，他一点火我们就发现到处都是人啊，我们不敢开灯，很快就退出来了。坦克驾驶员王降风是解放入伍的，那次误入敌人阵地，他表现相当好。这也说明党的思想政治工作很伟大，因为我们思想工作做得好，解放战士和我们配合得就好。坦克部队配合步兵，团结协作的力量很大。

围歼杜聿明集团的时候，我的手被弹片炸伤了，我记得当时还给了我六块钱。解放军部队的指战员不怕死，特别勇敢，因为受到党的教育，知道为了谁去战斗。

  王兰，1928 年出生，广东惠阳人，中共党员。1944 年参加革命，淮海战役时为华野特纵坦克大队卫生员，中华人民共和国成立后曾任广州市海珠区妇幼保健院副院长。

王兰口述

(2016 年 5 月 22 日)

我们女兵的贡献

我是广东惠阳人，1944 年参加东江纵队游击队，当过运输员、炊事员、卫生员。当兵不到一年，我就入党了。跟着东江纵队北撤到山东以后，1947 年 3 月华野特纵成立，我调到特纵坦克大队卫生队当卫生员，跟着部队参加了济南战役、淮海战役。

我们卫生队有三十多个人，不仅接收特纵的伤员，也接收其他兄弟部队的伤员，还有很多被俘的国民党军伤兵，我们也救治。伤员多的时候，地上躺得到处都是。

我们当时在二线包扎所，伤员下来以后，我们要检查伤员的伤情，再次包扎止血。伤员在我们这里停留时间不长，很快就往后转运了，他们最后的情况怎么样，我就不知道了。淮海战役的时候正值冬天，很冷，雨雪也多，白天我要挨个给伤员包扎换药，晚上还要烧开水给伤员喝，一晚上要送三次，有的时候要忙到天亮。

解放军军纪严明，尤其是群众纪律。我们去借老乡的东西，很热情地喊"老大爷""老大娘"，用完立即还给人家，如果损坏了房东家的物品，那就照价赔偿。

我们这些女兵虽然体力不如男兵，但我们特别能吃苦，工作细心，对伤病员有耐心，也为战争胜利做出了应有的贡献。

　　杨雨明，1929 年出生，广东惠阳人，中共党员。1945 年参加革命，淮海战役时任华野特纵坦克大队炮长，中华人民共和国成立后曾任广州市海关货管处副处长。

杨雨明口述

（2016 年 5 月 22 日）

入选华东坦克队

1946 年 7 月，东江纵队北撤到山东烟台以后，我在东江纵队第三支队政治处油印室，主要任务是刻蜡版、写传单、出报纸。不久后，我们到了华东军政大学，在那里整风、学习。

1947 年 1 月的鲁南战役，解放军消灭了国民党军一个快速纵队，缴获了二十多辆坦克，可惜很多坦克都损坏了。当时靠解放过来的坦克驾驶员开回来六辆坦克，其余的都炸毁了。后来，华东野战军组织部到华东军政大学去挑干部，从东江纵队中挑选了四十多个连、排级干部，我也被挑上了，就分到了华东坦克队，成为一名坦克炮手。坦克队的人员是从各个部队调来的，队长交代我们这批"老广"不要分地方，南北都要团结，还要团结改造好解放过来的原国民党军的技术骨干。我们坦克队团结搞得好，军民关系也很好。

练就过硬军事技术

坦克队在胶东刚成立的时候，华东军区的领导和陈毅司令员都非常重视坦克队，华野副政委邓子恢还接见过我们。坦克兵有技术津贴，每天有四两猪肉。坦克里面闷热，不能穿棉袄，老百姓就给我们织毛衣毛裤；油门太热，穿不了布鞋，上级就给配发美国的那种半高靿皮鞋。我们穿着咔叽布的工作服，戴着美国的风镜，真挺威风的。我们"老广"讲话山东老百姓也听不懂，还以为我们是"俘虏兵"呢。

我们刚到坦克队的时候什么都不懂，全靠解放过来的国民党军坦克兵教我们，慢慢地去熟悉了解坦克的结构和各个部件。

后来国民党军重点进攻山东，华野首长指示特纵把所有坦克都埋掉，坦克队人员向大连方向转移。当时也不知道什么时候才能回来，我们想不通，华野专门派了一个组织科长来做思想工作，说坦克队是天之骄子，华野首长对你们很关心，你们记住，留得青山在，不怕没柴烧。所以我们就把四辆坦克拆开，用炸药炸掉一个小山，把坦克埋在里边。我们原准备从胶东渡海到大连，但是因为海浪大过不去，就转去渤海休整了。

1948年新年刚过，华野就把莱阳打下来了。战场形势变化很快，上级命令我们立即出发，回胶东把坦克弄出来，准备打仗。平时训练大家真是拼命呀，因为一个班十几个人，每一次谁上，支部都要开小组会讨论，要选技术好、反应灵活的。坦克配备的三七炮，有效射程在一千公尺，有时候要求炮弹一定要从敌人的射击孔打进去，这对我们的军事技术要求特别高。

坦克队的第一仗

1948年9月17日那天是中秋节，坦克队参加了济南战役，攻打济南外围的历城县，这是我们坦克队成立后的第一仗。

晚上8点钟，我们出动了四辆坦克，任务是把两百米范围内的国民党军碉堡、火炮打掉，掩护步兵攻击。我们离敌人最多两百米，打了不到十分钟，炮弹灰尘就起来了，根本看不见人。步兵过内壕时，因为梯子没有准备好，过不去，我们就在原地足足打了两三个小时，等步兵过去。因为看不见外面的情况，我就打开顶盖观察，没想到一梭子机枪子弹打过来，碰到坦克钢板后跳弹了，正好打在我的手上，幸好没伤到骨头。那天晚上打了四个小时，却没有收获。

第二天，我们配合华野九纵攻打济南的永固门，城墙很厚。下午3点，我们四辆坦克在距离城墙两百米的地方展开，十分钟就打掉了所有的碉堡，我们的步兵根本不用匍匐前进，端着枪往前冲锋，直接登上城墙去爆破。这一仗打得很痛快，九纵司令员聂凤智表扬了我们。

黄滩战斗中的步坦配合

淮海战役第一阶段围歼黄百韬兵团，我们四辆美式坦克分为两队，赵之一大队长带两辆车，我那辆车跟叶培根副队长在一起，配合步兵攻打前后黄滩。按照约定，我们晚上8点半以前要把小赵庄打下来。没想到华野六纵在8点钟以前就把小赵庄打下来了，但我们不知道啊，还是按时攻打小赵庄。过去我们一打，敌人的机枪肯定打我们，子弹打在坦克钢板上"噼里啪啦"响，可这次我连续打了十几发炮弹，战场上却一点回音都没有。我觉得奇怪，就用电台联络叶培根副队长，他也不知道是怎么回事。我又打了五六发炮弹，过了两分钟，有人爬上我的坦克敲顶盖，我打开一看，是自己人，他说："你们打错了，我们六纵早就占领了小赵庄，因为没有电台，没法通知你们。"他告诉我，前面黑乎乎的就是敌四十四军军部。

我们两辆战车就朝着敌军军部方向开去，国民党军看见坦克来了，还以为是他们的坦克，都从工事里站起来欢迎我们，敌军长还派了一个侦察连长过来同我们联系。他跑过来说："你们打得对，那边是共军的部队。"因为附近都是国民党军占领的阵地，我们两辆坦克打不过来，我也怕他看到坦克上喷的八一红五星，所以我们就赶紧掉头回去了。

那天晚上的第一仗没打好。步兵告诉我们，白天可以出动坦克火力侦察，发现敌人地堡的位置在哪里，晚上再把它打掉。所以第二天我们就先去侦察，晚上按照这个计划，给步兵做好火力掩护。后边几次战斗，步坦配合得都比较好。

第一阶段打完，步兵撤出战场，我们也准备撤。赵之一大队长发现碾庄外壕里边有一辆国民党军的吊车，他让我负责把吊车拖出来。我们一直忙到晚上才把吊车拖出来，结果还没走一公里，坦克的主动齿轮磨损了，走不动了，就停公路上，我立即用电台向队长说明情况。当时国民党军的散兵游勇乱窜，坦克停在那里不安全，我们紧张得一晚上都不敢睡觉。第二天早上，维修队就带着零件来修理了。

我们到达新安镇休整，没过几天，徐州的国民党军就撤逃了。我们奉命立即出发，追击逃敌。

终于拿下前平庄

12月6日早上，我们赶上了华野四纵，配合他们进攻国民党军占据的郭庄。国民党军阵地前有鹿寨，步兵攻击时有障碍，也不容易爆破。我们四辆战车先把所有鹿寨破坏掉，步兵随即冲入敌阵，很快占领了郭庄。

我们返回后，步兵决定继续攻打前平庄，没想到这一仗我们坦克队损失惨重。

我们四辆战车向前平庄开进，快要接近前平庄时，却发现步兵没有跟上来，步坦之间脱节了。国民党军的反坦克炮趁机向我们射击，四辆坦克全部受伤。一〇一号战车中了六发炮弹，履带被打坏，走不动了；二〇一号坦克炮塔被打坏，被迫退出战斗；一〇二号坦克中了十三发炮弹，炮手沈许连续用机枪射击，掩护我们撤退；二〇二号坦克受损最为严重，炮长凌国鹏的双腿被打断了，血流不止，仍然坚持战斗。生命垂危之际，凌国鹏都没忘记自己是一名共产党员，他告诉战友朱庆明："我不行了，身上的口袋里有钱，请你帮我拿去交党费。"

我和凌国鹏同志都是1947年3月参加的华野特纵坦克队，他学习认真，作战勇敢，是个好党员，有战功的同志，我们永远怀念他。

这次战斗打得很不顺利，当天夜里，步兵终于拿下了前平庄。

最后的追击

1949年1月9日，坦克队配合华野九纵准备攻打大王庄。队里的同志笑话我说："杨雨明，你那辆车是'母老虎'。"为什么叫"母老虎"呢？因为那辆车没有炮，只有两挺机枪。队长叫我去开他的车，我们上去刚一打，指挥所就来电话了，命令坦克队撤出战斗，去追击敌人逃跑的坦克。我们向西追了两个多小时，缴获了一辆陷在泥坑里的敌坦克，听俘虏说，还有十几辆坦克跑了，我们就沿着坦克履带印子继续追击。

我们和敌坦克相隔二十公里，因为都没燃油了，他走不了，我们也走不了。最后，华野特纵的骑兵追上去了，围住坦克。为什么光围呢？因为国民党军把所有行李都固定在炮塔周围，炮根本转不动，所以骑兵一围，就解决问题了。这就是骑兵追坦克的由来。

威风凛凛的入城式

淮海战役结束以后，华野特纵成立了坦克团。渡江以后，我们在苏州等了一个多月，准备打上海。可是我们还没去，上海就解放了。坦克部队参加了上海解放的入城式，走在第一列，很威风啊！三十多辆自动变速的坦克，从下午3点一直开到第二天早上8点，才进完城。每辆坦克上面接受的红旗都有七八十面，大家真是高兴。那些热情的工人、学生、市民抢着跟我们握手，我的手都被他们握肿了。

　　叶森，1928年出生，广东惠阳人，中共党员。1943年参加革命，淮海战役时任华野两广纵队二团直属炮兵连排长、副指导员，中华人民共和国成立后曾任广东省林业机械管理局副局长。

叶森口述

(2016 年 5 月 23 日)

参军的原因

1943 年 11 月，我刚满十五岁，瞒着母亲到坪山参加了游击队。我先后当过交通员、向导、警卫员、侦察员、武工队短枪队长、税站站长。打游击多次遭遇过危险，无论遇到什么困难，我都没有动摇过。

东江纵队北撤到山东以后进行"三查三整"，人家问我，为什么要参加游击队？为什么要参加共产党？我说，我参加游击队有两个原因：第一，我家受压迫太严重；第二，地下党的同志在我家里住，经常给我讲共产党、游击队怎么怎么好，后来我就参加革命了。在部队里边，上下级之间、同志之间关系蛮好的，我感到很温暖。

从教员到排长

1946 年 7 月，东江纵队北撤到了山东，我被分到华东军政大学学习了四个月，主要学习三大技术——射击、爆破、刺杀。当时一个教官看我拼刺刀很灵活，是个好苗子，就每天给我"吃小灶"，单独训练我刺杀。学了一个月以后，他让十二个人一起来围攻我，我可以把他们一个个摞倒。因为训练成绩优秀，我被留在华东军政大学当了刺杀教员。

1947 年上半年，根据中央的指示精神，凡是原来东江纵队的干部，除个别特殊需要经组织批准留下之外，其余的一律回去参加组建两广纵队。我们在华东军政大学工作的二十多个人就回到了惠民县，参加了两广纵队。二团团长黄布看到我，就把我要到二团直属炮连步兵排当排长去了，专门负责护炮。

争夺三堡车站

对于两广纵队来讲，淮海战役是部队组建以来打得最大、最残酷的一场战役，付出的伤亡代价也很大。

1948 年 11 月 18 日晚上 8 点，二团在吴桥接到纵队下达的命令，让我们连夜行军，进到徐州南边的三堡车站，去接替华野三纵的防区。19 日凌晨 2 点，当我们赶到三堡车站时，却得知华野三纵已于昨晚 8 点撤离，孙元良兵团的部队趁机占领了三堡车站东侧的制高点女娲山，居高临下，对我们造成了很大威胁。二团两次组织攻击女娲山都没成功，团首长发现这里的地形无险可守，于是就把团部设在了榆庄，在津浦铁路东西两侧布防，坚守阵地。天亮以后，敌人集中炮火掩护步兵向三堡车站周边猛烈攻击，二团与敌人反复争夺阵地，从早上一直打到下午，工事被打塌了，电话线也被打断了，联系不上纵队首长。后来，纵队首长派骑兵排长赶来，通知二团撤到梁庄、官桥一线。

榆庄突围遭遇战

撤退时，团长黄布给我下了死命令："叶森，榆庄阵地大概有一百米左右的宽度，你左侧是六连，和你们排一起守着这块地方，掩护主力撤退。没有我的命令，打剩一兵一卒，你也不能撤。"我说："你放心，这里有我就有它。"二团的三个营都后撤了。

我带着步兵排守在阵地上，过了很久都听不到动静，我就叫一个战士到旁边看看六连还在不在，他回来告诉我，六连都撤了。我就下命令："撤！回去要枪毙就枪毙我，没你们的事。"我们越过壕沟，刚冲出榆庄就遭遇了国民党军的先头部队，他们本来是追击六连的，发现我们后，立即掉头杀了个回马枪。我对战士们说："你们谁也不要管谁，如果能够组合着冲出去就组合，组合不了的就单独冲出去，冲出去就是胜利！"我那个步兵排原有四十一个人，最后突围出来的只剩了七个人。

找到团部以后，我对团长说："你处分我吧，你没有下命令，我就撤退了。"团长说："回来就好，回来就好！我派通信员去通知六连和你们排撤退，六连通知到了，就撤出去了。给你们排送信的通信员接连牺牲了三个，国民党部队已经占领了榆庄，所以我不能再派人送信了……"团长接着说，"我不但不处分你，还要提拔你。"政委说："团党委任命你为直属炮兵连副指导员。"

艰苦的徐南阻击战

徐南阻击战打响以前，两广纵队三个团的兵力还是比较充足的。我们二团有三个营，每个营有三个步兵连、一个机炮连，全团兵力大概在一千七百人左右。

11 月 26 日，孙元良兵团沿津浦铁路西侧向两广纵队防御的正面展开突击。我们防守的阵地对于国民党军来讲至关重要，因为打通了以后，他们的大部队就可以从津浦线坐火车撤回南京去，所以杜聿明下了大本钱，派出突击的兵力比我们多出好几倍。

两广纵队的防守阵地在卢村寨、大方山一线。二团在大方山阻击，战斗打得相当激烈，兵力损耗很大。二营四连打得只剩下四五十人，敌人一个大冲锋上来，大方山阵地失守了。纵队司令员曾生、政委雷经天打电话命令团长黄布：要不惜一切代价组织反冲锋，把大方山阵地夺回来！

团长把五连长曾福叫来："五连还剩多少人？"曾福说："还有四十多个人。"团长说："我再给你补充一个班，五连担任尖刀突击队，你亲自指挥，趁敌人还没稳住阵脚，工事还没修好，夺回大方山。"团长又问炮连连长姜荣："还有多少发炮弹？""三发。"团长下令："这三发炮弹，必须发发命中大方山主阵地。"说来也巧，这三发炮弹打得非常准，炮弹一打完，五连就冲上去了。曾福真是个了不起的战斗英雄，带着突击队从敌人手中夺回了阵地。团里又从各营抽出了一个连，加强大方山阵地的防御，继续阻击敌人。

几天的战斗打下来，我们的炮弹没了，二团两个主力营的兵力也消耗得差不多了，连、排干部伤亡很大，没办法补充，就从我们炮连调了个副排长去支援战斗部队。那个副排长叫李青容，是我家乡隔壁村的，他很高兴，说："这回有仗打了。"我说："你要小心，不要那么愣。"结果一上去就抬下来了，牺牲了。

11月30日早上，华野九纵赶来接管我们的防区。哎呀！我们都说援兵来得及时啊，如果再不来，我们的阵地就很危险了。

这场阻击战，敌人兵力比我们多好几倍，火力比我们猛，所以这一仗打得最艰苦。我们过去在广东打游击不含糊，这次参加淮海战役，两广纵队也是不含糊的。关键时刻，曾生司令员在阵地上高呼口号："同志们，有阵地就有我们，我曾生也跟大家一起死守在这里，绝不走！"

永不忘人民的养育之恩

我们在山东跟老百姓感情很深，我永远忘不了山东、河南的老百姓。

我们北撤到山东以后，军舰在烟台码头靠岸，许世友司令员、山东省委书记黎玉亲自到船上去看望我们。下了船，从码头到烟台大概有二十多华里，路两边排满了老百姓，敲锣打鼓，往我们口袋里塞鸡蛋、花生，战士们都相当感动。老百姓说，你们广东人千里迢迢来到山东，我们应该对你们好。

山东的党政军各方面都很照顾我们，知道广东人吃不惯面食，就四处派人到青岛收购大米，我们在烟台享受了一个月的大米饭。后来一打仗就没办法了，有什么我们就吃什么。

曾生司令员每次开会都讲，我们要注意克服游击作风。因为东江纵队北撤过来的老兵比较多，大部分都是班以上的干部，党员比较多，部队遵守群众纪律还是很不错的。当时主要是两条纪律：第一，不准杀狗，不准吃狗肉，因为当地老百姓是不吃狗肉的；第二，不准在井头洗澡。这两条都执行得不错。

我在华东军政大学当教员的时候，住在大店的宿家庄，房东老大娘是个烈属，有一次我感冒了，老大娘炕前炕后地忙着，给我煮鸡蛋、煮面汤，就像我的亲人一样。

山东老百姓交军粮，最粗的粮他们自己吃，最好的粮交公粮。第一次交小麦，有多少小麦颗粒不留；第二次交小米，小米不够交玉米，玉米不够交高粱。当地的干部反映，大年三十，老百姓连包饺子的面都没有。后来上面决定，小麦收下来以后，除了留种子以外，给每个老百姓留三斤小麦过节用。

山东人民对解放战争的支援贡献是无私的、伟大的，付出的代价很大。我们两广纵队先后参加了豫东战役、济南战役、淮海战役。各地老百姓组成民工担架队、小车队，还有民兵，人数远远超过我们部队。淮海战役的时候，焦裕禄是民工队的大队长，当时他那个民工大队就是跟着我们团一起走的。

陈毅同志讲，淮海战役的胜利是老百姓用小车推出来的。这句话含义很深啊！

　　陈华，1928 年出生，广东深圳人，中共党员。1944 年参加革命，淮海战役时任华野两广纵队政治部油印室负责人，中华人民共和国成立后曾任广东省农垦总局经济研究室主任。

陈华口述

（2016 年 5 月 23 日）

随时准备牺牲一切

我的家乡在宝安县沙井乡，沿海，村民以养蚝为生。1938 年日军在大亚湾登陆，家乡很快沦陷了，先后有几百人被杀，人民生活惨苦，所以村民对日本鬼子很仇恨。我们村里很早就有人参加抗日。

1944 年春节，东江纵队的一个侦察参谋和一个班长回村过节，实际上他们有两个任务，一是侦察敌情，二是扩军。当时我十六岁，元宵节后瞒着家人，和同村五个人跟着他俩一起出发，走了五十多里，到达东莞长山口，在那里参了军。到部队没多久就参加战斗，因我年龄小调到中队当勤务兵。领导看我会写字，把我调到中队部当文书，后来又调到政治处搞油印工作。

一次，我在印《党员须知》时，领导问我对共产党有什么看法。我当时不清楚，以为参加部队就是共产党，共产党就是部队，后来受党的教育，才懂得共产党的性质。入党填表的时候，在"为什么入党"那一栏，我写的是打败日本侵略者，把日本鬼赶出中国去！当时想法很简单。组织股长看到后，说我的入党动机不够明确，打完日本鬼子，难道就不继续革命了吗？他给我讲共产党的奋斗目标是打败侵略者，解放全中国！第一阶段建立新民主主义国家，第二阶段将来还要建设社会主义国家，为共产主义奋斗终生。入了党，就随时准备牺牲自己的一切。这次谈话对我一生影响很大，终生难忘。

连长方泉光荣牺牲，二团参谋长邱特和三团参谋长何通负伤，何通的肠子打断了，很危险，是华野四纵的医生把他抢救过来的。

两广纵队是刚组建的部队，装备也差，敌人选择我们的防守阵地作为主攻方向，没想到我们打得这么顽强，叫他们啃不下去。华野在战役总结时，对两广纵队做了肯定。

打完淮海战役后，我们到河南洛阳休整。没多久接到命令，准备参加渡江战役。我们从洛阳乘火车到江苏，然后行军到东台准备随十兵团过江。后来接到中央军委命令，两广纵队转隶四野建制，参加了解放广东的战役。

　　刘晖，1930 年出生，广东东莞人，中共党员。1944 年参加革命，淮海战役时为华野两广纵队司令部电台报务员，中华人民共和国成立后曾任广州黄埔造船厂副厅级干部。

刘晖口述

（2016 年 5 月 23 日）

十三岁的小游击队员

我的父母都是知识分子，从事教育工作，我们兄弟姐妹四个，本来是一个非常和睦的家庭。日本鬼子来了以后，大姐投身革命参加抗日，父母不愿意在日本统治下做事，就带着我们兄妹三人从东莞逃难到香港。日军占领香港后，我们一家五口只好再逃回东莞，中途母亲染了痢疾，不久就去世了。父亲找不到工作，实在养活不了我们，哥哥被亲戚领养，后来二姐也参加了游击队，就剩下我和父亲，一点生活来源都没有。大姐知道后，经过组织同意，回东莞找到我们，当时她照顾不了两个人，只能把我带出去。我们走了不到一年，父亲流落街头，病饿而死。我们好好的一个家庭，由于日本帝国主义的侵略，搞得家破人亡。

我母亲姓何，何家是个大家庭，参加革命的有三十九个人。大姐是游击队交通站的负责人，我跟着她在村里读书，念到五年级时，大姐调回东江纵队。我那时十三岁，大姐找了一个交通员把我带到部队，交给政治处的同志，就这样，我也参军了。在青训班学习了几个月，分到民运队做减租、减税工作。后来调到东江纵队司令部交通总站担任收发员兼交通员，上面的文件、信件都交给我分配收发。

艰苦转战鲁西南

东江纵队北撤到山东烟台后，和我年龄差不多大的小战士都编到教导团集中学习。1947 年 4 月，我和四个男孩子分到电台学习报务。到了年底，我被分到两广纵队司令部前线电台，跟着司令部挺进鲁西南。我参加了豫东战役、济南战役、淮海战役，跟着大军南下，直到全国解放。

解放战争挺艰苦的，挺进鲁西南最艰苦。有一次，我们连续行军十五个小时，那天半夜，大风大雨，敌人就在我们附近，但是我们怎么走，去哪里，都要等上级的命令。我们电台就等着接收那份电报，结果一个闪电打下来，什么都听不到了……一直等到夜里2点钟才把电文抄下来，然后马上告诉首长。我们从夜里2点多开始行军，一直走到第二天黄昏，没有停过片刻。敌人和我们只相隔五里路，我们是机关，战斗力也不强，必须甩掉敌人。北方的农村都是泥土路，那么多人走过，路越踩越烂。棉衣棉裤从头到脚、从外到里全都湿透了，我的手脚都冻僵了。

那段时间，我们几乎天天转移，两个月转移了五十二次。行军有过统计，我们走过了山东、河南、河北、安徽、江苏五个省，走了三千多里路。

保持通信联络的畅通

我们电台都是年轻人，身体好。我们的首要任务就是把机器保护好，没有了机器，跟哪里都联络不了。我们到了一个地方，虽然行军很疲劳，但大家都顾不上休息，赶快把电台架起来，把天线竖起来，搞好以后就开始安排人值班，不值班的人才可以去休息。

电台里面除了我们报务员，还有个摇机班，用的是手摇式发电机，功率只有几十瓦。我们发报半个钟头，他就得摇半个钟头的发电机，中间不能停。架天线也是摇机班的任务，天线是一条横的，两边竖起来，中间一条线接到报房。转移时，他们要把机器背在身上行军，挺重的。我们很团结，也没有人掉队，同心协力完成工作任务，始终保持上下左右通信联络的畅通。

淮海战役立新功

1948年12月，解放军把杜聿明集团包围在了陈官庄战场。方圆几十里的地方，二三十万人围在里边，哪有粮食吃。国民党军不投降，按照毛主席的指示，解放军暂时也不消灭他。我们看到国民党军的飞机来空投，运一些粮食、饼干、药品什么的。有时候风向不对，降落伞就吹到我们这边来了，国民党军也只能眼睁睁地看着，干瞪眼，没办法。

我们两广纵队只有三个团，还有个骑兵团，是华野临时拨给我们的，但是防线挺长，有十几里，任何地方都要守好、守住，不能让敌人从我们这里突围逃跑。

1月9日早上8点，我来到电台接班，上一个班是曲庆岗，他交班时说，刚刚和华野司令部联系过了，没什么事，三个钟头以后再联系。

接班以后，我并没有放松警惕，因为敌人有可能要突围，我知道这么个形势，所以我高度警惕。上机没多久，我就听到华野司令部电台的呼叫，第一声呼叫，我连一秒钟都没有耽误，立即回应。对方也觉得奇怪，因为双方刚刚联系过，没想到再一呼叫，我就立刻听到了。这份电报，我快速准确地抄下来，译好之后赶紧交给指挥部。原来是华野司令部命令我们两广纵队：国民党军有十辆坦克在你们防范的地方突围，要立即截住它，堵住它，不让它跑。首长马上就把所有的骑兵部队都派出去了，还抽了部分部队上阵堵截。解放军的骑兵真不简单，骑着马去追坦克，竟然缴获了六辆，还有两辆坦克往我们司令部这个方向来了，也被缴获了。当时我们就在会亭集旁边，听说缴获了国民党军的坦克，附近的部队还有老百姓，几千人都跑到镇上去看，大家都高兴得鼓掌啊。那天总共缴了八辆坦克，俘虏了几十个国民党军官兵，其中一个是中校副团长。

因为我及时接收到华野的指示命令，部队及时追击，缴获了国民党军的坦克，两广纵队给我记了二等功。

　　谭尧，1931年出生，广东新会人，中共党员。1944年参加革命，淮海战役时任华野两广纵队司令部通信连骑兵排班长，中华人民共和国成立后曾任中国人民解放军海军南海舰队军事学术研究员。

谭尧口述

（2016 年 5 月 23 日）

游击作风的转变

我八岁那年，日本鬼子打来了。逃难途中，我和母亲、弟弟走散了，我成了流浪儿，在香港要饭，生活过得很凄惨。香港沦陷后，我又逃难到惠阳，给人家放牛羊。1944 年，东江纵队游击队到了惠阳，我马上就报名了，分到港九大队"小鬼班"。"小鬼班"都是十四五岁的少年，我们人小鬼大，化装成卖香烟的小货郎去侦察，很容易搞到情报。

东江纵队北撤到山东后，刚到烟台，我们也不知道当地老百姓的习惯。烟台有好多野狗，老百姓不打狗，也不吃狗肉，我们广东人爱吃狗肉呀，就打了煮来吃，后来老百姓就给我们提意见了。为了这个事情，部队反复进行教育，集中学习三大纪律八项注意，点名、集合、出操、训练的时候，都要唱这首歌。我们过去是游击队，现在参加解放军了，作风上一定要有很大的转变，不能打狗，不能伤害老百姓的感情。我们接受了这个教训，以后在遵守群众纪律方面就特别严格。

后来，部队经过诉苦运动和"三查三整"，指战员的思想觉悟和过去就大不一样了。1948 年我入党了，经过党的培养教育，我懂得只有共产党可以救中国，共产主义是我们美好的将来，而且一定能实现。

陈毅司令员对东江纵队有一个评价，说我们文化素质高。这个部队的特点是爱国华侨多、女同志多、"小鬼"多、知识分子多。华野特纵成立坦克队时，需要一批有文化的年轻人，坦克队差不多有一半的人都是从东江纵队调过去的。

机智完成通信任务

淮海战役时，我在纵队司令部通信连骑兵排当班长，任务就是侦察、通信。骑兵排都是老兵，几乎都是党员，每个班都有党小组。行军的时候，我们边走边开小组会，讲一讲当天的情况，每个人的表现怎么样，哪个人要注意什么，哪些人犯了什么错误，小组长一个一个传达。北方老百姓收了小麦以后，把麦秆一摞摞垛好，有时候我们需要麦秆喂马，但是老百姓不在家，怎么办呢？我们就给老百姓写个条子：我们是解放军两广纵队的骑兵，拿了你家的麦秆喂马，对不起了。行军途中，战马有时候会顺嘴咬一口庄稼，我们都特别在意这种情况，不能无故损坏老百姓的庄稼。

两广纵队参加了徐南阻击战，在卢村寨和大方山一带打得最艰苦，文工团、警卫连、炊事班，凡是能打枪的，不论男女老少，都上前线了。司令部指挥所唯一留下的就是骑兵排，保卫首长安全、通信、传令。

在追歼杜聿明集团的战斗中，两广纵队的两个团在前面追。部队要到什么地方去拦住敌人、堵住敌人，必须要听命令，这个命令就靠我们骑兵去传达，所以必须送到。我骑着马通过开阔地的时候，听到枪声从远到近，子弹"嗒嗒嗒嗒"就打过来了，我急中生智，立即跳下战马，敌人以为我被打倒了，就停止了射击，我趁机又骑上战马往前冲，及时把作战命令传达到团里。因为我机智勇敢地完成了通信任务，淮海战役结束后，我立了二等功。

1949年1月9日下午3点多，我去给侦察连送信，有十几里路，半路上我看见几辆坦克往西南方向走。我一看，不对啊，这些好像不是我们的坦克。当时我离坦克不到四百米，怎么办？我就对着坦克开枪，因为来不及回去报告了，枪一响，战斗就打响了。我骑马继续往侦察连方向跑，到那以后，看到侦察连阵地前面停了两辆坦克。我一问才知道，那是我们的坦克，打坏了停在那里。我赶紧告诉侦察连，来的路上我看到几辆坦克，是不是打错了？他们说，没打错，是国民党部队的坦克。后来华野特纵的骑兵团去追坦克，还缴获了好几辆呢。

《我和我的战马》

参加革命以前，我只念过一年书，新中国成立后我努力学习，文化水平有了一定的提高。我把自己参加淮海战役的经历写了一篇文章《我和我的战马》，讲的就是淮海战役第三阶段追歼杜聿明集团时，我是怎么机智完成通信任务的，还有我和战马的感情。这篇文章最早刊登在《长江文艺》上，后来《解放军报》也登了。一个没有文化的战士，在1950年文化大进军学习活动开展半年之后，居然能够写出文章，广州军区把我树为一个典型，评为一等学习模范。这篇文章的手稿，我捐给中国人民革命军事博物馆了。这本《我和我的战马》，我珍藏了六十多年，今天就把它捐给淮海战役纪念馆，希望能发挥它的教育作用。

终生难忘的三件事

我这一生中，有三件事情终生难忘。第一，我从一个放牛娃成长为一名革命战士；第二，我参加了解放战争当中规模最大的淮海战役；第三，我作为华南游击队老战士代表，光荣地参加了纪念中国人民抗日战争胜利七十周年"九三大阅兵"仪式，我和其他老战士代表一起组成老战士方队，乘坐观礼车光荣地走过了天安门，这也是我一生中最大的荣誉。

如今，我更加怀念牺牲的烈士和已经去世的老战友们。我的荣誉属于所有参加革命的同志，尤其是我们东江纵队"小鬼班"的战友，他们有的才十四五岁就牺牲了。希望我们国家的年轻人珍惜当下的美好生活，不要忘记历史，不要忘记为了新中国的建立献出生命的革命先辈们。

　　邱伟球，1929年出生，广东惠东人，中共党员。1943年参加革命，淮海战役时任华野两广纵队司令部电台报务员，中华人民共和国成立后曾任中国人民解放军海军陆战旅副师级顾问。

邱伟球口述

（2016 年 5 月 23 日）

严守党和部队的机密

我是广东惠东人，参加革命主要有几个原因：一是日本鬼子占领我的家乡，把我家的房子烧了；第二呢，鬼子飞机扔炸弹，我叔叔被炸成重伤，家里穷也没有钱医治，几天后叔叔就去世了；第三，因为家里贫困，十二岁时父母给我改名换姓，卖给了别人家。那家人旁边有个学校，学生们经常出来宣传抗日，学校有个工作人员是地下党员，后来我就跟着他去当兵了。

到东江纵队以后，我给张持平首长当勤务兵，一直到部队北撤山东时才离开他。1948 年我到两广纵队电训班学习报务工作，培训班一毕业我就入党了，分到两广纵队司令部电台工作。电台属于机要部门，政治上有要求，刚开始我做见习报务员，几个月后转为正式报务员。电台有保密工作条例，给家里写信时不能谈工作，各方面要求都很严格。在电台工作比较封闭，和群众接触的机会非常少，因为我们还没到驻地，打前站的同志就把房子安排好了。到驻地后，我们把电台摆开，架好天线，就开始工作了。跟前线部队相比，我们要安全得多，因为司令部机关有专人负责保卫工作。

两广纵队司令部电台有三个台，首长指挥部队作战主要靠电台。淮海战役时我在一台，领导是黄础珊。我们报务员上机后，一戴上耳机就有电报要抄、有电报要发。收报、发报这些工作说起来简单，也很辛苦。因为那时候我们一个人最少要负责两到三个台的电报收发，人员分成两班制，工作下来就抓紧休息睡觉，完了再继续工作，有时候忙起来就不能休息。

这个台有电报，那个台也有电报，怎么办呢？要问清楚哪一个更急，如果是特急报，就先抄特急的，再抄其他的，抄好后交给通信兵送到机要处。我们能够取得胜利，靠大家团结一致，共同努力。

我十四岁参加革命，在通信机要岗位上工作了几十年的时间，对党忠诚，保守党的秘密，保守军队的秘密，我一直都是这样做的。

　　李文伟，1927 年出生，广东中山人，中共党员。1943 年参加革命，淮海战役时任华野两广纵队司令部通信连骑兵排排长，中华人民共和国成立后曾任广东省旅游汽车公司科长。

李文伟口述

（2016 年 5 月 24 日）

部队到山东后的感受

日本人侵略中山以后，家乡沦陷了。那时候我在商店当学徒，亲眼见到日本人枪杀我们的同胞，把人当活靶子，到处杀人。我的家乡有地下党领导的抗日游击队，但是力量很弱。国民党也有游击队，他们不打日本人，看到日本人就跑，到乡下到处抢东西，我们这边的老百姓都叫他们"大天二""祸祸鸡"。

十六岁那年，我跟店里的学徒高华亮两人商量好，去参加共产党的游击队。到了那以后，一个指导员给我们上了三天课，决定接收我们。1943年春节我正式参加了游击队，1944 年 8 月就入党了。

1946 年的 7 月，东江纵队北撤到了山东烟台，登陆后看到老百姓都来到码头欢迎我们。老百姓看到我们这些小战士，一个劲儿地流眼泪。为什么呢？他看到我们都光着脚，没有鞋穿。其实游击队在南方早已经习惯了。我们那时候听不懂北方话，有人就给我们翻译说，在北方，光脚丫子的人是最穷的。老百姓往我们的口袋里塞花生、红枣、鸡蛋，塞得满满的，我们在广东从来没有遇到过这么热心的老百姓，真的很感动，也很受教育，这是我到烟台后的第一个感受。第二个感受，就是山东的党政军领导对我们的关心爱护。我们南方人只会做大米饭，八路军就专门派了炊事员给我们做饭，每一个连队派一个炊事员，教我们做面条、蒸馒头。我们刚去的时候没有军装，军容风纪差一点，纪律也差一点，后来就开会整顿作风纪律。

不久后，我们从烟台南下到了临沂，班、排干部编到华东军政大学的教导团学习。敌人重点进攻山东，国民党军是机械化部队，怎么都比我们快，从南边一路压过来追我们。我们从鲁南一路撤退到黄河北，在利津县、惠民县一带休整。后来打莱芜战役，我们俘虏很多广东、广西兵，因为语言不通，北方的部队都不太愿意要，我们纵队接收了很多。

骑马去口头传令

1947 年 8 月，两广纵队宣布成立，我在两广纵队司令部骑兵通信排，排里有二十多个人、七八匹马。别人看我们骑马很舒服，其实很辛苦。一住下来，我们就到村公所领马料、领马草，北方的马草就是麦秆、谷子秆、高粱秆。领回来要铡马草，一个人拿马草一个人切，马料就是麦麸，撒些麦麸到切好的马草里面。要能领到黄豆就好啦，煮熟了拌到马料里。喂马要先放马草，因为马吃完马料就不吃草，要等它吃得差不多了再放马料。经常是部队睡醒一觉，我们还在喂马。北方枣树多，树很低，秋天红枣熟了，密密麻麻的，我们骑兵张着嘴就可以吃到红枣。还有人吃过马料，领到黄豆要煮熟喂马的，我们有时候饿了，就吃黄豆。部队整顿作风纪律时，大家都讲出来，要检讨啊，那时候改得很快。

淮海战役我当骑兵通信排长，值班参谋把最艰苦、最危险的任务都派给我。司令部作战室就在卢村寨，当时电话线炸断了，步兵通信员上不去，都没办法接线，这时候就叫我们骑马去口头传达命令，敌机就在头上扫射，非常危险。我不怕这个，坚决完成任务。淮海战役结束评功，我立了三等功。

　　朱坤，1922 年出生，广东台山人，中共党员。1942 年参加革命，淮海战役时任华野两广纵队二团侦察连副连长，中华人民共和国成立后曾任广东省地图出版社副社长。

朱坤口述

(2016 年 5 月 24 日)

化装侦察敌情

淮海战役徐南阻击战,我们纵队参加了,当时纵队司令部就驻在卢村寨旁边的一个村子。进攻两广纵队阵地的是国民党军孙元良兵团,团长命令我带一个侦察班,去摸一摸敌人的情况。

我们穿上国民党军的服装,我化装为国民党军的上尉。去的时候要经过三团的重机枪阵地,有个文化教员外号叫"大嘴",我们很熟,他也在阵地上。我跟他讲:"大嘴,我们去侦察敌情,回来的时候,你们可不要闹误会。"他说:"好!"

当天晚上,我们混进了国民党军的阵地。到了那边,我冒充是特务营的副连长,一切都比较顺利。我们了解到,孙元良兵团有两个军,大部分都是四川兵,这次来就是攻打两广纵队防线的。

部队几乎打光了

我们两广纵队只有三个团,兵力五千多人,这场阻击战打得很激烈。二团防守的大方山,地形很重要,所以敌人要跟我们争夺山头。11 月 28 号这天,国民党军步兵在炮火掩护下,开始攻击大方山,被两广纵队二团的四连打退了。紧接着敌人又是一阵炮轰,派了两个步兵营出击,这次战斗四连的伤亡很大,指导员连飞负重伤,副指导员刘观胜牺牲,连长黄伟也负了伤,带部队撤出了阵地,大方山阵地丢了!黄伟感到后果很严重,他带伤组织了一次反击,被敌人打了下来。

团长黄布、政委陈一民下令:夺回大方山!五连连长曾福是个一米八几的大个子，他带领突击队反击，冲上大方山阵地，硬是把国民党军给打了下去，曾福真是立了大功。

两天两夜打下来，部队几乎都打光了，连炊事员、文工团员都上了，我们顶住了敌人的一次次进攻。

一个班俘敌一个排

30号晚上，侦察参谋说："朱坤，你摸上对面那个山，看看敌人在不在。"我让侦察排长带着一班、三班保护团部，我带着二班摸到敌人后面那个山。我们爬到离山顶还有五六十米时，二班长踩到碎石，一脚没踩稳，摔出去六七米，把我吓了一身冷汗，以为敌人发觉了。过了一会儿，没听到声音，我摸上去，发现敌人已经退到了山脚，我赶紧回去报告团长，敌人全部撤退了。

司令部下令追击，我们追了一天，敌人的队伍都跑乱了。晚上，侦察连指导员马力带着一个炊事员，碰到了敌人一个排。这个炊事员是从国民党军那边解放过来的，他身上有一支步枪，端起来冲着敌人大喊："不许动，快缴枪。"这一嗓子把敌人吓得跪地求饶："别打了，别打了，我们投降，投降。"我带着一个班听到叫声，心里想，这下糟了，指导员没带枪，可别出什么问题啊。于是我们赶紧往回跑。这时候敌人看清解放军只有两个人，正想反水呢，我带人赶到了，高喊："不准动！"我们一个班俘虏了敌人一个排，缴获了十几挺机枪。

骑上战马追坦克

国民党军从徐州跑出来以后被包围了，很多士兵没有大衣，没有被子，那时天很冷，包围圈里的国民党兵把坟墓里的棺材板都扒出来烧了。

解放军大部队围住敌人以后，围而不打，只要敌人不打，我们也不打。到了晚上，我们就喊话："喂，弟兄们啊，过来吧，你们没的吃，我们有红烧肉，有馒头。"他们听到就跑来了，吃饱了就说："我不走啦。"围了二十多天，很多国民党军的士兵都跑过来了。

我们二团在西边，离战场大概十五华里，友邻部队是冀鲁豫军区的独立旅，如果敌人突围，他们在前边顶住，我们在后面拦截。当时我奉命带两个侦察兵和一个骑兵跑到独立旅，任务是如果发现敌人突围，立即报告。

　　那天早上，我听到"噔噔噔""噔噔噔"的声音，我们四个人和独立旅的一个侦察参谋一起跟过去，发现敌人的坦克突围了，已经跑出去了几辆，后面还剩两辆。我让骑兵立即回去报告。我带着两个侦察兵，独立旅的侦察参谋带了一支战防枪，我们一起上马追击，追出去十几里地，发现九辆坦克在河边一溜停下来。我们离坦克大概有两百米，村里的老百姓都跑出来看，我对侦察兵说："你马上跑到村庄，带民兵出来守着，我跟侦察参谋一起监视敌人。"过了半个小时，坦克里的敌人向我们开了一炮，我们就退回到河沟里面。侦察参谋不会用战防枪，我是特等机枪射手，就用他的战防枪对着最后一辆坦克的履带打，把那条履带打坏了。我让独立旅的侦察参谋赶快回去报告，我们打了坦克。

　　没过多久，解放军的骑兵部队追过来了。回去的路上，我们又遇到了三辆坦克，其中一辆坦克的驾驶员我认识，原东江纵队的，这是我们解放军自己的坦克部队，他们也在追击逃跑的国民党军坦克。

　　回到部队以后，我们三个人都立了二等功。

　　曾学，1930年出生，广东番禺人，中共党员。1943年参加革命，淮海战役时任华野两广纵队一团一营二连三排班长，中华人民共和国成立后曾任中国人民解放军广州军区情报部副部长。

曾学口述

（2016 年 5 月 24 日）

我们是守纪律的部队

我是广东番禺人，兄妹五个，我是老大。爸爸是铁路工人，因为反抗日军侵华被鬼子杀害了，妈妈和弟弟妹妹们先后病死，全家只剩下我一个人，到处要饭流浪。后来日军占领香港，把我抓去修机场，那里有个工人是抗日游击队地下党的同志，他了解我的情况，就介绍我去参加抗日游击队。我那时才十三岁，游击队的一个队长看我个子那么小，让我过两年再来参加。我坚决不走，我要给父亲报仇！队长看我这么坚决，就把我留下了。

参加游击队后，我经常化装成要饭的通过鬼子的哨卡去传递情报，每次都能完成任务。游击队装备比较差，没有后方，经常在大山里活动，有时候没有饭吃，我们挨饿都不随便摘老百姓的苞米，不去拿老百姓的东西，自觉遵守群众纪律。解放战争时期，我们执行纪律就更加严格了。我们打仗抓到国民党兵，不打不骂，还优待他们，给他们讲道理，劝他们参加革命，为人民服务。

共产党员就要做个好样子

东江纵队北撤到山东烟台后，部队整顿学习。我们比较尊重华野主力部队，学习他们的战术动作、战斗作风，学习三大纪律，我们跟兄弟部队的关系也很团结。

1947 年 8 月，以东江纵队为骨干成立两广纵队，莱芜战役俘虏国民党军的广西兵都补充给了两广纵队。陈毅司令员爱护我们，打仗一般都不把两广纵队放在前面，让我们在战场上锻炼作风，准备今后打回广东。

我是副班长，开始有些解放过来的国民党兵觉得我年龄小，不服气，后来看到我战术、技术很熟练，就听我的指挥了。十七岁我在山东临沂入党，共产党员就要做个好样子，要把兵带好。打开封的时候我当班长了，带头冲锋时敌人的炮把我炸倒了，担架队员抬着我走了三天才到后方医院，现在我的后背还有弹片没取出来。

淮海战役时，我在一团一营二连当班长。两广纵队后来出了一个全国战斗英雄——古兴，他是我们连的副指导员。徐南阻击战是两广纵队打得最艰苦的一仗，我们只有三个团的兵力，要挡住孙元良兵团的两个师。我们在纱帽山、卢村寨那里打了三天，连队打仗之前一百三十八人，打完以后只剩下三十六个，其他人都牺牲和受伤了。后来华野九纵赶来支援我们，顶住了国民党军的进攻。

　　马力，1923 年出生，广东陆丰人，中共党员。1942 年参加革命，淮海战役时任华野两广纵队二团侦察通信连政治指导员，中华人民共和国成立后曾任广东省人事厅处长。

马力口述

（2016 年 5 月 25 日）

干革命路遥知马力

读初中时，我接受到抗日的思想，看了艾思奇写的《大众哲学》，有了点哲学的常识，我的人生观开始改变。这本书教我怎么做人、怎么处理事情。

读高中时，学校有地下党组织，每个星期制作《海陆丰小报》，我负责刻版。有个同学是潮安的，看到我思想比较进步、表现很好，就介绍我参加了共产党。当时入党很简单，没有什么材料，我和这个同学都是单线联系。不久后，广东的地下党出了叛徒，党组织暂停了活动。我停学一年回家了，和那个同学也失去了联系。

后来我又去韶关曲江中学读书，在这里出事了。我订的进步书刊《群众周刊》《新华日报》被学校发现了，有个女同学的哥哥是国民党特务组织的，她听说国民党要抓我，偷偷告诉我，叫我赶快走。正好这时广东的地下党到韶关开展活动，动员进步青年学生南下，我就加入了他们的队伍，参加了东江纵队。因为找不到第一次入党的证明人，1944 年 9 月，我再次入党。这时候我对党的信仰、对战争的残酷性和长期性，都有了比较透彻的了解和深刻的认识。

我原名马清俊，参加革命后改名马家俊。抗日战争胜利后，国民党军在一个夜晚包围了我们游击队，天亮后发起攻击，我们牺牲了不少人。有一个副排长叫邱生，他顽强地和敌人搏杀，负伤后被俘，敌人残忍地剖开他的肚子，把内脏挑出来扔在山上。这让我意识到战争的残酷。革命的路还很长，我决心干到底！所以我第三次改名为马力，路遥知马力，日久见人心。

老百姓对我们真好

　　东江纵队北撤到山东的有两千五百多人，大多数是干部，因为当时中央精神是要保留一批干部。到了山东解放区，群众夹道欢迎，热情接待，很多人感动得掉眼泪。我们广东人听不懂北方话，到街上闹了笑话，看到金黄色的窝窝头，以为是甜糕点，就指着想买了吃，卖的人就摆手，我们有些不高兴，心里想解放区的人这么热情，怎么这点东西都不卖给我们？那人看到我们不高兴，干脆就拿给我们吃，我们一尝才知道是粗粮做的。老百姓对我们广东人很热情，觉得我们都比较斯文，叫我们广东先生。住在老乡家学北方话也方便，我房东有个小女孩，还教我们唱解放区的歌。住的时间不长，在那里我还学会了织毛衣。

　　后来我们进入华东军政大学学习，校址在莒南县大店镇，曾生司令员任副校长。1947年2月，华东野战军成立，需要干部，我被分到联络部，在俘虏管理处的文工队当队长，指导员是个女同志。当时这个队多数是俘虏过来的女兵，有几百人，我们的任务是对俘虏进行文化宣传、思想改造，也就是几个月的时间吧。后来两广纵队成立，我调回两广纵队，在司令部警卫连当指导员。两广纵队有个三团，一团和二团是老底子，三团大部分是山东的青年入伍的，因为语言不通，生活习惯不同，这个团出现了逃亡的现象。后来又重新组织一个特务营，警卫连归特务营，之后又改编，我就到了二团侦察通信连，邓彬当连长，我当指导员。侦通连有一个侦察排、一个通信排、一个骑兵排，一百多人。

　　豫东战役我们参加了，二团任务是在杞县阻击国民党军的救兵，阻击三天，任务完成了。团长黄布麻痹了，说今天任务完成了，中午大家休息。我们都在睡觉，突然敌人来了，把我们打得很狼狈。我带着炊事班的七个人，找到一个大娘家，就感受到老百姓对我们真好，国民党军来的时候他们把粮食藏在地下，我们来了马上拿出来。老百姓爱憎分明，是因为解放军部队严格执行三大纪律八项注意，到哪里都不损害群众利益。

司号员救了我的命

打完济南休整了一段时间，10月底开始准备打淮海战役了。我带的这个侦察排，排长是朱坤，和纵队的侦察连组成一个加强侦察连。我们部队有个习惯，驻下来要唱歌，临走时也要唱歌，没想到那天晚上我们驻地旁边的村子是国民党部队，我们一唱歌让敌人发现了，他们就埋伏在棉花地里，我们一经过他们就发起攻击，我们马上反击，把敌人打散后立即去追。战斗中有个班长牺牲了，这是我第一次亲自掩埋自己的战友，没有东西，就拿个席子，挖个坑埋了，很可惜。

淮海战役第二阶段，我们在卢村寨阻击孙元良兵团，司令部下了死命令，不能在我们这里有缺口，一定要挡住。这一仗打得很吃力，文工团员和炊事员也上阵了。我们连的任务是保证通信的畅通，骑兵排负责骑马传达命令、送信。我们连损失不大，但司号员牺牲了，名字不记得了，他在我身边，刚好炮弹落在我旁边的屋子里，弹片到处飞，他是为了保护我牺牲的。

从12月开始，我们在包围圈的战壕里过了一个月。战壕里很冷，被子只有两斤重，太重影响战斗力，只好把绑腿绑紧一点，用缴获的大衣来过夜。过元旦很热闹，有吃有喝。国民党的兵就惨喽，吃的全靠空投，降落伞在空中飘，有的飘到我们这边来，他们根本拿不到，所以他们把战马也杀光吃光了。我们就给他们的战士送馒头，一看到吃的他们就爬过来，官兵已经没有斗志了。过去读书也读过兵败如山倒，没想到看到的兵败是这样的，几十万人几个钟头就完蛋了，炊事班都抓了几十个俘虏。

　　陈作明，1929 年出生，广东广州人，中共党员。1945 年参加革命，淮海战役时任华野两广纵队一团一营三连排长，中华人民共和国成立后曾任广州市黄埔区人大常委会主任。

陈作明口述

（2016 年 5 月 26 日）

东江入伍北撤山东

我家里比较穷，仅有的两亩地也都抵给了人家。那时候我们最憎恨的就是国民党的部队，不是抢东西就是抓壮丁。

十六岁那年，有一天我干完农活回来，遇到村里一个老乡，他是游击队的，这次回来看看。游击队也曾到我们家乡活动过，游击队员都穿便衣，到了村庄以后，叫"阿娘""阿叔"，帮着老乡扫地挑水，跟国民党军完全不一样。所以，那个老乡动员我参加游击队，我一下就接受了，觉得这个部队好，跟自己的兄弟一样。另外还有一个原因，我读小学的时候，有个老师叫陈惠清，他是东江纵队派来的地下党员，经常给我们讲抗日的道理，号召青年人参加革命救国。1945 年的 3 月，我和四个同乡一起参加了东江纵队第五支队，也叫黄秀支队。后来，四个同乡当中有两个受不了苦跑回了家，一个违反纪律搞炸药炸鱼，把自己给炸死了，还有一个跑到国民党的乡公所投降了，只有我坚持留了下来。

1946 年 7 月，东江纵队北撤到了山东。一年以后，以东江纵队的骨干为基础成立了两广纵队，先后参加了睢杞战役、济南战役、淮海战役，我们从中学习了很多东西，流血牺牲也不少，胜利来之不易。我们当时武器、战术都不行，步兵使用的大部分都是步枪、手榴弹，缴获的炮我们也不会用，但我们战斗士气高，打仗勇敢，不怕死。

国民党军重点进攻山东的时候，我正好发高烧，烧到四十度，部队要转移，怎么办？硬撑着也得跟着走，精神上总要顶住，就那么坚持。

光荣入党立功创模

我们连队党支部大概有三十个党员，一个班里面，班长、副班长、战斗组长，这三个人都是党员。

我是 1947 年 3 月入党的。我记得当时班长找我谈话，我还问班长："为什么要入党呢？"班长讲："入党是为穷人打天下，为了让人民过上好日子。"那时候虽然不懂远大的共产主义理想，但这个道理我懂。我的入党志愿书还保留着，上面写着：工作积极，不讲怪话，自动自觉团结好，不怕苦，打仗不怕死。我的家庭成分好，老实听话能吃苦，三个月以后，我就转为正式党员了。

我在部队成长进步也比较顺利。1948 年 9 月，济南战役打响，我们两广纵队负责围攻济南外围的长清城。17 号那天，农历是八月十五，中秋节，我记得炊事员做了猪肉炖粉条。战斗中我受了伤，战后被评为一等功，还被授予"模范班长"称号，整个纵队只有三个人有这份荣誉。我家里保存着一份两广纵队的《进军报》，这一期的《进军报》通报了我们三个人立一等功的事迹。

为什么评我呢？就是听党的话，打仗勇敢，老实肯干，团结同志，巩固部队做得好，班里没有开小差的。行军的时候，我经常帮新战士扛枪、背背包；晚上放哨冷啊，有的战士睡不够，我看他情绪不高，就去替他站岗放哨。

当时部队团结得好。说起来行军比打仗还辛苦，冬天背着个背包，出的汗把棉衣都湿透了，长了虱子也没有衣服换。你在前面走，他在后面跟，前面那个人跳一下，你也跳一下，就是迷迷糊糊这样跟着走，辛苦又疲劳。我们打仗，从来不考虑生死问题，还觉得挺快活，越是有敌人，越是打得过瘾，就怕开不了枪。这就像打球一样，一比赛就有劲，平时训练就没有劲头。指导员经常跟我们讲，延安怎么样，解放军在哪个战场又打了胜仗，国民党敌后统治区的人民怎么受苦、怎么反战。就讲这些道理，每一句我们都能听得进去。那时候我们的思想很简单，就是跟着共产党，消灭国民党，让穷人翻身过好日子。

伤愈归队途中遇险

长清战斗中我负了伤，后来转到阳谷县的后方医院养伤。等到我伤好出院的时候，淮海战役已经开始了。当时和我一起出院的还有两广纵队的两个战友，沿途有很多解放区的地方政府给我们指路，告诉我们应该往哪走。

我们三个人背着三支步枪，走到济南外围的一个村子时，发现国民党的还乡团出来抢粮，就和他们遭遇上了。一开始还乡团的人误以为我们是解放军大部队的前哨尖兵，就没敢开枪，后来发现只有我们三个人，他们就用机枪猛打、猛扫，有一个战友中弹牺牲了。这时候，解放区的武工队员们听到枪响赶过来了，见到我们俩，还以为我们是国民党军，也来打我们，我俩只能躲在山沟里头。武工队的同志来到跟前一看，才知道我们是解放军。那次我没被打死，也算是命大了。

徐南阻击再次负伤

淮海战役时我只有十九岁，在一团一营三连当排长。连长曾连山，指导员开始是叶平，后来是吕龙，营长张新，教导员曹洪，其他人我就记不得了。我在基层连队，就知道打仗行军，对战役的全局了解不多。

解放军运动包围了国民党军黄维兵团以后，敌人想调兵增援，我们两广纵队奉命在徐州以南和其他部队一起打援。阻击战其实是很被动的，因为敌人处于主动进攻状态，我们处于被动防守状态。北方的冬天冷，我们在阵地上冻得厉害，炊事员每天挑饭送来，喝水也受限制，比较艰苦。

我们在卢村寨、大方山一带构筑阵地，阻击孙元良兵团。白天战斗相当激烈，国民党军用炮火轰击，掩护他们的步兵冲锋，我们打退一波，他们就再一次组织冲锋，我们再打退，来来回回好几次。到了晚上就比较静，因为国民党军不敢跟解放军打夜战、近战。所以一到晚上，我们就主动出击。我带着一个班摸到敌人阵地前，齐声大喊"缴枪不杀"，敌人蒙了，打了一阵，他们就跑了。我们打死五六个敌人，俘虏了一个弹药兵。

这个人我印象比较深，他是广西梧州人，被国民党军抓了壮丁，三十多岁的样子。他听到我们这些人讲客家话、广东话，他不跑，就跟着我们回来了。

战斗中，一个连队的三个排是分散开的。我们排有个副班长叫黄进才，他把头伸出战壕观察，结果暴露了目标，国民党军集中火力向他射击。我当时就在旁边，看到他的帽子被打飞了，脑袋也被打飞了。二班长和一些战士也受了伤。总体来讲，我们部队伤的多、亡的少。

卢村寨阻击战的第二天，我的腹部和大腿被炮弹炸伤了，我身上现在还有七八个弹片没取出来。当时因为战斗紧张，只能先到包扎所休息，后来是民工担架队抬着我去的后方医院，具体的地点我已经不记得了。等我伤愈归队时，已经是1949年的3月了。听老战友说，卢村寨、大方山阻击战打了三天三夜，两广纵队伤亡很大。我们这个连原来是满员的，大概有一百一十个人左右，我回去以后，还剩下七十多个人，大部分都带伤，牺牲的大概占三分之一左右。

拥军爱民鱼水情深

到现在我都忘不了山东的老百姓。我们北撤到烟台的时候都穿着便装，衣服上面还有补丁，脚上是草鞋。上岸以后，山东的老百姓都喊口号"欢迎劳苦功高的东江纵队"，男女老少敲锣打鼓，老大娘的篮子里装满了红枣、花生、鸡蛋，把我们每个人的茶缸都塞得满满的。

到了北方主要吃小米饭、高粱饭、窝窝头还有煎饼，也没什么菜。我们在烟台住了一段时间，接着行军到了临沂。我是班长，带着我们班住在王大娘的家里，打地铺。我们白天去训练，晚上回来以后，发现地上铺了厚厚的高粱秆。原来是王大娘看到天冷要下雪，怕我们冻着，忙活了大半天才铺垫好，我们都很感动。识字班的姑娘和大嫂们帮我们洗衣服，还帮我们打好洗脸水，地方拥军工作做得好啊。

讲到纪律，在游击队经历的一件事让我终生难忘。南雄的老百姓种烟叶，收起来吊到屋檐底下晾干，留着自己抽。我们有一个司务长喜欢抽烟，烟瘾大，可他买不到，也没有钱买，就拿了人家的烟叶。支队长刘培知道后，说这是违反了群众纪律，要枪毙他。那天部队吃完晚饭，天黑前转移，就在山后枪毙了这个司务长。还有一次，一个司务长化装去买盐，粤北都用大竹筒子装油、装盐，他买了两大竹筒的盐回来。有个哨兵好几天没有吃盐，浑身没劲，就说："哎呀，司务长我不行了。"直接抓了一把。回来就叫这个哨兵检讨，接受批评教育。我们虽然是游击队，但是纪律相当严格，完全是按照八路军、新四军的纪律来做的。

到了山东以后，我们特别注意群众纪律。广东人喜欢冲凉，打仗是没法洗澡的。尤其是行军之后，身上都湿了，有汗馊味。我们怎么冲凉呢？用老百姓家的高粱秆子围起来，叫厨房分一点柴火，烧点热水，就在那里边冲个凉。打仗时修筑工事需要木头，老百姓都没有意见，同意给我们用。部队进村也不会随便拿老百姓的东西吃，我们在爱民守纪、团结友邻部队各方面做得都很好。

　　陈冲，1929年出生，广东新会人，中共党员。1945年参加革命，淮海战役时任华野两广纵队文工团分队长，中华人民共和国成立后曾任广东省物资储备局处长。

陈冲口述

（2016 年 5 月 26 日）

我们的演出受欢迎

1945 年我参加东江纵队，跟十几个年龄差不多大的小战士一起分到文工团的"小鬼班"，我们演节目，也搞战场宣传鼓动。

济南战役时，两广纵队负责攻打长清城，我们文工团在沿途搞了五个鼓动站，男女配合，一个站六个人，轮流不停地喊"攻下长清城，为国家、为人民、为父母立战功"。部队的战斗情绪很高，一上午就把长清城攻下来了。

济南解放后部队休整，文工团演出，两广纵队三个团都集合来看。我们找一块平整的空地，演临时编的活报剧，也没剧本，临场发挥。打长清时战斗口号是"打进长清城，活捉雷老虎"，雷老虎是长清城的司令，真名就不知道了，他被活捉了。我们编了《活捉雷老虎》的活报剧，大家一看，这都是自己打过的仗嘛，所以效果不错，很受欢迎。还有表扬战斗英雄的活报剧，第一个攻进长清城的叫杨新，我们编了《杨新攻上长清城》，表扬他的英雄事迹。我们为了让战士们听得到，都提高音量，演出结束声音都沙哑了。我们演出的节目形式比较新鲜，跟山东军区文工团关系很好，经常交流。

把细粮留给我们的老百姓

华野首长和老百姓对两广纵队特别照顾，我们吃不惯高粱，上面指示专门给我们准备了小米、绿豆，小米绿豆煮饭很好吃的。老百姓真好，自己吃粗粮，把细粮留给我们。

我们解放军进村是不打扰村民的，平时不拿群众一针一线，纪律遵守很好。我们借老百姓的麦草，天冷就住在祠堂里，走的时候，麦草要捆好放回原处。不打仗的时候，我们也帮着老百姓干活，给群众宣传共产党的政策。

做好随时牺牲的准备

1947年7月1号，我在山东入党了。共产党员最光荣，我不能辜负党员的称号，冲锋在前，退却在后，什么时候都不能落后。

华野大部队势如破竹，南下参加淮海战役。部队在前面打仗，我们文工团就做好后勤保障工作。男同志组成运输队，把伤员运到卫生站，轻伤的简单包扎，重伤的交给民工担架队运走；女同志就到医院去护理伤病员。敌人的炮弹"隆隆"响，离我们很近，也很危险。那时候，我们都做好了随时牺牲的准备。时间久了，我们就有了经验，炮弹打了以后，你马上从这个坑跳到那个坑，因为炮弹不会落在一个坑里，都离几米远，这都是在战场上学到的。

　　丘忠，1929 年出生，广东惠阳人，中共党员。1945 年参加革命，淮海战役时任华野两广纵队供给部财务审计，中华人民共和国成立后曾任广州石油化工厂财务处长。

丘忠口述

（2016 年 5 月 26 日）

十六岁参军入党

我是广东惠阳人，我们那个村是老区，很早就有革命党在那里活动。我十三岁就当了儿童团的团长，送情报、搞宣传、贴传单。十六岁我参加游击队，当年就入党了。为什么入党？共产党好啊！群众都拥护共产党，跟着共产党才有出路。入党以后，我调到武工队正式参加战斗。第一次打仗，枪一响，心跳得"怦怦怦"，紧张得很，后来就慢慢习惯了。子弹不长眼睛，打中了算你倒霉，生死这一关总要过的。

徐南阻击战

淮海战役第二阶段，两广纵队在徐州南边打阻击。敌人冲破第一道防线以后，上级马上下命令，叫我们后勤人员全部上去，挖第二道防线的战壕。我们这些干后勤的过去很少挖过战壕，也没什么经验，晚上我们就慢慢爬过去挖，白天也挖。战壕不能挖直线，要弯曲的。按照要求，战壕的深度不能低过人头，不然容易暴露目标。当时因为天气冷，土都冻了，挖起来很吃力，所以我们挖得并不深。

另外，我们后勤还有个任务，就是打扫战场。国民党军有大炮、坦克、汽车，我们只有几门炮，最缺炮弹、子弹。一场战斗打完，我们就去战场上捡国民党军的子弹，放在背包里，再集中起来交给部队。

我见过支前的民工，他们推着一个轮子的木头车，一车只能拉三个炮弹。淮海战役打了六十多天，你算算，前线需要多少弹药？战士们得吃多少粮食？这些从哪里来？全靠几百万的支前民工来运输，多辛苦啊！有了人民群众的支援，解放军用小米加步枪打败了国民党军的飞机大炮。

做好菜价调查工作

我在两广纵队供给部搞财务，任务就是保证部队有饭吃，吃得好，吃得饱。当时部队用的北海币是华野后勤部拨的，粮食、服装是上面发的，整个纵队的钱都经我手。

我的任务就是做好菜价调查。比如我们一个人每天要一斤菜、三钱油、三钱肉、三钱盐，怎样保证这些？因为到了新的地方菜价不一样，那怎么办呢？我们每到一个地方就要组织人调查菜价，以我为主。比如市场上有五种菜，五种价钱，我们需要多少，算好平均菜价是多少钱，再算一算一个人是多少钱。每一天都要调查，每个连都要调查，调查好马上写出来发通知，让各个连队都知道今天的平均菜价是多少，账目公开透明。连队不住在一个地方，价钱也不一样的，都要拉平均，保证部队按照这个标准能够吃好。如果这个菜价调查不好，有些连队买贵了，那就只能少吃菜喽。还有一个，平均菜价算好了是一块钱，你七毛钱买到的，节约下来的钱叫伙食尾子，以连为单位，你们爱咋办就咋办。

我管这些也很辛苦，每天都要走一百多里路。部队行军到半夜，到了驻地，其他人还可以睡一下。我们呢，天一放亮就要去调查菜价，每种菜多少钱，写好了回去算。这事不能拖，因为司务长要接到我的通知才能去买菜。一般来说，指战员对我们的工作都满意。一打胜仗他们就高兴啦，今天如果没有，明天一定有猪肉吃。

清清白白干财务

我有账本，每天都记账，部队配的骡子驮这些账本。油盐每个人是规定死的，粮食也是规定好的，当然也分兵种，干部的粮食少一些，重机枪手的粮食多一些，不一样。平时每个月要公开账目，公布买菜多少，用了多少钱，写个条子贴出来。

打完淮海战役，两广纵队转到第四野战军了。后来，我去武汉四野总部报账，单据装了满满四个文件柜，全部送到武汉。我在招待所住了两三个月，等他们审核账目，结果是清清白白的，最后全部移交给了四野。

干财务工作，我的感受是：尽我的能力，尽我的心力，尽我的良心。讲党性，对人民负责；凭良心干事，对自己负责。

　　杨声，1923 年出生，广东广州人，中共党员。1939 年参加革命，淮海战役时任华野两广纵队炮兵连政治指导员，中华人民共和国成立后曾任新华社香港分社副秘书长。

杨声口述

（2016 年 5 月 26 日）

从华南到华东

我是先入党，后参军的。我在香港读书的时候，有几个老师是秘密的共产党员，经常给我们讲延安，讲斯诺的《西行漫记》，所以我们对共产党很有兴趣，也很崇拜。后来很多老师和学生都参加了共产党。我入党的时候还不到十六岁。我记得当时站在一个坑渠边上宣誓，为了防止暴露身份，我还改了名字。

1941 年年底，日本人在惠州登陆，打到广州。英国人在香港没有多少兵力，又不会打仗，到圣诞节的时候，港督就竖白旗投降了，日本人就占领了香港。1942 年，我在香港参加了广东人民抗日游击队港九大队，后来又回到广东境内打游击。

1946 年 7 月，东江纵队从广东北撤到山东的烟台，我们一上岸就受到山东人民的热烈欢迎。老百姓拿了很多苹果、鸡蛋塞到我们的行李和书包里头。我们在烟台郊区大概住了两个多月，10 月份进至临沂地区整编。

1946 年 11 月 25 日，华中雪枫大学、山东军区军政学校、东江纵队以及淮南随营学校和山东军区通信学校等五个单位统一改编为华东军政大学，并在山东省莒南县大店镇举行了学校成立大会暨第一期开学典礼，中央军委任命华东军区副司令员张云逸兼任校长，余立金、曾生任副校长。我们东江纵队原有人员大部分都进入到华东军政大学学习。

1947 年 3 月，国民党军重点进攻山东解放区，我们部队就往北走，到渤海区整训。当时中共中央决定以东江纵队为基础组建两广纵队。8 月 1 日，两广纵队在滨县正式成立，兵力四千八百余人，隶属华东野战军建制。

山东生活的趣事

我们南方是鱼米之乡，吃大米饭。北方人吃高粱，他们把大米叫作细粮，小米叫作半细粮，面粉也叫细粮。我们到了山东，一开始也吃高粱，但肠胃很不习惯，消化不了，大便拉不出来。华东军区的首长就派人专门给我们搞了一些大米。南方人不会蒸馒头，山东军区又派北方的炊事员来给我们做饭，我们跟炊事员学习怎么发面，也学会了做面食，后来慢慢就习惯了。

我们刚到山东的时候，听不懂山东话，闹过很多笑话。我们走路说向左拐、向右拐，但是北方人说向北走、向东走。有一次睡觉睡到半夜，当地的战士说往北一点、往北一点，我也搞不清楚哪边是北。再一个就是广东人喜欢吃狗肉，我们去到哪里，看到人家有狗就很高兴，房东以为我们的干部战士喜欢狗，就说："送给你了。"我们回去就把狗杀来吃了，把狗皮、骨头埋在地下，后来被其他狗扒出来了。老百姓看到就哭了："俺的狗啊，俺的狗啊。"后来我们部队有个规定，在山东不准吃狗，否则要被关禁闭，后来就没有人敢吃了。我们跟山东人民的关系搞得很好，入乡随俗，很尊重他们。

仅有两门炮的炮队

我们到山东的时候，没有枪也没有炮，怎么训练部队呢？朱总司令亲自批了一门炮，是解放石家庄时缴获阎锡山部的。阎锡山在山西多年，他修建的铁路是窄轨，打仗用的炮也特别，炮的方位密度是六千四，他搞六千三，所以那门炮怎么个打法、能打多远，全部要重新测算。这门炮老掉牙了，轮子走到半路就掉下来了，行军时很困难。后来上级又给了我们一门七五口径山炮，射程也有限。

两广纵队因为兵力少，很多干部手下没有兵，调到炮队的干部就降级使用，连长下去当排长，排长下去当班长。后来解放军打了很多胜仗，缴获了一些武器和山炮，抓了很多俘虏，其中有广东、广西的兵，经过教育，愿意留下来的就分到两广纵队了。当时有一个国民党军副营长是炮兵，他愿意参加解放军，我们就让他当炮兵教官，教我们拆装炮身、计算距离、发射炮弹。我们不仅学习炮兵技术，还跟着教官训练骡马，慢慢地让它们听懂口令行进。我到现在还会唱《骡马炮兵行军小调》：

> 炮口在啸，战马在叫，
> 同志们的心呀，
> 同志们的心在跳，
> 叮叮嘚儿隆格隆，
> 叮叮嘚儿隆格隆。
> 我们走过村庄，
> 我们走过大河，
> 炮手扶着炮，
> 驭手牵着驴，
> 一步步地走着，
> 一步步地走着……

目睹骑兵追坦克

两广纵队在徐南阻击战中伤亡比较大，所以在淮海战役第三阶段的时候，华野首长安排两广纵队在二线休整，担任外围拦截任务。

战役快结束的时候，那天中午我们正在吃饭，突然听到"嗒嗒嗒、嗒嗒嗒"的机枪声，原来是国民党的军官坐着坦克冲出来了。我们华野有个特种兵纵队，有坦克、有炮、有骑兵，那时候就出了个很奇特的情况——骑兵追坦克。国民党军光顾着逃跑，很慌乱，有的坦克跑到半路没油了，有的陷进河沟里出不来了，只好乖乖地当了俘虏。我们在驻地看热闹，大家都拼命鼓掌。到了这个时候，淮海战役就基本上结束了。

淮海战役是三大战役里面最大的，消灭敌人也是最多的，解放军部队的人数比国民党军少了二十万。能够参加这场大决战，我终生难忘。

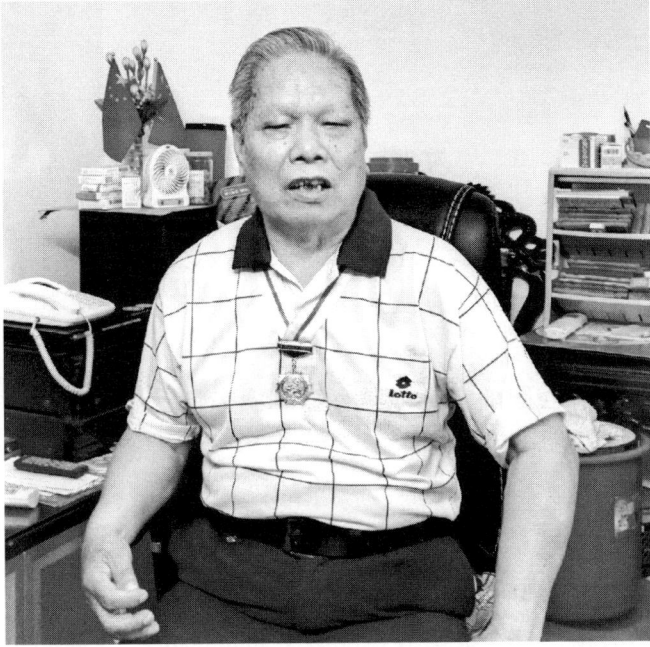

　　陈锦成，1928 年出生，广东广州人，中共党员。1944 年参加革命，淮海战役时任华野两广纵队二团一营一连二班副班长。

陈锦成口述

（2016 年 5 月 26 日）

为人民打仗不怕死

1944 年，东江纵队在我家乡宣传抗日，减息减租。为了打击侵犯祖国的敌人，我自愿参加了东江纵队，跟着部队在广东梅县、惠阳、五华、紫金等地抗日打鬼子。

1946 年 7 月，我跟随东江纵队北撤到山东烟台，那里的老百姓对我们很好。我们也爱护人民，帮助耕田、挑水、扫地、做饭，什么都干。

两广纵队成立后，我们参加了豫东战役和济南战役。1947 年我在山东入了党，为了解放全人类，使人民不受压迫，推翻三座大山，心怀这个信念。入党后我对自己要求更严格了。那时候没有成家，也没有顾虑，为了解放人民，不怕死，打仗很勇敢。部队里面每个班都有党小组，平时一个礼拜开一次党小组会，讲一讲哪些战士表现优秀、哪些战士违反纪律，好的表扬，不好的要批评，每一个党员都要自我检讨、自我批评。打起仗来，就不开党小组会了。

淮海战役是我们打的最大一仗。我是二团一营二班副班长，打徐州南边的三堡车站，我带头冲进敌人碉堡，打死两个敌人。接着又在两瓣山那里阻击敌人，班长牺牲了，我的大腿被炮弹炸伤了，是贯穿伤，当时啥也不知道了。担架队把我抬下去，伤好了我又重回战场。淮海战役打完，我立了三等功。

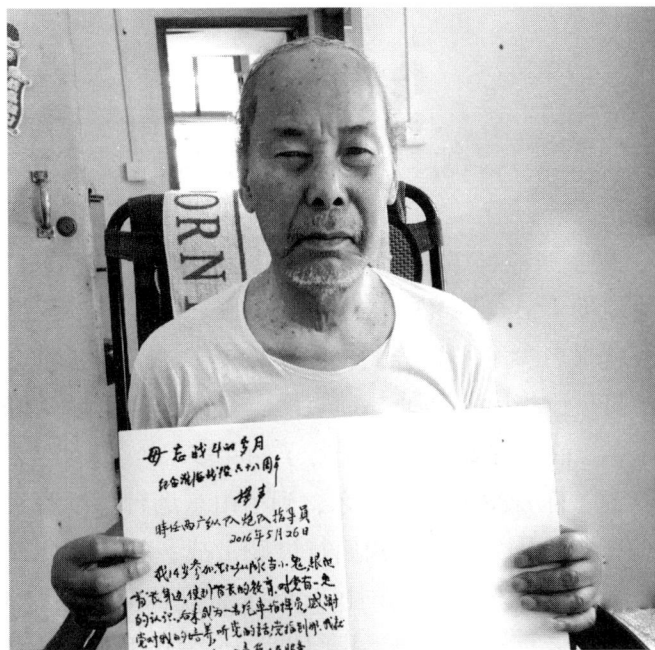

　　陈瑞麟，1928 年出生，广东东莞人，中共党员。1944 年参加革命，淮海战役时任华野两广纵队一团侦察排班长，中华人民共和国成立后曾任广州交通集团第二运输公司纪委书记。

陈瑞麟口述

（2016 年 5 月 27 日）

打倒蒋介石　解放全中国

1944 年，我参加了东江纵队，那时候我十六岁。因为家里穷，受有钱人的欺负，给他们干活还要经常挨打，我不服气。当时东江纵队在我家乡宣传抗日，我就报名参了军，分到司令部给首长当"小鬼"。梅塘战斗是我第一次参加打仗，当时心扑通扑通直跳，打完这仗以后就好了，知道打仗是怎么回事了。在广东跟日本鬼子打了两年多。

1946 年 7 月，东江纵队撤离广东，到了山东烟台，以后又改编成两广纵队，在华东参加过几个战役。我们打过破击战，就是破坏铁路，撬开铁轨，不让国民党军的火车通过。国民党除了正规部队，还有地方保安团，北方叫还乡团，对老百姓很坏的，我们也跟还乡团打过仗。解放军纪律很严格，打起仗跑来跑去的，都要求尽量不损坏老百姓的庄稼。

济南战役打长清的时候，我是侦察排班长。部队在作战之前，一定要去前线侦察敌情，向老百姓了解情况，国民党军怎么布防的，有多少兵力，这些都要弄清楚，报给团参谋部。打仗的时候，我们跟团部在一起。行军时我经常帮战友扛机枪，战斗表现很勇敢，党组织就培养我，发展我入党。那时候，我对为人民服务的认识还不太清楚，就知道"打倒蒋介石，解放全中国"。在这个基础上，部队组织我们学习，听党课，对党的认识就提高了。1948 年 10 月 14 日，我在山东入党了，紧接着就准备参加淮海战役了。

冲锋在前　退却在后

淮海战役，卢村寨那一仗打得很艰苦，打了三昼夜。我们一团坚守卢村寨，二团在我们左边的大方山。敌人有两个师，我们只有三个团，敌人就用炮弹猛攻，平均几公尺之内就落下一发炮弹。团长彭沃、政委郑少康在前线指挥部，我们就守在团部的周围。一发炮弹打过来，我们机枪手的机枪都被打碎了，连尸体都找不到了。那次打得好惨啊，一个连队一百多人，只剩了三十多！艰苦阻击了三昼夜，华野九纵赶来支援我们了，那时候如果九纵赶不来，我们很可能就被敌人消灭了。

一团一营营长张新、二营营长陈石甫，这两个人都是枪林弹雨打出来的。陈石甫打仗厉害，他驳壳枪一挥"跟我走"，就冲上去。战士们看到营长都这样，下面能不动吗？所以指挥员打仗冲在前面，退在后边，最受尊敬了。

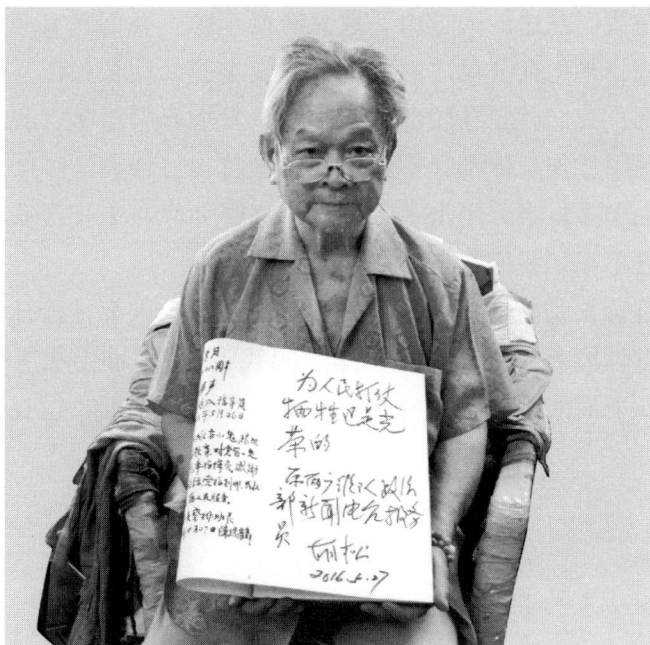

　　胡松，1930 年出生，广东惠东人，中共党员。1944 年参加革命，淮海战役时任华野两广纵队司令部新闻电台报务员，中华人民共和国成立后曾任中国人民解放军海军川岛水警区通信科长。

胡松口述

(2016 年 5 月 27 日)

为人民牺牲光荣

我是广东惠东县人,很小父母就去世了,家里穷,没法读书,就失学了。当时国民党很坏,欺压老百姓。共产党领导的游击队在我家乡活动,经常住在我家,我和他们天天见面,关系很好。游击队是保护我们老百姓的,村子里很多人都去当兵,我也参加了游击队。我们经常在山里打游击,就住在山洞里,老百姓给我们送饭、送情报,经常掩护我们,我们和群众的关系非常好。

1946 年 7 月,东江纵队北撤到山东。我们从烟台到临沂再到渤海,住过很多地方,山东的老百姓好,对我们也好,我对山东人民很有感情。

1947 年 7 月,我在山东入党了。我们部队是共产党领导的,入党是为了更好地跟党干革命。当兵就要打仗,打仗就可能有牺牲,当时没有考虑生死的问题。为人民打仗而牺牲,牺牲了也是光荣的。

我学习报务的成绩比较好,提前毕业出来的。淮海战役的时候,我在两广纵队新闻电台当报务员。报务员的工作是紧张的,抄报、发报,还要抄新闻、抄新华社的电报,我既抄新闻也翻译电报。当时部队的士气很高,战斗表现也很好。

　　黎洪，1924 年出生，广东东莞人，中共党员。1942 年参加革命，淮海战役时任华野两广纵队一团一营二连政治指导员，中华人民共和国成立后曾任东莞市糖厂厂长。

黎洪口述

(2016 年 5 月 29 日)

热情的山东人民

东江纵队北撤到山东之后，陈毅司令员对我们很关照，知道广东人吃不惯面食，就安排山东根据地的领导黎玉给我们送来大米。刚到山东时，老百姓一听我们讲话的口音，就问："你们这些蛮子从哪里来的？""我们是东江纵队，从广东来的。"他们说："哦哦，听说过，你们很好。"山东人民对我们很热情。

我们的战士去井口打水，提水的瓦罐圆圆的，刚开始战士们不会用，一不小心打烂了，那就照价赔偿。老百姓说，国民党部队只要一来，到处抢东西，你们这个部队对老百姓好，和八路军一样。八路军在群众中的威信很高，他们感觉到东江纵队也是共产党领导的部队，所以对我们也很好。在临沂过年的时候，老百姓送了些面条、地瓜过来，我们说："不能要群众的东西。"他们说："同志，吃吧，没关系。"我们不好推辞，就拿了一点。群众纪律遵守得好，老百姓就支持我们。

在战斗中锻炼成长

毛主席讲，支部要建在连上。连队政治工作做得好，战斗意志力就强。每次打仗之前，我们都要把上级的意图、敌我情况、怎样打，告诉战士们。

例如在临沂的时候，敌人向我们进攻，司令部动员：敌人准备向我们进攻，敌人兵多，我们兵少，要打败他们，只能打好运动战，所以，我们不能在乎一城一池的得失，要大踏步后退，退到黄河边。当时我们觉得很奇怪，退了还怎样打仗？后来才知道，我们撤退的时候将国民党新五军的兵力吸引过来，那边莱芜战役就好打了，消灭了敌人七个师。莱芜战役胜利的消息传来，大家都明白了，我们撤退也是配合主力部队作战。毛主席说，解放战争第一年要消灭国民党多少军队，第二年、第三年要消灭他多少，通过这一仗，战士们对胜利都充满了信心。

两广纵队组建后，华野首长让我们在战斗中锻炼部队，对我们也很爱护，我们参加的战斗都是打防御战，攻击作战是靠华野主力打的。但是，到了济南战役的时候就不一样了，两广纵队奉命攻打长清城。纵队司令部命令二连攻打北门，其他部队配合。因为之前经过多次练兵，我们对自己有信心，动员部队要绝对服从命令，很快就打下了长清城。

处处关爱新解放战士

莱芜战役中俘虏了一些广西兵，上级命令补充给两广纵队。我们的班长、副班长和一些老战士都是抗战老兵，也是党员，这三四个人要带八九个解放战士，很不容易。他们心思是怎样的？有没有可能叛变？打起仗来会不会反水？这些都很难说。我们对这些新解放战士十分关照，比如行军，我们过去打游击、打运动战走路比较多，早都习惯了。他们在国民党军队当兵，走路比较少，长途行军脚底板磨了血泡，晚上我们就烧热水给他们烫脚，叫卫生员给他们挑血泡。解放战士说，这两个军队真是不一样，共产党的军队官兵就像兄弟，国民党军的长官打他、骂他、踢他，不把他当人看待。我们就抓住时机对他们开展诉苦教育，受苦比较深的，就当作典型来讲，使他们感觉到解放军是为穷人打仗的，穷人想翻身当家做主人，只有跟着共产党才有出路。经过我们的教育和同志们的互相帮助，为谁当兵、为谁打仗这两条他们弄清楚了，打起仗来就很勇敢。

激战纱帽山

淮海战役第二阶段，两广纵队奉命参加徐南阻击战，任务是扼守两瓣山、纱帽山和卢村寨、大方山一线，阻击孙元良兵团。

11月26号，两瓣山阵地被国民党军突破，直接威胁到一团阵地侧后的安全。纵队首长及时调整了部署，命令一团撤守纱帽山。

27号拂晓，我们撤到纱帽山。一连守纱帽山正面，二连守纱帽山主峰和左侧。纱帽山都是石头，堑壕很难挖，同志们临时找了一些石块，垒在不到一尺深的堑壕前挡弹片。上午9点左右，两个团的敌人在炮火掩护下进攻纱帽山，几次冲锋都被我们打退了。激战到下午3点左右，一连伤亡过大，阵地失守了，我们二连的伤亡也不小。紧急时刻，营里下令：部队撤离纱帽山，由二连掩护一连撤退。副指导员古兴同志主动要求留下，和三排长蒋仁德带领两个班掩护部队撤退。我们边打边撤，还算顺利，三排长蒋仁德在掩护部队撤退的战斗中牺牲了。

血染卢村寨

为了堵住孙元良兵团的进攻，纵队司令部决定：撤守第二道防线，一团防守卢村寨，二团防守大方山，誓与阵地共存亡！接到命令后，我立即动员全连指战员：一定要坚持住，就算打到一兵一卒，我们也要坚持住。因为中野正在围歼黄维兵团，我们的防线一旦失守，后面的战斗就困难了。

27号晚上，二连进入卢村寨。我们来之前，纵队文工团的同志在卢村寨村子前百余米的开阔地上，挖了一条不到一米深的交通壕。我们到那以后，立即组织全连干部分头下到班、排，指挥大家抢修工事，一夜下来，总算把阵地上的散兵坑和一人多深的交通壕连起来了，也挖了简单的防炮洞。

28号拂晓前，我们的轻机枪掩体还没有构筑起来，从瓦房村方向传来了一阵枪声，因为天色太暗了，到底是什么情况也看不清楚。等到看清对面是敌人时，他们离我们的阵地前沿只有百十米了。连长下令："打！"一排的同志用轻机枪和手榴弹一起开火，打得敌人掉头逃回了瓦房村。这次反击，一排缴获了一挺加拿大轻机枪，还俘虏了一个机枪手。我们连队有个莱芜战役解放入伍的机枪射手，已经是一名党员了，我们让他跟刚俘虏过来的机枪射手谈心交流，现身说法，让俘虏兵知道两种军队分别为谁当兵、为谁打仗，启发他的阶级觉悟，动员他留下和我们一起战斗。这种"即俘即教"的政治工作方式，让新解放战士很快就懂得要为穷人翻身打老蒋的道理。

利用战斗间隙，我趁机鼓舞士气："同志们！我们第一次打阵地战，就打得敌人往下退，国民党军队没有什么了不起的。大家先休息，做好继续战斗的准备。"就在我动员的时候，敌人突然炮轰卢村寨，我们没有炮，只能任由敌人的炮打来打去，一发炮弹落在壕沟里面，机枪射手和那个新解放入伍的副射手当场就给炸飞了，连尸体也不见了。我被弹片打中头部，血流不止，卫生员给我包扎后，担架队经过连日转运，把我送到济南的医院治疗，在医院住了一个多月。等我伤好归队时，淮海战役也基本上结束了。

听战友讲，卢村寨战斗打了三天，我们二连最后只剩下二十七个人。我们为什么能坚守下去？因为人民群众的支持拥护，所以我们下定决心，为了人民解放，牺牲也值得！我们只有打胜仗，才能报答党和人民。

　　王全，1923年出生，广东东莞人，中共党员。1942年参加革命，淮海战役时任华野两广纵队一团一营一连排长，中华人民共和国成立后曾任梧州市工会主席。

王全口述

（2016 年 5 月 29 日）

拼刺刀坚守阵地

济南战役，我们两广纵队农历八月十五打长清。当时国民党有七个师准备增援济南的，我们占了飞机场，他们不敢去，就退回了徐州。

华野打下济南、活捉王耀武以后，南下进行淮海战役。我们两广纵队从徐州西边一路打过来，那些村庄的名字我都不记得了。黄百韬兵团被消灭后，徐州的国民党部队向南打，两广纵队在三堡车站、卢村寨一带阻击敌人，这边有很多碉堡，战斗十分激烈。

卢村寨是一个村庄，在津浦铁路的西南边。敌人仗着美式武器，先用炮轰，再用飞机炸。等敌人距离我们阵地八十来米时，我们用步枪、冲锋枪、手榴弹一齐开火，敌人突破到十米以内时，我们的子弹打完了，手榴弹也扔完了，只能跟敌人拼刺刀。子弹在身边"嗖嗖"地飞，我却不觉得害怕，当时就没想过怎么活下来的事。战斗了几天几夜，一直坚持到兄弟部队赶来。这一仗我们营伤亡非常大，连长卢照也牺牲了。

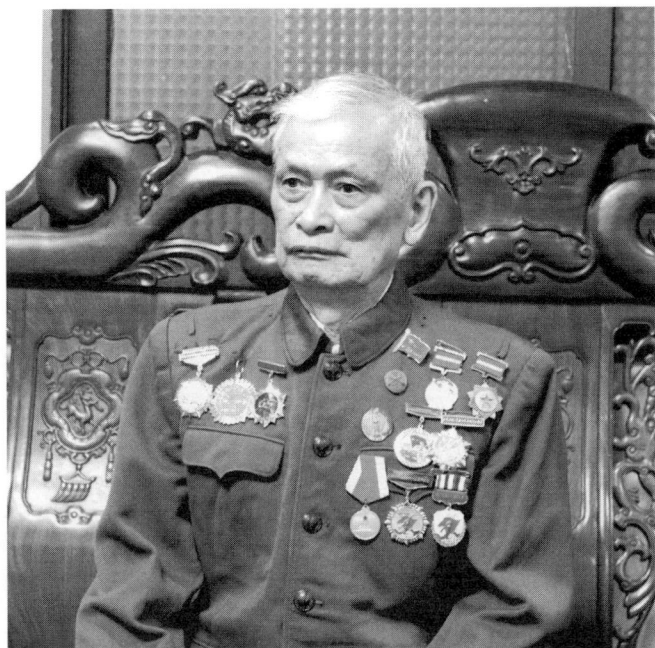

　　萧享，1928 年出生，广东惠阳人，中共党员。1944 年参加革命，淮海战役时任华野两广纵队一团一营二连三排副排长、代理排长，中华人民共和国成立后曾任广州市顺德县人大常委会副主任。

萧享口述

（2016 年 5 月 30 日）

干革命不怕流血牺牲

我十六岁就参加了中国共产党领导的东江纵队，在抗日战争和解放战争中，参加过大小战斗一百二十多次。我参加革命的原因很简单，就是要让和我一样的贫苦人有饭吃、有衣穿，让人民翻身得解放！为了实现这个理想，战斗中我从不考虑生死，不怕流血牺牲。

抗战胜利后，国民党又发起国内战争。1946 年 7 月，东江纵队北撤山东，1947 年改编为两广纵队，我在一团一营二连三排六班当班长。

1948 年 3 月，国民党军出动部队在山东金乡一带抢粮，我们一团奉命攻击。打退敌人后，我带着全班冲在最前面追击逃敌，激战中我负了重伤，一颗子弹从我腹部打进去又从臀部钻了出来。战友和当地群众用担架抬着我走了一个星期，到黄河北边华野的鲁西南前线医院治疗，两个多月才康复出院，接着又返回部队休整训练。

纱帽山战斗

1948 年 11 月 21 日，两广纵队雷经天政委来一团传达中央和华野首长的指示，明确两广纵队的任务是在徐州以南、津浦铁路两侧的马路山、白虎山、两瓣山、纱帽山、秤砣山一带阻击孙元良兵团向南突围。

11 月 26 日，孙元良兵团向南进攻，两广纵队三团防守的两瓣山阵地被敌攻占。上级命令我们一营：放弃白虎山阵地，防守纱帽山。二连到达纱帽山山脚时，连长黄国命令我们三排：以两个班和机炮连一个重机枪班据守纱帽山山脚左侧的基围，另一个班和全连一起到山上防守。排长蒋仁德要求和全连一起上纱帽山，我带两个班和一个重机枪班守卫山脚左侧基围。接受任务后，我带着三个班去周围看地形地物，山脚前面有一片开阔地，利于我军火力射击，我布置各班挖工事，准备迎战。

27日拂晓，敌以两个团的兵力，在炮火掩护下三面夹击纱帽山，炮弹打得山上碎石横飞，但我排防守的山脚阵地却很平静。约一个营的敌人向纱帽山冲来，防守山顶的部队猛烈反击，把敌军打回了山脚下。紧接着，一百多个敌人向我排防守的阵地冲来，已经到开阔地中间了，我立即下令全排集中火力射击，敌人死伤不少，只好逃回后面的村子。到下午3点前，一营顽强抗击，打退了敌人的数次进攻，但因纱帽山是个石头山，工事很难挖，一营伤亡也不少。

这时，上级命令一营撤回瓦房村和卢村寨防守。我看到山顶的部队已开始后撤了，不久，敌军就占领了山顶。可是营、连领导却没有通知我们三排后撤，我一时摸不清情况，就继续坚守阵地，等待上级的指示。山上的敌人打得我们抬不起头，他不知道我们有多少人，也不敢下山进攻。

下午4点左右，营部派来一个通信员，对我说："营长叫你排向后撤退，经过瓦房村退到卢村寨集中防守。"我当即通知三位班长：机枪班先撤，我带领步枪班掩护。敌人看到我们撤退，又是一轮枪林弹雨打过来。当我们撤到瓦房村集中清点人数时，竟无一人伤亡，真是太好了。随后，我带领全排返回二连，才知道三排长蒋仁德在掩护部队撤退时牺牲了。

做好战斗准备

纱帽山战斗中，二连伤亡了十几位同志。当晚，上级调来十六位新解放战士补充二连，给我排补充了六个人，经过调整，二连共有一百五十四人。连领导把黄友源同志调到三排任排长，我仍任副排长。

纵队司令部命令：一团集中兵力防守卢村寨及卢村寨北面的瓦房村；二团防守大方山，并保障一团右翼的安全；三团主力防守秤砣山，并保障二团右翼的安全，三团一部位于卢村寨西侧，以保障一团左翼的安全。

接到命令后，各部队连夜加修工事，准备迎战。我们二连三排的防守阵地在卢村寨中间的正面，连队给每个人发了两箱木柄手榴弹，提前让大家把手榴弹的盖子打开，拉出引火索，放在自己的阵地内，做好战斗准备。

卢村寨艰苦阻击

28日上午7点，孙元良兵团第四十一军在飞机、大炮的掩护下，向两广纵队防线发起冲击。瓦房阵地首当其冲，防守部队伤亡过大，团首长考虑到瓦房村子小，地形不利于防守，9点钟将部队撤回，集中全力坚守卢村寨。

上午9点半，一轮炮击后，敌军以成团的步兵向卢村寨正面阵地冲来，当敌人距离我军阵地一百多米时，全团的轻重机枪、步枪、八二迫击炮、六〇炮一起开火，打得敌军死伤一片。这时，几十个敌人冲了过来，离我们只有几十米了，我抓起一挺轻机枪就地卧倒，对准敌人连续打了三个弹夹的子弹，我打得很准，几十个敌人当场倒地，其余的吓得连滚带爬向后逃。我继续射击，突然间，机枪不响了，我一看，枪管都打红了，太烫了，子弹卡壳出不来。就在这时，三排长黄友源带了一个班从我左边冲出反击敌人，二连两侧的一连、三连也派出小分队反击。趁这个机会，我马上把机枪故障排除，换上枪管。不久，敌军组织一个团的兵力攻击卢村寨，又一次被我们打退了回去。三排长黄友源被敌人的手榴弹炸坏了一只眼睛，退出了战斗。连领导决定，由我代理三排排长，九班长戴贵接替我为三排副排长。敌军很快又组织了两次冲锋，有一次十几个敌人已冲到我排左边阵地来了，我带着七班和九班跳出战壕，用冲锋枪、刺刀、手榴弹同敌人血战，杀伤了七八个敌人，剩下的几个逃走了。

夺回大方山

28号上午10点半，二团防守的大方山阵地失守了。敌人占领大方山后，居高临下，以猛烈的炮火向卢村寨射击，又以一个团的兵力向卢村寨发起了集团冲锋。待敌人冲至离我们阵地二百多米时，一团集中火力射击，大量杀伤敌人，又把敌人打了回去。

大方山失守后，卢村寨阵地完全暴露在敌人炮火之下，为了坚决完成阻击任务，纵队首长立即命令二团：不惜一切代价夺回大方山，并不惜一切牺牲守住大方山。纵队参谋长姜茂生同志亲自组织指挥，二团在一团配合下，经过四十分钟的激战，终于夺回了大方山，歼敌副营长以下一百多人，稳住了这道防线。

与阵地共存亡

下午4点钟，国民党军出动野马式战斗轰炸机，对卢村寨阵地进行了一个多小时的轮番轰击，我们的工事基本上被毁。随后，敌两个团采取波浪式的轮番冲锋，有几次敌人都冲到我们阵地前沿了，我们就用手榴弹、刺刀杀敌。一直战斗到天黑，一营已伤亡过半，仍坚守阵地，不退一步。纵队党委号召全体指战员：即使战斗到最后一个人，也要坚守在阵地上，与阵地共存亡！当天晚上，纵队司令部派了警卫连、侦察连、机关后勤人员、纵队文工团员增援卢村寨。

29日，卢村寨阵地遭敌多梯队轮番攻击，敌人冲上来，我们把他杀回去，又冲上来，又杀回去，冲冲杀杀，同敌人拼了一上午。一营阵地前面，敌军的尸体就有几百具，我们的伤亡也很大。下午，敌人又来进攻了，二连只剩下三十六个人，子弹、手榴弹几乎打光了，情况十分危急。在这关键时刻，接替两广纵队防线的华野九纵先头部队两个营及时赶到，立即投入战斗。增援部队一来，大家的战斗情绪更高了，接连打退敌人多次进攻。

30日凌晨，华野九纵一个连来我们二连阵地接防，九纵的连长叫我带他去看看情况，炮火几乎把卢村寨炸平了，周围连一棵小树都没有了，他说："两广纵队真了不起啊！你们人这么少，凭着这么简单的工事打了几天几夜，如果你们部队的人多些，战斗力就更强了！"

不能忘记无名英雄

30日上午，敌人又集中几十门大炮轰击卢村寨，一枚炮弹落在离我仅几米远的地方爆炸，当场伤亡了九位同志。炮击过后，敌军一个团向卢村寨阵地发起冲锋。副连长李林、副指导员古兴和我马上带领全连二十多位同志投入战斗，配合九纵反击敌人。这次反击后，我们一团防守的卢村寨阵地全部由华野九纵接防了。

我们二连刚到卢村寨时，全连有一百五十四人，经三天三夜的苦战，现在只剩下了二十七个人，很多战友都牺牲了，重伤抬下火线的也生死不明。想到这些，我心里很难过，眼泪不断往下流。再想到三天前，上级调给我连的十六位新解放战士也牺牲了十几个，连队的花名册还没来得及登记他们的名字，他们叫啥我都不知道，他们真是无名英雄啊！

听党指挥　依靠人民

两广纵队在卢村寨、大方山艰苦阻击了三天三夜，虽然伤亡很大，但胜利完成了阻敌南逃的艰巨任务。华野在战役总结中指出："尤以卢村寨激战最烈，工事大部被毁，我击退敌多次冲锋，卢村寨终为两广纵队英勇守住。"

国民党军向南突围行不通，转向徐州西南逃跑，我们与华野部队一直追，他们哪里跑得了啊，结果统统都被歼灭掉。

我们能打败国民党军，靠的是中国共产党的指挥领导。老百姓自己吃野菜、地瓜、番薯叶，粮食都省下来给我们吃啊！有了人民的支持拥护，人民解放军才能打胜仗。

淮海战役结束后，两广纵队战后总结评比，我被评为二等功，授予四级战斗模范。

　　何少勇，1927 年出生，广东佛山人，中共党员。1943 年参加革命，淮海战役时任华野两广纵队一团三营三连政治指导员，中华人民共和国成立后曾任南海市乡镇企业局党委副书记。

何少勇口述

（2016 年 5 月 31 日）

依依不舍告别家乡

我原名叫彭楷鸿，因为家里穷，小时候父母把我卖给东莞的一户人家做儿子。游击队经常来这里宣传抗日，我也慢慢地觉悟了，懂得共产党是为劳苦大众求解放的党，是为打倒剥削阶级、让穷人过好日子的党。我从小卖给人家做儿子，我也是劳苦大众，只有跟着共产党，才能有出路。十六岁那年，我在东莞县东坑村参加了游击队，十七岁就入党了。

抗日战争一结束，蒋介石又要打内战了，千方百计消灭共产党领导的部队。1946 年 6 月 30 日，按照毛主席的指示，我们东江纵队的两千多人在深圳沙鱼涌集结，准备坐军舰北上山东。家乡的老百姓对我们依依不舍，哭着说："你们为了和平，要离开家乡北上山东烟台，真舍不得你们走啊。"

在山东集训锻炼

北撤到山东以后，我们到华东军政大学参加学习、整训。军事上主要训练三大技术——投弹、射击、刺杀。我的射击成绩还可以，投弹最远大概能投到七十多米。

1947 年 3 月，国民党军重点进攻山东，我们就不训练了，跟着部队参加战斗。中央首长是要我们在战斗中锻炼成长，以后还要打回广东去。

党中央、毛主席指挥解放军打运动战、歼灭战，集中优势兵力，一个一个击破国民党军的部队。毛主席估计，打败国民党要五年左右的时间，后来只用三年就完成了。

打仗靠信仰

参加革命后，我参加过一百多次战斗。为了全国人民得解放，为老百姓打仗，我从不怕死，这就是我的信仰！战场上只有向前冲，其他什么都不想。

解放军官兵一致，官爱兵，兵也爱官。干部对士兵就跟自己的兄弟一样，晚上我要查铺，看看战士们有没有盖好被子，平时经常跟战士们聊天，及时了解他们的思想情况，有病号我就叫卫生员照顾他。

我们执行群众纪律很严格，不拿群众的一针一线。我们去老百姓家里住，老百姓很热情，要把炕让给我们睡，我们不睡炕，借麦草铺在地上打地铺。我们走的时候要把麦草收好、捆好送回去，把老百姓家里的水缸挑满了才离开。

我们为人民打仗，自然得到人民的拥护。我们一个团，跟着我们送粮食、抬伤员的老百姓差不多有两个团。

人在阵地在

徐南阻击战，是我们两广纵队在淮海战役中打得最激烈、最艰苦的一仗。尤其是卢村寨那一仗，当时团长彭沃说："坚守卢村寨，只要有人在，阵地就在！"

人在阵地在，这就是我们的战场纪律。哪里有敌人，我们就对着哪里打，子弹打光了，就跟敌人拼刺刀。讲到这里我就要流泪了，我们连队原来有一百三十多人，打完这一仗就剩下三十多人，同我一起战斗的排长、班长、战士差不多都负伤或牺牲了。我的脚趾在卢村寨战斗中被打掉了，负伤致残。虽然当时负了伤，我也不下火线，我们要守住阵地，不能让敌人前进一步。

　　冼麟，1924年出生，广东宝安人，中共党员。1938年参加革命，淮海战役时任华野两广纵队一团二营五连连长，中华人民共和国成立后曾任中国人民解放军海军南海舰队航空兵司令部管理处处长。

冼麟口述

（2016 年 6 月 1 日）

牵制国民党军东撤

淮海战役一开始，两广纵队和华野三纵一起行动，在徐州西边牵制国民党新五军东撤。敌人发现解放军有在侧翼包围他们的目的，新五军就不跟我们打，而是向徐州方向撤退。我们立即发起追击，一直追到唐寨的西南边，那里有一座山，叫看将山，夜间我军主动出击，攻打唐寨。新五军部队里边有很多广东兵，我们进攻的时候，他们就趴在地上不起来，向他们喊话也不回答。等我们冲到跟前，双方就打起来了，一直打到天亮，这一仗我们抓了两百多个俘虏。

淮海战役第二阶段，国民党军黄维兵团被中野包围了，徐州的杜聿明集团派兵向南增援，两广纵队在徐州以南参加了阻击孙元良兵团的战斗。

激战卢村寨

当时三团在第一道防线，因为三团大部分都是新兵，战斗经验不足，阵地很快就被敌人占领了。我们一团二营在瓦房村防守，这里是孙元良兵团主攻的方向，我们艰苦阻击，可阵地还是被敌人攻破了。营里很快组织反击，把瓦房村抢了回来。团长彭沃来到现场后，发现这里的地形地势很难坚守，于是命令一团放弃瓦房村，退守卢村寨，二团防守卢村寨旁边的大方山。

11 月 28 号上午 9 点多，敌人开始炮击卢村寨和大方山，战场上烟尘遮天，我们浑身上下都是黑的，前方五十米以外都看不清楚。北方的冬天冷，泥土被冻得很硬，炮弹落下来，却把土炸得很松软，一脚踩下去能陷到小腿肚子。炮击过后，国民党军的一个师采取集团式冲锋战术，一个团在前冲，后边两个团跟进，发动波浪式的冲锋。敌四十一军的军官扬言，没有他们攻不破的阵地。

卢村寨阻击战打得非常激烈。为了节省弹药，我们等到国民党军冲到阵地前几十米时，轻重机枪才同时开火。国民党军先头部队打了一阵，发现后边的部队没有跟上来，他们担心被我们歼灭，无心恋战，就退了回去。第二波敌人冲上来时，我们再次集中火力打退他，反反复复好几次，阵地始终在我们手里。

我们的武器装备不行，枪支比较杂，有三八大盖，有七九步枪，后勤人员送弹药，把子弹都送错了，三八枪的子弹送到了七九枪战士的手里。没有办法，大家就抢手榴弹，靠手榴弹把敌人打退。紧张连续的战斗，战士们都非常疲劳，有时候刚打退敌人的进攻，在阵地上抱着枪就睡着了，敌人进攻的枪炮声一响，大家又立即起来投入战斗。

卢村寨战斗打了三天三夜，我们部队严重减员，弹药也基本打光了，纵队首长把警卫连、文工团、炊事班都派来加入作战行列。打到最后，阵地上相距三十米才有一个战士。

除非把我的尸体抬下去

战前我们都表过态："只要人在，阵地就在！"淮海战役如果打得好，中国的解放事业就可以提前；如果打不好，解放事业还要推后。那天，我刚从掩体出来，一发炮弹落在掩体上，掀起的泥土把我埋住了，战士们赶紧把我挖出来，我被炮弹震得口鼻流血、头晕目眩。这时国民党军又来冲锋，我顾不得伤痛，继续指挥部队战斗，同志们想把我抬下阵地，我说："要抬，除非把我的尸体抬下去。"当时就是凭着一股子精神支撑着，腿受伤了都不知道痛，等把阵地夺回来了，发现鞋子里都是血，这时才感觉到痛。

11月30号凌晨，华野九纵先头部队赶到了，九纵的一个营长问我："你们的人呢？"我说："我们的人都在这里了。"这时，我们二营包括后勤人员还剩下不到一百五十人。九纵的营长让警卫员跑步回去，让部队马上过来接防。如果不是九纵及时赶来，敌人再来一次冲锋，我们有可能就坚持不住了。虽然伤亡很大，但我们还是和九纵一起参加了反击作战。

淮海战役打了六十多天，我们几乎就没吃过热乎饭。炊事员在后方做好饭，再往前送，冬天太冷，送到阵地上时，饭已经冰凉了。

淮海战役结束后，华野司令部在《淮海战役实施经过》中对我们两广纵队做出很高的评价：28日，敌四十七军占姜楼、河湾、大小张集、官桥一线十二个村庄，四十一军继向龙山、卢村寨、大方山攻击，尤以卢村寨激战最烈，工事大部被摧毁，我击退敌数次冲锋，终为广纵英勇守住。

淮海战役结束后，我荣立了两个二等功。

枣树和麦草的故事

淮海战役时，为了修工事，战士们要砍老百姓的一棵枣树，可老大娘抱着枣树哭，就是不让砍。我跟老大娘说："大娘，我们是解放军，修工事打国民党军，需要您这棵树。"大娘说："我儿子也是解放军，他去了东北。"我对她说："大娘，您就把我当儿子，您想啊，如果用树修工事，就可以减少牺牲；如果没有树木修工事，您儿子可能会被打死，很多战士会被炮弹炸死，您损失了一棵枣树，却能救很多战士的命啊。"大娘听了很感动，她亲手砍了这棵枣树，送给我们修工事。

淮海战役结束后，我们在苏北休整，当时我已经是营长了。天气寒冷，有几个新解放的战士不懂群众纪律，为了取暖和老百姓争麦草。我知道后，马上让部队集合，我对战士们说："老百姓就是我们的父母，我们宁可睡地，也不和老百姓争麦草，你们立即把麦草给老百姓送回去。"当地有一个青年不了解情况，冲上来就打了我一拳，警卫员要抓这个青年，被我拦住了。村干部一问才知道原因，这个青年听不懂我的广东话，还以为我是国民党的军官呢。误会解除了，老百姓知道我们宁肯睡地上也不损害群众的利益，都很感动，主动把自己家的麦草送给我们用。

共产党领导的人民军队，为什么能得到人民群众的拥护和支持？这两个故事以小见大，其中的道理，大家一看就明白了。

没想到能活到今天

　　大革命时期，我的父亲是宝安地区的苏维埃执行委员。大革命失败后，父亲逃到了香港，母亲给人家干杂活把我养大。家里太穷了，没钱让我读书，村里的叶老师是地下党员，让我在教室边听课，就这样我读了三年私塾。叶老师经常把青年人召集在一起，给我们讲革命的道理。1938年10月，日军在广东大亚湾登陆，叶老师就带着我们到处宣传抗日，演唱《送郎参军》《松花江上》等抗日歌曲，非常感人。从那时起，我的心中就明确了"宁做枪下鬼，不做亡国奴"的志向。日军进攻广州时，我参加了抗日的队伍，当时只有十四岁。

　　我从小受党的教育，父亲也是老革命，我入党时，预备期只有一个月就转正了。参加革命后，我从来没有考虑过个人的生死，也没想到能活到今天。

　　冼杏清，香港人，1929 年出生，中共党员。1944 年参加革命，淮海战役前夕由两广纵队调入华北局中央党校学习，为接管北平、天津做准备。中华人民共和国成立后曾任广州暨南大学组织部部长、机关党委副书记。

冼杏清口述

（2016 年 6 月 1 日）

调往华北接管天津

济南战役后，两广纵队抽调了二十多个干部到华北局中央党校，学习城市政策，准备接管天津和北平。

天津解放后，当时还有国民党军埋设的地雷没清理掉，很多街道都在清理战场，我们就进城了。我和其他几位同志负责接管北洋纱厂，厂里面的地下党配合我们开展工作。当时的局面很紧张，有一些工人受了挑唆想罢工，天津市长黄敬亲自来到我们厂，做工人的思想工作。

后来，因为人民解放军要南下解放广州，叶剑英同志就把我们两广纵队分到北京、天津的人员都要了回来，我们就跟着叶帅坐火车南下了。

两位团参谋长

淮海战役的时候，邱特任两广纵队二团参谋长。领导早就批准我们结婚的，但我说要等到全国解放再结婚。

淮海战役第二阶段，邱特在战斗中受伤了，被送到济南白求恩医院治疗，当时这些情况我都不知道。有一次我从天津去北京，当时曾生司令员住在北京饭店，我们去看他，他说："邱特受伤住院了，你知不知道？"我说不知道，他说："你去看看他吧。"他叫秘书给我开了介绍信和军人通行证，我就坐火车到了济南白求恩医院。邱特的肩部神经被打坏了，后来转到北京医院治疗。他在北京住院半年，我在天津，没有请假去看过他一次，当时觉得如果因为个人的私事请假，影响很不好，能互相通信就已经很满足了。

何通是邱特的老战友，两广纵队三团的参谋长。说来也巧，他俩都在战斗中负了伤，转运途中两个人遇到了。当时何通的肠子被打断了，情绪很悲观，不知道能不能活下来。邱特为了鼓励他，就把自己的一支派克钢笔送给何通留作纪念；何通身上有一个指北针，回赠给邱特留念。这个故事在《何通文选》里有记载。

同生死共患难的战友

徐南阻击战，我二团官兵以生命和鲜血为代价出色地完成了纵队赋予的任务后，又日夜不停地追击逃敌。邱特带着一营长袁康到前沿村庄观察地形，他蹲在村边矮土墙内向外张望，不料刚露出上半身，就突然遭到敌人隐蔽机枪的扫射，右臂从肩到手掌连中六枪。警卫员华仔立即将他扑倒，救了他。这次负伤可能伤及神经，虽经医生及时救治，麻药过后便剧痛难忍，寝食不安。曾生司令员见邱特伤情如此严重，派人送他到华东军区野战医院。在半途的茶水站，邱特听说这里还有一个负伤的两广纵队团级干部，忍痛叫人无论如何把那个团级干部找到。好不容易找到了，是何通！他带三团追击敌人时腹部受重伤，肠子被打断了。医护人员冒着最大危险，将他的肠子翻出来，洗干净缝合，再填进肚子里。邱特在他担架旁呼唤他，过了很久，他从昏迷中醒来，认出了邱特，微微点点头。这时邱特不知说什么话来安慰他，便取出一支美军航空兵用的黄色派克钢笔给他，他从军衣口袋取出一个指北针给邱特，他俩相对无言，一切都在不言中！他们俩同年出生，淮海战役又同时负伤，他们是同生死共患难的战友。何通留下的指北针，是他们深厚战友情谊的见证。

文物最好的归宿

这个铁皮箱，邱特用来装文件，整个解放战争都在用，当时还有一个架子、一条绳子，可以挑着，跟着邱特南征北战，直到打回广州。这条马褡子邱特一直用到全国解放。何通送给邱特的指北针，我一直保管得很好。这些物品放在家里是没有意义的，放在纪念馆，能发挥最好的宣传教育作用，所以我和儿子决定，把这几件物品捐献给淮海战役纪念馆。

　　李端，1925 年出生，深圳龙岗人，中共党员。1942 年参加革命，淮海战役时任华野两广纵队医院护士，中华人民共和国成立后曾任广东玻璃厂工会主席。

李端口述

（2016 年 6 月 1 日）

坚决跟党走

因为家里穷，我只念了一年半的书，八岁半就开始劳动了。村里的地主很凶，我不想受他们欺负，我想要自由。后来游击队在我们那里办夜校，我就去夜校读书学习。奶奶经常给我讲："男人能办到的事，女人也一定能办到，男人能当兵，你也可以去。"

十七岁那年，我报名参加了广东人民抗日游击队，在情报站当情报员、交通员，在税站做文书和收发工作，以后又调到前进报社做油印员。我很要强，干什么工作都要争第一。

我们在广东打游击时，牺牲了很多人。我当交通员时，经常深更半夜一个人去送信，有时就睡在山顶。后来入党介绍人跟我谈话，问我的思想态度，我说："坚决跟党走，就是我的态度。"

1946 年 6 月，东江纵队两千多人准备北撤山东，可名单上却没有我。地下党组织打算叫我转移到香港去，我是山嫲仔出身，穿旗袍、化妆、烫头发、穿高跟鞋，这些我可做不来。我向组织提出申请，坚决跟着东江纵队北上。

馒头换稀饭

东江纵队北撤到山东后，我被分到护士学校学习，两广纵队成立后，我被分到两广纵队医院工作，一直跟着马列院长。

在山东的时候，房东大娘、大嫂对我很好，整天叫我闺女。我戴的帽子护耳掉下来了，大娘说："闺女，你把帽子拿下来，俺给你缝一缝。"大嫂看到我的袜子烂了，也帮着缝。

我们南方人爱洗澡，可天冷了没法洗。我跑到黄河边一看，河面已经结冰了，可以过汽车，我们几个女同志就在河面上砸开一个洞，想洗洗头发，大娘、大嫂看见了，赶紧跑过来把我们拉回去了。

广东人到了北方以后，刚开始不习惯吃馒头，就想吃点稀饭。老百姓的稀饭是用粗粮、杂粮做的，我不能白吃老百姓的东西，就用发的两个馒头去换稀饭。大娘说："闺女，俺不能要。"我说："大娘，部队有纪律，不能拿群众一针一线，我用馒头跟您换稀饭吃，您如果不要，我可就违反纪律了。"大娘说："闺女，你这样一说，俺就没办法了，那就换吧。"

上交的残废军人证

打仗的时候，医院经常搬来搬去，接收的伤员大都是两广纵队的。医院有内科、外科，我在内科当护士，负责给伤病员打针、派药、量体温。那时候伤员多，病人也多，看到谁身体不舒服，我都主动过去照看。

淮海战役的时候，张连是两广纵队二团一连的副连长。在徐南阻击战的女娲山战斗中，他身先士卒，冲锋时被敌人的子弹击中手臂，弹头嵌在了两条骨头之间。张连负伤后坚决不下火线，当时只是草草包扎了一下，后来伤口发炎了才转到我们野战医院治疗。淮海战役结束后，张连荣立了一等功。

我在医院护理张连的过程中和他相识，后来逐步加深了解，新中国成立后我们结为夫妻。上个世纪 60 年代，我们国家处于困难时期，张连对我说："现在国家那么困难，我们家的生活还过得去，我想把残废军人证上交，为国家节省一些钱。"于是主动放弃了国家给他的残废补贴。那时候我们家里好几个孩子，还有老人要赡养，生活也挺紧张的。但是我们这一代人参加革命，战争年代都不怕死，就为了让老百姓过上好日子。曾生司令员变卖了全部家产投身革命，跟他相比，我们做的这些不算什么。

　　赖友娣，1924 年出生，广东宝安人，中共党员。1942 年参加革命，淮海战役时为华东军区司令部测绘室绘图员，中华人民共和国成立后曾任广东省航运规划设计院工会主席。

赖友娣口述

（2016 年 6 月 2 日）

游击队的女卫生员

我的父亲是个海员，把家安在了香港。1942 年香港沦陷，当时我小学还没毕业，全家人就返回老家了。

1942 年 8 月，我参加了东江抗日游击队，跟着卫生院的陈队长干一些杂活，背行李，背伤病员的伙食，很累，很辛苦。后来，陈队长带着我到了惠阳游击大队，我当了卫生员。不久后又让我去学习战场救护工作，学习几个月回来后，我被分到惠阳游击大队六支队，担任救护队队长。东江纵队北撤山东以前，我一直在连队搞卫生救护工作。1945 年 6 月 4 日，我入党了，成为一名中共党员。

转战山东的记忆

东江纵队北撤到山东后，组织上分配女兵们到妇女队集训，第一队是结了婚有孩子的，我们没结婚的编在第二队。组织安排我到山东医科大学学习，因为我只有小学文化水平，去了以后发现差距太大，就回来了。

当时有个文化连，好多小战士都在那学文化。我到那以后积极参加劳动，天下着大雪，我赤着脚去挑水，脚冻麻了，走不动了，就去烤火。幸亏有人及时阻止，让我慢慢按摩，等到双脚有知觉后才能烤火，要不然我的脚就残废了。

国民党军重点进攻山东的时候，我们一些女同志暂时分散转移到山东乳山县的几个村子里"打埋伏"，住到老百姓家里。因为我们说话口音不同，老乡就叮嘱我们，如果碰到国民党的兵千万不要开口说话，以免暴露身份。万一发生情况，我们都做好了跳海的准备，宁死不当俘虏。我们与老百姓一起劳动、生活了近一个月，华野主力突围成功后，部队派人来接我们，老百姓都不舍得让我们走。

认真细致的绘图员

1947年，华东军区司令部测绘室需要人手，就从我们东江纵队未婚的男兵、女兵当中挑了一部分人，有些人学习绘图，还有一些人分去搞石印工作。刚到那里我们啥也不会，熊永龄是测绘室的主任，教我们怎么看地图、怎么画图，他对我们非常好，要求也很严格。我们用的绘图笔，笔尖是钢的，很细、很小，画图时既要细心还要有耐心，因为指挥员根据地图指挥部队打仗，村庄、河流、道路、山峰等画不清楚怎么行呢？测绘工作者的笔尖画到哪里，哪里就可能成为歼灭敌人的战场。

轮到值班，我4点钟就得起床磨墨，不能快也不能慢，再把磨好的墨分给各个组，当时天很冷，要烤火炉，否则墨就会结块。一场大的战役来临之前，我们所有人员都要加班加点画图。因为很多部队都需要作战图，而作战图又比较复杂，我们就按照底图画，图的大小跟一张报纸相仿，一两天的时间才能画好一张。画好了交到石印室印刷，再由华东军区司令部测绘室统一送到前线。

虽然经常加班熬夜，条件也很艰苦，但大家都很开心，很团结，工作中互相帮助，从来没有怨言。我们把画好的不同局部的图拼起来，裱好，形成大图送到司令部挂起来，首长就根据图中所标的山头、村庄等指挥战斗。

　　戴志鹏，1923 年出生，广东惠阳人，中共党员。1943 年参加革命，淮海战役时任华野特纵坦克大队修理员，中华人民共和国成立后曾任深圳市供销社主任。

戴志鹏口述

（2016 年 6 月 3 日）

军民就像一家人

我是 1943 年参加革命的，参军就是为了赶走日本侵略者。日本投降以后，我们都想过和平的日子，但是国民党又打内战，所以我们最恨国民党了。

1946 年的 7 月，东江纵队北撤到山东烟台，我们上岸后，老百姓都在大路两边敲锣打鼓热情欢迎，往我们的挎包、口袋里塞满了吃的东西。我们在广东吃大米，到了山东吃面食和小米，肠胃不适应，拉肚子。张云逸首长派人专门给我们搞大米，半年以后，我们就逐步习惯北方的饮食了。

在山东，很少看到年轻的男人，为什么呢？他们都跟着共产党的部队参军、支前去了。山东的儿童团、自救会、青救会、妇救会组织得很好。到驻地的第一天，我们换了衣服出操去了，回来以后发现衣服不见了，原来是妇救会的大娘、大嫂们把我们的衣服拿去洗了。山东的老百姓很热情，对我们很好。我们也帮老百姓挑水干活，什么都做，军民就像一家人。

成为坦克兵的一员

1947 年 1 月的鲁南战役，解放军缴获了国民党军二十多辆坦克。后来，从缴获的坦克中挑出六辆组建了坦克队。当时从东江纵队抽了四五十个有文化的年轻人，一方面去做俘虏的思想政治工作，一方面跟着俘虏兵学坦克驾驶和维修技术。那时候我是王作尧首长的警卫员，听说坦克队来招人，我就跟首长说，自己想去报名，首长就批准了。当时还有两个警卫员跟我一起去报名，我们年轻，有高小文化，都选上了。

成为坦克队的一兵，我觉得很光荣。我最羡慕开坦克的兵，可部队叫我学修理，当兵就要服从命令，那我就去学嘛。怎么学？当时从上海工厂调来了几个人，他们是搞机械的，也不是修坦克的。坦克修理连的连长也是广东人，他原来是国民党军的坦克兵，莱芜战役解放过来的，各方面进步都很快。坦克兵的待遇比步兵好很多，可以吃小灶，一天有四两猪肉。因为坦克兵要有好身体，一个枪管就五十多斤重，坦克开起来灰尘很大，必须要戴护目镜。

战友们刚刚学会开坦克，国民党军就开始重点进攻山东了。我们就像刚生下的孩子，还没学会走路就要飞，这仗怎么打？那时候我们又没有汽油，只好把坦克运到比较偏远的山沟里，拆开藏起来。我们主动撤退，集中兵力打歼灭战，今天吃掉敌人一个团，明天再吃掉一个团。等国民党军撤出以后，我们再回来把坦克组装好、修理好，这样坦克就可以派上用场了。

合格的坦克修理工

济南战役中，我们缴获了国民党军一辆日式小坦克，两吨半重，这辆小坦克打坏了，连长叫我去找零件修理。修坦克要用喷灯，天冷了要打气，那天我一早起来就给喷灯打气，一直猛打，没想到管子里有个木头堵住了，被气一顶，一下子喷了出来，火苗也一下子蹿出来了。我身上着了火，多处烧伤，幸亏连长起得早，赶紧把我送到医院抢救。

我在医院住了三个月，出院的时候，部队都去参加淮海战役了。淮海战役结束后，我们坦克二团就驻守在徐州，我在徐州系统学习了坦克修理技术，成了一名合格的坦克修理工。

何基，1925 年出生，广东深圳人，中共党员。1942 年参加革命，淮海战役时任华野特纵炮兵一团一连二排副排长，中华人民共和国成立后曾任中国人民解放军南京炮校训练部副部长。

何基口述

(2016 年 6 月 3 日)

革命思想的启蒙

我母亲是牙买加人，父亲和伯父在牙买加经营一家百货店，另外还有一家酒吧和一个面包店。我读书的学校白种人多，中国人受歧视、受欺负是常有的事。父亲考虑再三，决定让我回国读书，他说："你要读好中国书，学好中国话，做一个有志气的中国人。"这句话一直留在我的脑海里。

十岁那年我回国了，住在叔母家。到学校报名的时候，就从一年级学起。读书满足不了我，我就到图书馆看书。我在学校图书馆经常遇到一位老师，他问我喜欢什么书，我说："《岳飞传》。"他说："好，我借给你。"后来，他在学校门口又给了我一本书，是关于新四军的，我看了以后，不相信还有这样的军队。盐田的街道上经常有国民党的军队，那些兵都在欺负老百姓。我就想啊，书里讲的新四军不欺负老百姓就不错了，他们还能帮老百姓插秧、收稻子？老师说："这不一样，领导他们的人不一样，他们是朱毛的部队。"我问他："朱毛是谁？朱毛是干什么的？"老师说："以后再跟你谈。"不久后，老师召集高年级的几个同学谈话，告诉我们，朱就是朱德，毛就是毛泽东。这次谈话，在我脑海里打下了深深的烙印。

唤醒觉悟的"良民证"

参军以前，我没想过我会亲自参加把日本人赶出中国的战争，自己好像还是个局外人。那时候父亲和伯父从牙买加回国探亲，他们办了良民证，叫我去拿。我说："日本人是侵略者，还要我们中国人办良民证，我不拿。"父亲说："你不拿怎么出门啊？"结果那天我一出门就碰上日本人查良民证，他们问我为什么没有良民证，我说昨天刚从香港回来，不知道要办什么证，也不知道在哪里办。那个翻译叽里咕噜地跟他们讲了一通，就把我带到盐田沙滩上的一个房子，那里有几个日本人，翻译说："你从哪里来？到哪里去？到底是干什么的？"我说："到街上买吃的。"结果日本人就叫我把地上一块大石头举起来，让我好好想一想再回答。我说："举着石头怎么说话？"就把石头扔下来。日本人冲过来用刺刀往我头上砍，我举手一挡，刺刀砍破了我的手。这时候老百姓围了上来，人群中有一个女的说："他是好人！"又有一些人跟着说："他是好人。"那个翻译跟日本人叽里咕噜说完，对我说："叫你父母带你去把良民证办了。"日本人这才把我放了。我当时就想，我是中国人，还要办侵略者的良民证，我一定要参加部队，把日本人赶出中国去！

坚定信念不动摇

1942 年，我参加了东江游击队的小分队，不久后分到小梅沙税站工作。参加革命一年以后，何武同志跟我谈过入党的事。说实话，那时候我没有想过入党，因为父亲还在牙买加等着我回去，但是何武同志谈共产党的这些事很吸引我，我也很想加入中国共产党。以后我被派到东莞石牌镇负责税收工作，何武跟我说："不要考虑那么多个人的事情，党的工作最为重要。"他交给我一个表，就是入党志愿书，当时我的思想很矛盾，很长时间也没有填表。后来，何武同志受领了新的任务，职务多次变动，但他依然关心着我入党的事。经过他多次的思想教育，我坚定了信念，要为党和人民献出自己的一切。1945 年，在何武同志的带领下，我宣誓入党了。

加入特纵炮兵部队

1946 年 7 月，我跟随东江纵队北撤到了山东，在华东军政大学集中学习。曾生司令员考虑部队以后要换装备，可能会有炮兵，就派了三十六个人到炮兵大队学习，其中就有我。

1947 年 1 月的鲁南战役，解放军消灭了国民党军第一快速纵队，缴获了大批火炮还有坦克。紧接着，华东野战军就成立了特种兵纵队。鲁南战役缴获的炮，有汽车拉的一〇五榴弹炮，在此基础上，解放军成立了第一支机械化炮兵团，后来编为炮三师，发展就更大了。当时还从东江纵队挑选了四十人去学坦克，我曾经跟曾生司令员开玩笑："我们学习完了以后，东江纵队就不要我们了。"曾司令说："不是不要，是要不了了。"

我从特科学校毕业后，分到特纵炮一团。团里组织排以上干部集中学习，纵队组织部部长找我谈话，他问："你是什么阶级成分？"在东江纵队的时候不讲什么成分，到了北方就不一样了，所以很长一段时间，我都不知怎么填。我说："我家不是地主，也不是贫农，那就填中农吧。"他问："你家有几亩地？有没有请人啊？""有一点地，不雇工。""那你们家的经济来源呢？""靠我父亲。""你父亲是干什么的？""在外国开店做生意，三个月往家里寄一次钱。"他接着问："你父亲开什么店啊？"我说："父亲和伯父两个人合伙开了一间百货店，一间酒吧，还有一间面包店。"组织部部长听了以后说："你填中农不对，你是华侨资本家。"

这次谈话以后，团里把我分到炮一连的二排，这个排没有排长，我任副排长。炮一连有两个炮兵排，还有一个指挥排，一个观察通信排。一个炮兵排有两门炮，两个炮兵班，一个弹药班。济南战役我参加了，副连长听说我是特科学校出来的，就问我该怎么打。战斗过程中，我怎么说，他就照着做。

紧密协同步兵作战

淮海战役的时候，华野特纵炮一团团长是王正国，政治部主任是白彦。

我们连队从头打到尾，一仗都没落下，双堆集战场配合中野打黄维，我也参加了。我虽然只是个副排长，但是超出了排长的能力和权力，我已经在指挥一个连作战了。炮兵连战斗的时候，火炮不能推到前面去，是在后面的。连长要站在高处指挥作战，连长、火炮、目标成为一个三角形，这都是我在炮科学校学到的知识。炮兵是支援的部队、协作部队，一定要同步兵紧密配合。进攻，就要给步兵打开一条路；防御，就要阻断敌人的进攻。干革命是要牺牲的，打仗的时候还顾得上生死吗？最重要的就是完成任务。

淮海战役刚打完，上级派我去接收战场上一〇五口径以上的火炮和十轮大卡车，这些武器足足可以装备四个连。接收回来以后，上级任命我为副连长，从副排长升为副连长，是跳级提拔的。淮海战场缴获的武器装备多了，我们就编成了两个团，有一个团给了二野。

　　袁清，1923 年出生，广东宝安人，中共党员。1942 年参加革命，淮海战役时任华野两广纵队一团一营卫生队队长，中华人民共和国成立后曾任广州市惠阳县妇幼保健院院长。

袁清口述

（2016 年 6 月 3 日）

一心只想着救伤员

我是广东宝安人，从参加革命那天起，就下定决心跟着共产党。我在部队一直做战地救护工作。

东江纵队北撤到山东后，我和爱人陈辉结了婚，他在两广纵队教导团，主要负责俘虏官兵的改造工作。在山东我生过两个孩子，第一个男孩五个多月时生病死了，第二个女孩生下来没多久也死了。我有三个堂哥，都是两广纵队的，袁明堂哥在睢杞战役中牺牲，袁胜堂哥在淮海战役中牺牲，袁贤堂哥也负了重伤。接二连三失去亲人，我心里很悲痛，含着眼泪在战场抢救伤员。

淮海战役第二阶段，两广纵队在徐南阻击国民党军孙元良兵团。卢村寨战斗中，国民党军用飞机、大炮轮番轰炸，一团的伤亡很大。卫生队大部分都是女同志，但是我们连死都不怕，还怕敌人的飞机、大炮吗？我们在火线抢救伤员，指战员都很勇敢，轻伤员不下火线，给他们包扎一下继续战斗，重伤员如果不及时救下来，牺牲就会增加。我虽然瘦小，但不知哪来的力气，背着他们爬下火线，一心只想着救伤员，能救一个是一个。那些伤员的血流在我身上，衣服都被染红了。有一个伤员叫钟生，他的头和胸部负了重伤，我救他下来的时候还清醒，后来还是牺牲了。卢村寨战斗的最后一天，我从火线上救了十八个伤员，连长担心我的安全，硬是把我从阵地上扛下来了。国民党军的伤兵，我们也救治，他们都说解放军好。包围敌人后，我们喊话，劝他们过来投降，过来就有馒头吃。

淮海战役结束后，部队抽调我到华野俘虏管理处工作。我参加了押送杜聿明去北平的任务，他是徐州国民党军的副总司令，他头部受了伤，我给他换过药。

因为我在淮海战役中表现勇敢，救护工作完成得好，部队给我评了一个二等功、六个四等功。

　　邹容，1923 年出生，广东东莞人，中共党员。1944 年参加革命，淮海战役时为华东军区司令部测绘室绘图员，中华人民共和国成立后曾任广东省水电厅设计院人事科科长。

邹容口述

（2016 年 6 月 4 日）

吃苦耐劳的女队员

我是凤岗官头村人，家里虽然穷，还是出钱让我读书，一直读到小学毕业。我们学校很多老师都是共产党员，受他们的教育和影响，我也加入了中国共产党。当时日本人在我家乡烧杀抢掠，抓走我们村二十多个青年，日本鬼子用石灰把他们全都活埋了。我恨日本鬼子，为了抗日，我参加了中国共产党领导的东江纵队，在第七支队做文书工作。

1946 年的 7 月，为了解放战争的胜利，东江纵队从广东北撤到了山东。到山东以后，大部分同志去了华东军政大学集中学习。

1947 年 3 月，华东军区司令部测绘室来东江纵队选人，要求年轻、有文化、阶级成分好。这次挑选了二十九名同志，我也被选上了。

华东军区司令部测绘室驻扎在山东沂南县的栗沟，我们到那以后，有的被分到测绘组学习绘图，有的被分到石印组学习印刷地图。测绘室主任熊永龄是从新四军过来的，业务很强，他和老队员一起教我们怎样识图、用图、标图、画图，我们刻苦学，生病都坚持着。大概培训了二十多天，我们就能承担绘图和印图工作了。培训结束后，测绘室对我们进行了业务评比，我被评选为学习模范。

在华东军区司令部，我见过陈毅司令员和张云逸将军，首长对我们很好，亲切地叫我"小丫头"，我们还跟首长们一起打过篮球呢。测绘室的领导这样评价我们：东江纵队的同志阶级觉悟高，政治品质好，艰苦朴素，勤奋好学，尤其是女同志，行军时都能挑着上百斤的东西，吃苦耐劳。

广东姑娘真能干

在山东的时候，老百姓对我们真好啊！大娘、大爷都叫我们"闺女"，我们的鞋子烂了，露出了脚指头，大娘、大嫂们就给我们做新鞋，鞋子又漂亮又耐穿。不打仗的时候，我们也教老百姓和小孩子识字、唱歌，她们最喜欢的歌是《解放区的天》。

1947 年 7 月，我们从沂蒙山区向胶东转移，9 月份到了乳山县，测绘室安排我们这些女队员就地"打埋伏"，分散到十几个村庄，在老百姓家里隐蔽起来。我们跟老百姓一起生活、一起劳动，老百姓高兴地说："广东姑娘能吃苦，挑水、耕地、推磨样样行，真能干。"

大战前日夜奋战

一场大的战役来临前，我们总要没日没夜加班绘图，部队打仗，没有地图怎么打？绘图工作非常重要，也是绝密的，画好的图有专人保管。

比如一张五万分之一的地图，就要画得非常仔细，容不得半点差错。一张图很多人画，流水作业，你画山，我画水，他画道路桥梁……还有专门标图写字的。绘图的工具有小笔尖、钢板、圆规、墨水，大部分都是缴获国民党的。我画张图给你们看看，这是山头，这是河流，这是公路，这是老百姓的房子……现在年纪大了，画不好了。

　　许志坚，1926年出生，广东深圳人，中共党员。1944年参加革命，淮海战役时任华野两广纵队一团后勤处粮食股股长，中华人民共和国成立后曾任深圳市建筑材料设备进出口公司总经理。

许志坚口述

（2016 年 6 月 4 日）

老百姓"告状"

我是坪山石井村人，1944 年在坪山参加了东江纵队。当时村子里有五个人一起参加革命，只有我一个坚持下来了，因为我是共产党员，不管遇到什么困难，都要跟党走。

1946 年 6 月 30 日，东江纵队两千余人在深圳沙鱼涌集结，乘坐三艘美国军舰北撤，7 月 5 日到达山东烟台。想起当年下船的情景，到现在我都非常感动。我们上岸以后，路两边都是老百姓，贴着标语、喊着口号热烈欢迎我们。胶东军区为我们召开了隆重的欢迎大会，统一配发了新军装。

有这么一件事，我们南方人到了北方吃不惯馒头，有些人一吃馒头就拉肚子，可能是肠胃消化不好的原因吧，所以有的战士就吃一半丢一半。山东的老百姓自己吃窝头，把细粮留给我们吃，他们发现我们吃剩的半箩筐馒头，就拿到司令部告状去了。后来，司令部下了通令：不许浪费，每人吃半个，两人吃一个。炊事班的同志就把馒头蒸得小一点，大家再也不敢浪费了，老百姓这个"状"告得好啊！

大概两个月以后，我们离开了烟台，抵达临沂附近，不久后分到华东军政大学集训学习。

死守卢村寨

淮海战役，我最难忘的就是卢村寨战斗。两广纵队一团团长是彭沃，政委是郑少康，司令部参谋处长邬强也来到一团指挥战斗。国民党军的飞机、大炮轮番轰炸卢村寨，马路两边的沟都被炸平了，战场上只能听见炮声，连机枪声都听不见。一个机枪手说："我的机枪都打红了，还打吗?"我说："当然要打，你不打，敌人就打你。"我们一团指挥所附近落下来三发炮弹，其中一发炮弹落在了炊事班，整个炊事班的人都没了。当时幸亏落在指挥所中间那个炮弹没响，团首长和我都在那里，我们差一点就牺牲了。

炮击过后，国民党军一个连接着一个连攻击前进。曾生司令员下令：卢村寨绝对不能丢！我们兵力没有国民党军多，武器没有他们好，就靠一股子信念支撑着，必须死守阵地。到最后，我们后勤人员全都上了战场，卫生员上了，文工团员也上了。战斗中牺牲了不少同志，我们死守卢村寨阵地，一直坚持到华野九纵部队赶来接防，真不简单啊。

解放军部队讲团结，部队之间相互支持，谁有困难就帮谁，大家是兄弟部队，作风都是很好的。

不穿军装的部队

我是一团后勤处粮食股股长，带领七八个人负责全团的粮食供给。解放军的部队走到哪里，支前民工就把粮食、弹药运到哪里，他们是不穿军装的部队，我们能够打胜仗，全靠人民群众的支持。

有一次我们部队行军，晚上住在一个乡村，一对新婚夫妇把他们结婚的房子都让出来给我们住。有时候部队粮食不够吃的，我们就打借条跟老百姓借粮，老百姓说："我们支持解放军，不能让你们饿着肚子为咱穷人打仗。"山东老百姓的好，我们永远忘不了啊！不论你是什么军队，脱离老百姓是不行的。后勤保障离不开老百姓，我们和老百姓是一家人。

　　廖安，1930 年出生，广东深圳人，中共党员。1943 年参加革命，淮海战役时任华野两广纵队二团二营四连排长，中华人民共和国成立后曾任深圳市长安大厦有限公司副经理。

廖安口述

(2016 年 6 月 4 日)

坚决堵住敌人

济南战役时，我是曾生司令员的警卫员。打完济南，我跟着首长在山东曲阜开了二十多天的会，研究淮海战役怎么打。

淮海战役发起前，我就到二团二营四连当排长了，当时我才十八岁。别看我年轻，十三岁我就参加了游击队打鬼子，也是个老兵了，所以战士们对我也很服气。

黄百韬兵团被消灭后，国民党军邱清泉和孙元良两个兵团往南进攻，想打通退路，两广纵队奉命在徐州以南参加了阻击孙元良兵团的战斗。

纵队司令部把三个团排开，分别防守纱帽山、两瓣山、瓦房、卢村寨、大方山等阵地。第一道防线的两瓣山是三团守的，这个团每个连的连长、排长、班长还有一些老战士是我们原来的骨干，其余大部分是济南战役解放过来的俘虏兵，还有一些解放区参军的青年。

那天夜里，国民党军冲上来了，就在这个时候，三团的一个解放战士反水了，他告诉敌人，山上的解放军部队大部分都是济南战役时国民党的兵。三团的战斗力不如我们，阵地很快就被国民党军占领了。一团防守的纱帽山也遭到敌人猛烈进攻。后来纵队司令部下令：一团撤到卢村寨防守，二团防守大方山，三团防守秤砣山，一定要死守第二道防线，坚决堵住敌人。

怕死怎么干革命

我们四连在大方山的正面防守，战斗中我的腿中了三枪，躺在战壕里动不了，是谁把我救下来的不记得了，很多战友负伤、牺牲。我被民工担架队送往后方医院治疗，等我伤好了回部队，淮海战役已经打完了。

后来我听战友讲，大方山战斗四连伤亡很大，副指导员刘观胜牺牲了，指导员连飞负重伤，连长黄伟也负了伤，当时四连只好撤出阵地，国民党军冲上来占领了大方山。曾生司令员命令二团团长黄布："打得只剩一个人，也要把山头夺回来！你黄布死了，我再找人夺回阵地。"团长黄布命令五连连长曾福带尖刀连反击，其他连队跟进，在一团的配合下，重新夺回了大方山，一直坚守到华野九纵部队来接防。我们连原来有一百六十多人，这一仗打下来就剩几十个人了。

打仗就要死人，怕死怎么干革命？我是在山东临沂大店镇入的党，1947 年 1 月转正的。那时我们的思想很单纯，信念却很坚定，为人民解放牺牲光荣！一定要打过长江去，解放全中国！我们不想别的，也不想家。我原来觉得自己能活到三十岁就很好了，没想到打了那么多仗还没死，我今年八十六岁，很知足了。

　　曾通，1928 年出生，广东龙华人，中共党员。1944 年参加革命，淮海战役时为华野两广纵队一团一营二连二排六班战士，中华人民共和国成立后曾任深圳市宝安区政协主席。

曾通口述

（2016 年 6 月 4 日）

父子间的遗憾

我爸爸是英国一家公司的船员，我是家中的独子，家乡沦陷的时候，我们全家去了香港。后来香港也沦陷了，当时爸爸随船出海，也无法联系。我想参加革命，就对妈妈说："现在的战争环境下，生死不由己，与其饿死或被打死，还不如去当兵。"

1943 年，在地下党组织的指引下，我去龙华找部队，因为日本鬼子大"扫荡"，部队撤走了，所以就没有联系上。第二年，在地下党组织的帮助下，我找到了东江纵队，参加了游击队。我当兵的事情，妈妈一开始瞒着爸爸，后来他才知道。全国解放后我回到家乡，爸爸已经去世了。

密切的军民关系

1946 年 7 月，东江纵队从广东北撤到了山东烟台。我们上岸后，两边站满了欢迎的人群，敲锣打鼓欢迎我们。老百姓拿了很多花生、鸡蛋，把我们的干粮袋子塞得满满的，那个情形我们看了非常感动，都流下了热泪。刚到山东时，我们吃不惯面食，很多同志水土不服，肠胃不舒服，老百姓自己吃粗粮窝头、野菜，省下细粮给我们吃。我们在广东打游击时，都是自己打草鞋，到了山东都穿老百姓做的鞋子，很结实。

山东老百姓对战争支持的力度没法形容，确实做得非常好。部队从烟台出发去胶东，沿途不管走到哪个地方，都有老百姓给我们送粮食、送水；走到哪个村庄宿营，老百姓都提前把房子让出来，有一对新婚夫妇把新房都腾出来了。

两广纵队的纪律好，又爱民，经常受到上级表扬。我们住在哪里，就帮助村民挑水干活，山东老百姓挑水用的瓦罐，很容易碰烂，打坏了，我们就自己掏钱买新的赔给村民。损坏东西要赔偿，借了东西要归还，群众都夸我们纪律好。

一个猪头的故事

豫东战役后，我们转移到利津县休整，当时部队发了伙食尾子，我们班拿到钱就去买了一个猪头，杀猪的还送了四个猪脚，我们一顿就全吃完了。我们觉得休整时该吃就吃，说不准明天就要上战场打仗。但是当地老百姓不了解呀，看到我们这种吃法，心里就想，这支部队怎么回事，这种吃法是不是国民党的兵？再加上我们广东人讲客家话，山东人根本听不懂，也无法沟通。我们知道他们的疑惑后，就向他们解释：我们刚刚打完几个月的仗，趁现在休整吃点好的，养好身体还要上战场打敌人。老百姓弄清楚实际情况后，特意到驻地慰问我们，送来了好多吃的东西。

还有那些支前民工，我们在这边行军，他们在另一边行走，民兵队、运输队、担架队，紧跟部队齐头并进，我们走到哪里，他们就跟到哪里。党群关系、军民关系相当密切，老百姓对我们好，我们就要为老百姓打胜仗。

构筑两道防线

淮海战役一开始，两广纵队的任务是与兄弟部队一起迷惑敌人，造成要打徐州的假象，以掩护华野主力在徐州以东碾庄地区歼灭黄百韬兵团。

11月下旬，我们在徐州以南参加了阻击杜聿明集团南下、保障中野围歼黄维兵团的战斗，打得非常激烈残酷。

两广纵队只有三个团，一个团只有两个营，其中一团、二团是东江纵队的老兵，三团是由济南战役解放战士和翻身农民组成的新兵团。纵队命令：一团、三团构筑第一道防线，一团担负主要防御，防守白虎山、纱帽山、马路山，三团防守两瓣山；二团防守瓦房、卢村寨、大方山一线，构筑第二道防线。那里的山全是石头山，十字镐头敲、铁锹铲都无法撬开，我们只有搬石头修工事作为掩体。26日晚上出问题了，三团有个新解放战士，他见这种工事根本无法做掩体，感到生命有危险，就逃跑了，将我们的情况透露给敌人，结果三团阵地很快就失守了。

27日，经过一番激战争夺，敌人又攻占了一团的阵地，我们连队牺牲了二十多名战士。第一道防线失守，情况相当严峻。纵队司令部马上下令：一团退守卢村寨，二团守大方山，必须坚守住这道防线，才能完成阻止敌人南逃的任务。

摧不垮的阵地

卢村寨、大方山阵地前是一片平原开阔地，这样的地形环境下战地布防不好做。国民党军是美式机械化装备，我们整个纵队才有三门老山炮，只要我们的炮一响，敌人的大炮就用更猛烈的火力压制。为保存仅有的装备实力，我们的山炮只能打一炮换一个位置，否则就会被敌人的炮弹击中，因此不能连续开炮，发挥不了多大作用。我们一个排只有一挺机枪，基本上靠步枪和手榴弹，和敌人的装备差距太大了。因此，卢村寨战斗成为两广纵队成立后打过的最激烈、最残酷、最困难和损失最大的一次阻击战。

我们修的工事掩体只有一米深，战斗就打响了。司令部下令：必须死守第二道防线，绝不后退。所有的战士都表态："人在阵地在，拼命也要守住阵地！"敌人发动波浪式冲锋，一次一次地冲上来，又被一次次地打下去。为了保存实力减少伤亡，敌人打炮的时候，我们就躲在工事、弹坑下面，等炮声一停，敌人冲锋的时候，我们就迅速回到前沿阵地迎击敌人，远距离用步枪、手榴弹，近距离用刺刀血拼，只能这样打。我们没有预备队，司令部的警卫连、文工团、卫生队、炊事班，所有能拿枪的人都上战场参加战斗了。

三天三夜的战斗打下来，全连仅剩三十多人。危急关头，友邻冀鲁豫军区部队协助我们歼灭了迂回进攻的敌人，华野九纵先头营也赶到了卢村寨，成为我们重要的支援力量，最终守住了阵地。

战斗结束后，华野首长表扬我们打得英勇顽强，保障了整个战局的胜利，对两广纵队评价非常高。

胜利的因素

打仗的时候，我们与兄弟部队、友邻部队都是相互协作、相互照顾。在瓦房战斗中，因为弹药跟不上，我们前面的一个阵地丢失了，想夺回阵地，不能只靠一个连，而是需要大家一起协同配合作战。我们趁国民党军队没有站稳脚，二连、三连、五连马上配合进攻，将阵地夺了回来。二团失守大方山以后，我们一团与二团互相支持，他们在上面打，我们在下面围攻，齐心协力才把阵地抢回来。国民党军队则是见死不救，只保存自己的实力，不去救同僚部队。

我们解放军打胜仗，靠党的领导，靠部队团结协作，靠坚强的思想政治工作，而不是靠武器。人的思想很重要，只要明确了为人民打仗的宗旨，在战场上就很勇敢，没有怕死的。国民党军队的兵力多、武器好，我们能打败他们，就是靠这些。

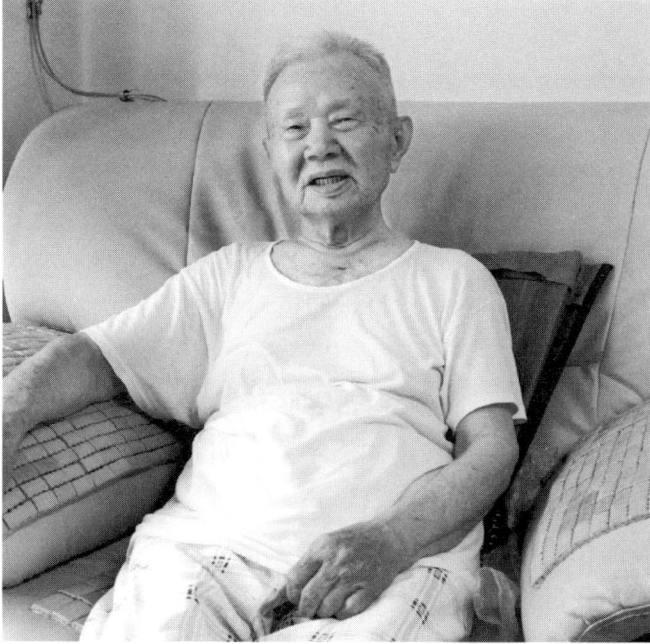

　　罗克东，原名罗哲灵，1929 年出生，广东惠阳人，中共党员。1939 年参加革命，淮海战役时任华东军区司令部二局机要处机要员，中华人民共和国成立后曾任深圳市清水河实验公司人事部部长。

罗克东口述

(2016 年 6 月 5 日)

革命事业的引路人

我的哥哥罗哲民是地下党员,在家乡当老师。我的父亲去世后,村里有个恶霸地主要我去他家喂马,哥哥知道后坚决不同意,就让地下党的同志把我带到了坪山。当时惠(阳)宝(安)人民抗日游击总队刚刚改编为第四战区东江游击指挥所第三游击纵队新编大队,大队长是曾生,我到那以后就给他当了勤务员,曾生同志亲切地叫我"罗仔",我称他"曾同志"。

我和哥哥都在游击队,家里就剩下母亲一个人,生活很困难,曾生同志知道了就安排我母亲到游击队来做交通员。1946 年 6 月,按照国共谈判的协议,东江纵队准备北撤山东,北撤人数是严格控制的,按条件我母亲只能复员,可是我们一家都干了革命,哥哥还带部队打过村里的地主,母亲如果复员回去,必死无疑。曾生同志了解到这些情况后,决定让我母亲跟着北撤。这件事曾生同志没有对我们讲过,是他逝世后别人告诉我的。

我原名叫罗哲灵,罗克东这个名字是曾生同志帮我改的,他说:"克,是攻克;东,是广东、山东、东北,乃至远东。克东,就是要攻克敌人的包围,解放广东,乃至全国。"曾生同志引导我要树立远大的革命理想和革命目标,我在他身边工作了七年,对我一生的影响非常大。

调到机要岗位工作

1946 年 7 月 5 日,我们北撤到了山东的烟台港,码头上人山人海,到处都是挥舞小彩旗欢迎我们的老百姓,那个场景我一辈子都忘不了。

1947 年，东江纵队有一批年龄比较小、有点文化的同志调到了华东军区司令部二局工作，其中就有我。刚开始有个培训班，有一百多个人，跟一个连队差不多，我们在培训班集中学文化、学政治，业务工作是回到局里才学的。

二局是保密单位，纪律要求很严格，陈毅和粟裕首长很重视，专门派部队来站岗保卫，进进出出的人都要检查，即使领导安排外出，也要两个人同行。因为条件有限，机要处和司令部不在一起，司令部有个情报处，是跟着机关走的。我被分到二局机要处，专门从事译电工作，这项工作也不难，有密码本，但译电员记忆力一定要好，熟能生巧，不然本子翻烂了，还译得很慢。

我们机要处有一批专家，专门研究国民党上层的电报规律，水平很高，国民党的电报，报务处截获以后，马上交给专家组去研究、破译。这些人很重要，都是无名英雄，没有他们，我们大家就等于都失业了。

两封重要的电报

我译过两次重要的电报，都是报务处截获国民党的。一次是国民党国防部发给济南王耀武的，他是国民党军第二绥靖区的司令官，那封电报很重要。我译好了马上交给处长，处长说："这个很重要！"他马上拿给局长看，局长看了说："这个不得了，马上发给前指！"这封电报立即发给了前指的粟裕司令员，粟司令收到肯定很高兴，他也要靠情报指挥作战的。

我译的第二个重要电报，是王耀武在济南战役失败后要跑路，要往青岛方向逃跑。我马上把这封电报译了出来，华东军区司令部又马上发给粟裕司令，粟裕司令布置发动民兵大力封锁青岛到济南的公路，最后活捉了王耀武。

人生的两个安慰

离休的时候，单位给我开欢送会，我在大会上说了两个安慰：第一，自从参加革命以后，我一直都在党的领导下战斗，在党的怀抱中生活，从来没有离开过党，没有做过对不起党和人民的事；第二，我的爸爸妈妈给了我两只手，我一生清白，没有贪污，没有腐化，没有伸过第三只手。

我是 1944 年入党的，那时才十五岁。离休以后，我去街道转组织关系，他们问我："你这么小就参军入党了啊?"我说："你们好好学习红军的历史，学习八路军、新四军的历史，学习东江纵队的历史，就知道为什么会有那么多的'红小鬼'、小党员了。"

　　沈英强，1926 年出生，广东深圳人，中共党员。1944 年参加革命，淮海战役时任华野两广纵队炮队炮长，中华人民共和国成立后曾任中国人民解放军海军南海舰队后勤司令部副师级干部。

沈英强口述

（2016 年 6 月 5 日）

仅有的两门炮

两广纵队组建后，我被分到三团当军事教员，后来调到纵队炮队当炮长。当时干部都是降级使用的，连长调去当排长，排长调去当炮长，炮手都是当过班长的。

炮队起初只有一门炮，还是朱德总司令指定给两广纵队的，是缴获阎锡山部队的炮，仿日本造，比较完整，有瞄准镜，朱总司令让我们从这门炮起步，发展自己的炮兵部队。可是炮队只有一门炮不行啊，后来部队又叫我去战场缴获的炮里边挑，我就挑了一门九四式日本山炮，7.5 口径的，没有瞄准镜。这两门炮口径不一样，炮弹也不一样，九四式日本炮可以打八千公尺，阎锡山的炮只能打六千公尺。在我眼里，这两门炮就像两兄弟一样，打仗的时候，用有瞄准镜的这门炮瞄准方位、距离，再告诉九四式山炮的炮手，一个口令，两门炮就可以一起打。

战场遇险

我们在卢村寨打阻击，两边都是山，左边大方山，右边纱帽山、秤砣山。我们两门炮紧跟着司令部，中间隔着一条小河。战斗中，我们把十几匹骡马驮的六十多发炮弹陆续打出去，打得烟火弥漫，命中了敌人，步兵都说"打得好"！

当时我在喊口令，让两门炮一起开炮。我第一次喊口令，九四式山炮不冒火，第二次喊口令，还是不冒火，我就跑到旁边去，第三次喊口令，结果炮弹"嗖"的一下飞出去了，可是炮管却断了，山炮阵地也塌掉了一半。济南战役解放过来的一个战士说："炮长你可真是命大，你不跑到旁边，人就完了。"后来调查发现，后勤送来的是三八炮弹，比九四炮弹多了半斤炸药，所以打不了。敌人的炮弹多，大炮打过来，我们就只能挨打。步兵问："我们的炮呢？"没有办法，炮弹打光了，后面也送不上来啊。

曾生司令员下命令：一定要堵住敌人，守住阵地。卢村寨战斗打得很惨烈，两广纵队牺牲了很多同志，一直坚持到华野九纵赶来接防。战争是残酷的，但我们是最坚强的解放军战士，不怕流血，不怕牺牲。

徐州敌人逃跑后，我们日夜追击，路过萧县的时候，看到很多房子、树都被烧掉了，最苦的还是老百姓，被国民党军祸害得什么都没了。

蜜桃和指北针

在山东肥城的时候，我们部队进到一个村庄，把炮隐蔽好，不敢打扰老百姓，就到村外的桃树林去宿营。树上结了很多大蜜桃，有个解放战士没有教育好，偷吃了老百姓的桃子，部队把他抓了起来，在村里开大会，告诉老百姓：解放军不拿群众一针一线，谁也不准破坏三大纪律。结果老百姓都来求情，不让部队处分这个解放战士。因为解放军爱民守纪，所以老百姓都夸解放军好。

这个美制指北针是我在淮海战场上缴获的战利品。战场上有严明的纪律，一切缴获要上缴归公，部队再统一分配。后来部队就把这个指北针发给我使用了，我很爱惜它，还从国民党军的降落伞上撕下一小块布包裹它，保存了几十年。今天，我把它捐给你们淮海战役纪念馆，让观众也知道文物背后的战斗故事。

共产党员的模范作用

我在宝安大队当传令兵的时候，有一个同志曾经跟我提到入党的事，我呢，跟着大队长天天跑来跑去的，经常不在队里，入党的事就不了了之了。日本投降以后，我调到江南指挥部给黄义当警卫员，当时有两个警卫员，一个是解放过来的，一个是我。江南指挥部的卢伟如，他爱人是江南大队的指导员，她对我说："警卫员是要入党的。"后来组织上叫我填表，我调到盐田去了，又错失了一次机会。东江纵队北撤山东以后，我在华东军政大学第五大队第二队学习训练，因为训练刻苦，各方面表现都很好，是队里评出来的第一个刺杀模范，所以很快就入党了。

入党以后，我对党的信仰从没改变。战争年代共产党员的作用很大，冲锋在前，退却在后，轻伤不下火线，重伤不哭。和平建设时期同样如此，我在海军当连长的时候，连队连续两年被评为"海军海岛建设模范连"。上级来调查我们连队为什么好，战士们说："连长发挥了共产党员的模范作用，做工事他带头，有困难他带头，干啥都冲在我们前面。"

　　李文高，1925 年出生，广东东莞人，中共党员。1944 年参加革命，淮海战役时任华野两广纵队司令部作战科参谋，中华人民共和国成立后曾任中船广州文冲船厂党委书记。

李文高口述

（2016 年 6 月 6 日）

作战参谋的工作

1946 年 7 月，东江纵队北撤到山东，部队大部分人员都在华东军政大学集训，因为东江纵队搞油印比较出名，我和两个战友就被借调到军大政治部秘书处，在那里工作了一年多。

1947 年 8 月 1 日，两广纵队成立，我就调回了两广纵队，在纵队司令部当书记，负责管理文书、地图等。部队到了一个地方，司令部指挥所安置好，接好电话线，挂好地图，我们就守在电话机旁，有什么情况立即向首长报告。

淮海战役时，我是作战科的参谋，连级干部，主要还是做一些文字工作：下命令、搞统计、写总结。平时下达命令多一些，比如我们部队今天到哪去、怎么走、住在什么地方，按照司令部的指示起草好，油印出来，盖好首长的印章，然后交给通信员下达到各团，团里再下达到各个连队。这些命令都不长，大概也就几条，简洁明了。战时司令员、政委、参谋长都在作战科指挥战斗，打起仗来，没有写的命令，主要是靠电话指挥。

经受大战的考验

两广纵队成立才一年多，名义上是一个纵队，实际上只有三个团，全部人员加起来才五千多人。一团、二团只有两个营，大部分是东江纵队的骨干，连队当中党员大概占了百分之四十；三团是新组建的，没有营，团下边直接就是连，大部分都是解放过来的俘虏兵，东江纵队的老战士、老骨干在三团当班长、排长、连长。

淮海战役第二阶段的徐南阻击战，两广纵队防守的正面有十来公里宽，前后大概也有十几华里，国民党军孙元良兵团向南突围，正好在我们防守的口子上。我们的装备是步枪、手榴弹，机枪也不多，团直炮连仅有一些六〇炮、八二迫击炮，兵力少，武器差。因为时间紧，还没来得及构筑什么像样的工事，阻击战斗就打响了。孙元良兵团的四十一军装备精良，有飞机、大炮掩护，进攻时都是集团式冲锋。

尤其是在卢村寨、大方山一带，战斗打得最为激烈。大方山阵地失守的时候，司令部接到了电话，当时曾生司令员压力很大。华野首长信任我们，把我们放在这里阻击敌人，我们后面没有解放军的部队了，这里就是最后一道防线，如果守不住，敌人往南跑了，就会影响淮海战役的全局。所以曾生司令员下令：阵地不能丢，一步也不能退，打光了也得顶住！他把警卫连、侦通连、文工团、后勤人员都派上去增援了。司令部参谋处长邬强下到一团指挥，参谋长姜茂生到二团指挥，曾司令和雷政委在司令部通过电话指挥，几天几夜都没睡觉。这一仗打得很艰苦，伤亡代价也非常大，但是我们以局部的牺牲，换取了全局的胜利！纵队上上下下思想意志坚定，在为人民扛枪、为解放人民的信念支撑下，一直坚持到华野九纵赶来接防。

徐南阻击结束以后，国民党军从徐州跑了，我们就去追。追的时候有个故事：我们广东人说广东话，晚上追的时候，国民党的兵听到我们讲广东话，还以为是他们的部队，就跟着我们走了。天亮以后，我们发现人怎么变多了呢？仔细一看，原来是国民党军的广东兵跟在我们后面了，这下抓了不少俘虏。我们对这些俘虏兵进行诉苦教育，他们本来就是劳动人民，思想很快就转变过来了，以后就把他们送到连队去当兵了，即俘即补。

取胜之道

两广纵队在淮海战役中打了一场大仗、硬仗，经受住了真正的考验与锻炼，现在回想起来，不简单。我们能够取得胜利，总结起来，一是服从命令听指挥。作战命令一旦下达，必须执行到底，这是战场上最大的纪律。

二是全体指战员革命到底的决心。过去我们在广东打游击，打得赢就打，打不赢就跑。淮海战役不是打游击，不能跑，不能走，誓与阵地共存亡。

三是党员骨干的带头作用。部队骨干都是原来东江纵队的老战士，干部素质高。战斗中，连、排干部都冲在最前面，所以干部的伤亡也比较多。二团参谋长邱特、三团参谋长何通，这两位团级干部都负了重伤，何通的肚子被打穿了，肠子都流出来了，非常危险。两广纵队的医疗条件不行，曾生司令员亲自打电话给华野四纵司令员陶勇，请他想办法抢救何通。陶勇司令员很重视，立即安排医生手术，救了何通一命。

四是团结配合。徐南阻击战打响后，一团、三团在第一道防线作战，后来奉命后撤到第二道防线，一团在卢村寨，二团在大方山，虽然各有各的防线，但也互相配合，互相支援。二团防守的大方山阵地曾被敌人占领，一团立即去支援，很快收复了大方山阵地。淮海战役的时候，我们跟华野三纵、四纵、十纵这些兄弟部队配合比较多，我们多数情况下归他们指挥。华野四纵在阁阁战斗中情况危急，两广纵队三团一连副连长方泉主动带部队增援，配合友邻部队作战，受到华野首长的通令嘉奖。

五是依靠人民的支援。两广纵队在山东是吃煎饼、小米饭成长起来的，莱阳梨、肥城桃、烟台苹果，我们都吃过。我们打到哪里，山东的支前民工就跟到哪里，推小车，抬担架，山东老百姓为解放战争出了大力。

　　廖观莲，1925 年出生，广东惠阳人，中共党员。1944 年参加革命，淮海战役时为华东军区司令部测绘室石印员，中华人民共和国成立后曾任西安市北大街饮食服务公司人事处处长。

廖观莲口述

（2016 年 6 月 8 日）

跟党走不掉队

在我一岁多的时候，爸爸就去了南洋做工，从此再没了音讯。我跟着爷爷、奶奶和妈妈生活，从小务农。我家离惠淡公路很近，日军占领我的家乡以后，奶奶被日本鬼子踢成重伤，不久就去世了。母亲怕我被鬼子污辱，在我十三岁时就给我找了一户人家当童养媳。到了婆家，天不亮我就要起来做家务，天亮了去田里劳作，上山割草，日子过得很苦。我的未婚夫没文化，而我从小就爱看书，碰到不认识的字就去问人家，白天劳动，晚上去夜校学习。我歌唱得好，被挑去参加唱歌比赛，唱《大刀向鬼子们的头上砍去》等抗日歌曲。

十九岁那年，我鼓励未婚夫参加游击队，他不去。我说："你不去，我去！"趁着去山上割草的机会，我就离家出走了。游击队离我家有十几里路，到了那里，游击队的同志问我："你怕不怕日本鬼子？怕不怕死？"我说："不怕！我要留在这里，打死一个鬼子够本，打死两个鬼子赚一个！"

不到一年，我就入党了。我还记得当时宣誓说过的话：参加组织，保守秘密，牺牲一切，永不叛党！我是个苦出身，我要让全国人民都不再过苦日子！所以在部队不管多苦多累，我从不掉队，跟男同志一样行军打仗、爬山攀崖。

石印工作容不得半点差错

东江纵队北撤到山东后，我们五个男同志、二十个女同志被分到华东军区司令部测绘室工作，有的磨石头，有的摇机，有的描图，有的印刷，领导让干什么，我们就干什么。

测绘室领导告诉我们，地图是指挥员的眼睛，不允许出半点差错。比如一条大河，你绘制成一条小河，一座只能过两吨车的桥搞成了过五吨车的，那就出大错了，如果导致战役失败，可是要枪毙人的。所以我们都抓紧时间努力学习业务。

地图的比例有五万分之一、十万分之一、二十万分之一，规格不同。比如二十万分之一的图就比较简单，只有大的公路，有几个大一点的村庄，水井和很小的村庄都不需要标注。五万分之一的地图就比较详细，山水树木，是瓦房还是草房，村里能住多少人，因为涉及到几百人喝水，所以有几口水井都要标注。不仅如此，树木是圆叶还是尖叶，都有区别标识，圆叶树就是普通的树木，尖叶树一般是指松树。田地要区分是稻田、水田还是旱田，河流是沙河还是干河，全部要标注清楚。如果发现有不清楚的，就在修版时补充添加上去，我们经常要拿新绘制的图跟老图对照着看，不能出半点差错。

印刷地图之前，描图的同志先用汽水纸把原图描下来。一张五万分之一的地图，差不多要描一个星期的时间，描好后交给石印员。

石印机是一个带摇把的铁架子和一块比对开报纸大一点、两三寸厚的石板，大概有一米多长。一个同志负责用一块小石头把石板打磨平整光滑，再把描好的图纸放在石板上，用薄铁皮盖上，上面有滚轮，摇机员摇动手把，使石板在机器上来回移动，经过二十多次压印，汽水纸上的图形、字迹就全部沾到石板上了，再用药水加工使它不脱落，制版工序就完成了。印刷时先用墨棍在石板上滚动，再放上一张道林纸，摇动手把，通过滚轮一压，一张地图就印好了，每张图最多可以印一千份。当时石印员技术分为一等到四等，四等要求能够独立完成印图全过程，我就是四等。

大的战役，部队都需要作战地图。淮海战役时，我们五天五夜不睡觉，轮流休息一会儿再接着干，摇机的同志一天要站十二个小时。有一次部队要转移，我累得都不会走路了，被人用独轮车推着走。

我们是毛主席的战士，毛主席指到哪里，我们就打到哪里。我们和人民群众打成一片，帮老百姓挑水、扫院子，都是经常的。那时候一心就想着让全国劳动人民翻身得解放，为此拼命工作，华东军区给我评了个二等工作模范，还发了奖状。

　　卢振华，1927 年出生，广东梅县人，中共党员。1946 年参加革命，淮海战役时任华野四纵十二师三十六团五连文化教员，中华人民共和国成立后曾任中国人民解放军空军 87453 部队主任。

卢振华口述

（2016 年 6 月 8 日）

三次逃离国民党军队

我是马来西亚华侨。1940 年，因为看到祖国的半壁河山叫日本人践踏，我虽然只有十三岁，正在读书，头脑却热得很，在马来西亚抵制日货。在那种气氛的熏陶下，我决定回国。妈妈不让我走，她说："回去很苦的。"我说："再苦都没有祖国的同胞苦。国家有难，我也没心思读书，我是中国人，每一滴血都要流回中国去！"我跟着十几个同学一起回到祖国时，深圳宝安叫日本人占领了，我们不能从罗湖进国门，就从香港大埔下了火车，坐小帆船到沙鱼涌，上岸后走回梅县老家。

1943 年大旱，老百姓颗粒无收，吃糠，吃树叶，几乎没有办法生存了。这时候国民党十二集团军学兵队在梅州招兵，我们一共有二百多个人去投考，到那里待了不到两个月，我感觉受骗了。这个部队既不民主，又不抗日，却要我们这些学生兵去砍老百姓的树、竹子，给他们的机关盖房子。我就从部队逃走了，跑到韶关乡下给人家做长工，种田，学木匠。

过了三四个月，国民党军在当地抓壮丁，我是外地人，首先被抓，十天后被送到了南雄机场，准备补入远征军的新兵营。唉！那时候我心里想，到了缅甸我就跑，回马来西亚去。没想到远征军不要兵了，这个新兵营又返回来补充到特务团，就是原来我逃跑的那个部队。回去的第二天，我就被抓到了军法处，我说："我从国外回来一心抗日救国，你们到梅县来招学生兵，讲得那么好，我来了以后，你们根本不把我们当人看待。"讲了也没用，军法处以逃兵罪判了我五年徒刑，在监狱坐牢。1945 年日本人打韶关，我们几百个人打开牢门就跑出来了。

日本鬼子投降后，1946 年国民党又打内战。我去卖柴的路上又遇到国民党军抓丁，把我抓去做挑夫，走了一个多月到了浙江，被强迫补到部队，在铁路线站岗。到了六七月份开始过江，这时华中野战军已经打响了苏中战役，国民党军在丁林、林梓死了很多人。本来我对国民党就有仇，看到这样，觉得替他送死太不值得，我就找机会再次逃走了。

两种军队　两个世界

逃出来以后，我在路上遇到了华中野战军的部队，他们问我是什么人。当时我不知道这是什么样的军队，就编了一套假话。后来有一个排长，广西人，是从国民党军解放过来的，他跟我讲，这个部队好，官兵一致，他劝我留下来。我听了半信半疑，心里想，你们不让我走，我就留下来当兵，如果不好，我还是要跑。但是留下来以后，我发现这支军队和国民党军是完全不同的两种军队、两个世界。

国民党军队里头黑暗面太多了。虽然我只是一个兵，但我看到士兵不知道为谁而战，官兵之间就是统治者与被统治者的关系，士兵生活无聊，发了军饷就赌钱，班长去买米都要贪污，他才不管士兵吃不吃得饱呢，反正我今天值班买米，就要贪两斤米。排长、连长吃空饷，排长吃两个空饷，连长吃四个空饷，到了营长那一级就吃十几个空饷。另外，部队和部队之间尔虞我诈，打仗时能够互相支援吗？不可能！所以在我心里，对他们打败仗的原因了解得最深切。我在国民党部队里当挑夫的时候，有一次米袋子松了，我停下来绑米袋子，一个副排长离我有二十米远，他说："你怎么还不走，是不是想开小差？"我就顶了他两句，他掏出驳壳枪就打了三枪，打得田埂上土到处飞，幸好没有打中我，打中了就死了。在他眼里，我就像一条狗一样。

共产党的部队里，官兵平等，受了部队的教育后，我知道为谁当兵、为谁打仗，入伍动机端正了，信仰和宗旨就坚定了。

机炮连有三门八二迫击炮、六挺重机枪、十二匹骡马，我负责看子弹箱。我的排长，就是解放过来的那个广西人，他会剃头，全排战士的头都是他剃的。马克沁重机枪脚架重、枪筒轻，排长个子大，经常帮机枪手扛重机枪的脚架。我到部队后，听说当排长的一个月有一斤猪肉，但从没见他们领过。

所以我对旧军队的认识比工农出身的人还要多一层，因为他们没有对比，没有鉴别。国民党军官兵打输了，做了俘虏还不服气，特别是有些军官，他们认为失败是因为共产党狡猾。我就很直接地告诉他："你不要不服气，我知道你们是怎么输的。"

仅剩十三个人的连队

1948 年 11 月初，我们从兖州出发，6 号晚上进入淮海战场。我是连队的文化教员，当时的任务有三个：第一，带四副担架，十几个民工归我管，去抢救伤员；第二，组织炊事员煮饭，送到战壕里；第三，抓到俘虏以后，初步审查，该送的送，该往连队补的就补。

渡过运河以后，我们连队都轻装前进，把背包放在一个村子里头，不断地向前打，有时候攻一个村子，有时候攻两个村子，缩小碾庄的包围圈。

我们五连有一百五十五个人，指导员姓徐，名字记不清了，原来是苏北一个乡里的书记，他带着地方武装在濮阳升级补充到了主力部队。碾庄战斗的第一天晚上，在攻一个村庄的时候，徐指导员负伤了，打到了大腿的动脉，由于晚上没有及时抢救，第二天早上血流光了，徐指导员牺牲了。

我带着民工和担架不断地往下抬伤员，那些牺牲的烈士，就在战场上找个地方，白布一包就埋葬了。几天的战斗打下来，连队伤亡很大，我问五连代理连长："现在连里还有多少人？"他数了数说："牺牲六十多人，负伤七十多人，加上你，还剩十三个。"他带着班长、副班长、炊事员都下去了，俘虏的国民党军士兵把帽徽一摘，全部即俘即补，编成了六个班，七十多人在阵地上继续打。

调到师文工队

天亮前，团里派通信员来通知，叫我和六连的文化教员沈秉国到师政治部报到。宣传科科长姚萧跟我们谈话："我们俘虏了国民党军两个文工团，一个京剧团，一个话剧团，都是知识分子，部队要派人去组织管理、改造教育，现在他们和我们的师文工队一起，就住在河对面。"说完给我写了张纸条，让我到河东去找陈庆良队长。陈队长是香港人，大学生，读土木工程的。

我从村里出来，刚走到河边，国民党军的飞机就来轰炸扫射。我躲在河沿上，等飞机走了，赶紧坐船过河，找到了陈队长。他告诉我，师政治部副主任薛丹浩刚刚被炸伤了，警卫员也牺牲了两三个，你如果早过来，就很危险了。

第一阶段结束后，我们稍微休整一下，过了大概一个礼拜左右，徐州的国民党军就撤退了。我们接到命令，追击从徐州逃出来的孙元良、李弥、邱清泉三个兵团。当时我的手抄歌本里面有《淮海战役组歌》，第一首是《捷报！捷报！歼灭了黄百韬》，再就是《乘胜追击》《三个兵团挤一团》，我们边唱边追，在永城东北的陈官庄把杜聿明的三十万人包围起来了。

那个时候天冷下大雪，包围圈里敌人很多，我们一发炮弹打过去，都要伤到很多人，敌人非常被动。我们师文工队分散到前线连队做宣传工作，一是对内宣传，鼓舞士气；二是对敌宣传，动员他们放下武器；还有一个任务就是收容俘虏。国民党军在里头没吃的，三个两个、十个八个跑过来。最可怜的是包围圈里的那一批学生，他们家里都有一点钱，济南解放时，他们对共产党不了解，害怕，家里给点钱就跑到徐州去了，没想到又被徐州的国民党军裹挟到了这里。国民党从南京调飞机，往陈官庄战场空投物资，我们缴获了很多麻袋，那时候我没有想到这些麻袋会派什么用场。那些学生和老百姓从包围圈里跑出来，大冬天还穿着单衣，冻得发抖，我们就给他们一人发一条麻袋。学生们向我们诉苦，他们身上的一点金子、银圆、钢笔、手表、衣服全被国民党军没收了。老百姓从外面跑回自己的家，看到那个惨象，有的拿着木棒子又跑回去，打那些国民党的兵，他们太恨国民党了。

亲密无间的两大野战军

华东野战军和中原野战军的关系真是亲密无间。我们打下许昌，那里有国民党军的一个兵站部，都是美国援助的面粉、被服、带拉链的行军袋，还有骡马。打下河南的省政府开封，我们缴的银圆和金条太多了，要后勤去运输，太费人力，所以就分散给部队，替公家保管。我们排级干部每人要背五十块大洋，连级干部背一百块大洋。这两场战役缴获的物资，华野组织人力输送给大别山的刘邓部队，每个班派一个战士押运。他们回来以后讲，中野四个纵队在大别山没有军装，没有鞋子，太艰苦了。

淮海战役，中野在双堆集包围了黄维兵团，但是中野要独立消灭一个兵团有困难。他们从大别山出来，没有重武器，部队也少，还不满员。所以这个时候，粟裕同志调了华野几个纵队，由陈士榘参谋长带去支援中野。消灭黄维兵团以后，粟裕同志下了一道命令，华野部队打黄维所有的缴获，人、枪、弹，一个不留，全部给中野。

淮海战役的胜利是付出了巨大代价的。我们四纵在整个淮海战役中歼敌七万多，这是我们用鲜血凝成的历史，希望后代要好好地传承。

手枪的故事

淮海战役第三阶段围困杜聿明，我们阵地对面是李弥兵团第八军的四十二师，当时大概还有一千多人，他的兵饿得不行了，我们的炊事员往前线送饭，那些兵经常会三三两两跑过来要饭吃。有一天，阵地前沿悄悄跑过来几个人，其中一个说他是四十二师的参谋长，他说不想打了，要投诚。他和我们商量好，黄昏的时候，他把部队拉出来，枪就丢在前沿阵地上。

那天我正好去那里押俘虏，往后送。我去接俘虏的地点，离前沿阵地有三四公里。陈官庄附近的老百姓，房子都被打没了，老家的地窖里还有一点地瓜、花生，他们就把花生炒一炒、地瓜煮一煮，提个小篮子去卖东西。国民党军的俘虏兵，有的用银圆买，有的用旧军装换吃的。我带的那支投降的国民党军队伍有两百多人，走到老百姓卖花生的地方，突然有个戴大盖帽的军官离开了队伍。我很警觉，跑过去问："谁离队了？"他们就指那里，我走过去问他："你要干什么？"老百姓说："这位长官要买花生，他用手枪跟我换。"我把那个军官训了一顿，把他的手枪没收了。这是一支德国造的手枪，有两个弹夹，子弹都没有上膛。回来以后，我跟陈队长汇报了这件事，他说我很机警。本来我们是要配枪的，但我们没有时间去领，陈队长说："这把枪你就先挎上用吧。"

1949年7月，我们部队住在海宁县硖石镇，军里的文工团来演出，我们文工队去帮助布置舞台。军文工团编导组有个人叫恐飞，他说："道具里缺一把手枪，你们谁有？"我说："我有。"他说："借来用一下。"我就连弹夹加手枪都给了他。演完戏后，大家都在拆卸舞台，拆完以后已经半夜了，十几个人都坐在那休息，等着吃夜餐。这时候恐飞兴冲冲地跑来了，他拿着那把手枪对我说："还给你。"没想到"砰"的一声，枪走火了！子弹打中了我的腿，好在没有打到要害，也没有伤到别人。原来是演员们瞎摆弄，把子弹弄上膛了，恐飞却不知道，差点出了人命。

日记本的故事

这个日记本是我的战友沈秉国同志的。打碾庄的时候，他在战场上捡了很多的纸，做成本子，又找来一块碎布裁剪了一下，用糨糊粘在本子的封面。沈秉国非常认真仔细，他从各个方面搜集到了《淮海战役组歌》，后来我们文工团表演的时候，就唱过《淮海战役组歌》。这几首歌连起来，基本上就是淮海战役的全过程了，很鼓舞士气，很有历史的时代感。

这个日记本是怎么转到我手里的呢？1949年上海解放以后，解放军打舟山，沈秉国身体好，又有文化，被调到空军航校去了。过了几个月，我也调到空军航校，他学通信，我学地勤，所以我们俩又见面了。不久以后，沈秉国接到命令，调到另一个学校去学习飞行。因为我在学校里是活跃分子，所以担任的职务也比较多。沈秉国走以前，我就向他借了这个本子，从那以后，我们俩就分开了。60年代我们还有书信往来，知道他已经转业了，在一个学校当教员，已经结了婚。再往后，我们就没有联系了。

几十年过去了，也不知道他怎么样了。

　　我拿了这个本子以后，调动、搬家大概有二十多次，但我始终保留着这个本子。因为一看到它，就想到战争年代，想到我们战友一场，对自己也是一个勉励，也是个鼓舞，所以我就一直保存到了现在。我考虑再三，决定把这个日记本捐献给淮海战役纪念馆。

　　彭启，1917年出生，湖南岳阳人，中共党员。1938年参加革命，淮海战役时任华野四纵十师政治部组织科副科长，中华人民共和国成立后曾任南京林业大学党委副书记。

彭启口述

（2016 年 6 月 21 日）

旗帜与堡垒

淮海战役期间，我们华野四纵共歼灭国民党军七万余人，数千名干部战士英勇牺牲，其中有六位是团级指挥员。我们的干部和战士勇于担当，打仗的时候从不考虑自己的生死，没有一个战士后退，都是向前冲、向前杀！在这种信念的鼓舞下，就没有我们战胜不了的敌人。

碾庄战斗打得很艰苦、很残酷，有的连队只剩下几个人。营长牺牲了，教导员代理指挥；教导员牺牲了，第一连连长就代理指挥……战场上来不及等待上级任命，也不需要下面推选，大家都是自告奋勇地站出来指挥战斗。一个共产党员就是一面旗帜，带领几个战士成立一个战斗小组，三个战斗小组就可以成立一个临时党支部，一个支部就是一个坚强的战斗堡垒，始终保持高昂的战斗意志，只有共产党领导的人民军队才能做得到啊！

在战场上，为了及时了解掌握前线的情况，团级干部都是靠前指挥，指挥所也是随时流动的。我的警卫员叫周福根，他家里很贫困，年纪很小，个子又矮，想来当兵，部队不要他，几次让他回去，他又跑回来。我看他年龄小，对敌人的仇恨却很深，就把他留下当警卫员了。每次战斗打响，他总是跑到前面替我挡子弹，我也把他当亲兄弟一样爱护他。干部爱护战士，战士也爱护干部，我们部队团结配合得就像一个人。

即俘即教即补

解放军开展政治工作，主要是从阶级教育入手，提高每一个战士的阶级觉悟。尤其是对那些俘虏兵，首先要问他："你为什么去当国民党的兵?"他就讲："我是被国民党抓的壮丁，搞不清楚为什么来打仗，上面要我怎么打，我就怎么打。"这些俘虏兵基本上都是穷苦人出身，我们就根据这些情况开展诉苦教育。老战士就在壕沟里向俘虏兵讲，共产党是为了老百姓的，我们扛枪打仗是为了解放全天下的受苦人，让他们都能过上好日子。很多俘虏兵愿意留下当兵，这些解放战士对国民党军的碉堡、工事、士气情况都很了解，说敌人早就没饭吃了，把地里的麦苗都拔出来吃。包围圈里冰天雪地，国民党的几十万军队围在那里，我们开展政治攻势，向敌人喊话，把毛主席给杜聿明的劝降书一字一句念给他们听，动摇他们的军心，有的就成班、成排地跳过壕沟跑到我们这边来了。

山东人民贡献大

我是毛主席的好战士，党需要我去哪里，我就到哪里去。淮海战役胜利后，组织上派我去搞后勤工作。大兵团作战，后勤保障工作非常重要。那时候汽车运输比较少，主要依靠解放区支前民工推小车运送粮弹物资，淮海战役当中是这样，到了渡江战役还是这样。我们打的是人民战争，全民参与，山东老百姓推着独轮车跟着大军过长江，所以我们始终不忘山东人民的贡献，没有山东人民的支援，我们不可能这么快就取得胜利。

　　周清，原名周曼丽，1930年出生，江苏宜兴人，中共党员。1946年参加革命，淮海战役时为华野四纵卫生部手术队卫生员，中华人民共和国成立后曾任南京铁道职业技术学院教务主任。

周清口述

(2016 年 6 月 21 日)

难忘人民的支援

我在卫校学习半年后被分到华野九纵，后来又调到华野四纵卫生部手术队工作。我是南方人，但我对山东老百姓的感情很深。那时候部队宿营要借住在老百姓家里，连打地铺的麦草都是向老百姓借的。休整的时候，我们在老百姓家里住的时间久一些，老百姓爱护我们，我们也要报答老百姓，把房东家的水缸挑得满满的，把院子扫得干干净净，严格遵守群众纪律。如果没有山东老百姓对我们的支持，部队是很难生存下去的。特别是淮海战役期间，老百姓自己吃糠咽菜，把节省下来的粮食用小车子推着运往前线，我们穿的军鞋好多也是老百姓做的。共产党和人民解放军走群众路线，依靠群众，相信群众，一切为了群众；人民群众的全力支援也鼓舞着每一个战士英勇杀敌，将革命进行到底。

救死扶伤是我们的天职

淮海战役给我印象最深的，一个是战争很残酷，伤亡太大，还有一个是护理工作的强度非常大。

整个战役期间，我们手术队收治了四千多名伤员，其中大部分是重伤员。担架队把伤员抬过来的时候，有的伤员已经严重昏迷，有的伤员浑身是血，伤在哪里都看不清楚。我们卫生队队长叫范迪虹，她要求卫生队的所有医护人员要爱护伤员，照顾护理好伤员，甚至不惜用自己的生命来保卫这些伤员。范队长经常在手术台上连续工作，从没听她说过累，有的伤员肠子打断了，她的医术非常好，可以给接上。当时做得最多的是截肢手术，有一天晚上连续做了十几台手术，我们卫生员要挨个地给伤员打吊针输液，工作紧张又忙碌。伤员最多的时候，我们几天几夜不能睡觉，困得眼皮子直打架，恨不得用火柴杆把眼睛撑起来。战场上风雪交加，雪下得没过了大腿，我们要冒风雪巡查病房。疲劳的时候，我会感到焦虑，但我一想到战士们连命都不要，我少睡一点觉、累一点又有什么呢？我身边的那些共产党员处处带头，树立了很好的榜样。那时候我就想，我一定要加入中国共产党！所以我除了每天给伤员打针、换药以外，也经常给伤员喂水、喂饭，帮助伤员解大小便，有空的时候跟伤员聊聊天，给他们唱唱歌，帮助他们调整情绪，尽量减轻伤员的痛苦。

救死扶伤，一切为了伤员，是我的天职，也是党和人民交给我的光荣使命。战役结束以后，卫生队开评功会，我评了四等功。我把立功奖状捐赠给淮海战役纪念馆，希望更多的人能够了解我们医护工作者的故事。

　　夏光亚，1921 年出生，江苏泰州人，中共党员。1939 年参加革命，淮海战役时任华野四纵十师政治部组织科科长，中华人民共和国成立后曾任中国人民解放军第二十三军政治委员、中央军委纪律检查委员会专职委员。

夏光亚口述

（2016 年 7 月 1 日）

人民的支援

淮海战役能够取得如此巨大的胜利，一是指挥正确；二是全体官兵为了一个目标战斗，就是夺取革命胜利；还有就是人民的支援。这三点很重要，缺一不可。

陈毅元帅讲，淮海战役的胜利是老百姓用小车推出来的。解放军几十万部队吃的粮食是老百姓省吃俭用支援前线的，武器弹药是老百姓用小车推、扁担挑、人力运输送来的。支前过程中老百姓也有伤亡，有的父亲和女儿一起支前，父亲牺牲了，女儿把父亲埋葬之后，继续推着小车支前。几个月的长途转运，民工当中也有冻死、累死的。我们永远不能忘记人民的支持和帮助。

战时政治工作

火线入党。战争时期，党员牺牲的比例非常大，一般要占到伤亡人员的百分之五十。因为战斗时共产党员都是冲锋在前、退却在后，为了人民流尽最后一滴血。党员伤亡多的时候，就要及时补充。根据平时和战斗中的表现，采取战场上火线入党的形式，发展共产党员，始终保证基层部队中党员数量占到三分之一左右。战场上每个党员都会发一个临时党证，放在衣服口袋里贴身保存，如果负伤了转到后方医院，能及时过上组织生活。牺牲的同志也可以通过临时党证来确认党员身份。

干部选拔。组织科科长的主要工作就是选拔、管理、使用干部。战争年代选拔干部，首先要看能不能打仗，政治上是不是忠于党、忠于革命，是否可以随时准备牺牲一切。战争很残酷，伤亡很大，没有为革命、为共产主义献身的精神干不了。我在当营教导员期间，我们营牺牲了五个营长，我也多次负伤，在李堡战斗中带着部队冲锋，接连负了三次伤才下的火线。

整理战斗组织。激烈战斗后，基层连队骨干伤亡比较大，政工干部要及时整理战斗组织。打碾庄的时候，我们十师二十八团的一个连只剩了七个人，只能调其他连队的骨干补充，班长直接提拔为排长，排长当副连长，只要有骨干在，就能保持战斗力。每个班要保证至少有一个党员，一个班分成三个战斗小组，班长带几个人，副班长带几个人，选一个表现好的骨干带几个人，打起仗来自然就能形成战斗队形了。

思想教育。人的思想问题如果不解决的话，就不会体现在行动上，革命战士也是一样。咱们四纵的战士大部分都是苏南地区的，从苏北刚到山东时，饮食不习惯，思想上有波动，战士讲怪话："反攻反攻，跑到山东，吃的煎饼，卷的大葱。"后来经过教育，解决了战士们的思想顾虑。

淮海战役的时候，对俘虏实行即俘即教、即补即打，教育俘虏最有效的方法，就是让老解放战士讲亲身体会，讲一讲过去家里怎么受穷，怎么被抓的壮丁，国民党军官怎么歧视士兵的。解放区的人都是自愿参军，解放军最讲究官兵平等，当官的不打人不骂人，跟大伙一起吃大锅饭、一起战斗。两个军队一对比，就不一样了。通过他们进行阶级教育，比我们干部讲得更有效。教育好的俘虏，知道为谁打仗、为谁当兵，这个问题一解决，打仗就很勇敢。这些解放过来的战士有立功的，还有火线入党的。

群众纪律。部队对纪律的要求是很严的，特别是三大纪律八项注意。当时部队的军事纪律比较好，战场上命令来了，必须执行。群众纪律有时存在一些毛病，主要有两个原因：一是老兵打胜仗打多了以后就骄傲了，不太注意；二是解放战士多，虽然经过教育以后，思想转变了，但一些坏作风还有。后来经过新式整军运动，通过"三查三整"，群众纪律就很好了。部队行军之前要检查群众纪律，挨家去查，损坏什么东西要照价赔偿。对于违反纪律的，要开会批评，要受处分。有严重违纪行为的，甚至要枪毙。

传承党和军队的光荣传统

战争年代的共产党员，冲锋在前，退却在后，轻伤不下火线，重伤不哭，宁死不当俘虏。每个人都发挥了战斗堡垒的作用。你是共产党员，就必须发挥模范作用，这样才能把群众带动起来。那时候都是时刻准备为人民牺牲的，能不能活到胜利不知道，一心为了革命。

部队的战斗作风是靠培养的，关键在于指挥员，在基层指挥员中体现得最好。像我们三十团，老底子是特务营，团长能打仗，部队就敢拼。不能打仗的打几次硬仗，不能行军的来几次急行军，就锻炼出来了。每个部队打仗之前就宣布了指挥代理人，包括第一代理人、第二代理人等，情况紧急时，大家都能自动代理、自动指挥。

部队的全局观念很强，为了支援友邻部队甘愿牺牲，已经养成习惯了。这些都是我们党和人民军队的好传统、好作风，需要好好传承。

　　赵英奇，1931 年出生，河南安阳人，中共党员。1947 年参加革命，淮海战役时为中野四纵十旅二十八团四营二连通信员，中华人民共和国成立后曾任大庆油田采油五厂副厂长。

赵英奇口述

（2016 年 7 月 1 日）

两支完全不同的军队

1947 年 5 月，我们家乡发大水，在全家逃荒的路上，我被国民党军抓了壮丁，在国民党军的一个炮兵排当勤务员。国民党部队里边官是官，兵是兵，根本就不一样，军官架子大得很，都像老爷似的，平时克扣士兵的军饷，打仗的时候都躲在后边，拿着枪让士兵往前冲。

10 月份的一次战斗中，我被解放过来了。解放军教育我们，共产党是为了让穷苦人过上好日子的党。我当时年龄小，听得似懂非懂，我愿意留下来当兵，也是为了有口饭吃。留在部队以后，就慢慢明白了一些道理，为谁当兵打仗？为什么要打仗？不打仗行不行？不彻底消灭国民党反动派，老百姓就没有好日子过。这些问题弄清楚了，所以在思想上就比较明确，我们是为人民打仗的，牺牲也是值得的！

解放军的干部跟国民党的军官完全不同，打仗的时候，干部都是带头冲锋的。官兵互相爱护，战友之间都像亲人一样。解放军执行三大纪律八项注意特别好。有一次行军打仗，我们部队两天都没吃饭了，敌机来轰炸，我们就隐蔽在地瓜地里面，当时随手刨一下就是地瓜，可是我们不能随便吃老百姓的东西，宁可饿着肚子也不违反群众纪律。

当兵就得执行命令

进入淮海战场以后，我们部队就连续作战。通信员要在战场上到处跑，去传达营部、团部的作战命令，这个部队什么时间进攻，那个部队做好防御准备，命令有时候要传达到班。通信员经常是命令还没传达到就牺牲在路上了，因为火线上子弹不长眼啊，在开阔地跑来跑去很危险。当兵就得执行命令，再危险你也得去完成。这个通信员牺牲了，第二个通信员接着去，除非你牺牲了，不牺牲的话就坚决完成。我们一个通信班有十二个通信员，淮海战役当中换了三拨，打完了再补充，最后活下来的也没几个了。

遭遇火焰喷射器

淮海战役打得很激烈，也很残酷，我在前线传达命令时亲眼看到部队的伤亡情况。我们的一个连队攻打一个村子，部队冲上去以后，敌人用火焰喷射器一打，那个连几分钟就没了。另一个连的指导员就说："咱们得想办法，看怎么解决这个喷火器。"当时我们不知道这个叫火焰喷射器，不懂这个词，就挑选了三个枪法比较好的战士，其中就有我，叫我们专门打使用火焰喷射器的敌人。我们当中的一个人把敌人打死了，把火焰喷射器压下去了，部队冲上去以后，看到了一个大铁疙瘩，也不知道它是什么东西，也不知道怎么用，就把它扔了，后来才知道那就是火焰喷射器，杀伤力很大。

一切听党指挥

我刚解放入伍的时候，部队发展党员还没有完全公开，但谁是党员一眼就可以看出来，不管是打仗、劳动还是干什么，他都是起带头作用的。连长、排长、班长都是党员，班里的骨干大部分也是党员。入党之前，我的班长和老兵党员经常跟我谈心，讲的都是实实在在的事，很容易接受。因为我亲身体会过新旧两个军队的不同，我也想成为他们那样的人，所以处处也都带头。

淮海战役中我战斗表现很勇敢，多次完成火线通信任务，1948 年的12 月，部队批准我火线入党。战役结束以后，部队召开评功大会，我被评为特等功，当时发了一件用国民党军降落伞做的衬衣，作为奖品，衬衫后背有"战斗英雄"四个字。家乡的县政府还给我家送了块"战斗英雄"

的大匾挂在门上。

　　共产党在我心中特别重要，党员就是要有一颗火热的心，一切听党指挥，绝对没有二话可说。淮海战役结束后，部队把我调到师部机要部门做译电员，我勤学苦练，很快就能上岗工作。1952年铁道部需要一批搞机要的通信人员，就向部队提出要求，部队立即安排三十多个人带着机要电台转业到西南铁路勘查设计院，其中就有我。我对部队的感情很深，舍不得离开，但我是共产党员，就得服从组织决定。铁路沿线勘查工作非常辛苦，我参加了宝成线、成昆线的建设，一年到头在大山里面跑。后来，大庆油田大开发，组织上又把我调到东北。党员就要听党指挥，党叫干啥就干啥，干一行爱一行，这个信念伴我一生。

　　卢致俭，1926 年出生，安徽萧县人，中共党员。1948 年参加革命，淮海战役时为华野九纵二十六师七十七团三营九连战士，1955 年复员回乡。

卢致俭口述

（2016 年 7 月 10 日）

为人民扛枪打仗

我是安徽萧县卢村人。1947 年，因为家里穷，我卖壮丁当了国民党的兵，受训三个月，分到部队才七天，就在 1948 年 2 月的山东周村战斗中被解放军俘虏了。过来以后的第三天，解放军就给我们开会，想回家的给路费、开路条，愿意留下的就跟着解放军干。我自愿留下，编到了华野九纵二十六师七十七团三营九连，成了一名为人民扛枪打仗的解放军战士。

国民党的部队和解放军完全两样。国民党的军官动不动就打骂士兵，在解放军这边，如果犯了错误，该关禁闭就关禁闭，没有打骂战士的，官兵平等。

解放入伍后，我参加的第一仗是大汶口战斗，后来打了济南战役，接着就是淮海战役。碾庄战斗之前，俺那个连队有一百三十八人，伤亡一百三十五人，就剩下三个人了，四川的一个，山东的一个，还有我。黄百韬兵团的炮火太强了，我们的阵地都被打平了。第二天，部队打进碾庄，我看到敌人的交通沟很宽，里边有很多国民党军的死尸。

淮海战役打完以后，没多久我就跟着部队渡江作战，我因为表现勇敢，1949 年 4 月光荣入党，还立了三等功。

　　张继芬，1926年出生，山东五莲县人，中共党员。1947年参加革命，淮海战役时为华野二纵某部卫生员，中华人民共和国成立后转业到莒南县人民医院工作。

张继芬口述

（2016 年 7 月 20 日）

淮海前线救护忙

我是 1947 年 3 月入的党，区委书记赵正光发展的。头天入党，第二天我就当了村支部书记。我还当过生产队长、妇救会长。1947 年 7 月，我瞒着公公婆婆和丈夫，在日照报名参了军，临走的时候才告诉家里。丈夫问我："那你什么时候回来？"我说："全国解放。"

参军后我在华野二纵当看护员，工作不觉得苦，就是行军累。我从小就走山路，跟着部队行军从没掉过队。队长领着我去给伤员换药，有个伤员的腚臀子打没了，我一看伤口那么大，吓跑了。队长说："头一回不敢换药，以后敢就行了。"冬天河水结冰，我就砸开冰层洗绷带，洗完晒干叠好，用高压蒸了以后再继续用。

淮海战役的时候我是卫生班班长了，一个班有十几个卫生员。担架抬着一个一个的伤员下来了，大部分都是重伤员，我们得给他们包扎，照顾他们吃饭、睡觉、解大小便，这些都得管，白天黑夜连着干，不睡觉是常有的事。伤员大多数是年轻人，在我们医院包扎以后，顶多住一个晚上，第二天就往后方转了。战斗紧急的时候，我们就到前线去背伤员，背不动的我就拖着他下来，有救活的，也有没救活的。白天行军的时候，我还跟他们拉呱，打仗的时候他们就牺牲了。

我们解放军是人道主义，国民党军的伤兵也救治。淮海战役打完了，这些俘虏兵也治好了，愿意回家的发路费，愿意留下的就在我们这里干了。

伤病员有小伙房，吃的高粱比较多，有点小米就算是好的了。为了给伤病员改善生活，我发动群众推磨，把高粱推成面，我就烙煎饼给伤员吃。后方的供应运上来就有吃的，运不上来就得饿着。有时候我端着换药的盘子，又累又饿，站着站着就晕倒了，换药盘也掉在地下了。战场上的老百姓真可怜，吃的田薯根子，还有一种野菜"小根蒜"。我打小就会挖野菜，什么野菜我都认识，我领着两个班挖回来的野菜都够一个连吃的，全部送给老百姓了。

我们医院立功的人不少，大家干活都抢着干，能不立功吗？我也立了个四等功。

　　王洪山，1926 年出生，山东莒南人。淮海战役时为山东莒南县支前民工。

王洪山口述

(2016 年 7 月 20 日)

俺有这个积极性

共产党土改以后,给俺家里分了地。解放区政府宣传参军、支前光荣,村里一动员,俺就去支前了。俺村一起去的有十二个人,正好一个班。

俺记得是 1947 年正月走的,腊月才来家的,一整年啊,就跟着华野,解放军打到哪,俺们就跟到哪。俺是常备民工,吃的跟部队的一样,每个月还有几块钱的月贴,给的北海币。

解放军打孟良崮,俺也参加支前了,国民党军的飞机天天来轰炸,那一仗打得很激烈。俺用小推车送炮弹,一辆车子两个人,一个拉车,一个推车。一车推两箱,八个炮弹,没有箱子的炮弹就用麻袋装,一车能推十个,大炮弹一车只能推俩。俺一天得走百十里路,行军宿营跟部队都一样。孟良崮战役,俺立过两次功,可是立功证书找不到了。

打淮海战役的时候,俺是二线民工,有时候也往前线运粮食。一个区组织一个营,一个营有两个连,一个担架连,一个车子连。俺们大店镇是第四连,是个小车连。那个时候跟着部队去支前,俺不觉得苦,也从不叫累。为了打倒蒋介石,解放全中国,俺有这个积极性。

　　李祯祺，1922 年出生，山东莒南人，中共党员。淮海战役时为山东莒南县民工担运团二营营部文书。

李祯祺口述

（2016 年 7 月 20 日）

一切为了支援前线

1947 年国民党进攻山东了，那时候解放区唱的歌："国民党不讲人情，故意违反双十协定，反动大兵抓紧来进攻，前方的仗打不好，咱的家乡也危险了。"解放军要自卫战，打倒蒋介石。你不打倒他，他一来咱就没有命了，家乡也保不住。乡里动员"一切为了支援前线"，头一批去了二十个人。

农历三月初三，我也报名参加了担架队。一副担架四个人，我年龄最小，那三个人说："到了战场得四个人抬，你可别落下了。"到那以后，我们运的伤员是一个大高个，抬了六十多里路到了莒县，我衣服都湿透了。那时候我们出来支前，一天有三毛钱的菜金，我们四个人凑了点钱给大个子伤员，我说："钱不多，拿不出手，就当是拥军了。"伤员说："你们抬着我那么累，还给我钱……"没等他说完，我把钱扔下就跑了。那次支前，我三个月完成了三趟任务，评了两个大功，奖品是两条毛巾、两条肥皂，发给我一个功劳证。因为表现好，组织上还发展我入了党。

调到营部当文书

1948 年的 11 月，我报名参加了莒南县民工担运团，去支援淮海战役。两个民工推一辆车子，车上有四袋小米，二百斤重，年轻的时候出点力也不觉得累。我们到了新安镇，在那住一个晚上，前方没打，国民党的兵撤退了，拼了命地奔徐州跑啊，我们就跟着解放军部队在后边追。到了徐州南边的宿县，我们把粮食都推到了铁路南边的小归昌粮站。在那领了新任务，再上前线去转运。

过了几天，解放军的部队打土山，炮打得震天响，连机枪的声音都听不着了。解放军打碾庄，打得很苦啊。那一仗结束后，等解放军收拾了枪支、武器，打扫完战场，我们也到碾庄里边走了一趟，看到那些牺牲的解放军，埋了很多的小土坟，还插的木牌子。

我在民工队推了一个月的车子，上边通知我到二营营部去当文书。营部里头有营长、教导员，还有五个通信员、三个伙夫、一个管理员、一个医生、两个推车的，加上我一共十五个人。团里发下来的统计表由我来填写。统计表印得真清楚，你几时出来的，多少辆小车，运的什么，在哪里上的货，卸在哪里，运了几趟；出发时你有多少人，路上有多少开小差的，多少生病的，还缺多少鞋，缺多少帽子，都得统计上。一个营管着七八个连，哪个连有多少辆小车，多少人，缺多少，我把这些统计好交给通信员，他再送到团部去。团部下了指示，今天住在哪里，也是我来开路条，叫通信员拿着去通知各个连队。

完成任务回家乡

有一天，五连连长陈宝荣到营部来了，营长说："不开会，你来干什么？""还开会呢，俺那个连的人要走了。""你叫他走的？""俺说人家不听啊。"营长到了五连，有民工说了："两个月的任务完成了，俺得复员回家了。""你们不要开小差，这回完成了任务，比哪一回的功劳都大。"带民工确实不容易，得防着他开小差，还得保证民工吃饱饭，任务也很重啊。

那天，担运团的副政委、大店镇长赵岩松来了，对我们说："咱们全团复员了。"营长说："还有一个连在前方卸车，怎么办？"赵岩松对我说："我来说，你来写信，就说接到上级指示，全团复员，就等你这一个连了，叫他见到信就走吧。"我赶紧写了信叫通信员送去。

我跟管理员说："咱上战场看看，要枪去。"我们到团部开了介绍信，我俩加上通信员、管理员，去了四五个人。站岗的同志一看介绍信上写的找叶营长，他说："你们往东南走。"我们找到叶营长，要了一支枪。在那吃了饭往回走，路上看到国民党军的俘虏队伍长长的，咱们的民兵一趟一趟地往下押，那真是兵败如山倒啊。

　　齐金香，1925 年出生，河南西华人，中共党员。1938 年参加革命，淮海战役时任华野二纵五师十三团三营九连连长，中华人民共和国成立后曾任中国人民解放军兰州军区后勤部参谋长。

齐金香口述

（2016 年 8 月 4 日）

人民军队为人民

新兵到了部队以后，指导员经常开展思想教育：我们的任务是光荣而艰巨的，上战场不能怕死，一定要为人民立功，争取最大光荣。打仗的时候命令一旦下达，就必须得完成任务。特别艰巨的任务，比如爆破、架梯子，成立突击队，明知道去了就会流血牺牲，但是大家都踊跃报名参加。我立过两次功，是二等战斗英雄。打仗不怕牺牲，一切为了革命胜利，推翻国民党，解放全中国！这个信念一直支撑我勇敢向前。不光是我，整个部队都是这样。

淮海战役刚开始，我们部队从山东南下，过了陇海路，在徐州以东的马山打了第一仗，阻击徐州过来的国民党军。

后来，华野大部队包围杜聿明集团以后，我们就搞近迫作业，天天晚上挖交通壕，紧张得很，怕敌人突围。我们九连一直在郭楼防御。当时天寒地冻，战士都在交通壕里挖猫耳洞，没有棉被，就铺点麦草。虽然条件艰苦，但战士们斗志昂扬。合围敌人以后，我们转入战场休整，战士们天天拿着大喇叭在战壕里对着国民党军宣传喊话。包围圈里没有吃的，就靠着飞机空投食品，但国民党军有几十万人，根本就不够吃的。国民党军的士兵饿得没办法，天天晚上都有往我们这边跑的，枪一扔就成俘虏了。在战壕里过元旦的时候，后方送来了猪肉，我们都吃得很好。

咱们部队的战场作风和纪律都特别好。战争时期在老百姓家派饭吃，司务长都给写欠条。每到一个地方，我们都帮老百姓劳动，农忙的时候帮着收庄稼。老百姓对我们真好，军民一家亲。我穿鞋特别费，几天就得换一双鞋，都是村里大娘给做的鞋、缝的衣服。淮海战役的时候，咱们的粮食弹药都是支前的老百姓运来的，伤员也是老百姓抬着担架送往后方的。

好作风得民心

要想胜利，基层干部的作风问题很重要，这决定着我们的军队能不能赢得民心。当时组织教育我们基层干部要把握三条基本原则：一、打仗勇敢不怕死；二、生活作风不能乱来；三、不虐待俘虏，不贪污克扣战士的粮饷。这三条原则掌握住了，就能站住脚。

七十年过去了，我们党和人民军队艰苦朴素的传统不能丢。解放战争刚开始，我们解放军才一百多万，国民党军是四百多万。尤其是淮海战役，咱们六十万小米加步枪的部队打败了八十万美式装备的国民党军队。国民党为什么失败？第一，主要是国民党的干部风气太坏，腐败太厉害；第二，老百姓不拥护他。这些都是我们要吸取的教训。

我们共产党人不能脱离人民群众，永远牢记为人民服务的宗旨，这样才能得到人民群众的拥护和支持！

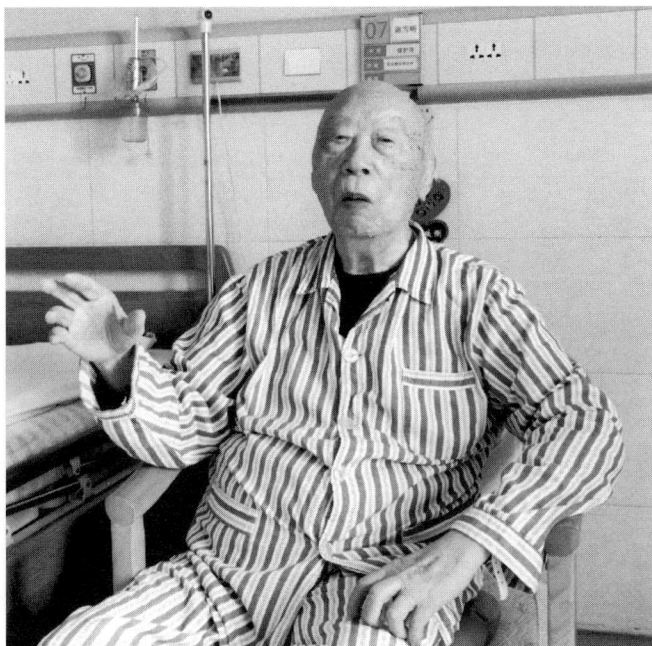

　　谢雪畴，1920 年出生，湖南宁乡人，中共党员。1938 年参加革命，淮海战役时任华野七纵二十师六十团政治委员，中华人民共和国成立后曾任中国人民解放军兰州军区空军副政治委员。

谢雪畴口述

（2016 年 8 月 6 日）

战火中诞生的《火箭报》

莱芜大捷后，部队挺进到胶济铁路一线进行整编。二十师六十团驻扎在胶济铁路上的王村镇。团政治处收到了华野政治部的一份通知，要求每个团创办一份油印的小报，专门刊登本团的消息。宣传股股长吴亮领着一帮干事来找我，要我给团报起个名字。我便取了"火箭"这两个字来命名。我对大伙说："名字好不算，还要内容好，这就靠你们当编辑、记者的会写稿，会组织连队战士来投稿，这些事就归宣传股股长吴亮负责吧。还要找个会刻钢板的，要是钢板刻不好，再好的文章印出来都没有人看的。只有钢板刻得好，字写得端正，配上花边图案，报纸才显得漂亮，人才喜欢看。"二营营部书记陶家政是小学教师出身，钢笔字写得好，让他来学刻钢板。师部的宣传科干事张苗生，小人画得好，同陶家政一起来编报、排版，把版面搞得很活泼、吸引人。再加上李锐锋文笔好，战士们的故事经他一写就活了。要办好团报，到连队采访时，主要靠连队指战员的支持。开会时，我给连长、指导员们动员，鼓励干部、战士把连队的好人好事都给报纸投稿。连队还有一些喜欢写稿的人，要特别发动他们、依靠他们。《火箭报》问世了，陶家政油印时，把"火箭"两个字加上了鲜红的油墨。报纸上刊登的消息都是连队战士们的好人好事、新主意、新人物、新消息，战士们看了很高兴。

《火箭报》出到第三十七期以后，便有几个团报找上门来要交换。我一有空就到宣传股去找这几个同志商量，怎么才能把连队写稿的积极分子都组织起来，怎么发现新人物、新故事，怎么抓住大家议论最多的人和事，连同牢骚怪话也反映上来。他们还买来漂亮的笔记本，发给这些人作为奖励。连队干部都以本连的好人好事能登上《火箭报》而感到荣耀，受到表扬的战士都把小报叠得端端正正，藏在自己的口袋里。到这年冬天的时候，纵队政治部专门颁布了对《火箭报》的嘉奖令。

最可惜、最令我痛心的是《火箭报》的主办人吴亮，他在淮海战役中献出了宝贵的生命。陶家政埋头苦干办了五年《火箭报》，解放战争结束后，在华东野战军第一次英雄模范大会上，他被华东野战军政治部授予"一等工作模范"荣誉称号。新中国成立后，《火箭报》被中国人民革命军事博物馆收藏。

一场干净漂亮的阻击战

淮海战役打响以后，国民党军黄百韬兵团从新安镇西撤，想退回徐州。但是十多万大军加上大量的辎重，只能从运河上的一座铁桥通过，挤落、踩死的人不计其数。过河以后，黄百韬的部队被华野包围在了碾庄圩。蒋介石命令徐州"剿总"副总司令杜聿明指挥李弥、邱清泉两个兵团东援碾庄圩。山东兵团指挥华野七纵、十纵、十一纵在徐州以东正面战场阻击援敌。

在大许家车站南面有个村庄叫大岳海，离它半里路还有个村庄叫小岳海，张怀忠师长命令我们六十团防守小岳海，不能让敌人一下子扑到大许家主阵地。我带领一营到小岳海看现场，从远处望过来，这地方是一片平地。我让战士们在距离村子二百米远的地方修了一条战壕，利用附近的坟堆和起伏的斜坡，又修了几座子母堡阵地，母堡故意修得高一些。我还让战士们在子母堡阵地上上下下随意串联，唯恐敌人看不出这是主阵地。每个连都组织了快速反击的小分队，配备轻机枪、冲锋枪、手榴弹，这些小分队就埋伏在子母堡两侧百米开外的战壕里。

第二天下午4点，邱清泉兵团第五军二〇〇师开始进攻小岳海。新五军的火海战术是很有名的，数百发炮弹落在我们的子母堡阵地上，显然这里就是敌人要打开的突破口。他们却不知这些子母堡是虚的，里边没有人。炮击过后，国民党军步兵一看时机到了，便从子母堡阵地上横冲过去，冲进了小岳海。机会终于来了，隐蔽在子母堡两侧的一营指战员猛烈开火，那些摆在战壕深处的机枪、小炮也同时向敌人的后尾开火，突破口上堆满了敌人的尸体，但那些后续部队还在向里冲。这时我命令小分队出击，封锁了突破口，那些冲进小岳海的敌人有的举械投降，有的已经到阎王爷那里报到去了。

战斗结束后，从三百多个俘虏中竟查出了五个连的番号。张怀忠师长夸赞我们："你们打得不错。"我笑着说："我是从《孙子兵法》上学来的，'虚则实之，实则虚之'。"六十团打了一场干净漂亮的阻击战。

血战大王庄

战役第一阶段结束后，七纵撤出大许家阵地，奉命向西南方向转进，在双堆集地区配合中野围歼黄维兵团。在双堆集附近，华野七纵同中野六纵碰头了，我们接过六纵的一处阵地，准备在这里参加战斗。七纵司令员成钧召集师、团干部在双堆集外面一处高地上观察战场地形。双堆集因两处古土堆而得名，东边一个土堆有三十多米高，顶是尖的，所以叫尖谷堆；西边五里开外有一个土堆，顶是平的，所以叫平谷堆。黄维兵团被中野包围以后，他把兵团司令部和特种纵队设在小马庄，用几百辆载重汽车装满沙土摆成一线，把战壕挖在汽车底下，构成了一个汽车阵地。紧靠小马庄不远有一个大王庄，只有几十户人家，黄维把最有战斗力的三十三团放在大王庄，和尖谷堆连在一起构成了一个村落阵地，以此作为兵团司令部的屏障。

七纵的任务便是拿下大王庄和尖谷堆。这里是平原，部队进攻时，敌人就会集中炮火射击，这种地形不能用大部队密集冲锋。所以我们第一步要做的，就是在平原上展开近迫作业，把人和武器隐蔽在地平线下，挖交通壕一步步逼近敌人，这样才能减少伤亡。部队利用黑夜展开近迫作业，天明后，敌人发现了便集中炮火轰击，还派出坦克碾压。我军对此也是有经验的，早就在交通壕里挖了可以藏身的地方，等敌坦克从战壕上碾压过去以后，再用火力切断跟在坦克后面的步兵，坦克失去步兵配合，就不敢单独向前冲了。当坦克掉转屁股再冲回来时，战士们又用炸药和集束手榴弹塞到坦克的后面，坦克被炸得瘫痪了，趴在地上动不得。敌人从炮塔里跳出来逃命，又被我们的步兵战士射杀了，有的战士还用庄户人家留下的秸秆点燃后去烧敌人坦克。经过反复争夺，我军逼近了敌人的前沿阵地。

总攻战斗发起前，我到前线检查部队的战斗准备。大王庄外边的一条水沟被敌人改造得又宽又深，挖出来的泥土形成了一个外围低、内围高的大堤。敌人在大王庄围壕外，每隔五十米便修下一座子母堡，仅村庄南面一片，就修了五座。村里的房屋基本被扒光了，梁柱、椽子、门板都被拿去盖了地堡。

第二天黄昏，二十师总攻大王庄的战斗打响了。炮火准备过后，四个主攻营在大王庄的南面和西面同时发起进攻。六十团二营教导员张本之率领尖刀排冲出战壕，遭敌战防炮袭击，张本之同他的尖刀排都倒下了。第二个尖刀排又冲了上去，趁敌人装填炮弹的时机，用冲锋枪夺下敌人的炮位，二营主力即刻冲进大王庄。三营的两支突击队用连环爆破扫清西南拐角的子母堡群和鹿寨，大部队突进了大王庄。就在我们团两个主攻营突进大王庄的同时，五十八团的两个营也从西面突破大王庄。

我们刚刚站稳脚，敌人的反击就开始了，密集的炮弹使整个大王庄都陷在一片火海里。我看情况非常危险，就让参谋打电话向师长报告，电话机摇了半天却没有回声，敌人的炮火太猛，电话线被打断了。我让参谋带个通信员到师指挥所去当面报告，参谋从战壕向村外跑了一气又转了回来，说实在不能走，到处都是炮弹，战壕都被炸没了。炮击停止后，敌人向大王庄阵地偷袭，被我们团打垮了。天放亮后，五十九团来接防，我带着两个营回到团部阵地，团长谢长华一见我就说："哎呀！炮火太猛了，我很担心，不知道你们还能不能回来……"

送给中野的轻机枪

五十九团接防不久，天就大亮了。双堆集的敌人一下放出两个团，在炮火掩护下迅速逼近大王庄，前沿阵地被撕开了几个大口子。大王庄已成了一片废墟，五十九团还来不及在庄里修起工事，敌人便杀进了大王庄的中心。中野六纵队四十六团赶来增援，从大王庄南面向大王庄里冲去，五十九团得到四十六团的增援，两大野战军的两支部队在大王庄会合，一下把敌人压退到半个村庄以外。血战到下午三四点钟，张怀忠师长打电话，让六十团派预备队去增援。一营营长钱锋把兵力分成两路，从东南角和西边突进了大王庄。

阵地东南角上，中野四十六团的一个连机枪打坏了，华野七纵六十团的战士便把一挺机枪送了过去，中野的战士问华野的战友："你们有什么困难?"六十团战士说："缺手榴弹，我们带来的手榴弹都快扔光了。"四十六团便送了两箱手榴弹过来。这个故事经过新华社前线记者的采写报道，广为流传。

战斗到12月15号，我军全歼黄维兵团，司令官黄维坐坦克逃跑，被中野俘虏。

第三阶段在河南永城围歼杜聿明集团，我们没有参加，部队在濉溪口休整，迎来了1949年的新年。

　　张伟良，1928 年出生，上海人，中共党员。1940 年参加革命，淮海战役时任华野六纵十六师四十六团一营三连政治指导员，中华人民共和国成立后曾任中国人民解放军兰州军区空军参谋长。

张伟良口述

（2016 年 8 月 6 日）

彭庄战斗身负重伤

淮海战役一开始，我们接受的任务是打郯城马头，目的是切断陇海路的东段。战役打响后，国民党军黄百韬的部队沿着陇海路往西撤，往徐州方向收缩。我们就追击他，把他包围在碾庄圩地区。

彭庄是碾庄的外围，由黄百韬兵团的一〇〇军防守，我们团的任务就是打彭庄，扫清外围后再向里边突破。一营是突击营，三连和一连同时向突破口攻击，两个连都打进去了，给彭庄守敌造成很大的威胁。敌人整营整营地往突破口反击，到我负伤的时候，我们已经反下去六次了，战斗中都跟敌人拼刺刀了。

敌人第七次反击时，我们连长牺牲了，全连就剩下我一个指挥员了，我就守在一个地道出口的位置上，用快慢机连续打死了四个敌人。后边的敌人继续冲过来的时候，我一扣扳机，没子弹了，就在我掏弹夹的时候，一个敌人举起冲锋枪对着我打，我一头栽进了一米多深的炮弹坑，当时就感到胸部像是要炸开一样。过了一会儿，通信员来救我了，他把压在我胸部的大土块挪走，血和土从我嘴里喷出来，我也清醒过来了。通信员把我背在身上，在地上爬着，把我带出了敌人的火力控制地带。

我的胸部中了两颗子弹，为什么却没有死呢？当时我口袋里有两个银圆，还有一块怀表，都被子弹打穿了，子弹打断我的肋骨以后也没力量了，再进去就打到肝脏了。肝脏负伤在战场上是没法救的，我这也算是捡了一条命。我养好伤回到部队的时候，才知道我立了二等功。我负伤的那天，爆破员张庚发跟着我打进突破口，一个人消灭了敌人一个机枪阵地，抓了七八个俘虏。我说："张庚发，你不准再离开我。"因为我手头能用的就这几个爆破员。结果，他消灭了机枪阵地以后，继续往里打，就在我负伤的时候，他也牺牲了。

张庚发是华东三级人民英雄，打仗勇敢得很，牺牲的时候才十九岁。这个人我印象很深，可是我不知道他家在哪里，家里是不是知道他牺牲的消息。后来我找人给张庚发画了像，和我的立功证一起都捐献给了淮海战役纪念馆。

人民军队的本色

毛主席经常讲，我们一刻也不能离开人民！我是 1945 年 4 月入党的，从参加革命到现在，无论遇到什么困难，我从来没有过离开革命队伍的想法，我一辈子跟着共产党，跟定了。我觉得做一个真正的共产党人不容易，要成为一个为党的事业奋斗终身的共产党员，那是非常纯洁、清澈的事情。像我们这些从战场上走过来的人，才真正感受到人民是什么！战争年代我多次负伤，都是民工抬着我，都是人民群众照顾我。所以，为了这样好的人民，我们流血牺牲都是值得的。

我当指导员的时候给战士们讲课，没多少理论，但是很实用。那时候我们的兵源绝大部分来自于战场上抓的俘虏，我们要把他转变成为人民军队的战士。国民党的兵多数是抓壮丁去的，都是穷苦人，同我们是一个阶级的，这是争取他们的最基本的力量。所以，要让他们明确几点：第一，你为谁当兵？原来为谁当兵，现在又为谁当兵？第二，你为谁拿枪？你原来拿枪是对着谁的，现在拿枪又是对着谁的？第三，你为谁流血牺牲？我们的父母，我们的人民，都是穷人，受压迫，受剥削，受欺负，共产党的军队是全心全意为了人民的。为谁牺牲？这最后的答案都有了。这就是我们部队战斗力最根本的东西。

我们解放军最反对、最忌讳打滑头仗。什么叫滑头仗呢？就是为了保存自己的实力，见死不救，见围不解。我打了这么多仗，但是我举不出一个见死不救的例子。哪个部队遇到危险和困难了，友邻部队就会不顾自己的牺牲，想尽办法来支援。战场上冒着生命危险去救受伤的战友，这样的事很多很多。

我们武器不如敌人，后勤供应不如敌人，但不管遇到什么样的敌人，我们都能战胜对手，靠的是什么？靠的就是我们部队听党指挥、不畏强敌、坚决夺取胜利的思想觉悟和行动，靠的就是把自己的一切献给革命事业的共产党员！

　　韦明，1925 年出生，江苏扬州人，中共党员。1944 年参加革命，淮海战役时任华野文工团戏剧股长，中华人民共和国成立后曾任中国人民解放军总政歌剧团导演。

韦明口述

（2016 年 8 月 8 日）

大军南下　乘胜追击

1948 年 11 月，我们华野文工团跟随大部队从山东曲阜南下，夜以继日连续向南行军。一天中午，我们刚刚抵达宿营地，搭好门板，解开背包，正准备休息，集合哨突然响了。前方总部直属机关和文工团全体人员立即在村头树林里集合，华野政治部副主任钟期光站在队伍前面，操着湖南口音，兴奋地挥着手臂："同志们！淮海大战已经打响了，徐州以东的陇海铁路被我先遣部队已经切成几段，敌人要从东西两个方向逃跑，我们决不能让敌人逃掉，敌人跑到哪里，我们就追到哪里！文工团立即分散下到战斗团队，紧随前线部队追上去……"会后，沈亚威团长就地留下我和另外七个同志，说："你们随我去八纵二十二师，部队的任务是向西先抢占运河铁桥，快回去睡一觉，下午出发！"

我躺在门板上，本来是想休息的，却翻来覆去睡不着。解放军战士穷追猛打，敌人狼狈逃窜，铁桥火光冲天，硝烟弥漫，一幅幅画面在我脑海中闪现，我抑制不住内心的兴奋，起身伏在门板上写下了这首《乘胜追击》的歌词：

> 追上去！追上去！
> 不让敌人喘气！
> 追上去！追上去！
> 不让敌人跑掉！
> 看！敌人混乱了！
> 敌人溃退了！

敌人逃跑了！

同志们！快追上去！

快追上去！

不怕困难，不怕饥寒，

逢山过山，逢水过水，

乘胜追击，迅速赶上，

包围他，歼灭他！

包围他，歼灭他！歼灭他！

写完《乘胜追击》的歌词草稿，我马上给亚威团长送去，他连看几遍，点头称赞，立即动笔谱曲。亚威是我最崇拜的作曲家，他以独特的生活洞察力和艺术的想象力，抓住夜行军急促有力的脚步节奏，作为全曲的核心，音乐从弱到强、从低到高、由远而近，发展转化为齐唱、合唱、多声部轮唱，创造出千军万马排山倒海的英雄气概！这首歌传唱起来以后，对部队的激励影响特别大。战士们听了《乘胜追击》，战斗热情高涨。现在我一讲起这些，还是很激动。

淮海战场的第一号捷报

华野大军把黄百韬兵团包围在碾庄以后，文工团通知我们迅速返回团部驻地，准备战地演出，整个节目演出事宜由我全权负责。我把反映战斗的新作品《乘胜追击》和陈大荧等创作的《抢占运河》列入原有的合唱节目，还排演了顾工新创作的活报剧《活捉王耀武》，再加上秧歌剧《买卖公平》《火线爱民》等节目，组成了一台形式多样、内容丰富、很具有战斗性的文艺晚会。

11月22日中午，碾庄战场的枪炮声逐渐寂静下来，我们正在广场装台，准备晚间的演出。突然，西北方向一匹白马飞驰而来，骑在马上的通信员手中挥舞着一捆快报："快看！捷报！全部歼灭了黄百韬！"沈亚威第一个跑过去，我们紧跟着上前，跳起来抢过快报，奔向全村高声呼喊着：

"快来看！快来看！黄百韬兵团全被歼灭了！"亚威团长手拿鲜红大字的捷报，坐在大树下凝神创作，很快就连词带曲写下了这首《捷报！捷报！歼灭了黄百韬!》。

演出的时候，我站在合唱队前，看着台下坐满了前线归来的勇士们，我就即兴编了几句鼓动词："同志们，你们打得好！我军围歼碾庄，经过十几昼夜激战，全部彻底消灭了黄百韬兵团，取得了重大胜利，让我们共同庆祝淮海战场传来的第一号捷报！"

追上敌人狠狠地打

国民党军杜聿明集团放弃徐州撤逃以后，粟裕司令员部署华野十一个纵队全线追击。在徐州以西的平原上，敌军拼命逃，我军飞速追。12月4日拂晓，解放军终于在永城东北的青龙集、陈官庄地区包围了杜聿明集团。

一天夜晚，我们在阵地后面的广场上演出，全副武装的战士们正在聚精会神地观看，突然来人传达命令："孙元良兵团突围了！"演出立即叫停，部队随后投入了战斗。第二天传来一个真实的笑话，国民党军的小兵拼命打头阵，当官的带着太太，连滚带爬地挤成一团，没命地逃……沈亚威采用当地河南坠子为音乐素材，以通俗的歌词，写了一首嘲讽、幽默、民间说唱式的合唱曲《狠狠地打》：

> 三个兵团挤一团，妄想逃过长江南，
> 有一个老二叫李弥，那个老大就叫邱清泉，
> 孙元良，数老三，
> 他们慌慌张张把路赶。
> 小兵腊子打头阵，大官小官随后跟，
> 官太太，一大串，
> 他们连滚带爬真难堪。
> 好家伙，二十五万，
> 他们想要逃命难上难。

……

中国反动派快完蛋，中国人民好喜欢。

假如他，不投降，困死他，坚决地打！

假如他，不缴枪，揍死他，狠狠地打！

揍死他，狠狠地打！打！打！打！

这首调侃、风趣的歌曲，演员们喜欢唱，战士们听了乐开了花。

随着全国战局的形势变化，淮海战场的人民解放军按照中央军委的指示，转入了二十天的战场休整。包围圈外边，解放军阵地处于相对稳定状态，几乎每天晚上都有演出，有邓友梅、梁泉新编的《淮海战役胜利腰鼓》，合唱又增加了陈大荧作曲的《挖工事》和沈亚威作词作曲的《狠狠地打》，我还先后排演了两部小歌剧《快碾胜利米》和《一样爱护他》。

淮海战役期间，活跃在前线的华野文工一团先后创作了四十余首歌曲，后来选定了其中九首歌曲，命名为"淮海战役组歌"。全国解放后，《组歌》唱遍大江南北，唱响全中国，出版了唱片、光碟等，一直流传至今。

文艺工作结硕果

1949年元旦晚上，我们在阵地举办庆贺新年的联欢晚会，派去前沿工事的演员马璇、黄石文等，不断地通过扩大器对敌喊话："蒋军兄弟们，快过来过个团圆年吧！听听我们这里多热闹，看看你们那边又冷又饿，没吃没喝地等死。""中国人不打中国人！要活命，快过来！"喊话声和锣鼓声响遍前沿阵地，形成了瓦解敌人的强大政治攻势，大批大批的国民党军趁着天黑，穿过铁丝网，爬过鹿寨，手拿白布，向解放军投诚。

淮海战役胜利结束后，华野文工团随华野政治部领导机关转移到徐州附近的乡村进行大休整，全面总结、评奖。后来经三野政治部批准，文工团立了集体二等功。因为我在战役全过程中创作了《乘胜追击》歌词，导演小歌剧《一样爱护他》以及《活捉王耀武》《快碾胜利米》《火线爱民》等优秀作品，充分发挥了战场宣传教育作用，领导给予我很高的评价和荣誉，成为我艺术征途中闪光的亮点。

1949 年 7 月，全国第一次文学艺术代表大会在北京举行。6 号晚上，大会为毛泽东主席、朱德总司令、刘少奇、周恩来等中央领导同志组织了专场音乐会，进行汇报演出。第三野战军文工二团代表华东地区演唱了《淮海战役组歌》。整曲唱完后，中央领导同志和全场观众响起长时间的掌声。毛主席边鼓掌边对身旁同志高兴地说："三野仗打得好，歌也唱得好！"

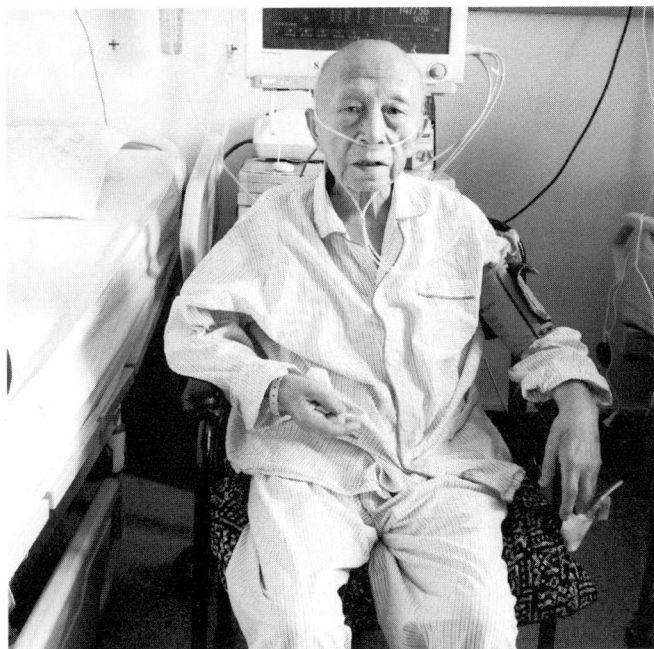

谭笑林，1920年出生，四川三台县人，中共党员。1938年参加革命，淮海战役时任中野六纵四十九团一营营长，中华人民共和国成立后曾任中国运载火箭技术研究院顾问。

谭笑林口述

（2016 年 8 月 9 日）

毫不动摇的理想信念

我参加革命、入党都比较早，虽然经历了很多艰苦的岁月，但是坚定的共产主义信念从来没有动摇过。1946 年在陕北，毛主席就提出要自卫反攻，如果没有政治上的远见，看不清军事形势，部队的信心从哪里来？1947 年刘伯承、邓小平指挥十二万人马千里跃进大别山，实行无后方作战。在大别山转战没有粮食补给，缺衣少穿，有些战士牺牲的时候都没有一身完整的衣服，肚子被打穿了都看得清清楚楚。即便是那么艰苦，我们的思想意志也从没动摇过。

打仗的时候，我们的战士都不怕牺牲，主要原因是思想工作做得好，让战士们心里亮堂堂。新战士来到部队以后，首先要让他们弄清楚参加革命的目的是什么。农村有很多恶霸地主，穷人的日子很苦，共产党进行了土改，给穷人分了地主的田地，要保卫胜利果实不被夺走，只有推翻、打倒压迫他们的人，才能得到彻底解放。

英雄的"襄阳营"

攻打襄阳城的时候，我从二营调到一营当教导员，我们的任务是打西门。经过战前动员，战士们都写了决死书，三连有个新战士姓吴，却坚决不肯写。我去找他谈心，了解到他是家里的独子，他人很老实，觉得自己做不到，所以坚决不写决死书。我对他说："这样吧，打仗的时候，我在前面，你跟在我后面，咱们一块儿冲。"战斗中，我们四十九团一营率先突破襄阳城西门，经过反复争夺，巩固了突破口。战后，纵队司令部、政治部授予我们一营"襄阳登城第一营"锦旗一面，全营记立特等功一次。

与华野"洛阳营"并肩战斗

黄维兵团是蒋介石最精锐的主力部队，他手下有一个三十三团，还有一个五十四团，是防守黄维兵团指挥部的主力团。大王庄战斗中，我们的兄弟部队消灭了三十三团。上级命令我们"襄阳营"和华野三纵的"洛阳营"并肩战斗，突破敌五十四团据守的野战集团工事。

战斗发起前，我带着各连连长到前沿阵地看地形。敌人的整个集团工事大致长四五百米、宽约三百米，从炮兵观察镜里看出去，集团工事外沿是一圈土墙，里面是环形防御阵地，还发现了几个比较大的子母堡。回来以后，我们发扬军事民主，从下面的战士到上面的指挥员，大家都在讨论研究这一仗究竟怎么打。怎么打坦克？大家就想出来用集束手榴弹和"飞雷炮"增加火力。敌人多层火力交织防御时，怎样进行接敌运动，怎么爆破攻坚，对这些问题都展开讨论。上战场以前，新战士都写了决心书，争当共产党员，不惜流血牺牲，为人民杀敌立功。

经过我军炮火急袭掩护后，我们迅速发起冲锋。打到西北面的时候，我看到了阵地东边穿着黄色军装的华野"洛阳营"兄弟部队，那也是一支英雄的部队。我们打进突破口以后，敌人多次组织反扑，我营新来的教导员李松珍刚到任十几个小时就在战斗中牺牲了，连、排干部伤亡也比较大，一连三排的班以上干部全部伤亡，就剩下三个战士仍然坚守在阵地上。我们"襄阳营"和"洛阳营"两支英雄部队团结协作，相互配合，经过一个多小时的激烈战斗，突破了黄维兵团的最后一道防线，歼灭了五十四团。这一仗下来，我们全营四百多人还剩一百多人。战后，一连三排荣获团党委授予的"武松武威"奖旗。

　　王毅，1931年出生，安徽阜阳人，中共党员。1947年参加革命，淮海战役时任中野豫皖苏行署随军干部工作队妇女队长，中华人民共和国成立后曾任北京公安大学附校校长。

王毅口述

(2016 年 8 月 10 日)

打入匪窝侦察敌情

淮海战役发起前，组织上把我从阜阳豫皖苏干训班抽出来，跟着工作队的魏国荣政委和洪队长搞征粮，当时我才十七岁，担任妇女队长。

我们工作队的一百多个人分到"王老人集"区，住在黄寨。王老人集是个土匪窝，大土匪头子下面都有个千儿八百人，还有国民党的大褂子队、反动会道门、地主武装，就是一个黑窝。我们派了好多人去征粮都征不到，魏政委讲："小王，你化装成要饭的，打进去摸摸情况。"

接受任务以后，我就剃个光头，脸上抹的锅灰，浑身腌拉巴臜的，化装成要饭的男孩，挎一个破篮子，篮子底下抹上大粪，里边放个烂碗。集上有个小饭馆，我跑去要饭，怕别人听出我是女孩子，就小声说："给点吧，给点吃的吧。"有人掰了半个馒头给我，我就跑到草堆里坐那吃。吃完以后，我就在外面走走看看，各家各户都关门闭户，没有人敢出来。我看到有一家的门半开着，就走到门口，一个老奶奶看见我说："这小孩从哪来的?"我说："要饭的，给点吃的吧。"老奶奶就叫我进来了。等我跟她说明来意，老奶奶就哭着跟我说："我儿媳妇被土匪糟蹋后自杀了，儿子和老伴儿跟土匪拼死了，就剩我一个老太婆，还要给土匪推磨做饭。"正讲着呢，外面狗叫了，她说，"你赶快钻磨洞，不然他们崩一枪，你就没命了。"磨洞里都是驴粪，我钻进去以后，老奶奶就拿个长簸箕把洞口挡上。土匪回来就在那吃饭，我藏在磨洞里，听见土匪讲："今天吃好喝好，这两天我们准备打黄寨，把那一小撮子共军给他消灭掉。"我听得清清楚楚的，打黄寨，这怎么办? 我得赶回去汇报啊。土匪吃完走了，老奶奶讲："出来吧，他们走了。"

黄寨设伏全歼匪徒

我连夜往回赶，向魏政委汇报。魏政委连夜跑到阜阳汇报，调来豫皖苏军区的部队，都带着枪埋伏在周围，寨子门楼上架着三挺机枪。过了两天，土匪都没来，第三天白天还没来，队长说："小王侦察错了吗，怎么到现在还没来啊？"正讲着，照明弹亮了，土匪举着火把，大声喊着："刀枪不入！刀枪不入！"呼啦呼啦往前闯。我们早就把寨门的吊桥拉起来了，机枪对着他们扫射，土匪们冲不进来，有的掉水沟里上不来，剩下的就往回跑。后面的国民党大褂子队、反动会道门又哇哇叫地过来了。我们的几挺机枪"嗒嗒嗒"都响了，埋伏的解放军把这一大群人包围在中间，高喊："缴枪不杀！"我们这一仗肃清了周边的土匪武装，缴获了好多枪支弹药。

土匪消灭了，可是征粮任务还没完成。我们发动老百姓带路，找到地主老财的粮仓，解放军在那里看管着，我又去组织老百姓用大车、小车，肩挑背扛把粮食送到阜阳军管所的粮仓里，接连干了二十多天，完成了征粮任务。魏政委讲："粮食问题也解决了，你就跟着部队到前线去吧。"

淮海前线转运物资

我们跟着部队到了双堆集，这里到处都是我们的军队，战壕挖得很宽。我们按照部队的要求，在一个村子里设立了支前运输队和担架中转站。挑选能干的民工、民兵往前线送弹药，回来时，我们就从战壕里把伤员背在身上，在地下爬，一直爬到有担架的地方，然后再送到战地医院，就是这样火线救伤员。

我们跟敌人的战壕离得很近，解放军就朝敌人喊话："我们都是人民子弟兵，志愿参军的，你们都是抓来的壮丁，给蒋介石送死的，不要为他们卖命了，赶快到我们这边来。"我们扔馒头过去，敌人也饿极了，今天晚上过来十个八个，明天过来一个排、一个连。馒头不够吃怎么办？我就往后方传话："赶快连夜蒸馒头送来。"第二天天还没亮，就看见老百姓来了，用自己家的被面子、被里子包着馒头送来了。淮海战役结束，我立了二等功。

军队打胜仗离不开老百姓，人民想当家做主人，坚决拥护共产党。所以现在我们也要把生活搞好，让老百姓都过上好日子。

　　印邦昌，1921 年出生，江苏泰兴人，中共党员。1938 年参加革命，淮海战役时任华中工委《新华日报》华中版发行科科长，中华人民共和国成立后曾任中共中央对外联络部研究员。

印邦昌口述

（2016 年 8 月 10 日）

《新华日报》受欢迎

我们印刷厂经常转移，配合军事、战局的发展，我们就是前方的后方、后方的前方。所以在不同的时期，印刷厂也有不同的叫法：大众书店印刷厂、《江潮报》印刷厂、韬奋印刷厂、《江海报》印刷厂、华中《新华日报》印刷厂。当时《新华日报》主要发行到华东地区，我们的上级领导是华中局，陈丕显是负责人。

淮海战役前后，报纸要改二日刊了，油墨、纸张要增加，发行渠道也需要增加人力。社长说："印邦昌，你要负责把报纸印刷、发行出去。"编辑部编好了报纸，拿到我们印刷厂，要先印出来看一看版面行不行，有没有错别字。《新华日报》编辑部委托我，印刷和看大样都由我管，我签字以后就可以印了。淮海战役解放军打胜仗是常事，每天都有人告诉我，今天打了个什么仗，这个仗打得怎么样，一有好消息，报纸上就登。

那时候报纸发行，有军邮有民邮，军邮也要依靠民邮的支持帮助，才能保持发行的畅通，以最快的速度送达读者手里。我们的报纸还能发行到国统区，《新华日报》发行到南京，今天发明天就到。

对于搞政治工作的人来说，报纸很重要，早到一个钟头和晚到一个钟头可不一样，人家在那儿等着呢，怎么军邮还不来啊？地方的干部群众，一看到邮政局送报的来了，高兴得很，又可以看报、听消息了。我看到这些情景很感动，回去以后，我就经常睡在机器旁边。工人说："厂长，机器这么响，你在这儿也睡不着。"我说："没有事，你们弄你们的，在这看着印得快一点，报纸就可以早一点送到读者手里，我心里也高兴。"

保证印刷发行的畅通

　　说个发行方面的小故事。有一个地方，驻着国民党的地主富农武装，就霸占那个大江口，我们地方上的还有军队上的报纸从那经过，就被他们扣下了。后来军邮的同志，就是军队搞发行的人，来问我这个事怎么办，我给他出了个主意，可以起威慑作用。我们在镇中心的大树上挂了一个葫芦，我带着军邮的同志开枪。那天真是巧得很，我第一个就打中了目标，军邮同志的枪是连发的，"嗒嗒嗒、嗒嗒嗒"，好家伙，一下把树打个大窟窿。从那以后，不管地方的、军队的，就是一个人背着报纸走过，那些地主富农武装也不敢再去捣乱了。

　　印刷报纸用的油墨、材料、纸张，这许多东西都是从上海方面弄来的，我有自己的秘密渠道，从来不公开。印刷厂不光发行报纸，还印刷其他东西。第一种，套色印刷的识字课本；第二种，印地图，大版的军事地图；第三种，双面印刷，比如歌剧《白毛女》的剧本，原来都是手抄或油印的，其他地方都没办法印，只有我这儿可以印。剧本铅印出来以后，既正规又清楚，大家都抢着要，十分珍贵。另外我们还印钞票，江淮银行的华中币。其他解放区的东西传过来，我们马上就可以翻印。

　　章汝达，1928 年出生，江苏南通人，中共党员。1947 年参加革命，淮海战役时任华野二纵四师十一团司令部书记，中华人民共和国成立后曾任中国人民解放军空军工程学院副院长。

章汝达口述

（2016 年 8 月 16 日）

带头参军的乡长

我教过书，当过小学老师，1947 年我就当乡长了，还是支部书记。前方打仗要兵，我第一个报名，带头参加了解放军。很多年轻人一看乡长都参军了，我们也去！我们如皋乡一共去了四百八十六个，被县里评为参军先锋乡，还送了一面奖旗。我们这些人对党、对解放军印象好，知道共产党是为老百姓服务的。

到了部队，老战士教我们怎么瞄准、怎么打枪、怎样匍匐前进、怎么送炸药、怎么点火，就练这些东西。一个月后，我们编到了二纵四师十一团。我一直在团部工作，首长叫我送信就去送信，叫办什么事就去办什么事。团指挥所距离前线大概有三百公尺。每次战斗，团里会派出突击排、突击连在前面冲锋开路，打开突破口，这时候冲锋号一吹，几个连、几个营一起冲上去，很快就把敌人阵地攻下来了。

把话讲到战士的心坎里

部队的政治工作威力很大，教导员、指导员、支部书记，平时没有那么多话，也没那么多词语，简单讲几句，号召力却很强，因为他们把话讲到了战士的心坎里。大家都是穷苦人，家里的地是共产党土改分的，房子也是共产党分的，是共产党给了我们希望和获得感，所以大家都感恩嘛。战斗前，连队里边主要讲："同志们、战友们，上级交给我们任务，一定要消灭敌人，大家怎么样？"战士们都喊："消灭！消灭！消灭！"有的战士讲："我要当突击队！""我要去爆破组！"自告奋勇去完成艰苦的战斗任务。部队里边，老兵一般都是党员，只要党组织一号召，党员都是冲锋在前，没有往后退缩的，从不考虑个人生死问题。

诉苦教育改造俘虏

淮海战役，我们基本上没挨过饿，吃的高粱饼子是老百姓用筐送来的。敌人断粮了，骡马也宰吃光了，只能指望飞机空投些物资下来。1949年1月10号，淮海战役胜利了，国民党军的俘虏被押下来了，路过我们伙房门口，看到高粱面窝头，冲上去就抢。我们一看秩序太乱，就派了一个班在那维持秩序，让他们一个一个来。

战役结束以后，我们团驻在山东和河南交界的一个地方，我们对俘虏讲："你们如果想回家，我们给你们发路费，愿意留的就留下。"结果很多人都留下了，因为他们也是穷人，很多是被抓壮丁抓去的。那时候我们自己的兵和新解放战士，有的部队比例是一半一半，有的部队新解放战士比老战士还要多。我们股五个人，有两个是解放过来的。接下来就是组织新解放战士诉苦，谁是被抓壮丁的，谁的亲人是被地主害死的，谁在国民党军队里受军官打骂压迫的，再说说家里的地是谁分的。让他们感受到是共产党让穷人翻身做了主人，解放军和老百姓就是一家人。

不敢面对众乡亲

淮海战役下来，我从家乡带去的兵没几个了，基本上都牺牲、负伤了。所以很多年我都不敢回家乡，因为我不敢面对众乡亲，我怕他们问我要人啊！你回来了，我家的儿子、我家的孙子到哪儿去了？

我们司令部也有伤亡，牺牲了一个，白布一包，就近埋了，没有棺材。第一参谋王根义，腿被打断了。还有一个大学生，名字记不清了，他的腿也被打断了，1952年我在南京荣军学校见过他一次。

教育深刻的一件事

部队到杭州以后，住了三天，又开进萧山训练了一个月。上级派我带一个排到蒋介石的老家去，把他家的东西登记造册，把门封起来。当时我们很久没洗澡了，身上有味，我就拿了三十二个背心，每个人发一个，还有一条毛巾。后来组织上知道了，给了我党内严重警告处分。因为没有请示上级，就私分了物品，违反了纪律。从那以后，我特别注意遵守纪律，这件事对我教育非常深刻。

　　赵之一，原名张世健，1923年出生，江苏武进人，中共党员。1940年参加革命，淮海战役时任华野特纵坦克大队大队长，中华人民共和国成立后曾任上海市经济委员会副总工程师。

赵之一口述

（2016 年 8 月 25 日）

为老百姓打天下

坦克大队有八十多个人，很多是广东兵，因为广东兵都有一些文化。还有一些解放过来的俘虏兵，他们的驾驶技术好，让他们教大家开坦克。后来我们就自己培养坦克驾驶员和炮长。

我们坦克队配合步兵打了一连串的仗。济南战役的时候我在坦克里负伤了，现在背上还有弹片没有取出。有一次，我们几个人正坐在一起开会，我刚坐下，正好有人喊我出去，一个战友就坐在我的位子上，没多久一个炮弹打进来了，把他炸死了。我如果不是被人喊出去，可能也被炸死了。

打碾庄的时候，白天国民党军飞机经常来轰炸，所以我们都是夜里战斗。坦克有照明灯，夜里打黄滩，我也在那指挥。孙恒树的那辆日本小坦克带着步兵的爆破手，接近地堡时送炸药、炸地堡。国民党军不知道我们解放军有坦克，所以我们去了以后，他们还以为是自己的坦克呢，等我们开火了才明白过来，吓得不得了。

打郭庄和太平庄，我用无线电指挥战斗，坦克本身有无线电，那一仗非常激烈。《淮海大战亲历记》那本书上有我写的文章，比较详细。炮手凌国鹏的双腿被炸断了，他在牺牲之前还交了最后一次党费。战场上，共产党员都是很勇敢的，为了革命，为老百姓打天下。

　　鲁凡平，1927 年出生，上海人，中共党员。1944 年参加革命，淮海战役时任华东军区测绘室测绘大队副队长，中华人民共和国成立后曾任中国人民解放军兰州军区第二十三测绘大队政治委员。

鲁凡平口述

（2016 年 8 月 26 日）

测绘工作是军队的眼睛

华东军区司令部测绘室驻在山东临朐，大概有一百六七十人，分成测绘队、训练班、印刷厂、总务股四个部门，从测量到绘制再到印刷，我们是有分工的。

军区首长对我们测绘工作很满意。首长们指挥打仗，没有地图不行，因为它是指挥员的眼睛，地图比金子还宝贵。我们的地图是用印钞票的道林纸印制的，道林纸是军用品，要通过地下工作关系才能买到。有的地图还要用绸布来印，方便指挥员携带。

从济南战役开始，我们的测绘工作出现了一个新的问题。要进攻大城市，收复大城市，需要大城市的地图。另外，敌人在济南城里搞了许多工事，还要有敌人的工事图。工事图是地下党通过地下渠道秘密送出来的，我们通过分析，综合绘制成地图册，再发放给部队。济南解放后，许世友司令员专门带了猪肉来慰问我们，他说："你们减少了部队好多伤亡，要没有这个工事图啊，我们的伤亡代价就大了。"当然，地下工作者做了大量的工作，我们在这个基础上加工了。他说："你们加工得好啊，发到部队，部队看得懂、用得上，这就不容易了。"

城市解放了，可是我们三五天以后可能就要撤退了，所以测量员就要赶快把城市的地图校对好。有的地方还没有地图，怎么办？只好靠步测或目测，真正使用仪器正规测量是到全国解放以后了。济南解放后，华野准备淮海战役，要到徐州周围跟敌人作战，要我们测绘部门事先做好准备，这个战场是多大，我们心里也并不清楚。

淮海战役我们集中了那么多的部队，大量的地图要翻印，地图至少要印到三千份以上，最高达到五千份，工作任务很重。地图通常发放到营级单位，除了特殊需要，一般都不会发给连级。

我们不光是要测绘印制地图，还有一些其他工作。譬如密码改了，密码本不能送到工厂去印，因为这是绝密的，怎么办？就由我们测绘部门印刷好之后送给情报部门，他们再发下去。还有通信线路图，我们的电话线是怎么架设的，虽然不能把所有的东西都在线路图上标示，但是主要的干线要有标识，首长才能心中有数。类似这样的工作增加了，忙起来我们每天要工作十七八个小时，晚上用小油灯照明，有的同志打瞌睡，把帽檐都烧焦了。

我与陈洁同志的战友情

陈洁同志老家是广东的，她第一次参加革命是 1942 年，当时她在绍兴义乌同乡会办的一个学校读书，学校里有一些思想进步的青年，七八个同学约好一起到苏中抗日根据地去参加革命，陈洁当时还不到二十岁。以后因为日伪军扫荡、清乡，这些学生年纪又小，组织上精兵简政，就安排他们回家了。我参加革命的引路人叫徐岩，当时也在这个学校当教员。1944 年年底，我在上海第一次见到陈洁。当时我就感觉到，她是一个新女性，很大方，不娇气，跟上海的很多女青年完全不同。她对自己要求很严格，尊重自己的独立人格，言语中都是向往着回到革命队伍里来。

我到浙东根据地以后，曾经托人带过信，让陈洁他们和我弟弟一起到浙东来。他们几个一商量，决定再次参加革命。陈洁经过革命队伍艰苦斗争生活的锻炼，能够下决心离开生活比较稳定而且条件要好得多的上海，第二次参加革命，不简单，不容易。

到了浙东以后，她在浙东鲁迅艺术学院学习。那时候鲁艺不是专门搞艺术的，是一个开展政治教育的地方，陈洁唱歌还是在青年剧团打的基础。她有一个很好的优点，从不讲究工作的高低，有相当一段时间，她就是保管衣服、搞搞化妆。因为她去得晚，人家都是老人了，她就是新人，实际上她也是老同志了，本身艺术修养还是可以的。她从来不叫苦，她给我写的信里面也提到这点，看别人在做，她就学习。一直到了华野一纵二师文工团，她最后的那个单位，才担任主角，在歌剧《白毛女》中演"喜儿"，她在艺术上是非常钻的。

我跟陈洁最后一次相见，是1946年的8月，离现在正好七十年了。当时她在山东野战军第一纵队，部队经过临沂，我们军部就在临沂，她过来了，我俩见过一面。以后部队外线出击，越来越远，通信都很困难。一纵外线出击的过程非常艰苦，部队减员也很大，又遇上微山湖附近发大水，南北有三条河，那时候陈洁和战友们经常泡在水里头，像她这种女文工团员坚持在前方确实不是个简单的事。后来有一次敌机轰炸，她在文工团的一个战友被炸塌的墙压死了。那次以后，陈洁想到自己会有牺牲的可能，她给我写的最后一封信中讲，自己也做好了牺牲的准备。

1949年1月10号，就在淮海战役最后胜利的那一天，国民党军已经失败了，派飞机来轰炸，陈洁就在那个时候牺牲了，牺牲在战争胜利的最后一步，就差那么一步！

陈洁牺牲以后，组织上让一个炊事员到临沂，把她的东西送给我。这个炊事员就讲，陈洁在排练的时候，就把他当成"杨白劳"，在他面前表演。他讲，我看着心疼啊，我们都叫她"喜儿"。

　　栾玉峰，1929 年出生，山东烟台人，中共党员。1945 年参加革命，淮海战役时为华东军区测绘室绘图员，中华人民共和国成立后曾任中国人民解放军兰州军区第二十三测绘大队资料室主任。

栾玉峰口述

（2016 年 8 月 26 日）

服从命令三次调动

我刚到部队是学医的，后来发现我晕血，就把我调到药房干司药，不久又调到电话局。国民党军进攻山东的时候，有一段时间，我们女同志就留在老百姓家里"打埋伏"。我们有三个班，我是班长，有两个班在海阳县，一个班在牟平县。我们穿老百姓的衣服，在老乡家住了三个多月。有国民党还乡团来摸岗，我们就得赶紧转移。

"三查三整"结束以后，1948 年 1 月，我调到华东军区测绘室工作，在临朐训练了一个月，学习绘图。测绘兵的部队，过去大家知道得比较少。我们一个班有四个男同志、五个女同志，李旭之副主任培训我们，我学习还是很好的。

在华东军区测绘室工作期间，有个机要参谋要设计一批密码，上级派我去协助他工作。他对我要求很严，规定每天用的试笔纸都要烧掉，严格保密，半年不准跟家里通信，也不准外出。我们每天都在一个房子里写，大概干了个把月，完成了这项临时交给的任务。

紧张有序的测绘工作

我们绘图的工具，包括小笔尖、绘图笔、大量的纸张，要从日照——那是山东解放区的商埠——通过地下党和来往敌占区的商人从上海买来的。那个小笔尖叫"359"，纸张都是印钞票的纸，这些物资弄来很不容易，也非常宝贵。

有时候来了突击任务，我们绘图员要连续奋战两三个月，干完就要生一场病。打淮海战役，我们几乎每天都要加班画图，有时候二十四个小时连轴转，困了就用冷水洗把脸，回去睡一两个小时，起来再干。天冷就得烤火，要不然墨水就冻上了。我们有四个组，组长负责标图，拿到我们这里来，好多都是断面图。工事图挺大，是一本一本的，有平面图也有断面图。三组组长写图名，四组组长搞设计。我们使用的一般都是缴获敌人的地图，用汽水纸把它蒙上，再去描、画，画下来以后印刷，印刷之后就可以交给部队使用了。

　　尹联，1925年出生，广东东莞人，中共党员。1941年参加革命，淮海战役时任华野特纵坦克大队区队长，中华人民共和国成立后曾任中国人民解放军装甲兵长治训练基地副司令员。

尹联口述

（2016 年 8 月 26 日）

我的战争回忆

1938 年，日本鬼子占领我的家乡。十六岁那年，游击队的小队长黄布动员我出来当兵，第二年我就入了党，后来调去给东江纵队副司令员王作尧当警卫员。1946 年 7 月，东江纵队北撤到山东后，我被分到华东军政大学学习。1947 年 3 月，华野特纵坦克大队在山东沂水县成立，那个时候，特种纵队有两个参谋，就到华东军政大学去挑人。要身体条件好，一般都得有高小文化，我记得从东江纵队挑了四十八个人，其中就有我，当了坦克兵。

坦克大队刚成立，只有五辆美式十五吨的坦克，都是缴获国民党军的，它的炮最远能打八公里。后来有个驾驶员开着行军的时候，翻车烧掉一辆，只剩了四辆。

打碾庄圩的时候，国民党军有工事，有地堡。张仕忠是小坦克区队的队长，他开着八吨的日式小坦克，带着炸药，开到敌人阵地前面。碉堡不是有个洞嘛，坦克屁股一掉对着它，把这炸药送了，他就开着坦克走了。

后来打郭庄，我们打过去，国民党军就跑了。我是车长负责指挥，驾驶员姚永国车头一转，把坦克一直开到敌人前面，把他们又拦回来了。在前平庄这个地方，打得比较激烈。坦克英雄沈许就是打前平庄立的功，我的战友凌国鹏也是在前平庄战斗中牺牲的。

济南战役我立了二等功，淮海战役立了三等功。这些立功奖章和奖状，我要留给子孙后代，让他们记住革命胜利来之不易，要好好珍惜现在的和平幸福生活。

　　贾德发，1922 年出生，山西稷山人，中共党员。1938 年参加革命，淮海战役时任中野四纵十三旅三十八团三营营长，中华人民共和国成立后曾任中国人民解放军上海警备区副司令员。

贾德发口述

（2016 年 8 月 26 日）

枪声就是命令

淮海战役的时候，我们四纵的武器装备比在大别山时期好一点。我所在的营下辖四个步兵连、一个机炮连，有八百人左右。步兵连有用汽油桶做的"飞雷炮"，威力还挺大，只要有炸药就能用。机炮连有两个机枪排，六挺机枪；还有一个炮排，三门八二迫击炮。

黄维兵团被包围在双堆集以后，组织兵力向外突围。团长给我个任务，说是敌人往那个方向跑了，你带着部队去追。当时天那么黑，团长手往那一指，那是什么地方、叫什么村、走什么路都没说，就给了我这么一个任务。我就发愁了！这个任务说重要也重要，说具体也不具体，既没路又没地点，我到哪去找啊？那个时候老百姓都跑光了，想找人问个路都不行。只有一个办法了，就是听到哪里有枪响，就往哪个方向走，听着枪声追就行了。紧赶慢赶到天亮，我们营到达了敌人的突破点，这里是兄弟部队防守的，他们打得英勇顽强，阵地上留下许多国民党军的伤员和尸体。

28 号这天，我军全线出击，一下打乱了敌人的部署，黄维兵团各个军、师之间电话不通，电台也失去联络。在这种情况下，旅长陈康命令我带着三营直奔双堆集"敲脑壳"——攻击敌人的兵团首脑部。我营立即出发。由于守敌很快恢复了建制和通信联络并立即组织反击，旅长陈康得知后迅速派人将我们营追回，这是很险的一次。

思想工作讲方法

咱们的战士有一部分是从解放区参军的，还有一部分是俘虏兵转变过来的解放战士。我们营的解放战士占百分之六十以上，做他们的思想工作，主要是用诉苦的方法，也让他们自己去比较解放军和国民党军的好坏，这样更有说服力。

在行军路上，教导员、指导员要收集连队里的好战士、好干部的事迹。准备宿营的时候，全营集合起来，我就讲，今天行军路上，哪个连、哪个战士有哪些方面比较好，再说说哪个差。这样一比较，以实际例子来教育部队，这是最重要的教育方法。第二天早上出发之前，全营还要集合，留一部分人去打扫院子，借老百姓的东西去送还，检查群众纪律遵守得怎么样。

有这么一个例子。我们一个班长晚上烤火，不小心把衣服烧了，他就把一个俘虏兵的衣服脱了，自己穿上了。我们去清点俘虏的时候，这个俘虏就在那哭，我说："你哭什么？"他说："我的衣服被扒掉了，冻得不行了。"我问他："是哪一个人扒你衣服的，你能认出来吗？"他说："认不出来。"我说："认不出来就要查，是谁把俘虏的衣服脱了？"这个班长就说："是我把他衣服脱了。"我说："你脱他的衣服，难道他不冷吗？"班长赶紧把衣服脱了还给俘虏。俘虏很感动，决定留在我们部队不走了，这个解放战士叫蔡文华。

赓续光荣传统

解放战争时期我几次立功，三次负重伤。第一次负伤是当连长的时候，子弹打中了我的左下唇，又从上嘴唇钻出来，是贯穿伤。我受了伤不能讲话，没法指挥，本来那一仗还可以打得更好一点的。宛东战役我第二次负伤，左脚脚跟贯穿伤，我是营教导员，在营里有威望，负伤也不下火线，继续指挥。战后中野四纵司令部、政治部给我记了特等功。第三次负伤就是打淮海战役的时候，腹部贯穿伤，子弹从前面打进去，在后面斜着打出来。这次伤得比较重，后来评了二等残废。

那时候部队里很团结，特别是生了病、负了伤，大家都互相关心。打仗的时候团结配合得也很好，比如你主攻，他打阻击配合；他主攻，你配合。大家从不计较谁的伤亡大，更不计较谁缴获的多、谁缴获的少。

打仗没有不死人的，但死要死得有价值。我们团在战争年代一共牺牲了三十五个营长、教导员，有我认识的，也有不认识的。现在想啊，他们得到了什么？他们得到的是老百姓的拥护，那是革命军人的荣誉！我们团的一营是英雄营、钢铁营，还出了全国战斗英雄张英才，我们俩以前搭过班子，他是营长，我是教导员。部队的光荣传统为什么能够一代一代地传下来？就是因为信念教育、荣誉教育，打起仗来才英勇无畏。有的同志说："明知道那是要死人的，却往那冲，只有这样才能够战胜敌人！"

　　刘仲修，1928 年出生，山东潍坊人，中共党员。1945 年参加革命，淮海战役时任华野八纵二十三师六十七团参谋处教育参谋，中华人民共和国成立后曾任中国人民解放军海军指挥学院训练部副部长。

刘仲修口述

（2016 年 8 月 27 日采访）

指导员也是战斗员

那个时候打仗多，差不多每个月都有一两次。连长、副连长、指导员、副指导员都要带头指挥，连排干部伤亡大，一年都换好几茬。

指导员要摸清战士们的思想，做好政治动员，本身也是一个战斗员。如果自己做不到，要求排长、班长、战士去做的话，人家内心也不服。要想在一个连队里面站住脚，有威信，首先一个打仗要带头，要冲在前面。如果没有这一条的话，在连队里面当指导员、副指导员是站不住脚的。你讲话，人家口头上不反对，心里也不服，就说你打仗不行，是卖狗皮膏药的。我在连队当了几个月的副指导员，指导员牺牲后，我代理指导员，凡是要求战士们做的，我首先要做到，而且要比战士们做得好。特别是打仗，冲锋在前，退却在后，这一条必须要做到。

争送第一包炸药

爆破送炸药包伤亡率挺高，大概有百分之七十。爆破组都是自愿报名的，有党员，有战士，党员占的比例大。大家都知道爆破组伤亡最大，这次去有可能就会牺牲，还都争先恐后地去报名，争着送第一包炸药，那个场面很感人啊！

爆破时两人一组，有一个是党员，第一个人没有完成任务，第二个人继续完成它，第一组没有完成，第二组继续上。打安丘县城时候，进攻北门，那地方两道城门，当时有六个爆破组，前面三个组都牺牲了，后面三个爆破组陆陆续续地炸开第一道门，然后再炸第二道门。为啥不怕死？在那个场合、那个环境下，大家都是这个样子的，既然已经参了军，尤其作为一个共产党员，个人的生死无所谓了，必须那么做。

战前开班务会，战士们纷纷表决心：第一条，坚决完成战斗任务，不怕流血牺牲；第二条，轻伤不下火线，重伤不哭；第三条，我说到一定做到，你们监督。还有的人站起来挑战："今天晚上考验咱们每一个人，看看谁是英雄，谁是狗熊！""今天晚上见，战斗打响了以后见！"大家都说："好，向你学习！""你挑战，我应战！"那个气氛是非常非常浓的，都是些年轻小伙子，确实是说到做到的。如果在连队里面，光耍嘴皮子，得了个"怕死鬼"的名声，人家根本看不起你。

教育参谋管训练

我们团有一个参谋处，有五个参谋、一个书记，还有一个通信员。五个参谋是怎么分工的呢？一参谋管作战，二参谋管侦察，三参谋管通信，四参谋管管理，五参谋管训练。我是五参谋，管训练，也叫教育参谋。

在两个战斗之间有个间隙，休整期间就是练习打仗。我们解放军的战士，每个人都要掌握三大技术：射击、刺杀、扔手榴弹。其他的，比如爆破，不是每个人都要去，但是在战前都要反反复复地练习。除了爆破，战场上有壕沟、有水壕，所以还要训练架桥。事先准备好架桥的用具，不是临时去找什么门板子，都是制式化的。这些训练很有必要，打碾庄的时候就用上了。

碾庄圩突击模范连

碾庄的水壕宽窄不一，水深齐胸。打碾庄一营是第一梯队，把木桥架上以后开始突击。敌人有火焰喷射器，一喷火把桥面给烧着了，突击队伤亡比较大。一营失利了，没打进去。第二次，团里决定换三营打。我跟着张书香副团长来到三营，三营决定九连打头阵，副营长李浩去九连指挥。团首长下到营，营长下连队，这叫"靠前一级指挥"。我们组织战士开"诸葛亮会"，讨论怎么打。因为当时离水壕很近，水有多宽、多深，都能看得到。大家说，这次不用架桥，我们可以涉水过去。战士们还提前把棉衣里的棉花掏出来，准备涉水作战。

总攻打响后，纵队炮兵团集中了五十七门火炮，半个多小时发射了千余发炮弹，把敌人前沿防御的火力点打得差不多了，打得敌人抬不起头来，为部队创造了冲锋陷阵的条件。

副营长李浩带着九连三个排齐头并进跳下水壕，一下水他就喊："同志们，考验我们的时候到了，共产党员要带头，翻过圩墙就是胜利。"尽管我们的炮火打了半个多小时，但有些火力点没有完全摧毁，过水壕的时候，国民党军的火力还是非常凶猛的。我把绑腿裹到膝盖上边，绑得紧紧的，水从腰里面进去冰凉刺骨，几乎每一步都能踩到牺牲同志的遗体。九连涉过水壕，突破了碾庄圩第一道圩墙，从这里到第二道圩墙中间是一片开阔地，民房不多，我们部队打进去以后，伤亡还不大，进展比较快。黄百韬兵团部周围还有两个军，他想从周围调兵增援，切断我们的后路来夹击我们，结果一个团刚出动，就被我们六十八团歼灭大部。敌人拼死抵抗，我们马不停蹄继续往里打，一直打到碾庄，三营伤亡了三分之一。

我们和九纵几乎是同时打进碾庄的。九纵在南门打，我们八纵在东南角打，我们六十七团三营九连战后被授予"碾庄圩突击模范连"，九纵七十三团是"济南第一团"，也有一个"碾庄战斗模范连"。战斗当中，我们团跟九纵七十三团都架了电话线，随时互相联系，哪边战斗吃紧，另一边都会去支援。咱们部队打仗的时候，团结协同得非常好。

撤离战场时发生的故事

打下碾庄圩后，为防止敌人飞机空袭，上级决定，立即轻装撤出战场。我团撤离时，我跟着团长马连辉一起行动。拂晓后，我们走到陇海铁路的时候，突然听到炸弹下落时和空气摩擦的声音，抬头一看，国民党军两架 B-24 飞机就在我们头顶上盘旋，往下丢炸弹，我大喊一声："卧倒!"我怕马团长受伤，就冲上去使了个绊腿，连推带绊地一下子把他摁倒了，我顺势趴在团长身上，警卫员小李紧接着又趴到我的身上。这时候好几颗炸弹就在我们周围爆炸了，掀起的泥土埋了我们半个身子。我们挺幸运的，团长马连辉安然无恙，我也没负伤，趴在我身上的警卫员小李背部受了点轻伤。

事后，马团长说："我当时正在考虑下一步的行动计划，没听到炸弹往下落的声音，不知道你俩为什么突然要那样做，我很生气，还骂了你们，我觉得很内疚。"其实，当时我根本也没听到团长骂人，也不知道打哪来的力气，连推带绊地就把团长弄倒了。这件事马团长一直念念不忘，他几次给别人说过，说我这个人对同志有深厚的感情。

以战养战　边打边补

淮海战役刚开始的时候，我们团两千六百多人，打碾庄伤亡了九百多，到第三阶段的时候，我们团壮大到两千七百多人，以战养战，一多半都是补充的俘虏兵。

改造俘虏我们团搞得比较好，打孟良崮俘虏了国民党军的六〇炮手，经过战场动员教育，他们立即掉转炮口反击国民党军阵地，打得准，命中率很高，说明他们是真心实意地跟着我们。这些俘虏兵，有的是国民党部队抓壮丁抓过来的，有的是花钱雇的，都是劳苦大众，穷人多。淮海战役第一阶段打碾庄的时候，有一些就是孟良崮战役的解放战士。

打完第一阶段，我们追击的时候，部队穿啥衣服的都有，老百姓看到搞不清楚，就问：你们到底是国民党军还是解放军？所以那个时候，解放战士都希望里里外外全换上解放军的衣服。但被服从解放区运来不容易，解放战士又比较多，一直到最后衣服都没换。连队文书给他们登记姓名，要不然牺牲的时候就不知道身份了。

我们围困国民党军的时候，包围圈离得很近，阵前喊话劝降，那些解放战士现身说法，很有效果。国民党的兵偷跑过来，还有的带着枪跑过来。对这些解放战士，该表扬的表扬，该记功的记功，这就叫"以蒋介石的骨头熬蒋介石的油"。

纪律严明　战无不胜

战场纪律，就是服从命令听指挥。这是建立在思想自觉的基础上，上级指到哪里，我们就打到哪里，战场上都是争着抢着去完成任务。打碾庄缴获的武器、弹药、物资，由华野统一组织后勤方面的部队去接管，专门打扫战场，这也是战场纪律的一部分。因为战斗一结束敌人的飞机就来丢炸弹，缴获敌人重武器、物资、弹药也带不走，能带走的就是俘虏兵。

人民解放军来自人民，彻彻底底为人民而战。无论是在战场还是在驻地，部队遵守群众纪律都非常好。那时候一到村庄里面，见了老百姓可亲了，违反群众纪律是绝对不允许的。

淮海战役是大兵团作战，咱们部队的粮食供应都是统一调配的，和以前的小战役不一样，因为我们有后方支援，而且周围都是根据地。老百姓前送粮食弹药，后送伤病员。整个淮海战役期间，我们没饿过肚子，吃得还可以，填饱肚子就是了，有时候也能吃到大米饭。好多江南的兵，以前是新四军部队的，他们都说："终于吃到大米饭了。"

我们在兵力、装备都不占优势的情况下，能够以六十万打败八十万，取胜的原因最主要的是党的正确领导、人民的支援、部队的英勇顽强。

　　吴彬，1924 年出生，浙江义乌人，中共党员。1939 年参加革命，淮海战役时为华野一纵二师文工团员，中华人民共和国成立后曾任南京铁路分局机关党委副书记。

吴彬口述

（2016 年 8 月 27 日）

文工团的工作

我们纵队文工团有七八十个人，有演员、乐队、道具、服装、化妆，比较正规，文工团主要的工作就是演出、宣传、鼓动。文工团员都是多面手，像我还会拉二胡，一般都是在排练的时候学，演出的时候就要用。我们到部队演出，是一个师一个师轮着来。后来各个师都成立了文工团，从纵队文工团抽了一部分人下去当骨干，我、陈洁、金瑛、郭峥四个女同志就分到了二师文工团。二师文工团有二十来个人，女同志很少，歌剧《白毛女》陈洁演"喜儿"，我演"白毛女"，金瑛演"黄世仁"的母亲，还有各种角色，女同志不够就到医务室的卫生员里边去挑。战士们特别喜欢陈洁演的"喜儿"，她个子小，唱歌也挺好的，很受战士欢迎。扮演"黄世仁"的演员是从上海来的，他演得很好，每次演到"白毛女"打他的时候，我都忍不住使劲地打。

有时候部队白天晚上连着行军，战士们很疲劳，我们也很疲劳，但还是要想办法做宣传鼓动工作。一次行军路上，我们女同志向老百姓借个草帽，把帽子倒过来，当中放点野草野花，弄得像个花篮一样，用花被单当裙子，边跳边唱"花篮花儿香"，战士们都特别高兴。消息传到后面的队伍，说前面有文工团在表演了，大家一听也不觉得累了，迈开大步往前走。打仗时，我们提前了解基层的英雄人物、好人好事，临时编成快板词去战壕里面表演，鼓舞部队士气。

文工团也不是光搞文艺工作，打起仗来也要去战场抢救伤员、护理伤员。当时条件很差，有时候伤员下来也没有房子住，就在一片空地上铺点麦草，把我们的衣服脱下来给伤员盖上。淮海战役时，文工团个人立功的比较少，大多都是集体立功。

她牺牲在胜利的那一天

淮海战役胜利结束的那一天，我们文工团的同志去打扫战场，有人去收集弹药，有人去抬担架救护伤员。当时领导说："战役刚结束，敌人飞机肯定要来轰炸的，你们女同志不要去。"但是我和陈洁坚决要去。到了战场上，我们把捡的手榴弹、子弹一堆一堆放在那儿。敌机飞来时，开始飞得很高。我的视力很好，看见飞机过来了，正在往下扔炸弹，就喊："飞机来了，炸弹下来了。"然后就一下子跳到壕沟里面。一阵轰炸后，掀起的泥土把我埋在里面起不来，一个战士把我拖出来，拽着我边跑边说："快跑，赶快跑出去。"就在这时我听见后面有人喊："有个女同志牺牲了。"我说："不对，还有个女同志，肯定是陈洁。"我把手一甩赶紧往回跑。我们文工团的两个男同志已经把陈洁抬过来了，说："吴彬，陈洁不行了，陈洁不行了。"我一看，赶紧说："你们不要抬，赶快放下做人工呼吸。"他们说："我们已经做了。"我说："不行，不行，放下来，再做，再做。"可是再做，陈洁还是没有呼吸了。

我们住的地方离战场很近，我一定要把陈洁背回去。男同志看我哭成这样，就把陈洁背回我们住的地方，我一边哭，一边用水给她身上全部擦干净，找了一身干净衣服给她换上。晚上就一个油灯，我就坐在那一直看着她。文工团的战友进来说："吴彬，你坐在那也没有用，陈洁活不过来了。"

第二天，我找到司务长，让他到老百姓那儿去买棺材。有一个老大爷真好，把自己的寿材送给了我们，我们把陈洁放进去盖好。棺材有了，埋到哪里去呢？老百姓说："就把她埋在这个地方吧，以后每年清明我们都会给她扫墓的。"

怀念我的亲密战友

我永远怀念我的亲密战友金瑛和陈洁同志。金瑛也是在淮海战役中牺牲的。当时师里在一个学校大礼堂开动员大会，政委话还没讲完，国民党军的飞机来了，领导说："大家不要一起走，几个几个地分散开。"我们离开礼堂后，飞机还在那儿盘旋，我们就躲在一个平房里面，陈洁和我在墙壁的这边，金瑛在墙壁的那边。结果炸弹下来把好多房子都炸塌了，金瑛前面的那堵墙也倒塌了，把她抢出来时已经牺牲了。飞机轰炸后，部队要等天黑了才能行军。陈洁拿了一个本子，一直在那写。我说："现在这么紧张，你在那儿写什么？"她说："金瑛就这么牺牲了，万一我也牺牲了，我要给鲁凡平留封信。"那就是陈洁的最后一封信。

陈洁是我最要好的战友，我们两个一直在一起，她对我很好，干啥都照顾我。行军时帮我拿米袋，她说："吴彬，我就怕你走不动。"其实我身体比她好，她年龄比我大一点，个子比我矮。陈洁有件毛衣，是她自己织的，一直不舍得穿，却给我穿了，还有件好的绸衬衫也给了我。有时候老百姓慰劳部队，就有点猪肉吃，她把好的、瘦的都留给我，她对我就是这样好。

　　王克，1931 年出生，安徽萧县人，中共党员。1944 年参加革命，淮海战役时任华野二纵五师十三团连文化教员，中华人民共和国成立后曾任中国人民解放军总后勤部部长。

王克口述

（2016 年 9 月 9 日）

执行命令就是胜利

淮海战役是我经历的一次气势磅礴的大决战。一般的战斗，部队规模一眼就可以看出来，有两匹马的是个营部，有十几匹马的是个团部。而淮海战场上是一眼望不到头的行军队伍和无数匹疾驰的战马，队伍跑步前进时扬起漫天灰尘，真是一幅万马奔腾、壮观无比的战争画卷。徐州周边基本都是平原，没有遮挡的地方，部队的调整变动，进攻防御的方向，互相看得都很清楚。两个纵队都向前走，右边这个纵队突然向左拐，左边这个纵队突然向右拐，行进中的部队经常会变动方向，迅速向敌人发起进攻，这样的调动很频繁。遇到敌人逃跑，我们在后面紧追，将敌人包围起来后，从中间插进去分割。当时战士们有一句话："中央的电台是发发发，我们的脚板是啪啪啪，发发发、啪啪啪，我们一起杀敌人。"每次接到命令、传达命令的时候都是十万火急，来不及动员、解释，但不容半点怠慢。千言万语落实到一句话：执行命令就是胜利。

对敌喊话 攻心为上

淮海战役第三阶段围困杜聿明集团，利用战场休整的时间，解放军开展了三项工作。

第一项是恢复战斗组织。我们部队从第一阶段就开始打，一直打到包围杜聿明集团，当时一个连有三个排、九个班，每个机枪班和步枪班都要相应增加人，重新调整战斗组织。

第二项是抓紧战前练兵。前几仗来不及休整补充，这时候补入的新兵比较多，就得抓紧时间在战场上训练，包括武器怎么使用、仗怎么打、战场上要注意哪些情况等等。

第三项是广泛地对敌发起政治攻势。包括对敌喊话、写信、送食品等，目的是瓦解敌军，争取敌人尽快缴械投降。

我的任务是对敌喊话，宣传我军的俘虏政策，瓦解敌人的军心。当时没有麦克风，我就用硬纸板糊了个喊话筒，每天晚上在战壕里对敌喊话。喊话要注意政策，还要根据敌情变化去改变喊话内容。

杜聿明集团三十万人，刚被包围时思想混乱，不服气且心里烦躁。我就喊："蒋军官兵们，你们已经被包围了，想活命的就缴械投降，解放军优待俘虏。"之后我做了一些调整，更加注重喊话中的感情："弟兄们，你们家里都有妻儿老小，不要再给蒋介石卖命了，放下武器回家吧。"谁家里没有妻儿老小呢？这句话喊出去以后，我发现敌人慢慢平静下来了，似乎都在思考问题。后来跑过来的俘虏告诉我，他们现在没有吃的，每天只能喝一碗稀饭，有的甚至找牛粪、马粪中还没消化掉的豆粒充饥。

根据这个情况，我又一次改变喊话内容："你们连吃的都没有了，再顽抗下去死路一条。"然后我让战士们把吃的放到阵地前方，接着喊道："在你们阵地的左前方有三棵小树，最高的那棵树下边，有几筐包子和馒头，你们拿去吃吧。"隔一会儿又喊："右前方有两个草堆，中间那个地方有包子和馒头。你们放心，我们不开枪，你们去拿吧。"我们特意把吃的放在两个地方，以防他们都往一处挤。这时候有个敌军官高喊："骗人的，不准去！"我接着讲："骗不骗，你自己不会去看看吗？"过了一阵，就看见有人猫着腰出来了，到左边去了一些，到右边去了一些。吃了包子以后，有的兵零零星星地跑过来，后来便三五成群地跑过来投降。

这样喊话的效果很好，但是也很危险。我一喊话，敌人那边就开枪，近的打到我前面的松土上，远的从头上就飞过去了。跑过来的人告诉我，打枪的是他们连长指定的射手。后来我就对他喊："我告诉你，你的名字我也知道了，我不叫你的名字，现在弟兄们都在那看着你，你不要罪上加罪。"我喊了以后他就不打了。

阵地遇险

有一天喊话时间比较长，我感到很疲劳，就在战壕里边找了一个防空洞，在洞口躺下来休息。还没有睡着，副营长过来了，他一看我在这躺着，就用手捅捅我："小伙子，往里边挪一挪，这里不安全。"我说："副营长，你到里边去吧，我在这歇一歇就走。""好吧，你往里边挪挪。"我就往里边翻了个身，刚挪到洞口里边拐弯的地方，一发炮弹落到地上，震得我耳朵也疼头也疼，浑身都是土。我用劲抖抖土，伸出头一看，副营长已经躺在血泊里了，我赶紧一边大声喊卫生员，一边靠近副营长。他已经不行了，想说话也没法说了，抬起手虚弱地指了一下，我就明白了，说："副营长，我们一定给你报仇！你放心，我们一定把敌人消灭掉。"副营长就这样牺牲了。

最后的总攻

杜聿明集团被围困了将近一个月，已经处在弹尽粮绝的境地，接连下了好几天大雪，国民党兵饿死、冻死了不少。蒋介石派飞机空投粮食。他一投，我就在那喊："你们该怎么拿怎么拿，我们不开枪，也不会拿你们的，你们放心。"但敌人非常混乱，早到的开枪打后边到的，后边的开枪打前边到的，为了争夺空投的食品互相残杀。

经过战场休整，我们的兵员、粮食、弹药都得到了补充。1949 年 1 月 6 日，最后的总攻打响了，华野各路大军对拒不投降的国民党军发起攻击。我们五师负责歼灭穆楼的守敌，总攻一开始就进行炮火袭击，我跟着部队向前一直冲到敌人纵深阵地。期间我还有些纳闷，怎么没有敌我争夺呢？一般炮火袭击后我们第一梯队先往前冲，和敌人反复抢夺阵地，直到最后巩固才算结束。到第二天我才意识到这么顺利的原因：敌人饿得没力气反抗，而我们吃得饱，士气昂扬。经过四天四夜的激烈战斗，杜聿明集团被我军全部歼灭，杜聿明也被解放军活捉了。

胜利的原因

　　淮海战役已经过去很多年了，那宏伟的战争场面、残酷的烽火硝烟，我记忆犹新，历历在目，感慨良深。淮海战役的胜利，主要有三方面的因素：

　　第一，有毛主席、党中央的雄才伟略、英明指挥，有部队执行命令的坚决彻底，才能做到运筹帷幄、决胜千里。

　　第二，人民群众是我们的靠山，他们衷心爱戴、全力支持人民子弟兵。部队伤亡大，老百姓送亲人上战场；部队缺粮食，老百姓推小车送粮食到战场；我们的同志受伤和牺牲，是民工用担架抬下去的。

　　第三，战友们不怕牺牲，英勇善战，无私奉献。我们在交通壕底下挖的防空洞，里边放的都是炸药包。战斗紧要关头，即使没有命令，战士们都会主动抱着炸药包冲向敌人阵地。

　　淮海战役的参战经历，是我人生中宝贵的精神财富，永远都不会忘记。

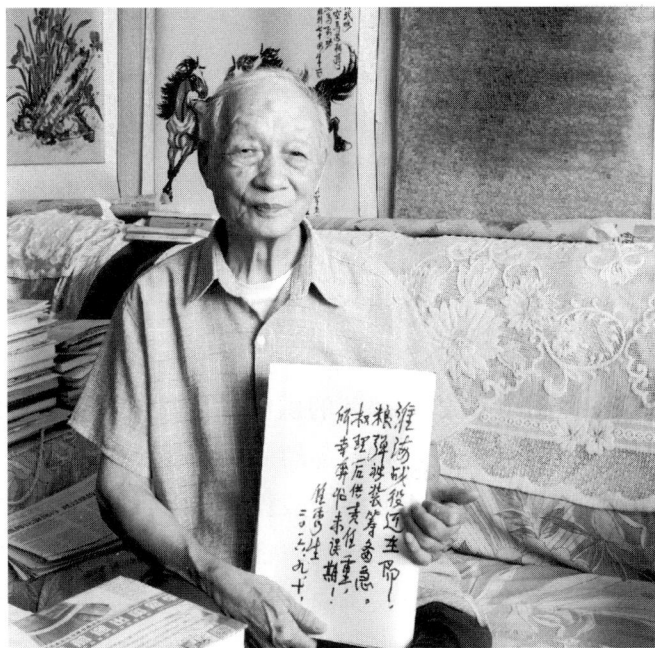

　　任秀生，1923 年出生，河南睢县人，中共党员。1938 年参加革命，淮海战役时任华野六纵供给部副部长、华野后方供给部代理部长，中华人民共和国成立后曾任中国人民解放军海军后勤部副部长。

任秀生口述

（2016 年 9 月 10 日）

临战代理部长一职

淮海战役的时候，我是华野六纵供给部副部长，同时也是华野后方供给部代理部长。华野供给部有两部分，一部分是随着野战部队行动的，叫前方供给部；留在后方的叫后方供给部。后方供给部的任务是秉承前方供给部的意志，负责整个前方野战部队的供给，去调拨、调运、协调，我个人感觉，前方供给部等于是后方供给部的一个办事处。

济南战役以后，华野准备发起淮海战役，华野供给部的领导同志借调我去华野后方供给部工作。华野领导当时都在曲阜开会，我去曲阜孔林找王必成、郭化若、江渭清三位首长，向他们汇报这个情况，我说自己不能身兼两职。王必成司令员说："野战部队任务正紧张，正需要人，你得赶快回来。"当时因为医生说我有心脏病，二尖瓣狭窄，禁不起大炮震动，当然我也不相信，经过那么多战斗也没有震死。我就把医院的证明信拿给首长看了，郭化若一看信就知道情况了，他说："你还年轻，到华野去吧，对身体有好处。"王必成司令员还是没表态，皮定均参谋长说："好吧好吧，华野需要他。"这样，我就到华野后方供给部去了，主要负责筹集调运被装、粮弹，组织起来往前方供应，补充部队。

解放区和新区的供给情况

战争时期的供应方法，我在解放区根据地所经历的大概有三种，而在新区又是另一种情况，我分两段来讲。

解放战争时期，蒋介石重点进攻山东解放区，敌我都是几十万人，部队很多，也很拥挤。我们这时遇到了极大的困难，那就是粮食供应。

保证供给的第一种方法，就是依靠根据地政府、人民群众、粮站，地方的保证还是很有力的。第二种方法，每一个部队行动到一个地区，规定好哪个部队到哪个粮站去领粮。粮食取了以后，除了当天吃的之外，每人有一个干粮袋，把剩下的粮食装满，大概能装三五斤。第三，1947年的时候有文件规定，每一个纵队配属三百辆独轮车，跟随纵队行动。这是个好办法，但也有很多困难和缺陷。因为部队行动往往是急行军，车子跟不上。另外，夜间行军时，人、马都有摔下去的，推小车更艰难，跋山涉水过不去，就会有损失。虽然有困难，但是大部分小车还是能够跟随部队，保证基本的供应。

这三个办法总体来讲，保证了基本供应。淮海战役时期的供应，根据我的了解，基本上就是这样的。

淮海战场的周围，向北、向东、向东南是老区；向西是商丘地区，也是老区；向西南、向南是新区。新区又是另一种情况，困难比较多。多在什么地方？

第一，解放军外线出击以后，新区的部队是密集的，敌人也是密集的，敌人拉过来，我们拉过去，这就增加了人民的负担；第二，新区办事人员都是国民党的旧人员，一般来说，这些区长、乡长都是有很多罪恶行径的，他们一听说解放军部队来了就望风而逃，我们所能依靠的就是保、甲长等基层人员。根据党中央、毛主席的指示，不能采取过去打土豪分田地的办法，收效不大，要纠正红军时期的缺陷，除了极为反动的国民党政府的旧人员以外，其他一般的基层人员要继续使用，但是要派有力的人员监督，避免他们趁机加重人民负担。譬如我要三百斤粮食，他给老百姓派五百斤，要杜绝这种多派粮的现象。虽然有明确的规定，但下边还是有困难。部队是大军，每到一地，一个村子住着一个营、一个团，这是很常见的，这一个营、一个团都让这一个村子来负担，就很困难，但我们也没有别的好办法。

我们华野六纵供给部当时是这样规定的：千方百计统筹分配，避免自己制造矛盾。师里能统一就由师里统一，师里不能统一，就要求团里、营里要统一。比如一个团驻在三个村子，三个村子要统筹分配；一个营驻两个村子，几个连要统筹分配。国民党军就是内部互相抢粮，我们绝对不能有那种现象，有多多吃，有少少吃，大家饥饱基本平均，要保证部队的团结、部队的体力、部队旺盛的精力，解放军各部队互相帮助、同甘共苦。

健全手续　获信于民

怎么样才能取得人民的信任？相关手续就很重要了。

抗战时期，虽然那时候部队少，但是敌伪摧残，人民贫困，也很困难。我们每到一个地方筹粮的时候，群众有顾虑，积极性不高，就怕粮拿走了，最后部队没消息，粮食打了水漂。怎么才能使他们放心呢？就是禁止打白条。过去连的司务长、营的供给员，随便就开了一个条子，收了你多少粮、多少草，签了个字。1940年的时候，我在新四军六支队三团军需处做军需主任，自己设计了一种粮草票，像肥皂块大小，自己刻蜡版、油印，上边标注多少斤、多少两、部队的番号、经手人，把名字空起来，数量空起来，盖上军需处的方印，方印大小大概一寸半，正好占了收据的一半。群众一看有大印，就增加了对我们的信任度，也提高了交粮的积极性。

根据抗战期间的工作经验，我说，到了新区更要这样，要千方百计给群众一个像样的收据，要有手续，经手人是谁，经过什么人筹办等，来增加对我们的信任度，提高他们的积极性。不然的话，部队一到新区，两眼一抹黑，也不能一家一户地去筹粮，那样也来不及。

另外还有一个用钱的问题。那个时候，钱都是上级拨的，没有统一的货币。一个根据地有一个地区的银行，在山东是北海币，河北是冀币。北海币用的面比较广，华野在山东基本上都用这个。但山东与河北这两个地区的经济状况不同，币值相差很大。我只记得猪肉的币值，这两个币值一个是五百块钱一斤，一个是一千五百块钱一斤，差了三倍。部队的行动是赶战机的，特别是急行军，一天一夜一两百里，没有时间去通知变换币值。冀币突然到北海币地区，或北海币突然到了冀币地区，用起来很困难。不能强制让群众接受，只有做政治宣传，原则上是不让老百姓吃亏。让他们相信解放军，革命一定胜利，建立政权以后不会亏待你，可以抵公粮、抵税收。

接任三野审计处处长

当时部队的编制体制是这样的，整个机关是司令部、政治部、供给部、卫生部。红军时期也是司、政、供、卫，卫生部是独立的，不由供给部管，但两个部门供给关系很密切，卫生部需要物资器材都是供给部给办，所以供给部和卫生部的关系往往都很好。我当过几任供给部部长。

平津战役还没结束，部队就统一整编了，野战军改编为一野、二野、三野、四野，供给部统一叫后勤部。司、政、后，当时也叫三总部。军队建立了独立的审计部门，过去审计部门是在供给部，由财粮科负责审计。建立审计处后，我就从代理后方供给部部长这个岗位离任，去做三野后勤部第一任审计处处长了。

我到任以后，1949 年 1 月中旬在徐州参加了一次兵团以上的供给部长会议，他们让我来主持，也说明对审计工作的重视。我爱人秦云同志负责会议的接待工作，那时我们刚结婚，就住在云龙山南边。

组建学校　调到海军

三野的后勤部部长是刘瑞龙，在淮北时，他是我们的老领导之一，也是老红军，我们都很熟悉。当时我们后勤机关驻在无锡，他给我讲："秀生，我给你个任务，很重要。你赶快去趟苏州，那里有好多流亡的大学生，你去招一批大学生，办一个高级后勤干校，我当校长，你当副校长，做教育长。"我说："行！"那个时候分配什么就做什么，二话不说。他派了一辆吉普车，我带了一个警卫员就去了。在苏州招的学生不够，我们又到嘉兴，总共招了几百人，带到昆山，这个学校就宣布成立了。

张爱萍司令员接管上海以后，我爱人在上海军管会工作。后来，张爱萍司令员带一部分人要创建海军，就叫我到华东军区海军报到，我去了以后，就一直留在海军工作了。

　　南启祥，1936年出生，山东鄄城人，中共党员。1948年参加革命，淮海战役时为中野一纵二旅五团通信连司号排司号员，中华人民共和国成立后曾任中国人民解放军辽宁省军区副司令员。

南启祥口述

(2016 年 9 月 11 日)

新兵的"怕"与"不怕"

我父亲叫南永安，在中原野战军一纵队二旅五团当炊事员，我是五团通信连司号排的一个小兵，参军时只有十二岁。我们父子俩为什么同时参军？因为没饭吃、没衣穿、受压迫、受剥削，为了有衣有饭、翻身解放参加的革命。那时候根本不懂什么是社会主义，什么是共产主义，没那么高的觉悟。到了部队以后，慢慢就有觉悟了，就是要跟着共产党打倒蒋介石，解放全中国！这样人民才能翻身解放，分田分地，当家做主。

有人问我，你十二岁当兵怕不怕？说实话，怕！淮海战役第一仗，枪一响，一下子把我震住了，我浑身发冷，哆嗦打得像筛糠一样。但这种怕，不一定是怕死，马上回过神来，听到冲锋号响了，看到部队往前冲锋，就不怕了。

小小司号员

那时候我们只有四种通信工具——无线电发报，骑兵通信，徒步通信，军号也算一个。所以说，军号也是指挥员，连长在哪，司号员就在哪，既是指挥工具，又是通信工具。

这把冲锋号，我吹给你们听听，"嘀嘀嘀嗒嗒嗒"，哆来咪发索，这叫拔音。冲锋号最有劲，最能鼓舞士气。只有打仗的时候才吹冲锋号，平常起床、吃饭、集合、午睡、晚饭、熄灯，这些是一天当中的生活号。

连长下命令吹冲锋号，我得离开他一段距离，根据时间、地势来决定，离开就行，有时候是一个坟包，有时候是一条沟，避开指挥员，就是保护指挥员。敌人听到军号声就会开枪，子弹扫过来，打死我也就算了，必须保护指挥员。

冲锋号吹响之后，连长、指导员往前面一站，手一挥："同志们，跟我冲啊！"马上跳出战壕，端着枪边打边冲。敌军官拿着枪喊："弟兄们，给我冲！"让士兵冲，他不冲。两军相遇勇者胜，你的枪压过敌人，他就完了。国民党军兵败如山倒，没了士气，也没战斗力了。

把敌人引进"口袋阵"

淮海战役打响后，黄维兵团的十一师从南边过来了。我们团在涡阳、蒙城打阻击，原计划阻击五天，结果没到五天，敌人拂晓前就突破了，我们被迫往后撤。那一天，我们遇到个情况，前边有敌人，后边也有敌人。我们成连、成排地往后撤，前边打着，后边堵着，边走边打。我就跟在指导员后边，前后都有伤亡，但是我们几个一点事都没有，我说子弹都拐弯跑了，没打到我们。等跑到目的地休息时一看，我的背包里头有一个子弹，幸亏没打透，我真是命大。

刘伯承司令员布下了口袋阵，要诱敌深入。我们边打边退，慢慢地把敌人引进了包围圈，在双堆集合围了黄维兵团。

我记得双堆集战斗的最后一天，敌人突围了。团首长动员：十一师是我们的死对头，现在他们要突围，我要求全体指战员坚决、彻底消灭敌人。这个命令一下达，大家都带着仇恨，要杀敌立功。我父亲拿着扁担"呼啦"一下，抓了两个俘虏。有一个炊事员，用一根扁担抓了两百多个俘虏。战斗结束，我们团一共抓了七千多个俘虏。

我的孟指导员

战斗中，我们遇到了一个油坊，是敌人的火力点，不拿下这个火力点，就占领不了这个村子。连长下命令，必须把它爆破掉！当时派出了两个爆破组，一个组三个人。第一组上去，牺牲了，第二组上去，也牺牲了，敌人火力太猛了。这时候孟昭身指导员，我就跟在他身边，他急火了:"我上!"前面两个组为啥没爆破成功呢?因为导火线没有拉上,所以没爆炸。孟指导员说:"卫生员,把点火的给我。"他冲上去,把导火线一剪,火柴一划就点着了,导火线很短,"刺刺刺刺"几秒钟就燃完了,还没等指导员翻跟头过来就爆炸了。火力点消灭了,指导员却被埋起来了。部队紧接着就冲啊、杀啊。我说:"指导员在那,你们赶紧去救他。"同志们冲上去把他救了,抬下来的时候,指导员已经昏死过去了。担架队赶紧往后抬,送到医院,也快没气了。卫生科赶紧报告给团长曾长柏,曾团长说:"指导员打了那么多仗,要千方百计把他救过来。"医生就用盐水给指导员灌肚子,也没啥药,竟然救过来了。指导员住院以后,团长去看他,说:"表扬你的,是勇敢;批评你的,是蛮干。一个连队,你死了,谁指挥?你是指挥员,不是战斗员。"孟指导员对我无微不至地关怀,有好吃的都留给我,就像父亲一样。

人民是军队的靠山

双堆集包围圈,解放军从几十公里压缩到几公里,国民党军十几万人困在里边,水够喝吗?粮食够吃吗?老百姓的粮食早就被他们吃光了,要啥没啥,就靠飞机给他空投。有的物资投高了,飘呀飘,落在我们这边了,捡到时还热乎,我们都吃过那大饼。投包围圈里边的,敌人就抢啊,抢不到的就架着机枪互相残杀,马也杀光了。

淮海战役六十万解放军打败了八十万国民党军,靠什么?军队打胜仗,人民是靠山!陈毅元帅说,淮海战役的胜利是人民群众用小车推出来的。支前大军里边,有小车大军,还有担架大军。一个部队冲上去,后边担架队跟着,伤亡一个抬下来一个,所以说,人民是军队胜利的靠山。国民党军都是机械化装备,枪、炮、飞机啥都有,为什么失败?因为失去了民心!国民党军是人民打败的,是人心打败的,是毛泽东人民战争思想打败的。

党的恩情永不忘

参加淮海战役,我是战争的幸存者,现在又是新世纪的幸福人,所以说感恩共产党，感恩毛主席。我是六十五年党龄的老同志、六十八年军龄的老军人，对党、对毛主席感情最深。党的十八大，习近平总书记提出了全面实现小康，全面依法治国，全面深化改革，全面从严治党，这个战略布局，为实现中华民族伟大复兴的中国梦，提出了一个很好的奋斗目标，对我们这些老同志鼓舞太大了，大家衷心拥护。所以我说：怀念毛泽东，紧跟习近平，传播正能量，实现中国梦！

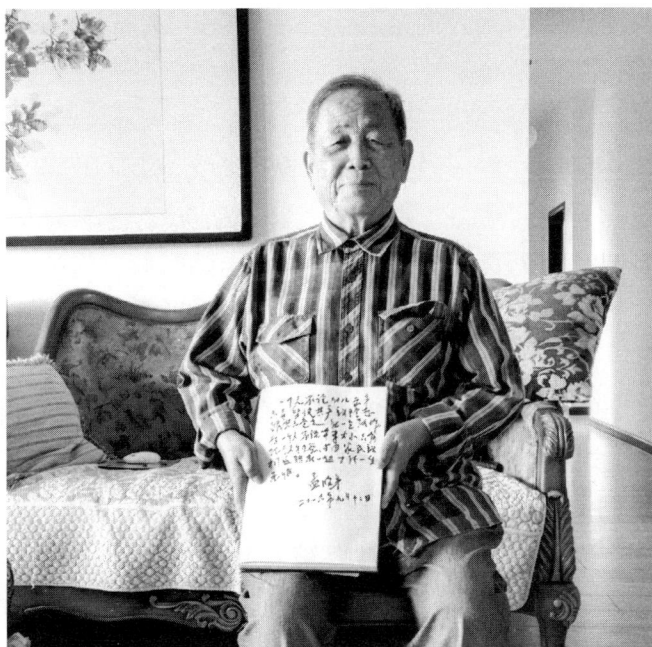

　　孟昭身，1927 年出生，山东金乡人，中共党员。1942 年参加革命，淮海战役时任中野一纵二旅五团二营五连政治指导员，中华人民共和国成立后曾任中国人民解放军沈阳军区装甲兵副司令员。

孟昭身口述

（2016 年 9 月 12 日）

投身革命队伍

十五岁那年，我铁了心要参加八路军。走的时候，俺娘哭了："儿啊，娘舍不得你。"俺爹说："咱孩子挺皮实的，又能吃苦，让他跟着八路军打鬼子去吧。"

我们村有个叫孟宪波的，他和八路军有联系，他带着我和同村的荆会胜，一路上边走边打听，傍晚的时候终于找到了区中队。指导员姓苗，他先安排人给我们弄了几个窝头，吃完以后，他问清了我们的基本情况，说："我们没有固定的住所，经常要饿着肚子打仗，你们吃得了这个苦吗？"我瞅了瞅荆会胜，说："我们都是苦孩子，什么苦都不怕，指导员，你就收下我们吧。"指导员点点头，他又问："打仗是要死人的，你们小小年纪难道就不怕死吗？"我说："不怕！俺参加八路军就是为了拿枪打鬼子。"荆会胜说："俺也不怕！"指导员说："好！咱们区中队就需要你们这样的小伙子。"见我俩顺利地参加了区中队，孟宪波也很高兴，他说："你俩好好干，俺回去了。"苗指导员给我俩介绍，区中队是共产党领导的，是专门抗日救民的。说到这，苗指导员又问我俩："你们听说过毛主席和朱总司令吗？""都没听说过。""哦，以后你们就会知道了。这两个人可厉害啦，日本鬼子都怕他们，别看咱现在人少枪少，将来我们一定能夺取胜利。"

新兵的第一堂课

刚当兵的时候，我大字不识一个，也不懂什么是资产阶级、什么是无产阶级。指导员给我们上课，第一课讲什么呢？讲我们是干啥的，为谁服务的。他讲着讲着，突然喊我："小孟。""到。"我站起来了。"你们村有多少人啊？""我们村有五十多人。""是穷人多还是富人多？"我说："当然穷人多喽。""哦，那你们村有没有光棍呀？""哎呀，光棍老多了。""那光棍傻吗？"他问的都是反话。我说："光棍才不傻嘞。""光棍不傻，为啥娶不上媳妇？""还不是因为穷，没有地嘛。"指导员说："怎么样才能过上好日子？"我说："跟着共产党干革命，打倒地主，穷人才有饭吃。"指导员就这样启发教育我们，一定要跟着共产党干到底！他又说："咱们为了子孙后代的幸福打仗，流血牺牲，应该不应该？"大家说："应该。""这样死了，光荣不光荣？""光荣。"这堂课上下来，大家的思想意志可坚定了，没有开小差的。

挺进大别山

1947 年 6 月，我们部队渡过黄河，在鲁西南地区开辟战场，消灭了敌人九个半旅。鲁西南战役结束后，我们按照中央军委、毛主席的指示，开始准备挺进大别山。

8 月份正赶上雨季，尤其是进入黄泛区以后，水急、坡陡、路滑，我们连续行军转进几十天，没有躺下睡过觉。困了怎么办？行军时两个人扯着一根高粱秆，一个在头里走，一个在后面，边走边打瞌睡，过一段时间两个人再换过来。为了防止枪支碰伤后面的人，规定枪支都横着背。虽然非常艰苦，但是大家都有一个信念——只要进了大别山，把敌人调动过来，代价再大也是胜利！我们先后渡过了沙河、汝河，到达淮河北岸时，由于连续多日大雨，水位暴涨。敌人就在我们后面穷追不舍，如果我军两天之内过不了河，麻烦就大了。

在这危急时刻，刘伯承司令员来了。我心里特别激动，目不转睛地看着司令员，他戴着黑框眼镜，把帽檐拉下来遮雨，亲自乘坐一条小船，用长竹竿探测河水深浅、流速。第二天水位落了，司令员立即命令部队抢渡淮河。经过近一个月的急行军，刘邓大军进入了广阔的大别山地区。

我们进入大别山以后，敌人出动十几个旅围追堵截，我们部队物资短缺，非常困难。尤其是那些伤病员，没法跟着部队走了，咋办？只能留在老百姓家里，战士给两块大洋，干部给三块大洋，请老百姓帮助照顾。当时我患了疟疾，四连三排排长任宪堂也得了疟疾，他病得实在不行了，我给那家人留了五块大洋。任排长想跟着部队走，又走不了，哭的呀，我看了心里很难受。后来听张国华部队的人讲，我们走后，那地方的反动保长让乡保队杀害了很多伤病员，手段很残忍。任排长究竟是死是活，我也不知道了。

大白鹅和小红马

转战大别山的日子里，除了打仗，筹粮是个大难题。我给你们讲两个小故事：

有一次，连队司务长把地主家的大白鹅杀了，剁成一块一块的，他找来一桶油，弄到锅里炸，当时我在营部开会，回来以后他还给我留了几块。大家吃得还挺香，没想到过了一阵子上吐下泻，后来才知道，炸鹅肉用的是桐油。

我们连在西台集缴获了一匹小红马，交给炊事班喂养，这匹小马驮东西可出力了，炊事班班长常福把它当成自己的孩子一样。后来到了黄泛区，部队断粮了，饿得走不动路，这咋办呢？我和连长商量了一下，我说："救人要紧，把马杀了吧。"常福班长不同意，他说："要杀马，除非先杀我。"我跟连长说："咱不能眼睁睁看着战士们饿死啊！"我俩商量了一个办法，我把常福叫到村子南边谈话，继续做他的工作，劝导他。我俩正说着话，突然听到一声枪响，常福一听就明白咋回事了，坐在地上抱头痛哭。我也不说话，就坐那等他。常福到底是个老兵，又是个党员，他哭了一会儿，抹干眼泪对我说："指导员，走吧，回去分马肉。"我对他说："常班长，委屈你了。"这匹小马成了我们连队一个星期的伙食，还分给其他连队一部分马肉。

南下大别山的时候，连队有一百八十多人，从大别山出来，还有七八十个人。很多战士肚子里都是蛔虫，疼啊，又没药，情况都非常差。

蒙城阻击黄维兵团

1948年10月21日，中野发起郑州战役，我们旅的任务是攻打郑州南关，经过激战，22日攻克郑州。部队进城吃了中午饭，又继续往东南方向开进，我们在朱仙镇打了一仗，连队有伤亡，一个排长牺牲了。这时候天已经冷了，部队的一部分战士还穿着单衣，地方政府的区长、区委书记带头把棉衣、棉裤脱下来给战士穿，他们就披着个被子防寒，我们都很感动。

淮海战役，我们团打的第一仗是在蒙城阻击国民党军黄维兵团。我们连在蒙城北关一带布防，那里有个三洞小桥，是敌人的必经之路。我和连长商量，准备把桥炸掉，就把这件事报给营里。营里也不能做主，一级一级报到了纵队。杨勇司令员亲自到阵地前察看地形，经过分析，他做出指示：可以破坏两个桥洞，另一个用树枝遮掩起来。虽然没有按我们的设想炸桥，但司令员还是表扬我们打仗有思想，肯动脑子。

一次惨痛的教训

11月23日，为了引诱敌人进入我军的包围圈，中野一纵按照上级指示边打边撤，有序撤退。我对连长陈朝祥说："连长，你们先撤，一定要分散前进，防止敌人炮击，我在后面掩护你们。"连长带着部队先撤了。半小时之后，敌人就对着他们的方向开炮了。下午4点，我带着掩护部队撤至预定地点后，发现全连伤亡了十七个人，三排长牺牲，连长的腿也受伤了。我一问，才知道他们在撤离时没有分散隐蔽前进，一个连的兵力堆集在一起，目标太大，结果引来了敌人的炮击，这是一次惨痛的教训！连长伤了腿，不能继续指挥战斗，上级临时给我们连配备了新连长，叫董来珠。

我军主动后撤，把黄维兵团引进了预设的"口袋阵"，11月25日，中野将黄维兵团包围在了双堆集地区。

爆破油坊身负重伤

12月6日下午，总攻双堆集的战斗打响了。夜里，我们连奉命攻打一个村子。一进村，有一个榨油的作坊，国民党军两个排在这里构筑了坚固的工事据守，火力非常凶猛。我们连刚一往上冲，就牺牲了好几个战士。要想前进，必须端掉这个油坊。我和董连长商量后，决定实行定点爆破。连长选了几个爆破的战士，每人身上背五六个炸药袋。你们都知道炸药包，为啥我们叫炸药袋呢？因为当时我们没有炸药包，就用干粮袋临时装上炸药，做成简易的炸药袋，这是一种土办法。爆破的战士上去了，有的半路上就牺牲了，有的把炸药送上去了，慌乱中却点不着导火索，引爆不了炸药。

眼看着伤亡不断增加，我急眼了，大喊一声："卫生员，给我拿把剪子来。"卫生员拿来剪子，问我："指导员，你要剪子干啥？""爆破。"说完，我拿着剪子，匍匐接近油坊。前几个爆破手为什么没能引爆炸药，我已经看明白了，是因为导火索的问题。他们都是横着剪导火索，火药的接触面积小，我是斜着剪，这样一来火药就容易点着。我用火柴一点，导火索"刺刺刺刺"地响起来了，我立即翻滚离开那里，就听"轰"的一声巨响，油坊被炸了。因为离得太近，爆炸掀起的土石把我埋住了，我眼前一黑，啥也不知道了……

也不知道过了多久，我醒过来了，隐隐约约听到司号员南启祥在哭喊："指导员在里边，快救救指导员，快救救指导员。"大家伙怎么把我扒出来的，又是怎么把我抬到医院的，我一概不知道，昏迷了十来天。

曾团长救了我的命

战斗结束了，卫生科科长跟曾长柏团长汇报，说医院里有三四十个轻伤员可以出院了，有二十多个重伤员要转院，还有五六个伤势严重的，就剩一口气了，他们如果牺牲了就就地掩埋，我们把坑都挖好了。曾团长问："小孟怎么样了？""还有一口气。""半口气也得救。"曾团长亲自到医院来，让医生抢救我："把他的嘴撬开，插管子，灌点滴。"医生说："他失去知觉了。"团长讲："不行，照我说的做。"他们把我的嘴撬开，插管子，灌了一碗米汤。折腾了两三天，我的肚子里有气了，医生高兴了，说："有气了，有气了。"我醒过来了，但是不能说话。医生马上给曾团长汇报："孟指导员醒了。""好，我去看他。"曾团长骑着马来了，他说："哎呀小孟，可算把你救活了，太好了。你是个指导员，你们连一百多人，你搞什么爆破，你把自己当工兵了。在这里我要批评你，你太浑了。"曾团长批评我是个"二杆子"，他又说："团里开大会，我表扬了你，还要给你记功呢。"我特别感激曾团长，是他救了我一命。我在医院又住了一个礼拜，就回连队了。

连队政治工作的三条经验

淮海战役打下来，我们一个团还剩下两个连的兵力，最后又补充了一些。我从医院回到四连，加上炊事班的还剩十九个人，当时我就流泪了，但是没哭出声来。上级给我们补充了三十多个俘虏兵，我记得后来从河南林县补了一个排，淇县补了一个排，逐渐恢复一个连的建制。

怎么去做连队的政治工作，这些我都是跟老团长学的。老团长对我说："小孟啊，你记住，当指导员，第一条，要爱兵，要把这些兵看成自己的亲兄弟，做到这一条，什么任务都能完成，仗就能打胜；第二条，以身作则，要求当兵干的事，你要先干，打仗的时候，都要冲在战士的前面，哪里危险去哪里，战士一看指导员都这样，他还怕什么；第三条，要讲团结，班子要团结，连长、指导员要和排长、班长、战士搞好关系，要互相爱护、互相关心、互相支持。"我就是按照这三条干的。

　　赵合孝，1931 年出生，山东临邑人，中共党员。1947 年参加革命，淮海战役时任华野四纵十一师三十三团三营七连三排七班副班长，中华人民共和国成立后曾任哈尔滨市市政管理局第二公司副处级干部。

赵合孝口述

（2016 年 9 月 12 日）

参军入伍保卫山东

参军以前我已经结了婚。1947 年国民党军重点进攻山东，7 月我就参军了。一开始我们在地方武装，没啥战斗力，武器也不行。后来，我们从山东地方部队升级到了华野四纵，这是华野的主力部队，还给我们发了加拿大机枪和小炮，大家都很高兴。

1948 年的 3 月的一天，排长问我："你想不想入党？"我说："想入党，可我年龄不够。"排长是组织委员，他就叫我去前面填表了。我入党时还不到十七岁，预备期是六个月。那时候要求党员要吃苦在前，享乐在后；冲锋在前，退却在后；轻伤不下火线，重伤不哭。

济南战役我们也参加了，协助主力部队打援敌。济南战役后，我们接着就参加了淮海战役。

官湖遭遇战

我们部队参加淮海战役，第一仗就在官湖和敌人打了一场遭遇战。国民党军是一个加强连，我们连只有一百多人。当时部队在河畔，必须过河，没有桥怎么办？就用门板铺桥，一次只能过一个人。我和班长范京政一起执行任务。我们班有两挺机枪、一门掷弹筒。战斗中，我用五发子弹打死了三个敌人，国民党军把机枪调过来向我们开火，有一发子弹从我的钢盔旁边划过去了，如果没有这个钢盔，我可能就牺牲了。我一抬头，看见范京政趴在那里不动了，他就在我眼前牺牲了，还有很多战友都负了伤，我们班十个人，打完这一仗还剩六个。

打碾庄的时候，我们团是二梯队，跟着主力团进攻。敌人火力很凶猛，我们就挖战壕、挖工事，炮兵用迫击炮打炸药包，杀伤力挺大的。我们去村子里收集敌情，几乎每个房子都有敌人的尸体，有些尸体并没有伤口，可能是被震死的。

昼夜不停追击逃敌

打完黄百韬，部队还没来得及休息补充，杜聿明集团从徐州跑了，我们又被派去追击敌人。团长说："三十万敌人跑了，必须追上去消灭他们才行。飞机来轰炸，不要管它，遇到国民党军小股部队，不要跟他们打。"指导员说："党员要在前面带头，队伍跟上，不能掉队。"一天一夜，我们跑了将近两百里路，饿了就啃一口高粱面窝头。在瓦子口，我们看到国民党军丢下的兵，打死的就在地上，横躺竖卧的。天快黑的时候，先锋连停下来了，说："就地休息！"这一路上，我帮机枪手扛着轻机枪和自己的步枪，把枪一放下，身体就失重了，倒在地上摔了个跟头。

排长让我去做饭，这时候我们一个排才十几个人，一个连加起来只有六十多人，打碾庄伤亡大。我到老百姓家借灶做饭，他问我："恁从哪来，要到哪去？"我说："从徐州东边来的，连续跑了一百多里路，太累了。"他说："你把粮食放这，我给你做吧。"他烧火，把干粮饼子切开，连汤带水煮了一锅面皮子，这顿饭对我们来说太及时了。战士们追了一路，棉袄都湿透了，一天行军都没水喝，渴得很。

到了晚上，部队都到齐了，连长就讲话了："咱们一天走了一百四十多里路，大家累不累？""不累。""还有七十多里路，晚上还得继续行军。"路上看到国民党军丢下的马、骡子，还有国民党军吃剩的猪蹄子、猪下水，我们就把猪下水和猪肠子煮了吃，不吃饱饭哪有力气打仗。我们连续追击了几昼夜，才把敌人围起来。

我们在陈官庄战场时间比较长，有一个多月，下了好久的雪，也没有房子住，晚上就在战壕里睡觉。战役第三阶段，我们团抓了八千多个俘虏。

怀念战友范京政

1952 年，媳妇去部队看我，在山东住了几个月。1956 年我回家探亲，第一次见到大女儿，她都三岁了。1953 年 4 月，部队要去朝鲜，媳妇说："你放心走，孩子我来养活，你要是缺胳膊少腿的，我来养活你、伺候你。"

我的战友范京政，他和我同一天当兵，也是同时入的党，他在打官湖的时候牺牲了，可是淮海战役烈士名录里边却没有他。一想到这件事，我就流泪。为了胜利，他没能看到胜利！为了红旗，他却没能看到五星红旗！我每次去烈士陵园扫墓的时候，心里都很难受，希望后人永远不要忘了这些革命烈士！

　　吴金玉，1934 年出生，河南宝丰人，中共党员。1948 年参加革命，淮海战役时为中野九纵二十五旅七十四团卫生员，中华人民共和国成立后曾任中国人民解放军第六〇医院副院长。

吴金玉口述

(2016 年 9 月 19 日)

人小鬼大去当兵

我参军的时候还不到十四岁，家里竭力反对，认为我年龄太小，个头还没有枪高。父亲说："你去当兵，可能好好的一个人出去了，回来的时候缺了胳膊少了腿，也可能永远都回不来了，你可不能为了吃饱饭就去当兵。"而我心意坚定，只是"嗯"了一声，就出门了。去报名的路上，我遇到了同学周长福，他刚干完农活回来，我问他："我去报名当兵，你去不去？"周长福比我大一岁，家里也同样反对他去当兵，但是周长福很果断，就和我一起报名参了军。

我们跟随部队剿匪来到登封，开辟四分区，我俩在卫生队照顾伤员和病号。有一天团长来看望伤员，见到我就问："小鬼，你多大了？"我说："刚满十四岁。"团长说："你是我们团里最小的兵。"团长接着问我："你为什么要当兵啊？"我说："解放军对老百姓好，官兵一致，当官的不打士兵。"团长说："看看，多朴实的阶级感情啊。"团长又问周长福："你为啥想当兵啊？"周长福说："我想像你一样，骑着大洋马，挎着小手枪。"团长听了哈哈大笑："嗯，这也算是有抱负吧。"

救治、感化俘虏

淮海战役发起前，我们解放了郑州，团里俘虏了六百多个国民党的兵，他们中的伤病员也很多，没有医疗保障不行。我年纪最小，上级安排护士长和我两个人留下，到俘虏营给伤兵看病。

团里的政工干部把俘虏组织起来，对他们进行政治教育，开展诉苦运动，从思想觉悟上教育、感化俘虏。那些俘虏兵诉苦的时候，哭声一片，诉说国民党军怎么抓他当的兵，当官的怎么欺压打骂士兵、贪污军饷，让他们吃不饱穿不暖。这些穷人的孩子在国民党军受苦受罪，我们听了都很同情。我们也参加诉苦教育，说一说在家里的时候怎么受地主的压迫剥削，来到解放军部队以后怎么被关怀照顾等等。通过感化教育，俘虏兵都自愿留下来，连五十多岁的老兵都留在部队了，跟我们一起参加淮海战役，掉转枪口，为人民杀敌立功。

淮海战役，我们团牺牲了一多半。后来不断地补充俘虏和新兵，补齐以后就开始南下渡江作战了。

军队是我第二个家

部队南下途中我生病了，上吐下泻。团长听说了，就让他的马夫牵着马在路边等我，上午让我骑马，下午团长再骑。团长的马我连着骑了三天，一想起这个事，我心里就觉得很温暖。

团长对我很爱护，每到打仗休整期间，他都要跑到卫生队看看我。团长当时给我和周永福起了绰号，叫我"小老汉"，叫周长福"小捣蛋"，这两个绰号就在部队传开了。战争年代生活虽然艰苦，但是大家在一起都很开心。

每次给家里写信报平安，我都会写道：父母亲大人，儿膝下敬禀之，来到部队每天有小米白面，吃得很饱，有时早晨还能吃到盐，战士领导对我们都很好。

部队过江前，父亲还来部队看过我，当时卫生队队长和指导员都陪着他吃饭。父亲临走时对我说："领导、战友都对你那么好，我很放心。你可得在部队好好干，不要做违纪犯法的事情。等到全国胜利的时候我再来看你，或者你回家看看我们。"

军队是我第二个家，党教育培养我成长，给我温暖和希望，我一辈子都感恩党和人民！

　　王守谦，1929 年出生，山西沁源人，中共党员。1946 年参加革命，淮海战役时任中野四纵十一旅供给处财务股出纳，中华人民共和国成立后曾任中国人民解放军第十四军后勤部副部长。

王守谦口述

（2016 年 9 月 19 日）

我们的思想很纯洁

我的家乡是八路军的抗日根据地，很早就成立了解放区政府。1946 年 3 月，我们村按上级要求动员青年参军，保卫胜利果实。我当时十七岁，家里很穷，那时候也不懂什么大道理，为了有碗饭吃，能填饱肚子，我就报名参军了。到部队以后，连队领导看我比较机灵精干，还读过小学，有点文化，就安排我到营部当通信员去了。通信员的任务很杂，除了传达口信，还要烧水、打饭、洗盘子、找门板……做这些事情。

1948 年 3 月的洛阳战役中，我们俘虏了很多国民党军第二六〇师的官兵，为了改造他们，纵队挑选人员到教导团政工队工作，我也被选上了。我去了没几天，十一旅管后勤的一个首长来挑人，又把我要到了旅供给处的供需队。从那时起，我就开始学供给、干供给了。

我们财务股有十几个人，负责保障整个旅的供应。股长、副股长、会计、审计，我是出纳员，专门管票子、管银圆。打仗缴获的战利品里边有银圆，有金银首饰，部队清点一下就交给我们保管了。会计先登记，出库的时候有两联单，单子上有金额、项目、经手人，底下有会计、出纳的名字，加盖股里的公章和会计的章，我们凭两联单领取、发放，手续也很简单。面对这些金银财宝，我们的思想很纯洁，从没动过歪心眼。

简易实用的"随军银行"

1948 年六七月间，我们中野配合华野打了豫东战役。那时候我们用的货币是中州币，每到一个村庄，司务长都要去买菜，可是老百姓不要中州币，怎么办呢？我们财务股就在村子里挂起"随军银行"的布标，叫司务长用中州币去买菜，我们再用银圆把老百姓手里的中州币兑过来，这样一来，不仅把中州币花出去了，在老百姓当中也有了威信，他们慢慢地就接受中州币了。

行军路上，我们经常边走边吃。记得有一次，炊事班已经把面条煮好了，部队接到命令：马上集合出发。炊事员就把锅放到路边，大家每人舀一碗面条，走着跑着吃着，一天一夜都跑一二百里的路。我们有个运输班，从河南到淮海战场都是用牲口来驮票子、银圆这些物资。有时候物资太多，运输班驮不了，怎么办？当时部队里边四个连级干部配一匹马，两个营级干部配一匹马，我们就把银圆分开，交给连级、营级干部保管，到了目的地再收回来。

设在树林里的弹药所

淮海战役期间，我们跟着旅部行动。打仗的时候，我们经办的项目就少了，主要是管物资供应。在双堆集战场，我捡了很多国民党军飞机撒下来的传单，纸张很好，把它装订起来留着办公用。

在双堆集，我们后勤搞了个弹药所，提前在树林里挖好战壕，派三五个人在那负责。支前民工有山东的、安徽的、河南的，他们推着独轮车送物资来了，我们跟带队的人交接一下，让民工把弹药卸下来，给一一八团的放这边，给一一九团的放那边……我们再打电话通知各个团来领，有的部队来不了，我们就派运输班去送弹药。总攻战斗发起前，运输班要连夜给各个部队送弹药。前线的粮食供应有保证，有时候送馒头，有时候送小米饭，让战士吃饱。

双堆集战斗快结束的时候，我在弹药所受伤了。当时不知道哪个部队带来了几十个俘虏，就在我们树林子边上休息，结果被国民党军的飞机发现了，又是扫射又是扔炸弹，两个炮弹皮崩进了我的左腿和左臀，好在是轻伤。1958年，我在三〇一医院住院的时候，医生把弹片给取出来了。

胜利来自人民

陈毅司令员说，淮海战役的胜利，是老百姓用小推车推出来的。这一点我深有感受。我们过黄河的时候，山西的民工挑着弹药箱跟着我们过河，一个民工挑两个炮弹。到了哪个村子，我们说要征多少民工，挑三十里、五十里、百八十里，他们二话不说就跟着走了。我们能赢得淮海战役的胜利，离不开人民的支援。

因为多次搬家，战争年代的物品基本上都没了，现在我家里还保存着一个算盘，是打漯河缴获的战利品。哎呀！打下漯河以后，我们出洋相了。之前我们都没有进过城，看到人家的玻璃窗，用枪"砰"的一声给打烂了，哈哈哈，那时候就土到那个地步。这个算盘，就捐给你们淮海战役纪念馆吧。

　　郝忠英，1928 年出生，河北沙河人，中共党员。1939 年参加革命，淮海战役时任中野四纵十一旅三十一团一营二连二排排长，中华人民共和国成立后曾任中国人民解放军第十四军纪委副书记。

郝忠英口述

（2016 年 9 月 19 日）

苦难少年走上革命道路

我家里很穷，母亲被地主活活打死了，我和父亲住在破庙里，靠讨饭生存。因为我奶奶生病，借地主家的钱还不了，地主就强迫我给他家放牛，跟牛马住在一起，每天不是挨打就是挨骂，吃不饱穿不暖，瘦得皮包骨头，过着牛马不如的生活，眼看就到死亡边缘了。

十一岁那年，家乡沙河县终于盼来了共产党，建立了人民政府，就住在地主家的后院。一个科长看我经常挨打受骂，就把我从地主家救出来了。

从此，我就走上了革命道路。一开始我在区武装中队当战士，武装中队配合县大队和八路军打敌人据点，破铁路，破桥梁，打了几个战斗。我胆子大，打扮成要饭的娃娃，跑到日本人的据点、碉堡附近，到村里要饭，了解道路，了解敌情，回来再告诉主力部队，他们认为我表现不错。县政府孙科长看我聪明，就把我送去上学，学了两个多月，又把我调到新成立的太行六专署，给专员当公务员。

以后因为精兵简政，组织给了我三个月的口粮，叫我回家。那一年大旱，颗粒无收，我和父亲、弟弟就逃难到了山西。为了给父亲治胃病，我把自己卖给地主家做儿子，得了四块大洋、十五斗粮食。有钱看病，有粮食吃，父亲的病好转了一些，但还是走不成路。后来日本鬼子出来抢粮，把我们的钱粮都抢走了，弟弟跑了出来，父亲被鬼子烧死在了窑洞里。我知道后，提出要回去把父亲埋了，可是地主不同意，说你现在已经改姓了，你是王家的儿子，不是郝家的儿子了。这件事让我下决心要离开地主家，他们的心都是坏的。

没有共产党就没有我的一切

从地主家逃出来以后，路上我遇到了太原一分区二十五团特务连，他们经常到山上搞侦察，我把家里的事给他们讲了，我说要留下来当兵，为父母亲报仇，打地主，拿枪抗日。特务连指导员叫赵世英，他说："你当兵这事，我得向上级汇报。"第二天，他跑到团部向政委、参谋长说明我的情况，团首长听了，说："好，把他收下吧，就放到你们特务连。"

1943 年，我加入特务连。1945 年 2 月 18 日填表入党，三个月后转为正式党员，赵世英指导员是我的入党介绍人。那时年轻，只知道共产党是人民的大救星，是全心全意为穷苦人打天下的。我的命是共产党、人民政府救的，没有共产党就没有我的一切，所以打仗的时候我什么都不怕，心里只有一个志向——跟党走，为人民打仗。在特务连我当过战士、通信班班长，打洛阳的时候就当排长了。

上党战役，我在困难情况下完成送信任务，记了中功；1946 年，我在太岳纵队十一旅当通信班班长，因为保障首长饮食住行、安全工作做得好，战场纪律执行得好，旅里给我记了大功。洛阳战役结束后，我到十一旅三十一团二连二排当排长，接着就参加了淮海战役。

好钢用在刀刃上

淮海战役发起后，我们三十一团的任务是在南坪集阻击黄维兵团。敌人十二万，装备又好，阻击任务相当艰苦。十一旅为什么要把阻击任务交给我们团？因为我们团能攻善守，参加过百团大战，经受过战争的考验。要完成阻击任务、堵住敌人，必须有一个加强的预备队。团长梁中玉、政委戈力决定让二连担任预备队。一开始大家都想不通，为什么不叫我们到第一线阻击，却把我们放在后面当预备队？以后经过反复讨论，营里又来动员，说二连是参加过百团大战的老连队，能打善守，是一块打阻击的好钢，所以要把这块钢用在刀刃上，发挥作用。

六连阵地失守了

11月23日，南坪集阻击战打响了。敌人出动飞机轰炸，地面上坦克和几十门火炮轮番轰击，掩护步兵进攻。当敌人炮火延伸时，我们迅速进入防炮洞隐蔽。我们没有反坦克武器，靠炸药包、手榴弹不行啊，怎么办呢？敌坦克进攻时，我们不打，等坦克接近我军战壕停下，敌步兵距离我们三四十米远时，我们集中火力射击，投手榴弹，去打敌人的步兵。我们连续打退敌人两次进攻，敌两个团损失惨重，基本上失去了战斗力。

下午4点，敌人发动了第三次进攻，几十架飞机轮番轰炸，敌人一个半团在二十辆坦克的掩护下向我六连阵地冲击，火焰喷射器将六连阵地打成了一片火海，六连伤亡惨重，失去了抵抗力，敌两个营迅速占领了六连阵地，同时占领了六连后面的独立院。很快，敌人两个步兵连冲进了杨庄村，这里是二营的指挥所。在这种情况下，二营和团指挥所失去了联系，电话也打不通了。

团长亲自下命令

危急情况下，团长梁中玉亲自给一营打电话，要营里通知二连，马上跑步到团指挥所接受任务。我们两个排分成两路，突破敌人二百多米的封锁线，跑步到了前线指挥所。梁团长挎着冲锋枪，见到我们说："你们二连马上轻装，多带些手榴弹、子弹，立即出发反击敌人。"梁团长接着给一排下达命令，一排长叫曹国华，团长说："曹国华，一排要不惜一切代价打进杨庄村子里面，配合二营四连、五连，把敌人两个连给消灭掉。"团长接着说："郝忠英，你们排要向我左手杨庄村南冲击，独立院被敌人占领了，你们可能要受到敌人三方面的围击，遇到情况不要慌，要沉着、机智、灵活，多带些子弹、手榴弹，勇敢前进，不给敌人喘息的机会，夺回阵地。"我说："请团长放心，我一定完成任务。"

接受任务后，我们立即出发，我让副排长周信义带一个班占领前边的战壕，吸引敌人，夹攻敌人；我带着五班、六班向杨庄村南和独立院之间冲击，打乱敌人的战斗队形。六班有个解放战士，经过教育，打得很好，他带领战斗小组同敌人搏斗；副班长带着一个战斗小组拼死了十几个敌人，最后这个小组的人全拼没了；班长带着第三个战斗小组冲上去，终于拦住了敌人。这时，我们的后续部队还没上来，我马上命令五班在院子里面堵住敌人，不准敌人跑掉，我带几个战士把外面的敌人收拾掉。一排配合四连、五连消灭了村里两个连的敌人，还抓了几十个俘虏，我们完成了第一步的配合任务。

带伤夺回独立院

战斗中副排长周信义牺牲了，我腿上、背部两处受伤，但我还能坚持战斗，就没下火线。这时候，梁中玉团长跟上来了，我正研究怎么打独立院，打算给团长报告，他说："不用报告了，你们排的情况我都看到了，打得好，打得英勇顽强，你负伤不下火线，这是决死队精神。现在光你一个排不行，你继续指挥二连，把六连阵地夺回来，把独立院夺回来。"

我指挥六个班，连续两次攻击都打不下来，没有火力掩护不行。我叫通信员跑去通知左侧的三班，用火力吸引敌人，我带人从右边进攻，同时攻击独立院。我们先扔一轮手榴弹，紧接着就往里冲，跟敌人展开白刃格斗，这一次很顺利，不到十分钟就攻进去了，消灭了敌人一个连，夺回了独立院。随后，根据团长的命令，我们在三营的火力配合下，从两边逐渐靠近六连失守阵地，边前进边打，敌人抵挡不住，就逃跑了。

晚上7点多，二连准备再往里打，这时二营副营长来到前线阵地，说："接团里命令，你们已经完成了任务。你们打得很好，纵队准备给你们记功。"晚上8点，部队就撤下来了。我们撤到浍河对面的村子里休整，随时准备接受新的战斗任务。

杨围子战斗身负重伤

第二天，我们接到上级命令，敌人要逃跑，让我们立即追击。部队连饭都没来得及吃，全旅兵分几路向杨围子跑步前进。跑在最前面的是一连，可是一连跑错了方向，只消灭了一百多个敌人，抓了一百多头牲口。这样三连就成了第一梯队，他们遭遇了黄维兵团的一个坦克连，三连伤亡很大。当时二连因为伤亡大，在队伍的最后边，是预备队，跟着营部前进。营长要反击敌人，命令我们排往杨围子方向前进，如果敌人在村子里，我们就用火力缠住，支援三连，保证营部指挥所的安全。

我立刻带着二排去了，一开始进到村子里面没发现敌人，所以就麻痹大意了。再往里走，突然遭到敌人火力袭击，一发子弹打进了我的右胸，当时我就倒下起不来了。营部发现我受伤了，马上叫担架排把我抬下来，以后的战斗情况，我就不知道了。卫生员给我包扎了伤口，但一直没有止住血。后来送到团救护所，医生重新给我包扎了伤口，当晚就要送我去医院救治，可团卫生队队长不同意，说晚上天气太冷，也不安全，天亮后再往医院送。

第二天，担架队走到半路，说吃了饭，休息一下再走。没想到敌机来了，又是扔炸弹又是扫射，民工一害怕就跑了，把我丢下了。天又冷，刮着大风，我失血过多晕过去了。后来随队的医生把我抬上马，送到后方医院时，我的伤口已经发炎了，昏迷不醒。随队医生说："这个排长是南坪集反击战的英雄，你们无论如何要抢救一下。"医院组织了抢救小组，医生护士主动给我献血、输血，最后把我抢救过来了。

成为特等战斗英雄

我在医院住了一个多月，淮海战役也胜利结束了。后来根据上面的指示，动员一部分痊愈的伤员归队，准备过江。医院里对二百多个伤员逐个检查，其中一百多人都符合出院条件，可是却没我的名字。我去找医生："我的伤基本上好了，我要出院。"医生说："不行，你是抢救过来了，但伤口没有痊愈，要继续休养。"不同意让我出院。十几天以后，我搞了个假情况，我说："连里给我写信了，部队要整编，叫我赶紧回去。"医生让人重新给我检查以后，派了两个战士把我送回了部队。

回去后，我没找到连部，只找到了营部，当时营长不在，教导员在，教导员说："你不要回连队了，就住在营部。医院不准你参加劳动，不准你参加军事训练，每个礼拜检查一次，如果发现有异常，马上把你送回医院。"教导员接着说，"我给你说说部队现在的情况，部队已经总结完了，主要总结了南坪集阻击战和双堆集歼灭战，还进行了评比。你们二连重点是南坪集阻击战，这是团长亲自指挥、直接掌握的，营里不大了解。十一旅给二连发了锦旗'守如泰山'。旅里给你和曹国华两个人记了特等功。大家一致叫你代表二连参加纵队的贺功大会，因为当时你在医院，没参加成。"

我回来以后，立功奖状、证书都给我了。因为我家里没有人了，团政治处就把立功喜报送到了县民政部门，叫民政部门调查我家还有什么亲属，后来查到我本家有两个姨，她们住哪我都不知道。民政部门和区政府就把"淮海战役战斗英雄"的光荣匾送到我五姨家，挂在五姨家门口了。后来我回家探亲，一开始我没看到，我爱人看到了，我就问五姨是怎么回事，她说当时搞得很热闹，她们都没想到，旧社会讨饭的孩子现在立了功得了奖，还当了英雄。村里党支部号召青年人要向我学习，这件事对全村人教育很大。

　　王新云，1928 年出生，山西沁州人，中共党员。1944 年参加革命，淮海战役时为中野豫西军区二分区侦察员，中华人民共和国成立后曾任中国人民解放军第十四军一二五团政治委员。

王新云口述

（2016 年 9 月 19 日）

我的军旅生涯

我家弟兄五个。我二哥是八路军，1940 年在抗日战争中牺牲了；我四哥在家里劳动时被日本鬼子打死了，家里的房子也被烧掉了。国仇家恨一定要报，我要参军打鬼子，赶走日本人！

1944 年，我十六岁就参加了豫西抗日第二支队，不久后调到机关的电台当摇机员，就是操作手摇发电机。当兵两年我就入党了，为什么要入党？因为八路军官兵平等，为人民服务，打仗都是干部带头、党员带头，所以我要跟党走，这个念头从没动摇过。那时候党员身份不公开，开会都是秘密的，但是党员什么都得带头干。那时当兵不发钱，怎么交党费呢？战斗下来了，有子弹壳，就交点子弹壳表表心意。

入党以后，我就被调去当侦察员了。首长只要布置任务，我们就换上便衣，带着手枪，化装进城去了解敌人的情况。有时候打扮成卖烟的，背个小箱子，在戏院里边到处逛荡。我们要弄清敌人的番号是什么、有多少部队、有几个碉堡，把侦察来的情况画个简单的地图，回来向首长汇报，这个任务就完成了。还有一个任务叫"抓舌头"，就是抓俘虏。我们有时候藏在野地里，等国民党军的大部队经过以后，看到有掉队的，就过去抓一个，架着俘虏赶紧跑。我个子高，又有劲，有时候背上俘虏就走了。我们部队主要在河南活动，大战斗打得不多，伤亡也少。

1948 年 11 月，淮海战役打响了，豫西分区的四个团从河南出发，任务是在战场外围打阻击。我们在鹿邑县一带布置防线，一直到淮海战役打完了，敌人也没往这个方向突围。我们没有直接参加战斗，后来中原军区也给我们发了淮海战役胜利纪念章。

淮海战役结束以后，我们部队编入中国人民解放军第十四军。渡江以后，我调到十四军一二五团当保卫干事。新中国成立以后，我跟着部队进军西藏，不久又调回云南防守祖国的边疆，这一守，一辈子就过来了。

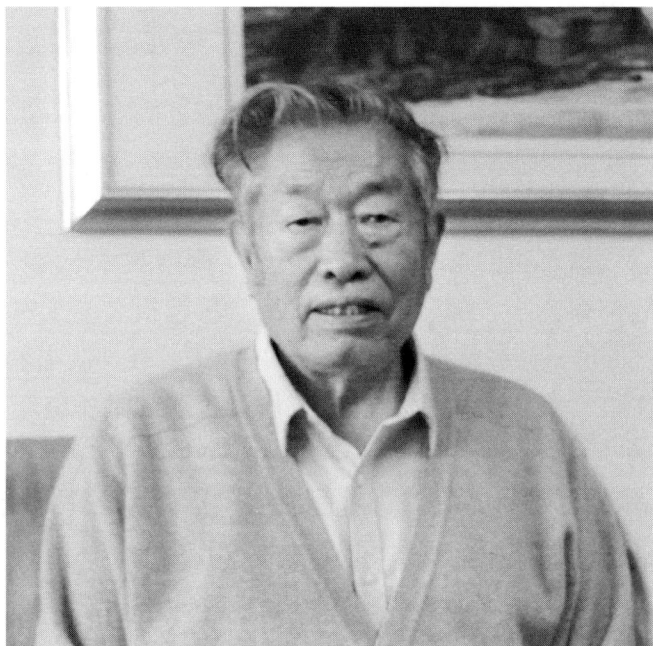

　　吉成祥，1928 年出生，山西洪洞人，中共党员。1944 年参加革命，淮海战役时任中野四纵二十二旅六十五团二营四连政治指导员，中华人民共和国成立后曾任中国人民解放军第十一军三十二师副政治委员。

吉成祥口述

（2016 年 9 月 19 日）

严格执行群众纪律

1944 年，八路军要扩充部队，培养骨干。那时我才十六岁，已经读了两年抗日民族革命高小，部队来学校招兵，我就报名参了军。到部队以后，我当了宣传员，任务就是宣传抗日，写标语，教部队唱歌。后来又调到特务连当文书，不久后提升为政治工作员，那就是排级干部了。我是 1945 年入党的。

解放战争爆发后，陈（赓）谢（富治）大军要南下，我们二十二旅配属他们，协助打援。原计划过几天就回去了，我们部队只带了武器弹药，轻装前进。结果到了河南后，上边下命令：现在不能回去，只能前进，不能后退。河南当时属于蒋管区，老百姓见到穿军装的都躲起来了，几天都看不着一个人。虽然我们遇到很多困难，但是到了村子里面，我们严格执行群众纪律，有时候拿了老百姓的东西，吃了老百姓的粮食，就留下粮票。冬天下大雪，部队还穿着单衣，老百姓家里有些衣服，我们又找不着人，就给老百姓留一些粮食，换几件衣服。部队每到一个地方宿营，要派人了解社情、民情，第二天早上出发前，指导员要带着工作人员检查，看看借群众的东西还了没有，卫生打扫了没有，损坏物品要赔钱。

没修好撞针我很内疚

机炮连有一个炮兵排，两门八二迫击炮；两个机枪排，一个机枪排两个班，一个班有一挺马克沁重机枪，战斗过程中要灌水。部队在河南的时候，迫击炮出了问题，因为撞针短，炮弹装进去打不出去。我让炮兵把撞针拆下来，领导叫我到漯河去一趟，找铁匠把撞针打得长一点。到了漯河，我找到铁匠，他说撞针是钢的，没法弄。回去以后，我心里很内疚，撞针没修好，全团都很着急。

永远难忘的战争场面

淮海战役刚开始，我还在机炮连当副指导员，我们部队第一仗打了夹沟车站，我缴获了一个口缸、一个牙刷、一个肥皂盒、一条毛巾。

过了浍河以后，我们看到河边的浮桥不是土填的，是用国民党军士兵尸体填的。晚上，我带着通信员到营部去汇报工作，走着走着，脚下就会踩着死尸，也不知道是我们的战士还是国民党军的士兵，有的是被枪打死的，有的是被火焰喷射器烧死的，浑身焦黑，只有牙齿是白的。虽然过去几十年了，但那个场面我永远都忘不了。在双堆集战场，我们跟黄维兵团打起了阵地战。国民党军守着一个河沟，我们机枪排掩护炊事班去送饭，敌人的机枪就对着我们这边打，我躲在一棵大树后面，就听见子弹"噗噗噗噗"打在树杈上，趁着敌人给机枪换梭子的时候，我们立即开枪反击。

连队干部一个都没了

后来敌人要逃跑，我们二营是团里的突击队。那天敌人撤得很快，我们也追得很猛，大概追了十几里路，跑了一个多小时。四连是二营的突击连，路上遭遇了很多敌人，敌军官拿着枪朝士兵叫喊："不能退，要顶住，顶住。"几股敌人合起来对付四连，战斗打得很惨烈。四连原有一百二三十人，最后下来的算上文书、炊事员，只有十来个人了。连长牺牲了，火线提拔了一个连长，又牺牲了，三个排长也都牺牲了，指导员带着冲，最后指导员也牺牲了，连队干部一个都没了。二营副教导员苗印打仗很勇敢，一直冲在前面，他牺牲以后，全团一直想把他的遗体找回来，可是最后也没找到。

调到四连当指导员

那次战斗俘虏了一百八十多个敌人。第二天，上级首长就给四连补充了解放战士，又调来一个连长，是战前保存的骨干，团里调我去四连当指导员。连队里边这么多解放战士，巩固部队是个大问题。我去的头一天，就跑了十几个新解放战士。两三天以后，部队开始往河南方向撤了，路上走了一个多礼拜，这次行军还不错，虽然老兵少，只有五六个党员，但到漯河前，只跑了一个俘虏兵，其他没有开小差的，上级表扬我们连队巩固部队工作做得比较好。

巩固部队的方法

首先，要了解每一个解放战士的情况：是什么出身？怎么当的国民党兵，是抓丁去的还是自己投靠的？在国民党军队里边，军官对他怎么样？然后启发他们诉苦，说说在家里受地主剥削压迫的苦，在国民党军队受军官打骂的苦；再告诉他们，解放军实行官兵平等，不打人不骂人，对老百姓实行三大纪律八项注意，不拿群众一针一线，说话和气，我们是人民的军队。从这些方面启发他们的阶级觉悟、思想觉悟，很多解放战士深受教育，表示要跟着解放军，为人民去扛枪打仗。

另外，我们让连队的老战士和党员分工、包干，一对一或者二对一帮带新解放战士，及时了解他们的思想，让他们在解放军部队安心干，表现好的要奖励、表扬。这些方法对巩固部队起了很大作用。

淮海战役结束后，我们部队到了漯河，全团召开烈士追悼大会。不久后部队开始整编，我们二十二旅六十五团改编为一二一团，归属第十四军四十一师，我调到了师部保卫科工作。

　　孙克昌，1928 年出生，山东莱州人，中共党员。1946 年参加革命，淮海战役时任胶东军区西海分区二团一营一连一排排长，中华人民共和国成立后曾任中国人民解放军第十一军三十二师副政治委员。

孙克昌口述

(2016 年 9 月 19 日)

带新兵团到前线

我们解放军征兵是自觉自愿的，我参军是为了保家卫国，保卫父老乡亲。国民党规定，家里三个男的，去两个当兵，两个男的去一个，不去就抓走，轻的打你两下，重的打得只剩半条命。

1947 年，国民党军重点进攻山东，扬言要把解放军赶到大海里吃海水。那时候天很冷，解放军部队天天转移，工厂生产的棉衣带不走，很多兵都穿着单衣。青岛是敌占区，地主还乡团用铡刀把村干部的头铡掉。老百姓的铡刀是用来铡草、铡麦子的，还乡团用铡刀来杀人，还有打死、淹死、吊死的，老百姓日子苦得很。

前线打仗需要兵，我是带新兵的。一次，我们从潍坊带新兵团，整整走了十天，不准休息。一路上，我们给新兵讲，蒋介石集中兵力进攻山东解放区，我们不保家卫国怎么行呢？到了济南，新兵团的兵都分到华野九纵，剩下的干部，部队牺牲个排长，就去个排长，牺牲个连长，就去个连长，新兵团最后只剩个空架子了，我们再返回去。

淮海战役，前方需要兵，上级又让我赶到胶东掖县去带兵，因为兵源就在那个地方。新兵团走的时候，老百姓站在路两边送水、送干粮，就是苞谷面窝头。有的新兵思想上有顾虑，我们就给他们讲，咱出来当兵是为了给家乡的父老乡亲报仇，他们听了，大部分思想都通了。诉苦大会很管用，挖苦根，倒苦水，大家哭成一片，激发了仇恨和斗志。

我们把这个新兵团带到前方，还是编入华野九纵，这个时候淮海战役已经快结束了。

　　张仪英，1927 年出生，山西翼城人，中共党员。1945 年参加革命，淮海战役时任中野四纵二十二旅六十五团敌工干事，中华人民共和国成立后曾任中国人民解放军昆明陆军学院后勤训练队政治委员。

张仪英口述

(2016 年 9 月 19 日)

解放战士抓俘虏

我们在双堆集围住黄维兵团以后，大家都想一下子就把黄维兵团吃掉，作战部署也有点问题，一个团攻一个方向、攻一个点，结果都没有攻上去。我们团在陈庄的东面，敌人有一个火力点，我们怎么也攻不上去，牺牲非常大。

纵队司令员陈赓下命令了，他说："我们四纵就算是打完了都不能停，打剩下一个班，我来当班长，也要消灭敌人。"为了减少伤亡，我们开始挖战壕，不断接近敌人阵地。我们团第一天出击就俘虏了几千人。我是敌工干事，主要任务就是做俘虏工作。政委让我和另外一个同志去旅部带俘虏，我问政委："旅部在哪个方向？"政委说："你顺着电话线走，就能找到。"

我们俩领着一个教导队到了旅部，带着五百个俘虏往回走，路上遇到了敌人的飞机，来回掉头扫射，打死了好多人，有我们的战士，也有俘虏兵。第二天，我们就对俘虏进行政治教育和诉苦教育，诉苦的形式非常好，很多俘虏的觉悟一下子就提高了，连衣服都没换，就自愿留下参军，成为新解放战士，跟着我们上战场去抓俘虏。俘虏看他们也穿着国民党军装，连忙说："我们是自己人，自己人。"解放战士就说："谁跟你是自己人，我们是解放军。"

一个团只剩了三千人

黄维手下的十八军，是蒋介石的王牌主力军，全副美式装备。敌人装备好，但我们士气高，他们根本没法比。只要部队一下命令，我们指哪打哪，不分白天黑夜。我们包围黄维十多天，国民党军没办法，就用汽车做防线。敌人没有吃的，我们就把馒头插在刺刀上，在战壕前面朝他们喊话："你们还有吃的吗？没吃的，就过来吧，我们这边啊，馒头管够。"

到后来，敌人一个劲儿地往后退，我们一直往前追，战场上真的是敌我不分。淮海战役部队伤亡大，我们也是一边打一边补充兵员。战役结束后，我们一个团只剩了三千人，这还是把俘虏兵补充过来之后的数字。牺牲的战友太多了，很多都不到二十岁。

　　李玉清，1928 年出生，山西晋城人，中共党员。1946 年参加革命，淮海战役时任中野四纵十三旅司令部军务科参谋，中华人民共和国成立后曾任中国人民解放军昆明军区军马防治研究所政治委员。

李玉清口述

(2016 年 9 月 19 日)

去国民党军仓库搞粮食

军务科是管前线补充兵源、干部、武器、弹药和粮食的，我在司令部军务科当参谋。我也没有多少文化，小时候上过两三年认字班，当兵后又学了点文化，能读懂书报，当过几天文书。

部队的武器弹药大多是缴获敌人的。我们在河南的西峡口打了一仗，缴获了十来件军大衣，旅里让我拿到城里去推销，卖给那些有钱人。我背了一支枪，一次拿上两三件大衣，一家一家去推销。我去了两三次，把十来件大衣都卖掉了，再拿这些钱去买粮食。那时候老百姓很穷，他们就算给我们粮食，部队也要给他们钱，不能随便拿。

在双堆集围歼黄维兵团的时候，我们吃的粮食好多都是老百姓用小推车送来的，大部分是杂粮。有时候战斗紧张，粮食送不上来，前线指战员就吃不上饭了。有一天，首长让我带一个班去宿县附近弄粮食。我们晚上出发，走了一夜，到那里发现有一个国民党军的仓库，有一个班的敌人在那里守着，我们消灭了他们以后，打开仓库，里边有面粉、大米、苞谷，还有二三十匹骡马。我们返回双堆集的路上天就亮了，国民党军飞机来轰炸，牲口跑了两个，战士死了一个，伤了三个，我的帽子都被机枪扫掉了。我们给负伤的同志包扎了一下，又把粮食收拾了一下，用二十多匹骡马驮着粮食回到驻地，赶紧叫炊事班做饭，往前线送饭。

一心想着干革命

我们一个旅有三个团，加起来有一万多人，一个团两千到三千人，一个连队一百五十人左右，也有二百多人的。打仗消耗大，牺牲、伤亡也大。打双堆集的时候，牺牲的战友太多了。我记得华野来了一个连队，有二百多人，在我们旅部这边的一个庄子住了一夜，过两天他们回来的时候，只剩了二十多个人。

我们一心想着干革命，打胜仗，艰苦奋斗，从来没有歪门邪道的思想作风。领导直接布置任务，我们直接干，没有经过专门的训练和学习，没有这样的条件，时间也不允许。

　　孔天增，1928 年出生，河北邢台人，中共党员。1946 年参加革命，淮海战役时任中野四纵十一旅三十三团特务连侦察排排长，中华人民共和国成立后曾任中国人民解放军第十一军三十三师九十八团团长。

孔天增口述

(2016 年 9 月 19 日)

我在火线入了党

1947 年，我们部队过了黄河，在广阔的伏牛山地区，对国民党军实行"牵牛"战术，这段时间打得比较艰苦。一次战斗中，我们部队攻城墙，我是突击组组长，带着四个人，前边两个，后边两个，每人四个手榴弹，还有一支冲锋枪。城墙外面有水壕，还有一道铁丝网，我们搭好浮桥，撬开铁丝网以后，咱们部队有人架好梯子，我们五个人立即爬梯子往上冲，冲上去先扔手榴弹，冲锋枪一扫，信号枪一打，很快就突上去了。这次战斗，我在火线入了党，后来首长就把我调到营部去了。

我是侦察员，有一次我正在敌占区电线杆上搞破坏，突然来了两三个人，朝我喊："下来，下来。"我下来以后，山上正好刮来一阵风，把对面一个人的衣服撩开了，露出了一个手榴弹，我一看，那个手榴弹和我的一样，是解放区生产的圆头的手榴弹，我心里有数了，马上说："咱们是自己人。"

外围打援阻击敌人

淮海战役，我们的任务是外围打援。团长亲自跟我们特务连讲："我们把敌人包围了，敌人又从我们的后边派部队来增援，我们部队的任务就是打援阻击。"

外围战斗打得比较激烈，具体作战地点我记不清楚了。我的任务是穿便衣侦察，找老百姓问情况，跑到战场附近抓俘虏，了解敌人离我们有多远、有多少人，这些情况要搞清楚，回来向首长汇报。具体战斗我没有参加。

　　张连玉，1930 年出生，山东泰安人，中共党员。1946 年参加革命，淮海战役时为中野第八医院一所四室卫生员，中华人民共和国成立后曾任中国人民解放军第六十二医院五官科主任。

张连玉口述

(2016 年 9 月 20 日)

我得在部队好好干

我家很穷，爷爷是饿死的，我十二三岁就出来给远房亲戚帮工，讨口饭吃，还经常挨饿。我是 1946 年 5 月入伍的。刚到部队让我学吹号，我体质弱，气不够用；又让我当通信员，可我跑不快、跑不远；后来让我到师部卫训班学了三个月，分配到华野一纵一师一团三营九连当了卫生员。那时候行军打仗虽然艰苦，牺牲也大，但我不觉得苦，也不觉得怕，比起在家受苦受穷，我觉得这些都不算什么，我得在部队好好干。我在家没读过书，在师部卫训班学习的时候，认识了一些简单的字。到连队当卫生员以后，文书教我识字，一天最少教两个字，要求我会认、会读、会写，还要知道它的意思。行军以前，文书把字写背包上，我在他后面边行军边认字；休息时，我就找根树枝在地上练习写字。就这样勤学苦练，1948 年的时候，我已经认识很多字了。

我跟着部队先后参加了莱芜战役、孟良崮战役、豫东战役。孟良崮战役，我们的对手是国民党军七十四师，这是蒋介石的嫡系王牌部队，全部美械装备，我们部队装备差，打穿插分割，战斗比较激烈。我们连原有一百二十多人，打到第二天下午只剩下四十多人了，三分之二都伤亡了。伤员当中四肢负伤的比较多，头部、腹部、胸部伤都有，那天晚上包扎了多少伤员，我记不得了，只记得我的双臂和胸前都是血，衣服都结块变硬了。我们能够取得孟良崮战役的胜利，付出的代价是巨大的，胜利的确来之不易。

留在中野医院工作

豫东战役中，连长带着突击排攻击前进，我跟着突击队行动。战斗中我的腿和手中弹负伤，担架员把我抬到中原军区第八医院治疗，子弹伤愈合比较快，没多久就好了。当时部队流动性强，不固定，伤员出院要原来的单位派干部来接，一批一批地出院。我等了很久，老部队却没人来接。于是医院就把我留下来，在那帮助工作，等部队来人接再走。结果一直也没人来接我，我就一直留在这个医院工作了。

分组收治伤员

医院的位置不是固定的，有时候需要转移，上级会提前通知我们把担架准备好，哪天转移，转到什么地方，大概多少里路，路上要注意哪些事项。转移的时候，轻伤员可以自己走，重伤员得靠担架抬。记得有一次，我们所要把伤员转到总院去，路上走了一天，我们既要带担架队，还要给伤员换药，照顾伤员吃喝拉撒。那时候隔个几十里就有个兵站，有吃的喝的，也有换药的地方。

一个医院有三个所，所下面设办公室。淮海战役的时候，医院驻地在安徽亳县附近，当时没有办公室，只有所。我们是一所，有护士排、看护排和后勤排，加上所部，大概有五六十个人。所长跟我们说："这次战役战场大，伤员会很多，为了及时救护战场上下来的伤员，上级通知各所，把人员分成组，分散住在各个村庄，收治伤员。"

我们组有一个助理军医、两个护士、两个护理员和一个炊事员。护士换药，协助医生做个小手术；护理员照顾伤员的生活起居；炊事员做饭。

淮海战役，我印象最深的就是伤员太多了，担架排得很长。我们组收了一百多个伤员，光靠我们几个人照顾不过来，我们找来村长，请他动员老百姓安置伤员，一个村子几乎各家各户都住满了。老百姓很好，无论家里住了几个伤员，都照顾得很好。

想方设法挽救伤员生命

伤员来了以后，医助负责登记，但伤员实在是太多了，医助也只能记个大概，比如伤员的部别、姓名这些，其他的来不及登记。我们先给伤员检查伤口，有的伤口能看到弹片或子弹头，如果不及时取出来，伤口很容易感染。那时候条件差，药箱里只有纱布、棉球、红汞、碘酒这些常用的东西，手术器械很少，我们就用老百姓家的桌子当手术台，给伤员取弹片、弹头。有的伤员腹部伤口裂开了，得给他缝合，想方设法挽救伤员生命。也有没救过来的重伤员，遇到这种情况，我们都会给烈士擦干净脸，整理好衣服，请老百姓帮着抬一抬，挖个墓坑，就地掩埋烈士遗体，再找个木牌子写上烈士名字，插在坟前，跟烈士告个别。

伤员多的时候，大家几天几夜都不能休息，累得直打瞌睡，怎么办呢？我们就在老百姓的锅灶边找些柴火、苞谷秆，铺在地上躺一会儿，也睡不了多久，伤员一喊，马上就得起来看看，晚上要挨家挨户去查房。那时候规定，一晚上最少查两次房，上半夜一次，下半夜一次，有些重伤员要查三次，隔几个小时就得去看一看。伤员住得比较分散，我们查房时要挑着开水，提着尿壶，拿个手榴弹或背着冲锋枪，防止路上遇到敌人。

这些都是我应该做的

有两个伤员给我的印象比较深。第一次是 1947 年，部队休整的时候，卫生员集中到团部学习，一天下午，战友喊我出去散步，路上发现一枚手榴弹，他叫我躲在土丘后边，他来投弹，没想到那枚手榴弹还没出手就炸了，战友衣袖里都是血，我赶紧把他送到团部卫生所包扎。后来才知道，这是国民党军专门造的一种手榴弹，我们缴获了这种手榴弹，一投弹就会炸伤自己。

第二次就是淮海战役，有个姓瞿的副排长，他缴获了敌人的一些手榴弹，刚往外一投，右手基本上就被炸没了，左手也炸伤了。瞿排长生活不能自理，我就给他喂水喂饭，帮他倒大小便，他很感动。有一次我给他喂饭，喂了一勺以后要等他下咽，就在等的过程中，我睡着了。不知道过了多久，我醒了，我一看饭怎么没太动，就问瞿排长："你是不是哪里不舒服，伤口疼了是吧?"他光流泪，也不说话。这时我们副所长来了，瞿排长跟副所长说："我是爹妈一把屎一把尿拉扯大的，你们的小张护士对我就像亲人一样，不怕苦、不怕累、不怕脏，给我喂水喂饭、倒屎倒尿，所以我感动得掉眼泪了。"他这么一说，我也很感动。伤员负了伤，尽职尽责照顾好他们，这些都是我应该做的。伤员们表扬我护理得好，再加上我各方面都很积极，能吃苦，不怕脏和累，淮海战役结束后医院总结评功，我评了二等功，还光荣入党了。三个月的预备期，部队南下到江西的时候，我转为正式党员。

　　郭松林，1931 年出生，河南鲁山人，中共党员。1948 年参加革命，淮海战役时为中野九纵二十五旅七十四团一营重机枪连一排二班战士，中华人民共和国成立后曾任昆明内燃机厂纪委书记。

郭松林口述

(2016 年 9 月 20 日)

我就这样当了兵

旧社会我们穷苦人没有地，都是给地主种地。在我十几岁的时候，家乡连年灾荒，要么是虫灾，要么是旱灾，要么是水灾，搞得颗粒不收，在家里没有活路了，只能四处讨饭。宝丰县离我家隔着一道山，那里有煤窑，我就翻过山去，下煤窑挖煤，背煤去卖，卖的钱买点盐巴吃。

1948 年 2 月的一天，我出了煤窑往回走，路上碰到了解放军的部队。一个军官模样的人看到我，从马上跳下来，招呼我："小鬼，过来一下。"他说："我是解放军部队的指导员，你能不能帮忙带路到大营镇？"我说："大营镇离这有八九里路，我刚从小煤窑做工出来，肚子饿得很，我要回家搞点吃的。"他听我说完，就叫警卫员拿给我一袋干粮。我没有碗，就用两只手去接，他倒一捧子，我呼啦一下子就吃光了，连着吃了三四捧子，那一袋子干粮差不多被我吃光了。吃饱以后，我就给解放军带路，走了五里多路，到了白石坡，站在岭上就可以看到大营了，我给他指了指方向。指导员看我破衣烂衫的，又饿成这样，就问我："小鬼，你想不想当兵？""想当兵。"我一口就答应了。指导员说："回头我找人给你父母写信，告诉他们你参军了，当兵是很光荣的，解放军是为穷人打天下的。"他让我把一身烂衣服脱下来，让司务长拿给我一套灰军装，我就这样当了兵。

好好表现报答党

到部队的第一个晚上，班里开饭了，一个班一大盆饭菜，我长这么大，头一回吃了顿饱饭。到连队以后，我暗下决心，要好好表现报答党。我工作积极肯干，挖工事不怕苦不怕累，其他人都挖不动的时候，我还在坚持挖；我勤学重机枪的操作，特别擅长打连发，每次打靶都是全连第一名；站岗放哨我也最积极，我很机灵，只要听到喊我，就马上起来，帽子一戴，鞋一穿，很麻利。另外，我还苦练重机枪拆装速度，练到蒙着眼，只用十分钟就能把几十个部件拆下来再全部装上。连长经常表扬我："郭松林枪打得好，打得准。"

由于我表现好，1949年2月我就入党了，当时还不满十八岁，三个月以后，就转成了正式党员。

背包被打穿了

淮海战役第二阶段，国民党军黄维兵团被包围在双堆集以后，蚌埠的李延年兵团去援助接应，我们部队的任务就是阻击、堵截李延年兵团。

我们一天一夜跑了两百多里路。机枪班有个驮重机枪的骡子，我跑累了，就拽着骡子的尾巴跟着它跑。赶到指定地点以后，我们赶紧抢修工事，还没完全修好，敌人就上来了。我们打了一天一夜都没有吃饭，因为炊事班没跟上，被甩到后面了。后来班里派我到村子里找吃的，我找到一个红薯窖，从里边拿了些红薯，找了个锅蒸一蒸，赶紧从村子往回跑。半路上就看见国民党军来了一架飞机，往下扔了个汽油弹，等我赶回去的时候，看到好多战友被烧死在那里了。我要不是去找吃的，那一次可能也被烧死了。

我们白天阻击，晚上做工事。国民党军的武器都是美国支援的，山炮、野炮、榴弹炮都是崭新的。我们中野比较穷，武器都很差，就几门山炮，还不敢打。你放一炮过去，他们几十炮都打过来了。有一次，敌人一炮打过来，把我们的工事掀倒了，我被埋在底下了，大家把我扒出来以后，我摇了摇头，问班长："班长班长，我死了没有？"班长说："你死了还会说话吗？"

阻击战打得很激烈，有一个村子被敌人封锁了，机枪来回扫射，我们出不去，好多战士牺牲，河沟里的水都被染红了。我扛着重机枪，提着弹药箱，拼命冲过去，竟然没被打到。晚上休息的时候，我打开背包一看，叠了四层的被子还有一双布鞋都被打穿了，我伸手进去，掏出几颗汤姆逊子弹，有手指头这么粗，它的贯穿性差，如果是机枪、步枪子弹，我早就没命了。

寻找战友的遗体

打完仗以后，我们各个连队的人都上去寻找战友的遗体，因为只有自己连队的人才认得自己的人。哎呀！有的烈士是被子弹打死的，还能保个全尸；有的烈士是被炮弹炸死的，遗体碎片都崩到树上去了，身子都不完整了，大家都认不得了，最后只能把这些残肢断臂大体上摆个人形。每个烈士的遗体用一丈二尺白布包一包，就在战壕旁边掩埋了。当时那个悲惨的情景，我一辈子都忘不了！

淮海战役，解放军六十万对国民党军八十万，全靠后方老百姓的支援。小车推的推、拉的拉，一眼看不到边，民工上来时给我们送吃的，走的时候运伤员。所以陈毅元帅讲，淮海战役的胜利，是老百姓用小车推出来的。

李之泽，曾用名黎明，1930 年出生，山西古县人，中共党员。1945 年参加革命，淮海战役时任中野四纵十一旅三十一团政治处宣传队分队长，中华人民共和国成立后曾任中国人民解放军昆明军区政治部干部部副部长。

李之泽口述

（2016 年 9 月 21 日）

在抗日儿童团成长

1938 年，八路军到我们县，组建了抗日儿童团。1940 年我参加儿童团，后来当了儿童团团长，和青救会、妇救会、农救会一起参加抗日活动。日本人占领山西以后，开始搞治安运动，由于兵力缺乏，就强迫老百姓去当伪军。我们儿童团的孩子一边放牛、放羊，一边在山坡上宣传抗日。我现在还记得当时宣传时唱的一首歌，叫《好比油锅把人煎》：

> 治安运动治死人，
> 好比油锅把人煎，
> 村村要拉自卫团，
> 拉到太平洋上替鬼子填炮眼，
> 家里连个尸首也不能见。
> 自卫团苦连天，
> 天天要操练，
> 白天晚上把岗站，
> 鬼子出发还要领路在前面，
> 受苦活都要你们干。
> 自卫团莫受骗，
> 趁早与鬼子打算盘，
> 要与抗日政府暗地把事办，
> 身在曹营心在汉。

我们儿童团教小孩唱，小孩就到村子里到处唱，在群众中起了宣传抗日的作用。

后来，抗日政府把我送到县里的抗日民族革命高级小学接受教育，简称民高，实际上就是现在的小学。1945 年 6 月，我参加了八路军。

诉苦运动的起源

我们十一旅在抓解放战士教育、提高部队政治觉悟方面，是有历史传统的，最早可以追溯到国共谈判时期。

1946 年，国共双方举行和平谈判，1 月 13 号下了停战令，我们部队当时就驻扎在山西曲沃的郊外。这时地方上搞土改，发动群众搞诉苦运动。当时三十三团九连的指导员原明说："地方发动群众搞土改，觉悟提高很快很好，能否把这个办法用到我们部队来呢？"因为当时和平谈判，战士们都产生了"和平就应该休息，应该回家种地"的思想。原明就把这个诉苦的方法在连队试验，这一试太灵了，效果非常好。这个过程中，旅里发现一个典型，三十二团三连有一位叫谭凤荣的战士，家里非常苦，因为灾荒，妹妹饿死，父亲把他的弟弟也卖了，他又被国民党抓去当兵。我们就以他的事例写成剧本，在各团组织巡回演出，大受欢迎，教育效果非常好。

改造俘虏思想的好做法

解放战争转入反攻阶段以后，俘虏越来越多了，对俘虏进行政治教育非常重要。解放军改造俘虏有一个基本思想：国民党军的士兵都是穷苦人，只要俘虏放下枪，就不把他当敌人，而是把他当兄弟。为了和俘虏更亲近，我们统一叫他们"解放队"。

解放队的政治教育有这么几步工作：

第一，俘虏如有尚存的武器要交出来，放下武器，我们就是朋友了。

第二，统一学唱《三大纪律八项注意》，唱歌的时候给他们讲解，同时用我们的实际行动去感化他们。比如我当排长时候，就和解放战士吃在一起，住在一起，学习、训练都在一起。而国民党军的排长就不一样了，处处搞特殊。我们教育解放战士，和老百姓打交道更要讲纪律。有的俘虏跑去问老百姓："为啥我们一来，你们都跑了，为啥解放军来了，你们不跑？"老百姓说："人家解放军不拿老百姓一针一线，你们中央军来了干啥？又拉猪，又杀鸡，我们不跑行吗？"通过这些事，俘虏慢慢被感化，内心也在慢慢觉悟。

第三，给俘虏上一堂特殊的课。讲啥呢？首先提出几个问题，叫他们自己思考并且回答。比如：你们为什么穷？是地主养活农民还是农民养活地主？是工人养活资本家还是资本家养活工人？这些个题目一出来，我们先不讲，叫大家去讨论。这下可热闹了，什么说法都有，到最后总结出来，是农民养活了地主，是工人养活了资本家，大家都心服口服。紧接着我们又提出问题：为什么少数人就能把你们多数人的东西抢走了？也让大家讨论。最后大家一致认为，国民党政权就是为少数人服务的，压迫剥削广大的穷人，我们穷人要想翻身得解放，只有跟着共产党、参加解放军才能推翻国民党的统治。

这个思想明确后，我们就动员俘虏自愿报名参加解放军，决不强迫，不愿意留下的，给路费让他回家。如果还有想回到国民党军队的，也同样发路费，但有一条事先讲清楚，下一次如果再当了俘虏，我们还欢迎你。所以我们解放军为什么有战斗力，越打越壮大，这就是一条重要的原因。

部队打不垮的原因

淮海战役时期，部队伤亡很大，我们旅的手术室就做了一千二百多人的手术，所以部队需要大量补充兵员。三十一团五连搞了个立俘立补，俘虏不送到俘虏队、解放队，而是直接补充到班、排。当时每一个连队有连长、指导员、副连长、副指导员，要从这四个人里面抽两个出来，去旅里的教导队，干什么呢？就是搞战勤、搞俘虏教育，这样既保存了干部，又教育了俘虏。俘虏过来以后，我们给每个人先发一袋干粮，他们被围困了很多天，饿得不行，先让他们吃饱饭，生活上也处处关心他们。俘虏们感觉解放军和国民党的部队不一样，好多俘虏头一天过来，第二天就参加战斗了。

我们十一旅两个团刚参加淮海战役的时候有七千多人，战役中伤亡很大，可是到淮海战役结束后，我们十一旅还有七千人，靠什么？解放战士随俘随补，一边打一边补充，所以我们的部队打不垮啊，这也充分体现了阶级教育的效果。

淮海战役时评判战士，既讲出身，但也不唯成分论，重在政治表现和战场表现，不排斥出身不好的，这是我们党一贯的政策。解放战士很快从被教育对象变成发展对象，通过介绍人和支部大会讨论，就可以快速入党。也有表现好的战士火线入党的，火线入党手续很简单，战后再补填一些材料。

作风过硬的部队

我们这个老部队英勇善战，有着极为优良的战斗作风和特点。

首先，这是一支能啃骨头的部队。打仗的时候，哪怕上级不给任务或者不给主要任务，部队都会去争取最难最苦的任务。其次，指挥靠前。淮海战役的关键时刻，干部都是带头冲，不管军事干部还是政治干部，都是这个特点。第三，只要还能出一分力，大家都坚持不下火线。

南坪集阻击战开始不久，我和指导员都受伤了，他伤了腰，我伤了腿，送到旅里绷带所一检查，我的坐骨神经被打坏了。我还可以动，就主动要求留在绷带所登记伤员里的党员。当时旅里搞了个油印的条子，叫"光荣证"，规定都装在上衣左边的口袋里，就是怕牺牲后找不到姓名。所以伤员下来，我先找左口袋里边的光荣证，上面印有籍贯、年龄、姓名、职务、单位、是否党员这几项。有些党员昏迷时还在喊"冲啊""上去了没有"。三十一团三营机炮连副连长张志楠负重伤，医生要给他截肢，他不同意，最后不得不截肢，不然就会危及生命。手术时麻药不够，医生就给他一块纱布咬住，锯腿时张志楠还哼着河南曲子，这是多么坚强的共产主义战士啊！后来他复员回到家乡，从未向组织提过个人困难。

补记烈士姓名

　　1983 年我离休后，就到中原走一走，一到那里就想起了淮海战役，我就去了徐州的淮海战役烈士纪念塔和淮海战役纪念馆参观。哎呀，看完以后，我发现淮海战役纪念馆里没有展出中野四纵十一旅的烈士。当时我就掉泪了，我们牺牲了那么多人，怎么会一个没有呢？1950 年和 1953 年，中国人民解放军第十四军先后两次组织专人收集抗日战争和解放战争期间牺牲的烈士名单和立功受奖人员，我参加了第一次的收集工作，怎么会一件都没有呢？我再也没有心情去任何地方，就坐火车回昆明了。

　　回去后，我找到原中野四纵十一旅政治部主任侯良辅老首长，我的意见是追记一个烈士名单，我们活着的人不能忘记烈士！侯主任就召集原十一旅的老同志开会，组织大家回忆烈士姓名。我们这些白发苍苍的老人很认真，你回忆一个，他回忆两个，原十一旅一营营长王争同志一次就回忆了四十五个。昆明以外的同志知道了这件事，也给我们写信，当时三十二团的政委张克给我们写信，说这是一项政治任务，你们一定要完成好，要让烈士永垂不朽！

　　七十多岁的张元生同志背着干粮、背着水到处找老同志回忆，一天奔波几十里路。他那时已经得了绝症，入院后我多次去看他，每次他都问我，烈士名册的事弄得怎么样了。病危时，他已经不太能连续讲话，还断断续续地问我："我们的烈士名册，淮海战役纪念馆收到了没有？"我说收到了，他含着眼泪欣慰地轻轻点头……

　　经过一年多的努力，我们补记了六百来个烈士姓名，这只是两个团有名有姓的一部分，还有一部分回忆不起来了。因为淮海战役的时候战斗紧张、频繁，有两种人没来得及收集，一种是机关和后方的人员补充到连队参加战斗，当时没有登记他们的姓名；还有一部分就是解放战士，他们还穿着国民党军的衣服，昨天俘虏过来，今天就参加战斗，他们的名字也没来得及登记造册，这部分人也不少。所以，我们在烈士名册的后面说明，这本名册不是牺牲的全部烈士，还有很多无名烈士。

　　1984 年，烈士名单补记工作结束了，我们把它汇集成册，派专人送到淮海战役纪念馆。后来，我们感到光送名册不行，我们要回忆淮海战役的战斗历史，又组织老同志写了很多回忆文章，汇编成《在震撼世界的决战中》这本书，也送给你们淮海战役纪念馆了。

我自从十五岁参军后，就没想到能在枪林弹雨中活下来，比起那些牺牲的烈士，我是幸存者、幸运者。现在党和国家对我们的待遇很优厚，我们很满足，希望后人永远记住那些为了人民解放事业流血牺牲的革命先烈！

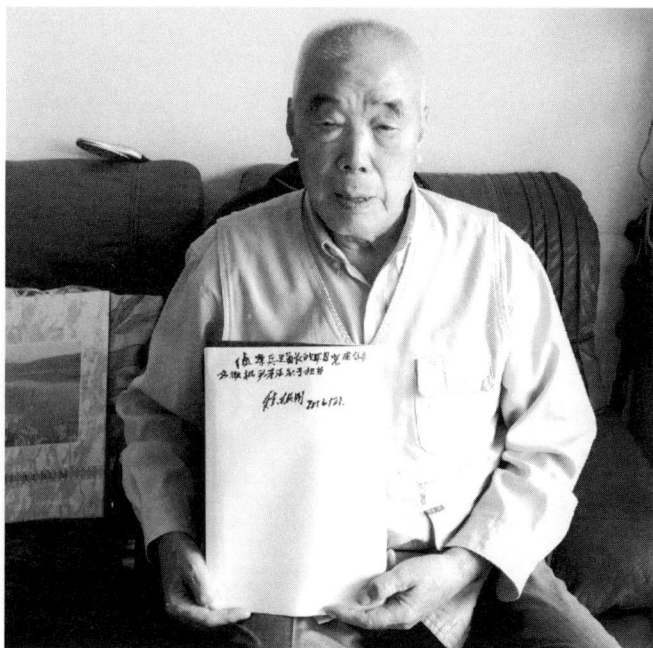

　　程振刚，1929 年出生，山东东阿人，中共党员。1943 年参加革命，淮海战役时任中野十一纵三十一旅九十二团侦察排副排长，中华人民共和国成立后曾任中国人民解放军云南省蒙自军分区司令员。

程振刚口述

(2016 年 9 月 21 日)

小战士小党员

我是 1943 年参军的。到了年底精兵简政，因为年纪小，部队让我回家。回去后住了一夜，第二天我又跑到另一个部队去当兵。这个部队在我们村子住过，连长、指导员看我太小，不收我，我就在那不走。四班的班长叫刘万春，是山东人，他对连长说："他家里很穷，你把他收下吧，放到我班里，我带着他。"他这么一说，连长、指导员才同意叫我留在县大队。以后部队升级到了冀鲁豫军区的特务团，总共有五个连队，我们连编成了特务团五连。

我十四岁参军，十五岁就入党了。如果按照现在的要求，我当兵不够年龄，入党也不够年龄。那时入党还是保密的，也没有入党志愿书。为什么入党？那个时候我对共产党的认识就一条，知道共产党、八路军是穷人的队伍，是为老百姓谋福利的，其他的道理讲不出来。没参军以前，八路军部队经常在我们那里住，和群众关系非常好，打扫卫生、挑水、宣传教育，还有专门唱歌的连队，教青年人唱"石榴开花胭脂红呀，二十青年去当兵……""好铁要打钉，好汉要当兵……"这些民歌小调比较多，小孩子都跟着唱，很教育人。

我的两位入党介绍人，一个叫顾庆林，一个叫李明友，他俩比我大，都是老兵。我在部队表现很好，家庭情况他们都了解，连里边开个党小组会，党员同志们讲讲入党后要注意什么，要怎么干，就这些，也没有其他的手续。那时候部队不发津贴，也不交党费。说到钱，我还闹过一次笑话呢。班长说："小程，你到司务长那去一趟，领油、领盐。"我跑到那就喊："我们班长叫我来领钱。"司务长说："领什么钱？是叫你领油盐。"

一次好坏参半的侦察行动

解放战争时期，我们部队逐步发展为中原野战军第十一纵队的三十一旅，我当过侦察员、侦察班班长。淮海战役时，我是三十一旅九十二团侦察排的副排长。侦察工作很重要，要把敌人的情况搞清楚，是首长的耳目，协助首长做参考、下决心。

1947年6月底，刘邓大军准备渡黄河，千里跃进大别山。大军渡河前，我们独立旅接到任务，要把河南敌人的部署情况侦察清楚，为主力部队渡河扫清障碍。

旅作战科科长叫徐金蔚，他带着侦察分队偷偷渡过黄河，到河南分散侦察敌情。我是侦察班班长，带着侦察员老乔和一个姓高的新兵一起，到郓城附近执行侦察任务。我们都化装打扮了一番，我和老乔穿着便衣，拿着手枪，小高穿着国民党的军装，背着一支中正式步枪。我们仨冒充敌人，来到一个镇子。镇子周围有个围子，围墙外有一片瓜地，种的甜瓜、西瓜。瓜地外面有个敌人在站岗，后面城门洞子里有个四川兵，是个班长，他跟前有五六个小孩，正在跟他闹着玩呢。我们三个人往前走，提前说好了，准备抓个"舌头"回去。到了城门洞子底下，那个敌班长蹲在地上，也不理我们，我们也不理他。小高是新兵啊，看到敌人就慌了，他把枪拿下来对着那个四川兵的脑袋，四川兵站起来就说："你干啥子嘛？"结果一枪就被小高打死了。我赶紧把这个四川兵的枪拿过来，叫他俩快跑。外面站岗的敌人听到枪响，还不知道怎么回事，我说："八路过来了，赶紧跑，赶紧跑。"那个兵吓得直发抖，这时我已经跑到他跟前了，左手一掐他的脖子，右手拿枪顶着他，说："跟我走，不然打死你。"活捉这个兵以后，我们跑了百十公尺，这时候敌人的机枪、步枪都开打了，却没打着我们。这次侦察行动，我们打死一个敌人，活捉一个，得了两支枪，你说这是好事还是坏事呢？实质上是个坏事，因为这样做惊动了敌人，以后他们就会更加警惕了，我们再穿他们的衣服出去侦察，敌人都会盘查的，给我们今后的侦察活动带来了困难。

随机应变的侦察员

有一次，我们侦察分队到驻地二十多里路以外执行任务，看那里的敌人有多少，是哪一部分的，查清这些情况。我们到那以后，发现敌人刚到，来得猛，来得快，我们立即回来向首长汇报情况。首长看地图，研究我们是否转移，往哪里转。研究好了以后，叫我们回去继续监视敌人。我和一个队员骑着自行车去了，发现有一部分敌人进了一个寨子，还放了岗哨。敌人的哨兵看到我们，端着枪问："干什么的？下来。"我马上跳下车子说："自己人，自己人，我是八十八师谍报队的。"当时八十八师还没有被我们消灭。他又问："你到哪里去？"我们随便应付，想找机会赶快跑掉，摆脱敌人。正说着，我一个手扶着车把，一个手扶着车座子，使出所有的劲猛地一推，结果也没把那个敌哨兵撞倒。这时，后面的敌人一看不对劲就开枪了，我们拼命地往回跑，总算摆脱了敌人。当时情况比较危险，稍不注意就暴露了。

还有一次，我们三四个侦察员打扮成做生意的，肩膀上背着钱褡子，路过敌人的地盘，我们就在他们门口休息。敌人吸烟，我们有个姓陈的同志也吸烟，他没火，就向敌人借火，说："老总，借个火。"一个敌人就把火递过来，小陈接过火的时候，敌人说："你的手指头怎么少了一截啊？""老总，手指头叫狗咬了一块。"就这样掩饰过去了，敌人也没说啥。实际上小陈的手指头是被机枪打掉的。

我们解放军最遵守群众纪律了，无论驻到哪里都给老百姓扫地，搞满缸运动，帮老百姓干农活，宣传党的政策等。我们侦察员出任务一般都在敌占区，必须冒充敌人，学敌人那一套，不然生命难保，人家都说侦察员的脑袋是挂在裤腰带上的，不知啥时候就掉了。我们回到部队以后，都是在解放区嘛，必须遵守群众纪律。

首长让干啥就干啥

淮海战役期间，因为参战的部队比较多，侦察任务反而少了，我们就在旅指挥所里边，首长让干啥就干啥。指挥所离前线不远，机关人员都是分散隐蔽的。首长有时候叫我们去下边的连队了解一下情况，或者去某个地方拿个什么东西，都是一些临时派遣的任务。我们虽然不参加战斗，也不能乱跑，就在指挥所等待命令，没事就在掩体里面休息。

双堆集战场基本上都是平原，部队都在工事里，只能在战壕里运动。围歼黄维兵团的战斗打得很激烈，前线的战况我们都看到了。敌人炮火很强大，九十二团几次冲击都没成功，损失比较大，九十一团伤亡也很大，这两个团立即进行战场整编，由三个营编为两个营。那时候有一条命令，不管怎么样都要坚守阵地，只能往上冲，不能往后退。冲锋在前，这是党员必须带头做的。冲锋不在前，落后于群众，那是耻辱。我在一份资料上看到过，九十一团有个班长叫刘福清，他是党员，带着一个兵就冲到敌人战壕里去了，非常勇敢。淮海战役的时候，这样的例子很多。

战斗结束后，各个营、各个连都开会总结经验教训，然后进行动员，提出战斗口号："保证消灭敌人！""坚决完成任务！"部队的口号都是很响亮的。

部队整编以后，政治工作必须跟上，否则是不行的。每个部队都是这样，通过思想动员、战斗动员鼓励士气，增强战士的勇气，更好地消灭敌人。

　　武建生，1929 年出生，山西古县人，中共党员。1942 年参加革命，淮海战役时任中野四纵十一旅工兵连副政治指导员，中华人民共和国成立后曾任云南省工人疗养院党委书记。

武建生口述

（2016 年 9 月 21 日）

飞雷炮的演变过程

我们工兵连是 1944 年组建的，当时整个战争形势发生了变化，我们由内线转为外线，由防御转为进攻，日军的碉堡、工事等很多障碍物都需要工兵爆破。虽然工兵直接参加的战斗不多，但是经过多年抗战，牺牲的人也不少，大都是些骨干和领导。

解放战争爆发以后，战斗非常频繁。我们打吕梁战役的时候，正赶上 1947 年的春节，打完仗以后休整，我们才算过了个新年。部队休整时主要做两件事，一个是评功、贺功大会，再一个就是追悼烈士大会。我们工兵连连长叫聂佩璋，他立了功，可他就是不愿参加贺功会，为啥呢？连队里牺牲了不少人，大部分都是骨干，他心里难过啊！在这种情况下，他没有参加贺功会，把连队里牺牲的战友写了一个名单，他在悼念这些人。

我们原来搞爆破，都是人抱着炸药包去，伤亡比较大。聂佩璋就想啊，如果不用人送炸药包，用别的方法把炸药送出去，就像迫击炮一样，把它送到敌人的碉堡、战壕，就可以极大地减少伤亡。工兵在抗日战争期间有过一些抛射炸药的经验，但那个抛射是在地下挖设一个洞，解放战争期间打仗，经常是运动战，挖洞的办法不行。所以聂佩璋就在连队召开会议，发扬军事民主，叫大家一起出主意、想办法。聂连长提出用汽油桶做发射筒，他找来铁匠、木匠，把汽油桶打开，用木架支撑，代替原来在地下挖洞的方法。经过一段时间集训以后，我们回到旅里就开始试射，用汽油桶抛地雷、抛炸药，一开始只能打几十公尺，但方向掌握不好，后来用迫击炮的瞄准镜来瞄准、校正。

1947 年 8 月，我们工兵连已经有三门飞雷炮了，刚开始还不叫飞雷炮，叫炸药炮，以后因为它会"飞"嘛，就叫它飞雷，名字也好听一点。到了河南参加战斗，就开始使用飞雷炮了。1948年的五六月份，我们又对飞雷炮进行了改造，搞了两个脚架，发射桶可以立起来，这时候确实像炮的形状了。

威震敌胆的"没良心炮"

1948年11月，我们参加了淮海战役。打双堆集的时候，飞雷炮发挥了巨大威力。当时飞雷炮最远射程可以打到一百六十米左右，有一些能打一百二十米。工兵作战都在前面，离敌人很近，飞雷炮的杀伤力在它的周围，飞雷落地爆炸后，大概可以杀伤七八十米范围内的敌人，有些是被震死的，敌人都叫它"没良心炮"。

打小马庄的时候，我们旅集中了两个排、四门飞雷炮，炸药都是民工从后方用牲口驮运来的。炸药主要来源是山西太岳地区，民工有河北的，也有山东的，支前民工多得很啊。工兵撤下来的时候要经过前面的战斗连队，只要工兵一来，步兵就拍手欢迎，说"咱们的宝贝来了"，工兵走到哪里都受欢迎，前沿部队都给我们让路。工兵连有一百三十人左右，战役中伤亡了四五个人。

淮海战役结束以后，旅里给我们搞了飞雷立功，奖章、奖状、奖旗都发了。我们工兵连评了四个纵队工兵英雄，都和飞雷有关系，除了聂佩璋连长，打飞雷炮的排长、班长、副班长都评了工兵英雄。周乐伦是南坪集炸桥的，后来改名叫张天星，另外两个是王怀君和金银山。当时刘伯承、陈毅首长亲自接见了工兵连，对工兵连评价很高。

中央电视台拍过一个纪录片《飞雷传奇》，里边介绍得很详细。

战时思想政治工作

战前，纵队首长、旅首长都会下部队亲自动员。

我是工兵连副指导员，工兵连全连集合的机会比较少。工兵打仗和步兵连队不一样，工兵是把人都分散开，比如这个班要跟着哪个步兵团一起行动，那个班跟着哪个团行动。淮海战役时，打飞雷是以排为单位，分配给各个步兵部队。所以我做政治工作都是小型的，找战士个别谈话，及时掌握战士们的思想动态，动员大家写决心书，内容就是坚决请战，保证完成任务，下决心立功，基本是这样。有了这个决心，战士们都很勇敢，没有怕死的和开小差的。

当时连队政治工作总的指导思想是：号召指战员不怕牺牲、不怕流血，要为解放全中国而战，争取在战场立功。部队提出了具体的立功要求，现在我也说不清了，一、二、三、四……你做到了哪些，就可以立什么功，有特殊贡献的就是英雄。我记得当时纵队给每个人都发了一个光荣证，上面印了战场上的规定，只能前进，不能后退……可惜没有保存下来。

淮海战役结束后，部队开评功会，大家来评，大家来选，评好了再往上面报。我呢，主要是因为深入一线，做思想工作积极，所以旅里给我记了一个大功。立功喜报我还保存着，我的档案里都有记录。你们这次来采访我，我就把它捐给你们纪念馆，希望这些革命文物可以教育后人。

　　徐忠启，1929 年出生，江苏沛县人，中共党员。1944 年参加革命，淮海战役时任中野十一纵三十一旅侦通连政治指导员，中华人民共和国成立后曾任中国人民解放军云南省军区西双版纳军分区第一政治委员。

徐忠启口述

(2016 年 9 月 21 日)

跟随华野参加战斗

1947 年 7 月，刘邓大军要过黄河，进军大别山。为掩护刘邓大军，我们中野十一纵留在黄河边牵制敌人，造成刘邓大军还在黄河边的假象。我们一天到晚在敌人之间穿插，几乎每天都打仗，又赶上雨季，连续四十五天蹚水，水深到腰，淤泥陷下去都到膝盖上边，有些女同志边走边哭，那真是苦得很。

后来，华野陈毅、粟裕首长带着三个纵队，到鲁西南掩护刘邓大军，这时候我们十一纵队就归陈、粟首长指挥了。我们旅是纵队的主力旅，在陈、粟首长指挥下，我们打了几个战役，其中最大的是睢杞战役，也叫豫东战役。济南战役，我们的任务是打援，准备消灭从徐州过来增援王耀武的敌人，他们察觉了我军的意图，没有来增援。

济南战役后，华野命令我们纵队打连云港，打下以后在那里堵着，防止杜聿明集团从海上逃跑。我们旅是前卫旅，快到连云港的时候接到指示，敌人跑了，其他兄弟部队已经占领了连云港。华野首长命令我们继续西进，协助兄弟纵队作战。当时华野正在围困黄百韬兵团，我们抢渡运河，看到河里有很多国民党军的死尸。过河后，粟裕首长命令我们纵队：有一股敌人要突围，你们把他截住，消灭掉。我们三团去了一个营阻击，这股敌人战斗力还比较强，一下就把三营冲下来了，后来我们重新组织力量，消灭了这股敌人。

发动群众巩固部队

在连云港附近，我们连跑了五个战士，都是离那不远的翻身农民。旅政委肖元礼见到我就问了："徐忠启，我听说你们连队跑了五个人？"我说："是的。""要打大仗了，人再跑了，你怎么完成任务？"我说："首长，我马上开支委会。"我找到党员、骨干，边行军边开支委会，布置他们在发动群众的基础上，了解新战士的思想，掌握他们的动向，共同做好巩固部队工作。不久后，肖政委又遇到我了："徐忠启，你们连队的兵又跑了没有？"我说："没有，我把群众发动起来了，不会再有人跑了。"政委说："嗯，把群众发动起来就是好！"黄百韬兵团被歼灭后，我们接到命令，向西进军，归建中野。

三次攻打张围子

战役第二阶段，刘邓首长命令十一纵和九纵为东线部队，往西攻击黄维兵团，指定由十一纵司令员王秉璋指挥。我是侦通连的指导员、支部书记，侦通连有一个骑兵排、一个步兵通信排、一个侦察排、一个架线排，四个排一共二百多人。侦通连直属旅部，旅部离前线很近，也就一公里左右。打起仗来，我们连都分散了，通信排由通信科指挥，侦察排由侦察科指挥，架线连也都到前边去了。

我们三十一旅和九纵联合起来，三次攻打张围子。张围子有一个团的敌人防守，战斗力比较强，他们构筑了碉堡、工事，射击孔修得很低，离地面大概三十公分左右。第一次攻击张围子的时候，我们站着攻击被打腿，卧下就被打头、打肩，伤亡很大。撤下来以后，很快又组织第二次攻击，一个连两个连上去了，基本上回不来，伤亡很大，这一次还是没打下来。这时，陈赓司令员提出，进行土工作业，挖战壕，接近敌人的碉堡、工事。敌人也知道我们挖工事，但是打不到我们。第三次攻击，九纵先打进去，紧接着我们也打进去了，接着往西推。三打张围子，我们伤亡很大，光是营级干部就换了三次。九十一团团长李光前十二岁就参加了红军，打张围子牺牲了，才二十七岁。九十二团副团长何炳确也是老红军，他带着部队进行巷战，给攻击部队送梯子的时候牺牲了。

你这个指导员当得好

司令部是单独的一个支部，我是支部书记，旅副政委是组长，开党小组会，他都向我汇报，首长党性都很强。我说："首长，你们不要向我汇报，我得向你们汇报。"他说："我们是党员，普通党员。"有一次我们侦察排去敌占区执行任务，旅参谋长杨昆叫人给他带两条烟，结果侦察员从敌占区拿了人家两条烟回来，违反了纪律。我把这件事向肖元礼政委汇报了，他们小组开会批评了杨参谋长。后来杨参谋长亲自拿了两条烟来找我："小徐，我犯了错误，我把两条烟交给你处理。"我说："参谋长，这两条烟你叫警卫员送来就得了，你为啥亲自送？"他说："我犯的错误，我亲自送。"这件事让我也很受教育。我虽然年龄小，但是很讲党性、讲原则，旅司令部的作战股股长从后勤多要了一床被子，开支部大会的时候，我批评了股长，旅首长说："你这个指导员当得好。"

　　宋士勋，1924 年出生，山西沁源人，中共党员。1944 年参加革命，淮海战役时任中野四纵十一旅三十二团三营九连政治指导员，中华人民共和国成立后曾任中国人民解放军第十四军四十师政治部副主任。

宋士勋口述

（2016 年 9 月 21 日）

准备与敌人同归于尽

淮海战役第二阶段，我们中野的任务是围歼国民党军黄维兵团。一天下午五六点钟，我们接到团部命令，准备攻击杨围子。

连长对我讲："老伙计，这次要舍得老本，把脑袋别在裤腰带上，狠狠地打。"他转身又给全连战士讲："同志们，又到了上级考验我们的时候了！"说完，连长带着一个排冲了上去。国民党军出动六辆坦克，守敌从沈庄与杨围子的接合处，向我们猛烈射击。九连拼命与敌厮杀，个个勇猛战斗，但由于我们攻击时暴露在开阔地，干部战士一个接一个倒下。这时，通信员来了："报告指导员，连长牺牲了。"我一听更加气愤，大喊一声："给连长和战友们报仇！"向前冲的时候，我的胸部中枪了，子弹从前边打进去，从后边出来，脚也受伤了，我倒下以后就什么也不知道了。后来，有三个轻伤员发现了我，我慢慢醒了，但是动不得，也爬不起来。

天黑了，我对三个战士说："我动不了，你们给我留三个手榴弹，就去找部队吧。"他们走后，敌人投掷了燃烧弹，有一颗就落在我身边，但是没有爆炸。我知道自己可能回不去了，就把三枚手榴弹打开盖，拉开弦，压到胸脯底下，把党证也埋到地下，准备等敌人一来，就与他们同归于尽。

活着的"烈士"

过了很久，敌人也没再打枪。我就拖着身体在地上一步一步地爬，爬一步休息一下，伤口一直在流血。天快亮的时候，我听到前边有人讲话，仔细一听，是我的老乡、团里的敌工干事宋威武，我赶紧喊他。宋威武和侦察员杨天保找来担架，把我送到旅救护所。医生看我胸脯上有个拳头大的洞，仍在流血，就对宋威武说："这人可能活不成了。"医生往我口袋里塞了一块红布条，表示这是个重伤员，得及时抢救。说起来我真是命大，在医院住了个把月，伤慢慢好了，出院了。我回团部报到，我们营的教导员已经提到政治处当了主任，他看见我很吃惊："宋士勋，大家都以为你牺牲了，还给你开了追悼会，团里把烈士证明书都填好了，正打算给你老家寄去呢……"旅里知道我回来了，把我这个"活烈士"评为战斗英雄，记了特等功。

　　王春瑄，1924 年出生，河南郑州人，中共党员。1941 年参加革命，淮海战役时任中野四纵十一旅三十一团三营管理员，中华人民共和国成立后曾任中国人民解放军第十四军后勤部副部长。

王春瑄口述

（2016 年 9 月 21 日）

你咋这么多年才回来

我参军很早，在部队一直干后勤工作。部队打仗要吃饭，我的任务就是做饭，保证战士们不饿肚子。

解放战争爆发后，我们部队在山西同国民党军进行了多次战斗。1947年 8 月，我们过了黄河，在河南地区作战。部队东进到汜水县的时候，有一天的宿营地正巧在我家乡附近，我向团参谋长崔秀楠请示："首长，今天宿营地离我家很近，我想回家看看。"参谋长说："可以，你给营里说一声。"我跟营长、教导员请了假，和营部的通信员一起往家赶，我俩走了一夜，一路上可高兴了。天亮时，我在北峡窝集遇到了俺村的王央，我喊他："央哥，央哥。"他愣了一下，说："你是谁呀？""我是咱村的王太生啊。""是太生啊，快回家吧，恁娘可想你嘞。"到了村口，好多乡亲都来迎接我。我看到了父亲，连忙喊了声："爹！"眼泪就下来了。进到家里我就喊"娘"，却没听见回音，这时候有人拍打我的后背，我转身一看，是娘，她流着泪说："儿啊，你上哪去了？咋这么多年才回来？"母亲高兴得一会儿哭一会儿笑。

我们一家人正在说话，村里有人喊我："太生，你快去看看，前边来了好多部队，乡亲们不知道咋回事，有点怕。"我到那一看，是我们旅的三十二团，参谋长刘忠厚原来是一营的营长，我俩认识，我问他："首长，你咋在这儿？"刘参谋长说："我们团今晚住在这个村子。""巧了，这是我家。""哦，你回家跟父母好好团聚吧。"我回去后告诉乡亲们："大家别怕，这是毛主席领导的解放军，是为咱们穷人打仗的部队。"刘参谋长叫人给我家送了半袋米、半袋面，有的乡亲还送来了几个鸡蛋，母亲做了鸡蛋面，一家人吃了一顿团圆饭。第二天晚上，我告别父母，跟着部队开进了。

想方设法把伙食搞好

我当司务长的时候，连队每人每天有两三毛钱的菜金，每个礼拜我把油盐买好，还要想办法让大家吃上肉。那时候猪肉贵，羊肉便宜，我就少买点猪肉，多买些羊肉，给战士们包饺子、蒸包子、炒菜，改善生活。有一次，部队行军走了一夜，天亮了才到宿营地，早饭咋做，大家咋吃？我告诉各连的炊事班，你们拿着面去村子里找老百姓，请她们帮着用鏊子烙饼。结果没多久就烙好了，我们营吃饭最快，一个人两张饼，吃得饱饱的。战士们说："司务长，你真有办法。"想方设法把伙食搞好，就是我的工作。我在连、营、团、师、军都干过后勤，各级领导都夸我"后勤干得不错"。

每天往前线送两次饭

淮海战役第二阶段，我们后勤在浍河北边，三营有七个炊事班，我带着他们在一个村子里做饭，主要做花卷、包子、油饼、油条、锅贴这些面食。战场上做饭有两怕，白天怕烟，夜间怕光。有一天，不知是谁做饭时冒了烟，被敌机发现了，往下丢炸弹，炸出的弹坑有篮球场那么大，炸飞的土疙瘩把房顶都砸塌了，那天我们就做不成饭了，好在没伤着人。所以白天我得一直转，挨个炊事班检查，不能让烟冒出来。

我们每天往前线送两次饭。炊事员早上集中出发去送饭，回来时各走各的。有时候炊事员回不来，下午那顿饭就得请村里的大娘、大嫂们帮着做。老百姓真好，手还巧，她们做的包子有圆的、有长的。花卷蒸好了，用自己家的被子盖起来保温，有时候我们送到前边，饭还是热乎的。我们隔几天炸一次油条，给指战员改善生活。

送饭得穿过敌人的封锁线，只要听到炮弹响，我马上找地方隐蔽，炮弹一落地爆炸，立即起身跑，这些都是在战场上摸出的经验。虽然艰苦，但炊事班没一个叫苦的，想尽一切办法把饭送上去。

包子换俘虏

战斗打得很激烈，敌人的坦克冲过来了，我们部队伤亡很大，团长梁中玉都亲自上战场了。前边每天都有伤亡，我们做饭也是每天减少，一个连队原来有一百多人吃饭，后来就变成七八十、五六十人吃饭了。

打完南坪集阻击战，旅首长把我们团换下来，叫我们撤到离前线几公里的地方休息两天，准备参加反击。那天傍晚，我带着几个炊事班从做饭的村子撤出来，往北走，路上遇到了营长带着的两个连，我一看炊事员人都齐了，可是七连炊事班只拉了一头骡子，驮饭的筐子被飞机打掉了，炸好的油条也吃不成了。我让三个炊事员马上回去找，还真给找着了，这下部队有好吃的了。我们在后方休息了几天，反击战就开始了。我们团后勤保障做得好，有时候拿上包子对敌喊话，一篓包子能换来不少俘虏呢。俘虏问我们："你们打的什么炮，那么厉害？"他们说的这种炮是用汽油桶做的，可以打炸药，解放军叫它"飞雷炮"，国民党军叫它"没有良心炮"。

淮海战役是人民战争，我们吃的粮食是老百姓送来的，每个连有小推车跟着，从来没有断过粮。我编了一个顺口溜："淮海战役打得好，前沿首长指挥好。人的身体是块铁，后勤必须要紧跟，吃饱饭就是钢，有铁有钢有力量，才能冲锋打胜仗。"

最后一次见父亲

淮海战役结束后，部队转移到河南漯河休整，开庆功大会和烈士追悼大会。在漯河补充了一批新兵，有一些俘虏兵经过教育后，也补到部队里来了。部队每天训练攻防战术动作，我带着炊事班到野外练习如何挖灶做饭、如何躲避飞机轰炸，教他们炸油条、烙饼、蒸包子、做花卷、做面疙瘩汤。

在河南，我给父亲写了封信，问他能不能来一趟。父亲收信后就带着我两个哥哥一起来了，我们爷几个见了面，高兴得不得了，我带着父亲和哥哥到周口转了转，一人喝了一碗豆腐汤。回来住了六天，我跟父亲说："你们回吧，我们部队要出发了。"天冷，我把部队发的黄军毯披在父亲身上，父亲高兴地走了，这也是我最后一次见父亲，1953 年父亲就去世了。

　　张天星，曾用名周乐伦，1930 年出生，山东益都人，中共党员。1946年参加革命，淮海战役时任中野四纵十一旅工兵连副班长，中华人民共和国成立后曾任云南省农垦局热机厂副厂长。

张天星口述

（2016 年 9 月 22 日）

不怕死的人

我是山东人，因为家里穷，从小要饭为生。后来被卖到山西，给一户姓周的人家当儿子，这家只有一个母亲和一个姐姐。1946 年 2 月，解放军需要扩大部队，村里大力动员年轻人去当兵，我也去了。当时母亲不想让我去，因为姐姐要出嫁了，我一走，家里就剩她一个人了。可我还是去当兵了，村长给我们戴上红花，骑上毛驴，锣鼓喧天送到部队。

在山西屯留县的一个村庄，我们这些新兵跟着部队训练了不到半个月，就跟着部队一边行军、一边打仗，渡过汾河去保卫延安。不久后，我们陈赓部队接到命令，要往西北去，在孝义打了几仗。一次战斗中，一枚迫击炮弹正好落到我们班中间，当时我抱着一个炸药包，赶紧卧倒趴在雪地上，敌人的重机枪拼命地打，我的棉衣被打得烧煳了，幸亏没打中我。

1947 年的晋南攻击战，工兵爆破手去炸国民党军的工事、碉堡，去十个人得伤亡八九个，牺牲太大了。十一旅让聂佩璋连长组织研制发射筒，想办法把炸药打出去。7 月份打陕州、灵宝，给我们工兵连配了炮，我在五班当副班长，也愿意钻研这个飞雷炮。

部队在河南的时候，我在战斗中火线入了党。我们班里有五个党员，打仗时都是带头的。我最勇敢，别人送炸药上不去，我就能上去，速度又快，连眼睛都不乱眨。有时候送炸药包要涉水，我从小水性好，任务完成得又快又好，战友都叫我"不怕死的人"。每次打完仗评功，他们都选我，我说："选别人吧。"他们说："你比我们能干。"我大概立过六七次功，现在也记不清楚了。

飞雷炮的威力

工兵连分工相当明确，三排负责捆炸药包，一排、二排负责发射飞雷。我们二排是五班发射，四班和六班搞运输。我们班长叫王东苟，在南坪集打阻击的时候，腮帮子被炮弹皮刮掉了，他负伤下去后，我就当了班长。

一门飞雷炮配五个人，有挖工事的，有递炮弹的，有装炮的，还有负责发射的。八公斤炸药包一般能打二百多米的距离，落地后炸出两米多深的坑，稍微低点的地方就更大了，几米宽的鹿寨一下就炸开了，地堡、暗碉被炸翻了，连汽车都能掀翻，我们自己都没想到飞雷炮有这么大的威力。

捆炸药包这件事，说起来比较麻烦。炸药包得捆个两三层，要捆紧，不然一放炮就散了。捆炸药包的绳子，火一烧就断了，我发现用电话线捆炸药包不容易断。榆木板子很结实，在木板上钻眼，用电话线一个一个串住，把炸药包得像个馒头一样，下面圆，上面慢慢变尖，这样子比较容易打。我们用的炸药有从国民党军缴获的，还有一些是从炮弹里挖出来的，都是 TNT，好炸药打出去更厉害。

我们工兵去前线布置阵地的时候，步兵看到都喊："咱们的飞雷炮来了，快让开。"打完炮撤下来的时候，步兵都列队欢送我们。

每次战斗一结束，我都要过去检查飞雷炮的落地点，分析情况。那些国民党兵吓得浑身发抖："哎呀，你们用的什么先进武器，怎么这么厉害？我们的地堡、汽车都挡不住它。"

就这样当了英雄

我真正打飞雷炮，就是参加淮海战役，我是工兵连里边打飞雷炮最多的。

当时敌人火力相当猛，第一道是鹿寨，第二道是碉堡、暗道，第三道是山墙后面的碉堡和重机枪，这三道火线打得我们抬不起头来。八连连长说："同志们冲啊！"这句话刚说完，胳膊就被打断了，敌人火力太密了，八连上去就没了。

李成芳命令我："你一定要把这几个地方打下来，鹿寨打开，暗碉里都是轻、重机枪，山墙后面还有重机枪，全部要炸掉。"我说："好！"当时我正憋着一肚子火，因为敌人的毒气弹都打到我们工事前面了，工事在地下有一人深，毒气熏得人根本喘不过气来。我冲上去挖了一锹土，把毒气弹盖住，不盖住不行啊，人都要憋死了。

接到首长的命令，我就开打了。第一发飞雷正好打到鹿寨跟前，把鹿寨炸得飞出去五六公尺；第二发飞雷正好滚到碉堡前，离那还有两三公尺炸了；第三炮太困难了，因为在山墙上，打近了墙会挡住，打远了又会落在山墙后面。我用大拇指测量距离，根据我瞄准的情况，"砰"的一炮打过去，不远不近正好落在那里，把碉堡炸掉了。哎呀，真是天助我也！这三道火线全被摧毁了，李成芳说："你真是英雄！"

我还没回到连队，连里就评我当了工兵英雄。淮海战役结束后，部队在河南漯河开贺功大会，叫我参加。陈赓司令员表扬我："你小子真行。"我说："我也不是那么高明，凑巧打成那样了。"那时我才十九岁，就这样当了英雄。

　　闫贵生，1928 年出生，山西临汾人，中共党员。1944 年参加革命，淮海战役时任中野四纵十一旅三十一团司令部见习参谋，中华人民共和国成立后曾任中国人民解放军第十四军四十一师副师长。

闫贵生口述

（2016 年 9 月 22 日）

先入党后参军

1938 年日本鬼子"扫荡"之后，我父母双亡，家里的房子也被日本人烧掉了，我成了孤儿，在村子里四处讨饭、流浪。后来，抗日人民政府收养了我，还送我去读书。在党的培养下，1944 年 2 月，我就入党了，村支书王焕玉是我的入党介绍人。这一年 10 月，我读完了初中，回村当了青救会主席兼儿童团团长。

1945 年 7 月，日本快投降了，为了保护胜利果实，解放区政府号召青年参军。我是青救会主席，又是共产党员，就带头报名，和村里的十二个青年一起参了军。当兵以后，因为我有文化，被分到三十二团当宣传员，后来又选我到司令部当见习员。1947 年，我当了见习参谋。

见习参谋的任务

司令部有五大参谋——作战参谋、通信参谋、侦察参谋、军务参谋、训练参谋，我的顶头上司就是作战参谋，我给他当见习参谋。

见习参谋的任务归纳起来就是四句话：铺地图，打电话，擦洋火，点洋蜡。洋火就是火柴，洋蜡是蜡烛，那时候没有电灯，都是用煤油灯和蜡烛。以后就学着写通知、通报、战斗总结等参谋业务，也经常跟着首长去看地形，跑一跑。阵中日记是作战参谋负责写的，要详细描述敌我情况、战斗经过、结果、损失、经验教训等，每次战斗一结束，马上就要记录下来。部队写战史全靠战场阵中日记，如果没有这个，哪个人能记得那么多呀。我跟着老参谋学，他们教我怎么写，我就怎么写。学了一年多，就参加淮海战役了。

大战前的准备

淮海战役，我们团和黄维兵团打的第一仗，就是南坪集阻击战。黄维兵团有四个军、一个快速纵队，合计十二万人，从汉口往信阳转进，准备开赴徐州增援。总前委刘伯承、陈毅、邓小平三位首长下决心，要把黄维兵团消灭掉。阻击地点选了好多地方，都不太适合，最后选在安徽蒙城和宿县之间。为什么选这个地区呢？因为这里地形狭窄，有几条河流，只有一条蒙宿公路通向北方，国民党军部队是美式装备，行动困难，这个地形有利于我军防御阻击。所以总前委三位首长决定，在南坪集组织防御。

1948 年 11 月 21 日，我们三十一团由罗集连夜行军，22 日凌晨到达南坪集地区。南坪集东西三十华里的阵地，都由十一旅来防御，我们三十一团在南坪集的左右两侧组织防御。南坪集前面有两个村庄，一个胡庄，一个杨庄，是前沿阵地。

我们一到阵地，马上进行四项工作：一是勘察地形，部署兵力；二是抢修工事；三是补充弹药；四是政治动员。

前三项我就不讲了，我讲讲政治动员工作。那时动员不是大家一起坐着开会，没有那个条件，指导员和政工干部沿着交通壕，走到哪里讲到哪里。都讲啥呢？讲这次战斗的意义、重要性，我们要怎么打，鼓动士气等等。经过政治动员，战士情绪非常高，请战书、决心书、火线入党申请书纷纷在阵地上搞起来了。大家都把手割破了写血书，表示要坚决完成上级交给的任务，哪怕战斗到一兵一卒，也要与阵地共存亡，决不让敌人前进一步！

南坪集艰苦阻击

23 号早上 8 点钟，国民党军出动八架飞机、十几辆坦克掩护其步兵向我们防守的阵地全面进攻。之前我们没有打过坦克，坦克一来，我们部队都进入掩体了，结果吃亏很大。坦克前进到距我们阵地二三十公尺停下了，坦克炮和机关枪对着我们的工事一炮一个，工事里的人员枪毁人亡。我们没有打坦克的经验，第一次战斗，连队伤亡了三分之一。打退敌人后，我们抓紧时间抢修工事，总结经验教训，发动广大战士集思广益，各献其能，谁有打坦克的好办法，说出来听听。部队里边解放战士不少，一个班至少三四个，有的解放战士说，可以用汽油燃烧瓶打坦克，有的建议把手榴弹扎成捆，用集束手榴弹打坦克。

没过多久，敌人发动了第二次攻击，集中各种火炮，把南坪集打得一片火海，硝烟冲天，村子都烧成了废墟，但是我们没有伤亡。为什么呢？因为我们没有在村子里布防，而是在杨庄和胡庄后面挖的战壕阵地，弹药武器都在这。炮击过后，敌人冲上来了，我们二营六连阵地被冲垮了，伤亡过半。二营长祁大海是个战斗英雄，他立即组织四连、五连反冲击，又把敌人打下去了。我们抓紧时间补充弹药，转运伤员，补充兵力。

敌人第三次攻击时改变了战术，采取集团式重点进攻，在炮火、飞机的掩护下，一个团两个团蜂拥而上，集中攻击我二营阵地，还派出了督战队，拿枪顶着士兵往前边冲，不准后退。敌人打进来，我们把他打出去，几个来回打下来，我们团伤亡过半了。六连打得只剩下一个指导员和八个战士，指导员就带着轻伤的八个战士加入五连继续战斗，后来五连阵地也被敌人突破了。

紧急情况下，旅里命令三十一团、三十二团两个团的预备队增援六连。两个连队齐装满员，再加上团司令部的参谋人员、通信人员，还有后方送弹药的运输兵，将近四百人。梁中玉团长亲自率部反击，团参谋长崔秀楠命令我："你带上两个人保护团长，一定要把他安全地带回来。"我带着两个战士，团长走到哪，我们就跟到哪，太危险的地方，我们就拦着不让他去。梁中玉团长亲自在前面指挥，对战士们鼓励很大。团长都来了，我们死也不能后退一步！二连一排五十多个人，就剩下排长曹国华一个人，还负了重伤，被抬下来了。三营八连一排，排长张小旦负重伤，三个班长全部牺牲，部队失去指挥，你打你的，我打我的。这时候营部来了个卫生员叫魏树荣，他一看这个情况，马上说："同志们，听我指挥，我代理排长，要继续战斗，不能让敌人前进！"这个卫生员很不简单，他把伤员整理整理，硬把敌人打下去了，坚持到增援部队赶到，恢复了阵地。一营、三营也打得很凶，但都没有二营阵地危险，这里一旦被敌人突破，全盘就垮了。打退敌人后，我们赶快调整组织，搜集人员，重新编成班、排，准备继续战斗。

到了下午 6 点钟左右，阵地上基本没动静了，这是怎么回事？我们正在纳闷，十一旅来命令了，让我们团撤到浍河北岸去。旅首长说，你们打得很好，阻击任务已经完成了，纵队首长表扬了你们，下一步我们要把黄维兵团包围在双堆集，消灭他。

作风过硬的部队

南坪集阻击战之后，整个战局就转变了，由防御转为进攻。我们三十一团在淮海战役中三战三捷，杨围子、李围子，都是全歼战，打得都比较好。

淮海战役结束后，纵队司令员陈赓、政治部主任刘有光给我们部队贺功，陈赓司令员说："南坪集阻击战，你们三十一团打得很好。"我们团长梁中玉还有四五个营长、排长被纵队评为战斗英雄，立功受奖的有一百多人。我呢，因为保证团长安全没出问题，完成了任务，团里给我记了大功，当时发了立功奖状，后来弄丢了。

我们三十一团的作风，我自己总结了一段话：全心全意为人民服务，坚持我军政治工作原则，继承和发扬我军的光荣传统；作战英勇顽强，敢打敢拼；训练认真刻苦，从难从严；抢险救灾舍生忘死，不畏艰险；官兵关系亲密无间，水乳交融；军民关系亲如一家，鱼水情深，而且逐步形成了自己的独特风格。

　　刘华申，1930 年出生，山东日照人，中共党员。1946 年参加革命，淮海战役时任山东滨海军区前方指挥部通信班班长，中华人民共和国成立后曾任四川省西南建筑机械厂保卫干部。

刘华申口述

（2016 年 9 月 23 日）

带头报名去参军

1946 年，我们村里动员青年参军，我家弟兄两个，我是老大，就带头报了名，给村里其他弟兄多的家庭做了榜样。这样一来，你也要去，他也要去，村子里有二十多个青年参了军。我从小在家就喜欢跑步，到部队当了通信员，跑步送口信是经常的事，也从不觉得累。1948 年 8 月我入党了，还当了班长，处处都带头，有什么事一号召全班，大家都很齐心，没有一个开小差的。

我们通信兵在部队里是模范，谁要是有什么缺点，干部马上找你谈话、教育。通信班的战士思想觉悟高，勇敢机智，我们班里有七八个党员。我在部队立过三等功，脚上受过轻伤，弹片从皮里头穿过去的，现在看不到伤疤了。

为什么打不过解放军

解放军遵守群众纪律非常好。我们到了哪个村子，都住老百姓家里，老百姓的房子倒了，部队给他修房子；有的老百姓家里养牲口，我们就帮他打扫牲口棚子；老百姓吃水，都要去有水井的地方挑，我们走的时候水缸都给他装得满满的；借来打地铺的铺草，捆好了还回去；临走还要把老百姓的房子给粉刷一下。

国民党军武器好，士兵技术也好，为什么却打不过解放军？国民党军打仗，当官的都是在后头，拿着枪向士兵吆喝："你们上！不上我枪毙你！"咱这边打仗，党员干部都是在队伍前头的，喊着"跟我冲"。我们不是不怕死，是为了让人民翻身得解放，为人民打仗的，所以就不怕牺牲。那些牺牲的烈士，一般情况下，就在战场附近挖个墓坑，很少有用棺材的，多数都用高粱秸、稻草、麻绳编的席子，把烈士的遗体卷起来，就地掩埋了。连队里专门有人填表登记烈士的姓名，家是哪里的、打什么地方、哪一天牺牲的……都有记录。战斗结束以后，要是一个团都在这一个地方，就会集中开个追悼会，如果不在一起，各个连队的人也要去给烈士烧个纸，祭奠一下。

淮海战役时，我们虽然没有直接到前线，但只要有任务，不管白天黑夜都要去完成。部队平时一天吃两顿饭，打仗的时候就不一定了，有时候三四天都吃不上饭，连水也喝不上。一个人的干粮袋里边背七斤高粱米或小米，还不够全班吃一顿饭呢。通信员因为经常在外面执行任务，部队就给我们发粮票，一天给一斤粮食，拿着粮票去粮库换，不准多领，那是规定。

后　记

本书收录的淮海战役亲历者口述资料由淮海战役烈士纪念塔管理中心工作人员对亲历者进行采访时的录音、录像等整理而来，以采访时间为序，分上下两册。本着尊重历史、保存资料原貌的原则，针对受访者的记忆与表达特点，根据读者阅读的需求，编者对文字进行了适当的技术处理。书中记录的亲历者简历为受访者本人提供，标题为编者所加。

这部书的形成，由采访录像、逐字稿整理、文字整理及史料审核等步骤构成。采访过程中，得到了受访者及其亲属、部队、干休所、相关研究会及民间组织的大力协助；逐字稿形成过程中，得到了中国矿业大学、徐州工程学院等高校志愿者的大力支持；文字整理与史料审核过程中，得到了中共江苏省委党史工作办公室、徐州市淮海战役暨区域红色文化研究会专家学者的大力帮助，在此表示最衷心的感谢。

为实现本书的面世，淮海战役烈士纪念塔管理中心投入大量人力物力，全体采访及编撰人员也付出了巨大努力，但由于掌握资料和水平所限，书中难免存在缺点和疏漏，敬请广大读者批评指正。

编　者

2023 年 12 月